高品质校园生活在交华

交华中学高品质校园内涵建设的实践研究

赵凤飞 · 主编

上海社会科学院出版社
SHANGHAI ACADEMY OF SOCIAL SCIENCES PRESS

主编:赵凤飞

编委:詹　晶　史冬梅　景　娜　陈　琪

序

上海市教育委员会副主任　倪闽景

这是我迄今见到的一份最接地气、最有成效的以“构建高品质校园生活”为主题的实践研究报告。

校园，是孩子们的求知圣地。在人的一生中，要经历小学、中学和大学。每个阶段的校园生活，对体能、智能、情感、伦理、信仰、态度等各方面的成长，其影响和意义虽各不相同，但都是人生不可或缺的奠基石。

初中四年，是学生形成人生观和价值观的重要时期。这一阶段，孩子们无论在生理上，还是在心理上，都是变化极大，涌动生命活力最充实的一段时光。在这四年中，学校如何针对这一阶段生命历程中孩子的特点，为其创设和提供一种“高品质校园生活”，让孩子们充分体味到智慧提升，学习的快乐和成长的幸福，是一个非常值得研究的课题。上海民办交华中学历经七年的探索和研究，交出了一份令人满意的答卷。

透过这份答卷，我们欣喜地看到，学校那种时刻为孩子着想，始终把孩子的成长放在心里的高尚情怀。全校从上到下，都秉承着一个理念：让校园生活时时处处充满生命的活力，让每一个学生都接受到最好的教育，让每一个学生都获得成功的体验。要实现这一教育理念，学校不断加强校园内涵建设，为学生精心创设和提供一种较接近理想化的校园环境，营造一种和谐的校园文化精神，使学生身处其间能自由地呼吸，欢畅地学习，自信地生活，健康地成长。这一优秀的校园生活品质，关乎学生生命意义和精神品质，更是衡量一所学校教育情怀和教育价值的重要标识。

目标的达成，贵在探索和研究。这些年来，交华人为实现心目中的这一教育目标，一直在矢志不渝地谋划，不断在实践中开展理性研究。

他们每两年就投入一个市级课题，从 2012 年的“提升学生校园生活品质的实践研究”，到 2014 年的“提高学生自我管理自主发展能力的实践研究”，再到 2016 年的“学习诊断对学生自主学习能力影响的实践研究”。这些课题都紧扣着“高品质校园生活”和“学生自我发展”的主旨，并根据学校整体发展规划递进式开展。他们一步一个脚印，不断收获，不断积淀，从不跟“风”。学校从当初的“面临着严重的生存危机”，发展到如今成为一所拥有 1 200 多位学生的有一定知名度和影响力的优质民办学校。实践证明，交华把以“高品质校园生活”作为学校特色打造，是正确的选择方向，是推动学校实力发展的最佳举措。如今在交华，“高品质”不仅是特色，是品牌，更是植根于每一个交华人心中的一杆秤，一把尺。它时时引领着师生在教育改革的大潮中奋勇前行。

教育，是一项“爱”的事业。没有“爱”就没有教育。我十分赞赏赵风飞校长常说的一句话——“培养‘人’的学校，不能只盯着分数，要把学生的成长放在心里。”正是怀揣着这样一种爱，这样一种正确的教育观，他无论走到哪里，心里总装着学生，总在谋划着“因材施教”。早在晋元高级中学，他为使学校能培养出更多拔尖人才，提出了一系列适应学校发展的新的办学思路：选择性学习、研究性学习、发展性学习。来到交华，这里是一个不一样的“世界”。他针对当时交华学生学业参差不齐，且又缺乏自信心的现状，随即打出了一张“特色牌”——“个别化教育”。这里的“个别化”，不仅包括心理和品质上的个别教育，还包括针对学生特点与兴趣爱好实施的个别化教育。他说：“教师的使命，首先在于要摸清学生内心世界的表征，发现这个世界的色彩，开发这个世界的潜能，点燃学生心灵的火花，完善健全学生人格。”

什么叫教育管理？真正意义上的教育管理首先是教育思想的引领。赵风飞校长十分善于把先进的教育思想和理念贯穿在交华发展的每一步。它犹如和风细雨，滋润着每一个教师的心田，并化为他们的教育教学行为。我想，这就是交华取得成功的根本所在。

课程，是现代教育的核心。学校的课程配置是否优化，不仅能够体现学校对教育目标的理解，体现学校对资源的挖掘和利用的状况，更能体现学校为争取实现教育目标而作出的努力程度。

综观交华的多元学科融合式课程体系，在保障完成国家基础课程的同时，他们利用特色课程进行了大量的实践、探索和拓展，以全面实施核心素养的培育，这是“构建高品质校园生活”的核心所在。

交华的课程设置，体现了对多元学生差异的尊重和多元需求的满足，重视学生在学习过程中的体验、兴趣和态度，能做到以人为本。这种在“大课程”理念支持下的多元校本课程体系，正如研究报告中指出的那样："以其丰富的层次，有机的组合和跨学科知识的融合，使学生学习选择区域宽泛，充分发挥了每个学生的个性、特长和潜在的优势，培养了学生自主学习的能力、提出问题的能力和创新思维的能力，在提高学生综合运用各学科解决问题的能力的同时，提升了整体的学习素养。"所以，我十分赞赏交华老师们说的一句话——"学生在校的每一分钟都是在受教育，每一种教育都通过课程的形式在体现。"

最后，我要说的是，交华的成功还在于有一个好的"心往一处想、劲往一处使"的教师团队。

教师是一所学校的灵魂。从研究报告中获悉，这些年来，交华中学一直在追求建设一支"安心从教、热心从教、舒心从教、静心从教"的师资队伍。特别是那"以人为本"的精细化的教学过程管理，以及经过多年经验梳理总结的"教学三举措"和"学习三步法"，不仅为教师的教和学生的学指明了航向，更为学校"高品质校园生活"的构建提供了保障。我欣喜地看到，交华中学的老师那始终清晰的工作思路，那充满情趣而有节奏的教学，使每一节课都能充满着魅力。更为可贵的是，学生每一天的作业都精准有效，保障了学生自主学习能力培养目标的达成。家长们说得好："把孩子放在交华，我们安心、舒心、放心。"这是一份反馈，更是一份信赖。

构建"高品质校园生活"，为学生创建成长的理想乐园，这是一个探无止境的课题。我愿有更多的学校来参与这方面的探索和研究，以更创新的成果，向人民交出一份份满意的答卷。

目　　录

【实践探究】

【心香一瓣】

第五编　高品质服务理念助力学生终身发展

探访记

“高品质校园生活”是怎样铸就的

——第二次走进上海市民办交华中学

金正扬

这是我第二次走进上海市民办交华中学。

我第一次走进交华，是在2013年四五月间。这一年，正逢交华一项国家级课题——“提升校园生活品质的实践研究”结题。这一不寻常的课题，是“交华”办学路上的一个新起点。

交华中学，创办于2001年。也许是万事开头难，办学之初，它曾一度陷入“低谷”。据了解，那时全校4个年级注册报到的学生数仅为二百余名，预备年级一个班仅19人。2006年，董事会在纠结中请来了上海市晋元高级中学校长岗位上卸任不久的特级教师、特级校长赵凤飞担任交华中学校长。新校长，给交华带来了新的理念，新的举措，学校开始有了新的“转机”。

师生们期待着交华的变化。赵凤飞上任不久，就在教职工大会说：“我们从事的是培养‘人’的事业，是为培养新人服务的。我始终认为，学校教育必须立足于为学生的未来可持续发展奠基。因此，从现在起，交华要让每个学生都能受到最好的教育，让每个学生都能在‘个别化教育’中获得成功的体验。”他还将这个承诺赫然标在交华中学网站的首页。

于是，交华人在“双特”校长赵凤飞的带领下，踏上了新的征程：从“个别化教育”到“快乐学习，健康成长”，再到“提升学生校园生活品质”，一步一个脚印，经过多年的艰苦拼搏，学校终于从过去的“面临着严重生机危机”，蜕变成一所“全国民办中小学办学特色示范校”和“上海市民办中小学特色创建校”，并形成了学校独特的气质。学校的教育质量，也令人刮目相看，一跃而在全区近50所初级中学中名列前茅。学校的影响力急骤攀升。

有人说，交华的这一变化，是近 10 年来上海民办教育史上的一个“教育传奇”。

然而，这一“教育传奇”，对交华来说，还仅刚刚开始。

时隔 6 年——2019 年年初，记者又一次走进交华。如今，作为“全国民办中小学办学特色示范校”和“上海市民办中小学特色创建校”，在“提升学生校园生活品质”上又迈上一个新台阶：学生在交华的校园里，不仅能充分体会到智慧的奇妙，体验到学习的快乐，感受到成功的喜悦，而且能自由地呼吸，自信地生活，健康地成长。

这一“高品质的校园生活”，与 6 年前相比，无论是在“质”还是在“量”上，都有了新的发展和逾越。如今的交华，每个年级已从过去的一个班扩至今日的 6 个班，全校学生已突破 1 200 人。学校已成为沪上有一定知名度、办学声誉好、有影响力的一所优质民办学校。学校的办学理念和做法，在市、区更产生了良好的辐射作用，受到了业内专家及各级领导的高度评价。

那么，交华的这一“高品质校园生活”是怎样铸就的呢？记者由此第二次走进交华，进行一番实地采访——

不一样的“办学理念”：“优秀的校园生活品质，关乎学生生命的意义。只有让孩子们爱校园生活，爱自己的老师，他们才会真正地爱学习。”

理念，是治校之“魂”。有什么样的“理念”，就有什么样的教育。在如今不少学校仅视“分数”为教育的年代，这里，从校长到教师，却有着全然不同的看法。

“培养‘人’的学校，不能只盯着分数！分数并非学生发展的全部，‘立德育人’也并非局限于课堂。”在校长办公室里，一谈到“高品质校园生活”，赵凤飞校长就对记者说：“学校应该为学生精心创设和提供一种能让学生产生发自内心的喜爱的校园环境，营造一种和谐的校园文化精神。”

那么，怎样才能营造出一种“和谐的校园文化精神”呢？

赵校长说：“这里，很重要的一点，就是要‘尊重’与‘信任’学生。”接着，他以身边的小事举例说：“我们要求学生上学不迟到，那么老师上班也不能迟到，要以身作则。否则，学生的心理会不平衡的。当然，我作为校长，更不能迟到，我们要坚持师生平等。”

“尊重”与“信任”，是人与人之间交往的一种最高尚、最文明的体现。它由此而发生的一个个动人的故事，在交华的校园里比比皆是。

赵校长告诉记者，每天，无论是做早操的时间还是中午吃饭的时间，他都会乐意和学生们在一起，边走边看，一同感受校园生活给师生们带来的快乐。他说：

“每天一早，我就来到了学校，看学生进校园。我要让孩子们第一眼就能看到校长的殷切目光。当看到快迟到的同学奔跑过来，我会让他们放慢脚步，别着急，这时，你千万不能骂他们。一大早挨骂、挨训，他一天的学习还会有好心情吗？我还喜欢下午去操场看学生打球，去兴趣课堂看他们做各种探究活动，让他们觉得校长关心的不仅仅是分数。其次，我还十分注重食堂伙食。我特别要求老师和同学排一样的队，吃一样的饭菜，让老师就坐在学生中间，学生也可以跑过去和老师边吃边聊。”

赵凤飞喝了一口茶，接着又深情地对记者说：“校园生活品质，关乎学生生命的意义。我们要时时把学生的成长放在心里。”他平时反复对老师们说的一句话，就是——“只有让孩子们爱校园生活，爱自己的老师，他们才会真正地爱学习。”

时至今日，老师们也没忘记赵校长曾向他们讲述过的在美国一所小学访问时见到的令他“感触良多”的一幕——

那天，学校的早操时间，所有的孩子都排队集合在操场上，等待号令。

突然，我看见有个小男孩儿迟到了，含着眼泪战战兢兢地挪进操场，准备迎接老师的责骂。

这时，只见一位女教师一个箭步冲上前，一把搂住孩子，抚摸他的小脑袋，安慰他，把他带入队伍。

赵校长回国后把这个故事分享给交华的老师们听，希望老师们随时也能给学生一个充满安全感的校园，用情用爱让学生爱上教他的老师，继而爱上他的学校。赵校长再一次强调，这样学生今后自然而然就会爱上学习的。

不一样的理念，不一样的故事，就这样，这么多年来，在交华人中不断传递着、感化着。他们在赵校长的感召和影响下，一个个都在想方设法地从各个方面给孩子多一点宽容和理解，多一点温情和关怀，让孩子在校园的任何一个角落、任何一段时间都能舒舒服服、踏踏实实地学习和玩耍，让友善的师生关系成为他们学习独立的安全基石。

在交华，老师们对学生的“尊重”和“信任”，还表现在时刻留意着如何把机会均衡地分配给每个学生。

赵校长说：“在校园里，老师向来是让每个学生仰视的角色。学生渴望老师的关注、信任和尊重，但他们又十分敏感，看你对待每个孩子是否一视同仁，是否厚此薄彼。因此，作为教师一定要注意细节的处理，哪怕是一次座位的调整，哪怕是课堂上的一个发言，哪怕是舞台上的一场表演，你如能平等地重视和关爱到每一个学生，那就可以让孩子感受到被尊重的幸福。老师对学生的表现和进步给予的平等的尊重，能在孩子的心湖中激起幸福的涟漪，而这涟漪将波及整个校园。”

成长中的孩子，他们的需求是多方面的。在校园生活中，学生除了对生活条件、学习环境等硬件设施产生需求之外，还有更高层次的生理需求——文化生命的需求。

在谈及由自己掌舵的这所极具办学特色的学校时，这位历任宜川中学、曹杨二中、晋元高中三校校长的赵凤飞郑重地对记者说：“文化建设是学生生命成长中的精神财富，学生应该整个儿被浸润在校园文化氛围中。”

为什么这么说呢？在交谈中，记者了解到，这是因为在赵凤飞校长的眼里，他每天面对的学生，正处在人生最宝贵的青少年阶段。其大部分的时间和空间都“交付”给了学校。从交华的作息安排来看，部分学生住校，在校时间 24 小时，走读生中大多数选择参加晚自修，在校时间也要近 12 小时。可以这么认为，学生与老师和同学相处的时间还要多过自己的父母。所以，学校有高度的责任，要为学生的终身发展和全面发展做好奠基和引导，要千方百计满足学生成长过程中的需求，要让校园成为一个生活的世界，一个丰富的世界，一个充满各种可能的高品质的世界。

是啊，正是在这样的构想下，交华中学面对初中的孩子思想活跃、朝气蓬勃的特点，老师们时时都在用精心设计过的主题鲜明的人文环境布置、书香氛围建设、丰富多彩的教育教学活动，在努力充分地让学生感受到校园独特的文化的感染和文明的熏陶，让孩子们尽情地在校园中抒发感情，愉悦身心，消除疲劳。

静物无语，但也是一种教育。你看，这里无论是橱窗、板报，还是温馨的教室和文化长廊的布置，校园里的一草一木，哪怕是角落里的一个小标语的巧设，也能让学生体会到别样的风情，产生丰富的精神体验；更吸引学生“眼球”，特别令学生神往的是，学校各个季度都在组织精彩纷呈、与时代脉搏紧紧合拍的各种文体活动、读书活动；学校的广播站、电视台、社会课堂、文化沙龙、社团建设，也都在定周、定月按时举行。一个个生动活泼，新鲜热辣，时刻把学生放在学校的文化生活中心，时刻对学生产生深远的影响。

学生在这不一样的高品质的校园里，愉快而又充实地生活着，成长着……

不一样的“特色课程”：交华在“大课程”理念支持下的多元校本课程体系，以其丰富的层次，有机的组合和跨学科知识的融合，使学生学习选择区域宽泛，充分发挥了每个学生的个性、特长和潜在的优势。

一年一度的学生社团招收新成员又开始了。

这天，《新闻晨报》的记者专程来到了交华。走进校园，只见操场上十几个“摊位”前人头涌动，一片笑语喧哗。一位同学兴奋地喊着：“快来看，社团招新啦！”

晨报记者上前一问，这里的“摊主”都是各社团的“小社长”。交华的学生社团可不少，有舞蹈、健身、美工、广播、书法、油画等，一应俱全。眼前的社长们正忙着为前来报名的同学做登记、测试、排课等工作，看上去是那么认真而专业，俨然是一个个“小老师”。

学生社团是交华中学覆盖面相当广的体验类课程之一。与其他课程不同的是，学生社团完全是由学生主导，并建立了一整套由社团委员会、社团组织部和社长共同监督、协调的自主运行机制，它由学生会对社团进行分级分类管理。学生既可以自主开展活动，也可以自由聘请老师指导社团活动。

在采访中，赵校长对记者说：“学生在校的每一分钟都是在受教育，每一种教育都是通过课程的形式在体现。交华中学在‘大课程’理念支持下的多元学科融合式课程，提升了学生综合学习素养。这是衡量一所学校教育本质和教育价值的重要标识。而学生在这种环境中成长所产生的感受、过程体验、取得的成绩，也将成为学校的办学特色和亮点。”

赵校长告诉记者，以学生社团为代表的课程承载了培养学生自主管理为主线的校园精神，提高了学生团结合作、理解尊重、谦虚包容的处事能力，发扬了优良的团队精神和群体意识。

经过几年的发展，如今的交华很多社团已成为活跃度较高，且成果显著的学生活动基地——

你看，铜管乐队曾多次在市区级学生艺术节展演和比赛中获得佳绩；文学社联手语文组“书香校园”特色创编的校刊《扬帆》获得上海市校园刊物评比二等奖；小记者社代表多次参与市级文化活动宣传，采访众多名人；清音社师生合作原创歌曲《少年中国梦》获得“十大校园原创歌曲奖”，被团市委选中成为2014年市“六一”庆祝大会主题曲；环保社的王宣徽同学获得市级演讲比赛特等奖。计算机社也崭露头角，社员林靖松同学从来自全市30多万选手中脱颖而出，他的“解决折叠式自行车的车轮折叠问题——车轮的扇形折叠”技术类设计项目，获得大赛“科技创意”板块一等奖的好成绩，并一举夺得上海科技馆“智慧奖”专项奖。

这些年来，交华的多元校本课程体系在保障完成国家基础课题的同时，利用特色课程进行了大量的实践、探索和拓展教育，全面实施核心素养的培育。校本课程跳出了中考的框架，围绕传统文化、民族精神、政治素养、生态文明、社会实践、心理健康、西方文化、科普知识、艺术审美、体育健身等主题，在课程开发、实施和有效评价制度的管控下，设置了亮点纷呈的拓展类、研究类和实践类课程。

一说到交华的各具特色的校本课程，赵校长更是如数家珍，向记者娓娓道来。他告诉记者，交华中学的特色课型有六七种之多，它可教给学生一生有用的学习方式。

其中微型课程，是交华创设多年的校本特色课程。它内容丰富，周期短，知识范围广，以灵活性强、实用性强、独立性强的特色，深受学生的推崇和喜爱。学校充分考虑初中生智力和能力发展特点，根据教师的专长、能力、兴趣和学生的需要、爱好，以及社会的应时发展，形成各种专题性课程，包括“热爱科学，民族复兴”“人生哲理”“管乐赏析”“珍惜生命，热爱生活”“在故事中学礼仪”“佚于时空的巨作”“飞扬青春相伴花季”“改变世界的发明与发现”“与大师对话”“美丽的世界”“西方传统节日”“中国民间歌曲”等，课程的广博与活力润泽了学生的生活，拓宽了学校的育人空间，更推动了具有学校特色的课程文化建设。

赵凤飞校长说：“课程，是将各种信息通过各种渠道引进校园，也是把学校的一切延伸到大社会、大自然中去，每一个生活问题都会引发学生的观察、思考和研究，成为探究实践的题目。在发现问题、分析问题、解决问题的过程中，学生感受到真实生活中的酸甜苦辣，超越自我中心，学会相互尊重与信任，学会理解别人、宽容别人，他们的才能和品质得到全面、自由、合理的发展，自然生活、学校生活、家庭生活、社会生活在我们的课程中得到了自然的融洽。这就是生活体验课程的真谛。”

赵校长的这一番话是对学校课程设置的概述，更是对学校教育给予了深刻的厚望，正如交华中学的校本课程的“引言”所说：在学习中感悟人生，在学习中探索世界，在学习中启迪智慧，在学习中释放心灵。

不一样的“教师团队”：教师是一所学校的灵魂。建立一支“安心从教、热心从教、舒心从教、静心从教”的专业素质过硬的高素养的“教师团队”，是交华常年追求并一直坚持的目标。

把握教育发展脉搏，成就学子精彩人生，关键在于要有一支专业素质过硬和勇于创新，善于合作、沟通的高素养的“教师团队”。这是治校之本。

在采访中，有一件事给记者印象尤为深刻——

那是2014年暑假，交华有两位体育老师耗时近两个月骑车进藏。一路上，他俩采撷了大量人文和景观素材，还对沿途的环保问题作了详细的记录。

开学第一课，两位老师向全校同学做了专题讲座，激发了学生极高的关注热情，也因此引出了学生“绿色出行总动员”课题的开题。第一阶段的研究成果在同年11月学校的区级德育现场会议交流汇报，受到了与会老师的好评。

在此事的触动下，学生们对“环保”这个主题产生了浓烈的兴趣和参与感，他们积极参与新加坡旅游局和环境卫生署与上海市联合举办的“保护母亲河”系列活动，采集黄浦江的水样，送到新加坡作比较，感受新加坡城市环境的维护效果，寻求保护水质的有效做法；他们寻访四川大熊猫基地，研究稀有物种的濒危原因……学校鼓励学生积极参与各类社会实践，放眼看世界，为社会服务、为大众服务。

这件事在交华激起了阵阵涟漪，它让交华人又一次感到，要构建“高品质校园生活”，提升学生教育幸福感，必须要打造一支专业素质过硬的“教师团队”。你看，没有前面两位老师骑车进藏对沿途所作的环保详细记录，也就不可能引出学生后来的“绿色出行总动员”课题的开题，以及以后的一系列“保护母亲河”的“环保”活动。这足见教师的引领作用。

为了塑造一支专业素质过硬和勇于创新，善于合作、沟通的高素养的“教师团队”，近五六年来，交华在力所能及的范围内，不惜一切代价，引进和培养优质师资，打造名师品牌：

——学校通过校本培训和引进力量指导教师成长，提供各种机会和条件鼓励教师潜心研究教学。

——为了锻造一支过硬的骨干教师队伍，配合奖惩机制，激发内驱力，学校设立了青年教师耕耘奖、学期考核奖。学期考核奖，以学生家长问卷、同行评议、班子考评、教育教学实绩为依据，这在鼓励青年教师成长、促进教师发展、激励教师奋进上起到了有效的推动作用。

——为使教师“安心从教、热心从教、舒心从教、静心从教”，学校党政工团联合打造“温馨校园”，利用各种节日契机为教师创造家的温暖：春节的团拜会、元宵节住校教师和校长共进晚餐、妇女节彩妆指导课、儿童节亲子活动、端午节节庆大礼包、教师节全校活动、重阳节退休教师座谈……当教师遇到实际困难时，工会积极发动大家伸出援助之手，帮助老师渡过难关。

……

如今在交华，教师有强烈的归属感。领导与教师之间、师生之间都有浓浓的“爱与关怀”。这种氛围下的交华老师，立德垂范，业精善学，敬业爱生。广大教师的思想观念和角色意识发生了改变，主动地成为了学生的培养者、指导者和学习伙伴。而且，更令人欣喜的是，在教学中能更多地关注时代与学生的需求，努力提高自我的学习力、探索精神和自我发展的意愿，能积极地面对学校各种教学改革，也能从容地应对各类新型课程。

如今，家长们说：“把孩子放在交华，我们安心、舒心、放心。”这是一份反馈，更是一份信赖。对处于人生观和价值观形成的重要时期的孩子，为保证他们拥有四年优质的校园生活，交华的教师奉献了所有的真诚与爱心。

这就是不一样的交华。

从2012年到2019年，交华人就是这样在高品质校园生活内涵建设道路上始终如一地追求着，探索着，但“说一千，道一万”，最终的效果到底怎么样，孩子们最有发言权。采访快结束的时候，教导主任史冬梅老师交给记者一组来自该校不同年级，包括已毕业的莘莘学子关于“交华记忆”的文章。记者随即翻阅起来。

这是2020届郭韵怡小女孩写的：“转眼之间，从‘小预备’变成了‘新初一’，在交华，小女孩收获的不仅是丰富的学科知识，还有各项活动中摘得的累累硕果;在书声朗朗的课堂上,她汲取为人之道;在青春洋溢的运动会上,她在翻飞的长绳中穿梭,不仅体会了运动之快乐,还和队员们一起摘取了金牌;在学生课题研究时,担任组长的她,分配任务、制定问卷、分析数据……接触了从未了解过的新领域。那时,这个小女孩在交华校园里感受到了归属感,就好像她天生就该在这里绽放光芒。"

感受最深的莫过于初三(4)班的江紫励同学了,她在《丰富的课程,别样的体验》一文中说:"每学期最令我期待的就是微型课程了。每几周就会有不同的老师上不同专题的课程:比如有'口语交际''EQ的重要性'等。其中让我印象最深的是蒋老师上的那期微型课,让我了解了不少知识,有关于星座的,有关于未解之谜的……还有他那幽默诙谐的讲课风格,不仅让我们增长了知识,更是让我们每个人在学习中得到了舒缓,在最后一节课上蒋老师还……"

历届毕业生对在"交华的时光"更是挥之不去,现就读于美国斯坦福大学的张振华同学说:"交华中学为我们提供了这样一个接触更广阔世界的平台,让我们学会于平台之上向更高的平台跳跃,反抗每一次尝试时的引力,而这些一直影响着我们在离开交华后的岁月。"

是啊,这也正如离开交华快三年的现就读于平湖杭州湾实验学校汪涵同学说的那样:"交华值得回忆的太多太多。黑板前,老师们一笔一画留下四年的痕迹;小花园里,同学们奔走其中,寻找着象征着幸运的四叶草的情景;操场上,汗水滴滴洒落,洋溢的快乐的镜头;食堂里,叔叔阿姨微笑着打给我直至毕业后仍念念不忘的饭菜;宿舍内,井然有序却也时常洋溢着的欢声笑语;校园里,永远有赵校长慈爱的身影,认识的或不认识的老师们阳光活力的微笑……在我的记忆长河中,这些如同璀璨繁星,闪亮在我的前行之路,直到现在,当我在高中学校接过奖学金时,满脑子仍会浮现出交华结业典礼的场景。"

……

在交华这前后两次采访,我虽没有见过一排排那类似不少学校放在陈列室的金杯和银杯,但我却听到了许许多多来自家长和孩子们的这样口碑,这"口碑"就像交华校歌唱的那样"这是我心中的城堡",这"城堡"永远温暖交华的莘莘学子。

我们希冀——"一个精彩纷呈校园、一个有安全感的校园、一个有归属感的校园、一个能学到尊重的校园、一个能体验成功的校园",一直能伴随着交华一届又一届的学生健康成长。

第一编　研究报告

构建高品质校园生活，实现学生的自我发展

——交华中学办学特色创建的实践研究报告

交华中学在2012—2018年间积极参与了上海市教委举办的第一轮的特色项目校和第二轮的特色校的创建，围绕"高品质校园提升教育幸福感"这一中心主题，在建成和完善多样化校本课程体系、研究打造魅力课堂、建立新型师生关系、建立交华中学学生校园生活品质测量评定体系，以及生活体验课程的创设、学生自我管理自主发展能力的提升等方面努力研究和实践，取得了显著的工作成效。特色创建过程大力助推了学校的发展。作为全国民办中小学办学特色示范校和上海市民办中小学特色创建校，现在的交华已经成为沪上有一定知名度、办学声誉好、有影响力的一所优质民办学校，学校的办学理念和做法在市、区产生良好的辐射作用，受到业内专家及各级领导的高度评价。在2018年7月—2021年7月的第三轮特色学校的创建工作过程中，"高品质校园生活实现学生的自我发展"进一步推动学校的办学特色站在更高层次上的凝练，更凸显了学校的三维育人目标："培育学生积极的生活态度、培养学生主动学习的能力、帮助学生掌握适度表达和控制情绪的方式。"

学校的管理者始终秉承着一个理念：学校的办学发展必须是在合理规划、理性研究、科学指导下的发展。因此每两年，学校都会投入一个市级课题的研究，从2012年的"提升学生校园生活品质的实践研究"，到2014年的"提高学生自我管理自主发展能力的实践研究"，再到2016年的"学习诊断对学生自主学习能力影响的实践研究"。这些课题都紧扣着高品质校园生活、学生自我发展的主旨，根据学校逐年提升和整体发展规划递进式开展，由校长担任总负责人的全校性课题，教师参与面广，几乎所有任课教师和班主任都有涉及加入行动研究。每一个课题的选题和研究目标都是基于前一课题的研究成果，结合学校办学现状的需求，为学校下一步的发展所进行的理论学习、实践探讨和经验总结。学校的办学进程始终与课题研究同步，教师的研究水平和实践能力

提升也与课题研究同步，各类成绩的取得更与大家始终通过课题研究的引领，在工作中学习、实践、反思、提升、促进发展这样的办学指导思想是分不开的。

就这样，从“构建高品质校园生活，提升学生教育幸福感”，到“让每个学生享受高品质的校园生活”，再到“高品质校园生活实现学生的自我发展”，经过了十多年的研究和实践，我们越来越清晰地探索到了校园生活品质的思想和灵魂。它是集环境、文化、精神、活动、感受于一身的综合校园体验，强调学生身处其中的经历、愉悦感、成就感以及自主发展的自由度。交华中学从探索高品质校园内涵建设中一路走来，不断收获，深深体会到，以“高品质”作为学校的特色打造是正确的方向选择，是推动学校实力发展的最佳举措，更是增强学校核心竞争力的强劲抓手。在交华，“高品质”不仅是特色，更是品牌，是植根于每一个交华人心中的一杆秤，一把尺。

在多年的办学特色建设过程中，我们逐渐明晰了各种概念，办学特色不应该是一个“点”，而应该是一个“中心”；不应该是一门课程，而应该是一种思想，应该是学校从上到下、由外及里透露出来的一种个性和表现。所以，以“高品质校园生活”为中心的高品质系列，如高品质的课程体系、高品质的师资队伍、高品质的教育服务、高品质的管理理念、高品质的育人过程和高品质的学习体验，已经成为所有交华人坚定不移的理念和行动指南。

多元学科融合式课程提升学生综合学习素养

“学生在校的每一分钟都是在受教育，每一种教育都通过课程的形式在体现。”交华中学在“大课程”理念支持下的多元校本课程体系以其丰富的层次、有机的组合和跨学科知识的融合，使学生学习选择区域宽泛，充分发挥了每个学生的个性、特长和潜在的优势，培养了学生自主学习的能力、提出问题的能力和创新思维的能力，在提高学生综合运用各学科解决问题的能力的同时，提升了整体的学习素养。

学校在保障完成国家基础课程的同时，利用特色课程进行了大量的实践、探索和拓展教育，全面实施核心素养的培育。校本课程跳出了应试的框架，围绕传统文化、民族精神、政治素养、生态文明、社会实践、心理健康、西方文化、科普知识、艺术审美、体育健身等主题，在校本课程开发、实施和有效评价制度的管控下，设置了亮点纷呈的拓展类、研究类和实践类课程。

部分特色课程

社团课程	生命科学寒假讲座	趣味制图
记者社	语文品读课程系列	上海话入门
计算机创意社	**兴趣课程**	**微讲座**
摄影社	数学万花筒	世界三大数学猜想——你知道吗?
广播社	跟着英文原版电影学口语	方块写作方法
电音社	名著初探	垃圾的分类回收与再利用
心理社	传统编织艺术	金庸的武侠世界
SHOW 舞社	出彩中国结	交华中学植物物语
佳艺美术社	水粉画	宫崎骏动画电影赏析
烹饪社、烘焙社	灵舞 style	人工智能
玲珑戏曲社	乐翔瑜伽	四方写作方法
地质探索社	舌战群雄	国学知识大 PK
管乐社	经典英文诗歌赏析	跨文化视角下的十二生肖
数字油画社	Discovery Channel	秒变电脑小专家
环保社	生活中的魔术师	青春期皮肤护理
棋社	生活中的趣味心理	走近特殊学生
十字绣社	水粉画	建筑文化
文学社	英文电影配音	了解眼睛,保护视力
羽毛球社	你来比划我来猜	身边的数学
烹饪、烘焙社	英语影视与文学赏析	青少年普法
书法社	疯狂说英语	Life and Death of a Star
小品剧社	动漫设计	我是小柯南
礼仪社	视频剪辑的魔术	实用生活小技能
健身社	微观“心”世界	打开记忆之门
武术社	播音与主持	奥斯卡经典电影之旅
科学探索社	象棋入门	如何战胜拖延症
慕　课	课本剧表演	神奇的太空之旅
理化压轴题系列	板报艺术制作学习	生活中的经济学
数学拓展题和压轴题系列	炫舞	母亲河和父亲河
地理寒假讲座	数学那些事	博物馆中的艺术藏品赏析

部分微型课程

年级	分类	内　　容	简　　介
预备初一	生科类	交华校园植物物语	增加身边的植物学知识，热爱美丽的校园
		热爱科学　民族复兴	学习科学家的崇高情操、严谨学风
		改变世界的发明与发现	探索科研成果带给人类的启迪意义
		探秘大熊猫王国	看濒危动物生存现状，思环境保护职责所在
	语言类	美丽的世界	用眼睛去旅行
		西方传统节日	激发语言学习兴趣，提高跨文化交际能力
	社会人文类	在故事中学礼仪	在故事中受到启迪、获得收益
		少年演说家	大胆开口掌握语言交际的基本技巧
		人生哲理初探	确立正确的世界观、人生观、价值观
初二初三	艺术类	书画那些事	体会古代文化艺术的精华和内涵
		管乐赏析	普及管乐知识，营造良好艺术氛围
		佚于时空的巨作	发现艺术的魅力，丰富内心世界
		岁月流传的经典	欣赏名画，加深人文底蕴
		中国传统音乐之民间歌曲	培养民族音乐鉴赏能力
	心理类	珍惜生命　热爱生活	学习安全地生存、快乐地生活
		飞扬青春　相伴花季	懂得处理青春期出现的一些矛盾，拥有灿烂花季
		心灵相伴　扬帆起航	提供心理技巧，解决心理问题
	体育类	炫彩青春　健康你我	在集体运动项目中学会团队协作

部分学生课题

分　类	主　　题	简　　介
社会意识类	走近大熊猫	研究大熊猫等濒危物种，加深对全球环境危机的了解和认识
	家庭用水的合理化方案研究	采样研究后，给出家庭节约用水方案建议
	摩拜单车对上海绿色出行影响的时间研究	比较摩拜单车的优劣势，推行绿色出行理念
	发现身边的文明举止	用自己的眼睛观察、习得良好的行为
	让节俭成为一种习惯：学校光盘行动合理化解决方案	寻找集体餐厅可操作性强、实效性强的节约粮食方案

（续表）

分 类	主 题	简 介
热点关注类	网络信息对人们的影响	对网络信息发达对人们影响的利弊进行剖析，学会以正确、健康的态度对待网络
	我看“留学热”	正确、理性地看待出国留学
	上海市光污染现状调查研究	关注城市化进程的副作用，聚焦不易察觉的生活污染现象，提出有价值的意见
人文熏陶类	音乐对情绪的影响	学会用音乐调节情绪的方法
	西南地区喀斯特地貌景观的形成与现状调查	研究喀斯特地形的成因，探索地形地貌及人文景观之间的联系
成长引导类	青春期我们准备好了 当“青春期”撞上“更年期” 共情训练改善初中生人际关系的实践研究	体验青春期心理变化规律，进行自我教育、自我管理、自我情绪体察
	中学生微信使用的利与弊研究	直面微信利弊，科学使用微信
	中学生体育锻炼与学习成绩的关系研究	重视体能锻炼对成长的帮助
	如何正确面对他人的批评	挫折教育
创新探究类	绿色出行总动员	用空气指数说话，推行环保理念
	培育生命：无土化栽培研究实践	学习无土化栽培技术，在校园内宣传、推广绿色环保理念

一、特色课型教给学生一生有用的学习方式

◎ 学生社团

以学生自主管理和自主实践为原则，按兴趣、特长分组，通过学生自主申请、成立、备案，由校大队部对社团进行分级分类管理，维持社团的正常运行。学生是社团活动的组织者、策划者和实施者。

主要学习方式：按个人兴趣、能力和需求自主选择学习内容和形式。

◎ 学生课题

由学生自主申报课题，指定指导老师，在家委会和课题专家的参与和指导下完成的小型课题研究。课题要求取材新颖、关注热点、贴近生活。学生在课题行进过程中成为了研究者，成为了自我学习的领导者，身份的转变带来了更多的责任和担当。部分课题利用假期进行研学，如深入大西北、喀斯特地貌区

等地进行实地考察探究，综合了拓展、探究和实践课程的形式，收到了良好的效果。

主要学习方式：理论学习、探索和分享。

◎ 微型课

这是一种内容丰富、周期短、知识范围广的校本拓展课程，以其灵活性强、实用性强、独立性强而深受学生的推崇和喜爱。它是根据教师的专长、能力、兴趣和学生的需要、爱好以及社会的应时发展，由教师自主申报和编写，形成的各种专题性课程，有心理篇、科学篇、生命篇、礼仪篇、励志篇和艺术篇等主题。

主要学习方式：理论学习、资料收集、体验、分享和讨论。

◎ 微讲座

以微型课为基础，按年级分类，扩大主题学习、项目学习的容量。有符合各年级特点的传承主题如"走进名著、品读经典"系列课程、"英语听、说、唱、译"系列课程、数独训练、24 点训练等，也有充分利用专家型家长资源而增添的大量生动的课型。如动物学专家谈动物保护、新闻媒体家长介绍希望助学工程、医生家长宣传传染病的防治、国学讲师话西游，还有环保知识、法律常识、趣味植物学、航空安全演示等，为学生打开了大千世界的大门，在提升学生的校园生活快乐指数、提高班级年级凝聚力方面起到了有效的推动作用。

主要学习方式：理论学习、体验、讨论、分享、竞赛。

◎ 科创实验

在专用科创楼内，为学生提供必要的活动条件，指导学生开展各项科创制作、发明和竞赛活动。在无土栽培实验室内，指导专题组成员在获得知识和技术的同时，养成严谨求实的科学态度和团结协作的工作作风。该类课程着力于培养学生的创新精神和实践能力，传播科学思想，为学生今后参与科技活动和社会实践打下基础。

主要学习方式：理论学习、实践操作、竞赛。

◎ 书香校园

以"打造书香氛围，塑造人文校园"为目标建设的书香校园，每学期大规模更新图书馆和阅览室的藏书；每班设有流动图书角、电子阅读屏、阅报栏；每天坚持三分钟课前演讲；每日一句名言警句；每周一张"书香伴我行"报摘。各种品牌书香活动如"书香家庭""书香班级""书香假期""书香助学""读书行路"

"学生校刊""橱窗文化"的开展,让每一位同学都能坐拥一壁藏书,阅读经典、阅读思想、阅读文化、阅读精神,书香伴随成长。

主要学习方式:阅读、演讲、信息收集、写作、编写学刊。

◎ 慕课

校园平台在线课程,以理科知识的提高学习和人文知识的拓展学习为主要内容,由本校老师执教,分年级发布,配有作业和检查。发布时间基本在周末和假期,学生能够更自主宽松地选择学习的时间、地点、难度和观看次数。

主要学习方式:选择性收看、练习。

二、助推教育现代化,提高学生学习素养

学校多元课程的实施需要教师教育观念的转变,需要学生获取知识的方式和渠道的改变。近几年,学校在探索课程体系优化的同时,也不断地发掘人工智能在助力教学上的大量功能,这是我校争创第三轮民办特色校的主题之一。人工智能教学提供了更完善、更优化的学习渠道和方式,拓展了课程的广度和深度,在因材施教方面有独特的优势,也能更好地培养学生的高阶认知能力,如独立思考、逻辑推理和信息加工。我们已经成功推行并取得良好效果的"人机共教"项目如下:

◎ 基于英语智慧平台的"英语自主探究式学习"

英语在线学习随时、随地、随需地进行,练习和家校间的有效互动、诊断反馈与督促,切实帮助了学生提高英语学习的兴趣与效能,校方也可以有效了解老师的教学过程、具体的教学方式和学生的整个训练过程。

◎ 基于全脑快学模式的"未来课堂"

思维可视化教学同时激活左右大脑,通过分组教学、自主学习和体验探究,完成有效提问、有效解题、有效记忆、有效分析等课程行为,使课堂互动更活跃,即时效能更显著。

◎ 基于移动端网络环境下的"远程微课堂"

分年级按课程需要,由本校老师录制微课,有知识点的强化训练、有诗词鉴赏、有美文阅读、有科技知识探秘,学生利用周末或假期观看并完成老师配套布置的作业。这是课堂的延伸,方便学生根据自己的学力选择难度和收看次数。

◎ 基于人机交互系统的“人机对话”

学校新建人机对话智能语音实验室，设置针对性强的听说课程，内置的模拟训练题和各种口语场景，有单句训练、人机对话、朗读短文、话题简述等多种训练方式。还可以与电脑中的人物互换角色，互为问答，从而提高学生的实际听说能力。

◎ 基于语音识别和图像识别系统的“英语单词学习和训练”

采用思维可视化教学机制和人工智能教学系统，对每一个学生进行英语学习情况的科学诊断，然后根据学生水平通过右脑单词记忆法进行单词教学、写作词汇训练、听说词汇训练。

◎ 基于大数据分析下的“质量诊断系统”

通过记录和分析学生学习的过程数据，形成对学生知识、能力、素养的可视化诊断，发现学习特点和障碍，提供个性化的解决方案。该项工作在我校已经制定了程序、养成了习惯、形成了经验。从校方组织考试质量评析、教师个人质量分析到发现并解决教学问题，从学生在家长辅导下通过网络平台完成自我诊断到网上提问、寻求教师个别辅导，最后进入系统题库选择同类试题精确补漏，路线清晰，操作明确。经过教师、家长和学生三方的配合，考验并培养了学生自主、自律、自主学习能力，引导学生逐步从“被动”的学习向“主动”转变。

综上，课程的变化必定会带来教学手段、教学技能、教学内容和学习方式的一系列变革，我们的多元课程设置的目的在于培养复合型人才，培养善于利用各种思想与工具来解决实际问题的优质人才，因此与之相对应的教学活动就逐渐从以教师的教为中心，转向以学生的学为中心。经过多年的实践与努力，“讲课”“听课”这种单一的学习方式完全发生了转变，师和生的角色扮演也发生了转变。

教师的教学行为主要有：提供学习建议——搭建支持理解的脚手架——控制学习进度——引导学生对信息的过滤——接受学生求助。

学生的学习行为主要有：确定学习目标——制订学习计划——自我管理学习行为（时间、地点、方式）——自行收集信息——对知识和信息主动建构——理解问题并产生新的问题——向老师和同伴求助。

让每个学生都能享受到更优质的教育，让每个学生都能拥有终身受用的学习素养，我们一直在探索。

精良的师资队伍全面实现立德树人的育才目标

一所高品质学校进入新的发展阶段，要进一步调整和精准办学的目标指向。我们在原有的三维育人目标“培育学生积极的生活态度、培养学生主动学习的能力、帮助学生掌握适度表达和控制情绪的方式”的基础上，更多地关注学生在学习能力、人格修养、思维品质和创新精神上的培养，使他们具有高雅的格调和审美情趣；得体的言谈举止和待人接物；淳朴友善的心性和开阔的胸怀；自信大方和进取励志的态度。由此，我们把立德树人、自我发展作为育人的根本任务和终极目标融入了思想道德教育、文化知识教育和社会实践教育等各环节中。

一、“以德育人、以情育人、以理育人、以境育人”，分年级主题教育目标明确脉络清晰

年　级	教育目标	主题教育
预备年级	注重习惯养成教育，通过预备年级入学集训，开展文明礼仪、课业规范、学业规范等养成教育活动，让学生尽快适应初中生活，促进学生行为习惯和思想道德素质的提高，为学生的自主发展打下坚实的基础	救护安全、交通安全、消防安全、法制教育仪式教育、心理健康教育、学科竞赛、节庆日教育、艺术类活动、社会实践活动
初一年级	加强班级文化建设，开展法制教育，进一步培养学生自我管理、自主学习的能力，做“品行高尚，知书达理”的好学生，做爱集体、有涵养、爱学习、有文化的好少年，培养学生健全的人格，提升做人的品位	交通安全、消防安全、法制教育仪式教育、心理健康教育、学科竞赛、节庆日教育、艺术类活动、社会实践活动
初二年级	加强责任意识培养，特别注重青春期情绪认知、情绪调节及是非观念等心理健康教育，关注学生的心理变化、心理健康和心理安全，注重公民及公共意识的培养和提高，持续进行学生道德观教育，培养良好的道德品质	交通安全、消防安全、法制教育仪式教育、禁毒禁烟教育、心理健康教育、学科竞赛、节庆日教育、艺术类活动、社会实践活动
初三年级	加强意志品质和理想教育。以人为本，求真务实，引导学生树立正确的道德观、人生观、价值观和世界观，培养学生良好的道德品质、较强的抗压受挫能力以及乐观向上的心理素质	交通安全、消防安全、法制教育仪式教育、禁毒禁烟教育、心理健康教育、节庆日教育、艺术类活动（部分）、理想教育

◎ 书香接力，传递心的力量

学校以“牵手书香，爱心同行”为主题开展了系列书香主题实践活动，先后与广西偕乐小学等贫困地区学校建立助学结对关系，同学们用闲置书籍，设立助学基础书库，用义卖所得，为结对小学建立“扬帆图书馆”，通过书信往来，以书会友，畅谈理想，其乐融融。学生代表寒暑假去结对学校，与当地学生吃住在一起，互相勉励，共同学习。孩子们说：“在帮助别人的同时，我也接受着难能可贵的自我教育，感受着世界的温度，深刻体会着‘爱’‘独立’与‘责任’的重要含义。”

◎ 生命教育，体验那份厚重

“珍爱生命、保护自己”，从阳光聊天室活动，到“挫折体验”主题班会；从“紧急救护”技能学习，到交通、消防、禁烟、禁毒系列讲座，学生逐步树立起了安全意识和自爱自救意识，体验着对生命的敬畏感。

◎ 节日教育，提升人文素养

节日是一个国家或民族传统文化的缩影，也是对学生进行人文传统或民族精神教育的绝佳机会，学校以元宵节灯谜会、端午节包粽子比赛、教师节“谢师恩”、重阳节探望孤寡老人、妇女节“牵妈妈的手”摄影大赛、“十四岁生日”主题集会、“我的爸爸是男神”这一系列围绕节日开展的主题活动，加强了学生对传统文化的深度体验，更进一步提升了学生人文素养，让每一个节日走出日历，走进心灵。

◎ 感恩教育，热爱生活点滴

关注身边的风景，感谢平凡的肩膀——要切实提高学生的文明素养，就必须引导他们从内心热爱生活，拥抱生活。基于此，学校组织的感恩教育活动引导学生将目光聚焦于身边平凡人的付出，除了父母宽厚有力的手掌和师长的提携与教导，还有那些辛勤劳作的花匠、电工、木匠、食堂服务员、保洁员、保安、校医、宿舍生活老师……只有理解并感恩他人的劳动与奉献，才能切实提升自己的素质素养。一个真正热爱生活并感激生活的人，才能给予别人真正的尊重。

◎ 心理教育，守护心灵港湾

守护自己、感知同伴，建立相互间的信任、建立对自身的信任——优秀的情绪管理能力是我校德育的重点关注。在精心布置的“阳光聊天室”和专用活动室里，心理疏导员老师们定期开展的心理辅导课不拘一格，主题丰富多变，引导学生加强情绪调节和评价能力。同时也会关注学生“特殊时期”的心理状态，如“开学综合征”“考前综合征”等，开展多种辅导活动，帮助学生渡过小“难关”。而由各班级学生“阳光小天使”组成的心理社团则会积极进行“同伴教育”，定期开展心理活动周、心理测试、心理橱窗、心理广播、心理信箱解答等活动，引导大家为自我发展保驾护航，在校园里的生活过得安心、舒心、开心。

◎ 个性发展，深化素质教育

我们相信，每一个学生都是独一无二的，都具备独特的闪光点，因此学校也积极通过大量的文化艺体类主题活动，为同学创建个性发掘和发展的舞台、机会。我校每年有秋季田径运动会、趣味运动会、各年级球类运动联赛、运动小达人竞赛、艺术节、迎新晚会、年级主题沙龙、英语课本剧展演、电影配音大赛、演讲比赛、辩论赛、数独技能竞赛、二十四点速算竞赛、书香主题征文、游园会、赛诗会等活动，“舞台有多大，心就有多大”，个性化主题活动极大程度上助力了学生的兴趣发展、能力发展和人格塑造。

◎ 行万里路，带课题走天下

“走近大熊猫”课题组学生远赴四川考察，“西南地区喀斯特地貌景观的形成与现状调查”课题组流连于桂林特殊地质奇观，“大西北地质研学”课题组深入甘肃腹地走访踏查等，而这一系列的研学活动，既将课本所学知识深化、拓展、融会贯通，培养了学生团队合作精神，增强了他们学习的主动性以及创新精神和科研素质，也提高了他们合理有效安排时间的能力、融入社会的能力、与人沟通的能力以及分析问题的能力。“纸上得来终觉浅，绝知此事要躬行”——在各种亲身实践和深入求索中，交华中学的同学们真正做到了“读万卷书，行万里路”。

◎ 国际交流，着眼未来发展

学校教育必须不断拓宽眼界，着眼于未来，交华中学远瞻学生将来所面临的世界大环境，想方设法为学生提供国际交流的机会。除了每学年的海外游学实践以外，我校毕业的优质留学生也是学校进行世界观教育的重要资源，如曾多次前往斯里兰卡、以色列、利比亚等国参与联合国公益活动的张同学，以及荣获澳洲年度最佳外籍留学生的杜同学等毕业生，都会受邀以讲座、视频、信件等形式与母校师生互动，受到同学们的热烈欢迎。学校的英语教研组与海外中学建立友好往来，鼓励学生与国外同龄人开展文化交流，通过书信往来，增进了解、促进文化交流、拓宽国际视野。

二、高度的自我管理为实现自我发展奠定基础

“培养‘人’的学校不能只盯着分数，最好的教育是自我教育。”

交华中学的育人目标包含着对学生发展目的的期待，要教会学生学习和做人的态度与方法，培养“克己、自律”的优秀品质，收获最好的未来。纵深育人目标的主线条的“提高学生自我管理、自主发展能力的实践研究”作为全校共同参与的大型市级课题，历经近两年的实践研究，不但顺利结题，更收获了大量在学生学习、情绪、生活三方面自我管理能力培养上的实践和理论经验。诸多学生在自我管理、自我教育和自我服务上的好方法，被用来培养学生良好的自律能力、自主参与能力和自我发展能力，学校为学生主体作用的充分发挥提供平台，创造更高品质的校园生活。三大能力培养的核心理念和方式如下：

<table>
<tr><th></th><th>培养方式</th><th>培养途径</th><th>核心理念</th></tr>
<tr><td rowspan="10">学习的自我管理</td><td rowspan="4">课内集中</td><td>合作学习</td><td rowspan="4">贯彻学校“魅力课堂”的理念和做法，通过和谐师生关系的建立、主动学习情境的创设、互动交流能力的培养以及个性化学习方法的指导，培养学生的自信、自立、自强的学习精神和自律、自主、自觉的学习态度，在课堂学习中做到“愿学”“敢学”“善学”</td></tr>
<tr><td>自律能力</td></tr>
<tr><td>方法指导</td></tr>
<tr><td>分析反馈</td></tr>
<tr><td rowspan="6">课外研修</td><td>探索学习</td><td rowspan="6">通过学习兴趣的激发、自主意识的增强、探究能力的培养、探索情境的搭建，引导学生主动制定课外学习实践的个性化目标，培养学生管理自己的兴趣发展、社团活动、课题研究、校外研学等多方面学习实践的能力，形成终身学习的理念和习惯</td></tr>
<tr><td>策略学习</td></tr>
<tr><td>目标规划</td></tr>
<tr><td>科研能力</td></tr>
<tr><td>兴趣培养</td></tr>
<tr><td>竞赛表彰</td></tr>
<tr><td rowspan="10">情绪的自我管理</td><td rowspan="3">体验</td><td>感知力</td><td rowspan="3">通过学生课题研究、心理社团宣传实践、心理微型课、心理主题活动课的开展，引导学生善于感知、分析和判断自我及他人的情绪</td></tr>
<tr><td>观察力</td></tr>
<tr><td>协调力</td></tr>
<tr><td rowspan="3">认知重评</td><td>认知力</td><td rowspan="3">在增强情绪体验能力的基础上，通过情景认知、理解控制、推理指导等方面能力的培养，引导学生情绪主观体验的调节能力、评价能力</td></tr>
<tr><td>沟通力</td></tr>
<tr><td>表达力</td></tr>
<tr><td rowspan="4">处理问题</td><td>自我暗示</td><td rowspan="4">通过对学生情景选择、情景修正、注意分配、认知重评和表达抑制等情绪发生各个阶段的行为管理能力的培养，使学生初步具备自我情绪探测、减压、调整的能力，对正、负面情绪的控制力得到有效加强</td></tr>
<tr><td>注意力转移</td></tr>
<tr><td>情绪抑制</td></tr>
<tr><td>合理宣泄</td></tr>
</table>

（续表）

	培养方式	培养途径	核心理念
生活的自我管理	独立生活	自理意识	运用训练习得、养成教育、集体实践活动等方式，通过对学生的分层教育（年龄年级、性别差异、住宿与走读等），培养学生独立生活的能力和意识，引导学生树立是非观念，增强独立判断能力、团结协作能力等，为学生将来“社会人属性”的形成打下良好的基础
		良好习惯	
		集体主义观念	
		社会责任感	
	自我保健	健康生活理念	以现代社会“终身体育”为理念，通过体育课、阳光体育活动、运动会、“体育达人”挑战赛、自主健身运动等方式，为学生搭建平台，树立正确、健康的生活方式，并掌握一定的自我保健常识
		全民健身	
	自我保护	自救自护	以学校“生命教育”主题活动为基础，通过各种专业部门的专业知识讲座、情景实践、学生课题等，提高学生的预防、自护和自救能力，树立常态安全意识、法律意识和大生态观、大环境观
		环保意识	
		法律法规	
	家校共育	家庭教育指导	以构建沟通渠道、重塑家教观念、创建合作氛围、形成观念共识为基础，以家委会、主题开放日、家校联系、家长会等为主要平台，确立社会教育、学校教育、家庭教育与自我教育的衔接、统一，为孩子健康成长打下坚实的环境基础

学校以阳光聊天工作室、学生心理课题研究中心、情绪智力系列课程为抓手的培养，提高了学生在观察体会他人情绪、认知重评、处理情绪问题等方面的能力；通过在学习过程中确定目标、制订计划、选择方法、管理实践、调节努力程度、执行计划、反馈与分析效果、补救措施等学习方式和态度的引导，帮助学生独立地确定自己的学习目的、掌握个性学习方法，成为学习的主人，在学业成绩、课堂表现、作业水平等各方面都取得进步和提高；以宿舍管理和行规管理为教育切入点，通过大队部领导下的学生自主管理委员会，在全校施行学生的自我服务和自我管理，实现学生的自我导向、自我激励、自我监控、自主选择、自主判断、自主建构，逐步形成比较稳定的健全的人格。

正是在多年聚焦学生核心素养培育及个性特长发展的深耕和积累下，我校才能够不断收获累累硕果：学校管乐队多次在市、区级比赛中获奖；文学社校刊《扬帆》获得市校刊评比二等奖和“最佳编辑部奖”；小记者社每年参与市级宣传活动并多次采访知名人物和重大事件；清音社原创歌曲获宝山区十大校园原创歌曲奖；环保社获得新加坡旅游和环境署颁发的“环保小卫士”称号；

美术社社员获得全国少年图文创作大赛一等奖；科技社社员获得上海市未来工程师设计大赛一等奖……

三、教育的核心是“爱与关怀”

教师是一所学校的灵魂，建立一支安心从教、热心从教、舒心从教、静心从教的师资队伍是我校常年追求并坚持的。近年来，学校在力所能及的范围内，不惜一切代价，引进和培养优质师资，打造名师品牌。学校通过本校培训和引进力量指导教师成长、提供各种机会和条件鼓励教师潜心研究教学、配合奖惩机制激发内驱力这些举措，扶持了一批教师的成长和成才。为了锻造一支过硬的骨干教师队伍，学校的青年教师耕耘奖、学期考核奖以学生家长问卷、同行评议、班子考评、教育教学实绩为依据，在鼓励青年教师成长、促进教师发展、激励教师奋进上起到了有效的推动作用。

与此同时，学校党政工团联合打造温馨校园，利用各种节日契机为教师创造家的温暖：春节的团拜会、元宵节住校教师和校长共进晚餐、妇女节彩妆指导课、儿童节亲子活动、端午节节庆大礼包、教师节全校活动、重阳节退休教师座谈……当老师遇到实际困难时，工会积极发动大家伸出援助之手，帮助老师渡过难关。老师们都由衷地说，这是一个有人情味的学校，这是一个催人奋进的学校！强烈的归属感，使交华的老师把自己和家庭和命运与学校牢牢地绑定，学校的发展就是个人的前途，学校的理念就是工作的指明灯。在交华，领导与教师之间、师生之间都有着浓浓的“爱与关怀”，这种氛围下的交华老师，立德垂范、业精善学、敬业爱生，培育了一批又一批的优秀毕业生。

学校曾面对全校学生组织过一次问卷，问卷统计的结果传发给每个教师仔细阅读和思考。76.5％的学生希望老师能给予真诚的鼓励，而不要严肃的谈话教育；81.5％的学生渴望老师风趣、幽默、热情；74.9％的同学非常欢迎新课程体系，愿意学习新知识和新学科，因为能调动学习积极性，有新鲜感，等等。这之后，学校每学期都要组织两次以上的学生问卷，让老师们走进学生的心灵深处，走进学生心里那个广袤的世界，用“理解”搭建师生沟通的桥梁。

现在，学校越来越多的老师思想观念和角色意识发生了改变，不再需要校方反复的强调，就主动地成为了学生的培养者、指导者和学习伙伴。而且在教学中更多地关注了时代与学生的需求，提高了自我的学习力、探索精神和自我发展的意愿，能积极地面对学校各种教学改革，也能从容地应对各类新型课程。我们欣喜地发现，一专多能型老师们从过去的知识传授者转变为学生学习活动的设计者和指导者之后，师生关系更自然、更和谐了。

以人为本的精细化管理提供高质量的教育服务

一、精细化的教学过程管理和质量管理是学习品质的保障

每个老师都有清晰的思路和步骤

——从"为何学、怎么学、学什么"到"坚持学、学会学"，自主学习能力是我们的培养目标，但是自主学习并不意味着完全独立学习。学生的学习水平和能力是逐渐提升的，需要教师科学的指引。老师要有明确的目标和步骤，逐步帮助学生掌握适合自己的学习方法，培养主动学习的兴趣和愿望，再通过监督和行为调控，养成坚持学习的意志，进而习得学习的能力。我校总结的三大教学举措和学生自我学习的三步骤已经形成了广大教师的共识和行动上的一致：

教学三举措	教学三步法
课堂前移，先学后教	认识数据，使用数据
聚焦问题，高效课堂	自我诊断，明确目标
作业多元，注重个性	认识自我，满足需求

严谨而扎实的教学过程性管理和质量管理保障了教师始终在清晰的工作思路和步骤指导下教学，保障了学生自主学习能力培养目标的达成。

每一节课都是魅力课堂

"没有足够吸引学生的课堂，学生对于学习的主动性就无从谈起。"交华魅力课堂的要求是：(1)营造宽松、舒适、民主的课堂环境，建立和谐的课堂师生关系。(2)营造充满激情与活力的学习氛围，激发在教师引导下的学生智力的碰撞，建立师生互动、生生互动的氛围。(3)创造充满求知欲、进取心、善于思考、主动反思的学习过程，激发学生主动学习、敢于提问和质疑的精神。

老师们会在日常课堂学习中培养学生自信、自立、自强的学习精神和自律、自主、自觉的学习态度：合班教室里两个班级的同学坐在一起交叉完成探究任务，语文课上"学生教员"轮流进行阅读辅导，数学课上自由选座成立临时竞赛小组，英语课上对课文即兴编剧展演……教师不断实践和大胆创新，改进和完善不同课型的教学设计和教学策略，通过丰富的课型有效帮助学生加深对知识的理解、接受和运用过程，让学生能在学习知识的不同阶段获取不同的

学习感受和认知体会。同时辅以大量的学科交流活动推动教师思考和学习，组织各类回头反思课、课改尝试课、观摩研讨课和创新示范课，辅以教法研讨、教学微技能探索等措施，教师们深化落实了“以学生自主学习为核心”的课堂教学理念和做法，魅力课堂的理念和做法已经成为老师的课堂的指南。

每一天都做有效作业

“承认差异、直面差异、缩小差异”。要保护和支持学生的自主学习，教师首先要考虑的是学生学力基础各有不同，需要智慧和技巧，老师要尽可能地满足不同层次学生的学习需求，提供各种自主选择学习方式的可能。个性化作业内容设计是关键。交华中学把作业分成基础型作业、拓展型作业、周期弹性作业、预习作业和微课作业等类型，学生根据学校要求并结合自身能力选择相关作业去完成。其中，基础型作业是当日课堂练习的延伸和巩固，是全部学生均需完成的；拓展型作业按难度分层，学生根据自身能力选做；周期弹性作业非当日完成，在规定的时间段里根据当日作业量作合理安排；微课作业是课堂的延展。每个年级每个班都会有学力基础参差不齐的学生，“众口难调”“顾头不顾尾”一直是老师们的课堂难题。学校成立微课制作团队，利用网络平台上传微课视频，让学生周末在家根据自己的实际需求选择相关授课视频进行延伸学习，并完成相关练习。有些难题学生会反复播放精看，比课堂效果还要好。多元作业的设计与布置提高了作业的针对性设计与批改效果，控制了作业总量，有效减轻了作业负担。

作业类型	完成对象	完成日期	完成时间	编印要求
基础型作业	普遍要求完成	当日	三门总量控制	备课组统一编印
拓展型作业	按需按能选择性完成	当日	三门总量控制	备课组统一编印
弹性作业	按需按能选择性完成	每周或双周	学生自定	学生可自选教辅
预习作业	普遍要求完成	当日	教师自定	按照老师要求
网络平台作业	普遍要求完成	每周	教师自定	在网络上实现 英语能力训练
微课作业	按需收看	每周	学生自定	提高类，人文类

每个学生都有良好的预习习惯

“教育的本质是自我教育，学习的本质是自我学习。”自主学习、主动学习的重要环节是课前学习，教师在每一天的教学中布置预习的任务，并为学生留有足够的预习时间来完成预习任务，让学生在预习的过程中思考，在思考的基础上听课。“把明天的课堂变成今天的作业”通常是：自主预先落实基础知识，学会对书圈、点、画，标明自己的难点和疑点，等待堂上解决；把预习内容问题化，由教师预设问题，带着问题预习，增强学习的目标性；编制导学案，同时解决“问题化”“具体化”和“练习化”三大任务；根据学生基础学力的不同，分别布置基础型预习作业、加强型预习作业、提高型预习作业……“站在书上看书”，培养学生自学能力和学习方法需要具体的指导和措施。

三类作业实现高效减负、命题能力培养提高教师教学把握能力、探索能力，充分发挥教师工作能动性的“教学评一致”的日常教学诊断模式、科学合理地设计教学检测的频度和难度、改进考试结果分析策略、通过试后分析多维突破教学难点……这些都是学校在改进教学内容、改进教学方法、改进学习方法上的实践和努力。我们悟到了高质量教学的真谛，也收获了改革的成效。

二、人性化的细节管理是校园幸福感受的保障

家长们说：“把孩子放在交华，我们安心、舒心、放心。”这是一份反馈，更是一份信赖。对处于四年宝贵的身心飞速成长期间的孩子，交华奉献了所有的真诚与爱心。

吃得开心　严格按照卫监局要求进行各项流程操作，分管校长和总务主任每日亲自督查，保证所有食材产地溯源清晰，均经过精挑细选，保证菜肴精心烹饪，美味可口。每周公示菜单，注重营养搭配，提供一日三餐、水果、酸奶，西点房还每日现烘新鲜晚点心。一学期两次的问卷和投票，给予师生点评和选择菜肴口味质量的权利，也是食堂按需调整的依据。学生们每天习以为常地和校长、老师一起排队，领一样的饭菜，此举让家长们赞不绝口。学校对所供饭菜质量和卫生充满了自信、对师生一视同仁的尊重，尽在无声的行动中。

住得舒心　经过多年不断更新、改造、建设和提升，交华中学学生公寓已成为同学们安全、舒适、温暖、和谐的第二个家。在这里，有 24 小时热水、供电、空调、洗衣机，洗浴和卫生间一应俱全，每个学生都有自己独立的半隔式学习空间，学校食堂为住宿生提供了味道可口、营养丰富的早餐，公寓内配备了生活老师和 24 小时安全保卫人员，配合学校的学生自主管理理念，每天的宿舍自习都有专人保障正常开展，引导住宿生合理分配时间及完成弹性作业，生活老师还会贴心地帮助指导学生解决生活中的“小困难”：从衣物的缝补、大件衣服的洗涤到夜间病情的看护。在学校的热情关怀和帮助下，住宿生们的学习生活均无后顾之忧，也获得了家长们的热情点赞。

学得安心　考虑到大华地区双职工家庭居多，家长们无暇照顾孩子的晚餐和作业辅导，学校在已有住宿生夜自修的基础上动员教师接受走读生家长的申请，提供夜自修服务，学校行政承担所有的管理费用，不另外向家长收费。这一坚持十多年的特色服务深受广大家长的推崇，几乎全校80%的走读生都选择了参加夜自修，在主课老师的辅导下更有利于同学集中精力做作业和预复习，也方便学生随时提问。夜自修服务无疑为学校的管理增加了难度，为教师增加了工作量，但是作为民办学校，我们有责任承担一定的社会义务，为家长分忧解难，用特殊的教育服务满足家长特殊的需求。用老师们的话来说，"从日出到日落，我们愿意温暖地陪伴孩子们的成长"。

"一个精彩纷呈的校园、一个有安全感的校园、一个有归属感的校园、一个能受到尊重的校园、一个能体验成功的校园"，从2012年到2019年，在高品质校园生活内涵建设的道路上，我们始终如一地追求和探索，希冀学生能从人生这段重要的旅程中获得精神的充实感，生命的成就感，生活的幸福感，奠定未来发展的良好基石。优秀的校园生活品质，体现在课程建设、立德树人、师资力量、教育服务、教学质量的方方面面，是关乎学生生命意义和精神品质的重要内容，是衡量一所学校教育本质和教育价值的重要标识。我们不忘初心，坚定着办学的理想，更时刻准备着，以变革的姿态迎接教育的明天！（赵凤飞　詹　晶）

第二编　高品质课程体系提升学生综合素养

【宏观设计】

多元融合课程，提升学生综合学习素养

近年来，上海市教委深入教育综合改革，提出了进一步破除以往的唯分数论，重视科目教学的丰富性，注重能力培养，以促进学生的全面发展以及综合素养的提升的要求。以往的教学，僵化于中考框架之中，多以教师为中心，因而学生的学习多拘泥于课堂和书本中，脱离生活实际，出现能力不够、后劲不足的现象。为了改变以往的接受教学现状，充分发挥学生的个性、特长和潜在的优势，促进学生在学习生活中能自主探究，学校利用不同的教学工具、教学方法和教学手段，以学生为中心进行探索实践。以社团课程、兴趣课程、微型课程、科创实验、书香校园以及微课、慕课等课程形式，围绕传统文化、民族精神、生态文明、社会实践、心理健康、艺术审美、体育健身等主题，在"大课程"理念支持下以其丰富的层次、有机的组合和跨学科知识的融合形成多元课程体系，优化学习方式，丰富学生的学习生活，激发学生的学习热情和探索热情，引导学生将学习内容与真实生活情境相结合，提高解决问题能力、动手能力和创新能力，有效地提升学生品德发展与公民素养、修习课程与学业成绩、身心健康与艺术素养、创新精神与实践能力等综合学习素养。

一、转变学习方式，优化学习环境

根据《上海市进一步推进高中阶段学校考试招生制度改革实施意见》等一系列教育综合改革的要求，此次教育改革坚持育人为本，关注共同基础全面发展，防止初中学生过度偏科，以进一步提升学生的综合学习素养。而提升学习素养最重要的途径是转变学习方式，优化学习环境。

（一）以特色课型为视角，转变学习方式

学习方式是指个体在进行学习活动时所表现出的具有偏好性的行为方式与行为特征，也是个体在学习过程中接受或处理信息的方式，反映个体学习活动中的个体差异。由于年龄和智力水平的不同,学习方式表现也各有差异,分为不同的类型,分别为感觉定向、学习风格和学习形式。

1. 在感觉定向方面,有些学生倾向于视觉学习,有些更适合于听觉学习,有些则偏向触觉学习,而传统的教学方式以听觉学习为主,过于单调不适合于所有类型的学生,教学若多以听觉的方式传授,也必然会引发学生对学习产生抵触情绪。学校根据学生感觉定向这一差异,以英语智慧平台、远程微课、科创实验、未来课堂等全方位地唤醒学生个性化学习方式。以未来课堂为例,探究其与传统教学课堂的区别,主要包括四个方面:

(1) 先进的学习环境。包含虚拟的环境和智能装备以及先进的教学布置,譬如多功能化黑板、交互式大屏、移动讲台、小组式组合智能课桌椅、VR 教学装备、仿真试验器材、开放教学区。

(2) 先进的教学内容。主要围绕学生感兴趣的学习材料或资源,充分提高学生对知识的探索欲望。

(3) 先进的教学模式。教学采用项目式、探究式、混合式等模式,引导学生参与到假设、验证、总结的过程当中,通过分组教学、自主学习和体验探究,切实有效地将以教师为中心的课堂转变到以学生为中心的课堂,发挥个人潜力。

(4) 先进的教学数据平台。教与学数据贯穿整个过程,融合于各个教学场景之中,最终达到学习个性化及精确化。

也正因为未来课堂抛开传统课堂,不再是沉重的书本,带有先进属性,真正在视听触方面契合学生的感觉定向学习,因而课堂氛围更活跃、即时效能更显著,更能培养学生的学习习惯,塑造学生人格,从而回归因材施教的本质。

2. 不同的人学习风格也不同,有些学生偏好于在安静的场所独自进行学习,有些学生喜欢置身于群体之中相互影响合作学习,通过群体之间的交流和讨论加深对所学内容的认知和理解。社团活动就是将一群有着共同兴趣爱好和特长的学生组织在一起,提供时间空间,提供资源,共同促进提高。学校设置了丰富的学生社团及相应课程,如记者社、管乐社、摄影社、心理社、科创社、播音社、戏剧社、拉拉操社等,都提供相应的场所和学习资源,让学生自由开展活动,满足不同学生的学习兴趣,丰富学生课余生活,在互相启迪和互相沟通的进程中增进彼此之间的情感。学生社团有别于兴趣小组,由社团委员会直接组织，由校大队部对社团进行分级分类管理，无论是章程和制度的拟定、舆论发动、队伍组建、联谊招新，聘请顾问老师，还是大型活动的组织，全部都由社团委员会和社长共同协调，以学生自主管理和自主实践为原则，按兴趣、特长分组。各类社团有其相对应的社团课程，这些社团课程也是根据学生的兴趣、能力和需求，自主选择学习内容和形式。社团团体成员相互接触、学习、分享、讨论，从而最大化地发挥学生社团的作用，使得热爱群体学习的学生能得到伸展的机会。

3. 在学习形式上，有些学生喜欢接受学习，有些学生喜欢发现学习。对于偏爱发现学习的学生来说，自我探索、寻找问题并解决的过程对他们来说尤其重要，而慕课、学生课题当仁不让。学校借助慕课平台由学校的教师执教，按照学习计划发布相应的主题课程，分不同的年级发布，让不同年级的学生都能在此平台学到不同的知识，课程学习完之后，平台附带有作业检查，学生也能够了解学习的掌握情况，发现自己的学习问题，教师也能通过这个平台掌握学生的学习情况，也有利于后期针对性地教学。为减轻学生平日的学习负担，慕课的学习时间一般都安排在周末和假期，对学生来说具有很大的灵活性，学生可依据自身状况，选择观看的时间和次数。此外，学校的学生课题是综合了拓展、探究和实践课程的形式，学生通过课题的研究，在探索实践中观察、记录、分析，从而发现问题、分析问题、探索问题，一步步深入，为今后的学习打下坚实的基础。

总而言之，学校依据学生学习方式在感觉定向、学习风格以及学习形式方面有差异的特点，设置如未来课堂、社团课程、微课、慕课或英语智慧平台等相应的特色课程，灵活性多元融合转变学生的学习方式，最大化地激发学生的学习乐趣，使学生在学习的过程中提升包括认知、合作、创新和职业等关键能力，从而推动教学质量的提升。

（二）采用多种技术手段，优化学习环境

随着信息技术的迅猛发展，教学与信息技术的结合是必然趋势。教学与多媒体信息技术的结合给学习带来极大的便利，将学生从以往单一课堂模式解救出来，使得教学内容更加具体化、可视化。未来课堂、人机对话、远程微课堂以及书香校园等一系列课程都利用多媒体信息技术，进一步优化学生的学习环境，创造未来许多可能性的条件。

基于全脑快学模式的“未来课堂”，学生在未来课堂中以一种虚拟的方式参与到学习课堂中，学生能在具体的电子白板中看到具体的事物或者实验过程，再也无须凭空想象某个事物或动作，使得教学思维可视化。同时在学习的过程中未来课堂能激活学生的左右大脑，使得学生的思维更加灵活，并通过分组教学、自主学习和体验探究，完成有效提问、有效解题、有效记忆、有效分析等课程行为。活跃的课堂互动和显著的即时效能创造了良好的学习氛围，进一步优化了传统的教学课堂。

以往的英语学习中，许多学生只是简单停留在语法、单词识记、课文背诵、书面测试等方面，忽略了英语口语的练习，因而出现许多发音错误、无法顺畅对答等相关问题，因而或多或少产生对英语的抵触情绪，逐步走向哑巴英语的行列。针对中考英语试题改革增加口语以及学生口语缺陷这些情况，学校走在了改革前沿，多年前就结合智慧英语平台对学生进行人机对话的训练。此平台提供网络化的听力口语训练模式，系统测试要求与中考要求完全一致。内置的模拟训练题和各种口语场景相结合，配带有单句训练、人机对话、朗读短文、话题简述等多种训练方式。学生还可以与网络中的人物互换角色，互问互答。教师每周发布一次人机对话作业，学生自主在智慧英语平台进行对话练习。智慧英语平台也能及时给予学生反馈，检测学生的学习质量，发现学习过程中的问题，并做相关记录。通过大量练习，学生对智慧英语平台越来越熟悉，会综合之前口语练习中遇到的问题，自由规划英语口语练习。有的同学就单词词组进行自主训练，有的同学就更多的人机对话专题进行自主训练，有的同学练习听力，学习的氛围越来越浓郁，学习热情日益高涨，推动了英语学习产生质的飞跃。

基于移动端网络环境下的“远程微课堂”是对课堂的拓展与延伸。学校传统课堂时间固定，教师的教学也只能对基础部分进行教学，无法详细地对课程背景延伸或对课程学习深入。远程微课堂按课程需要，由教师录制微课，其中有理科类的知识点拓展专题训练，语文学科的品读系列，如诗词鉴赏、好书推荐、名篇导读等，还有其他诸如科技知识探秘等多元知识。微课在学习过程中可发挥不同的作用，例如学生在学习一篇新课文前，通过相关的课程来了解课文背景以及作者的相关资料、作品风格等。微课也可作为知识点强化训练的工具，也可作为课外知识的补充。为方便学生根据自己的学力自由选择难度和收看次数，节省学生的搜索时间，提高学习效率，学生可利用周末或假期观看并完成老师配套布置的作业。

二、提升学习素养，促进自主学习

新课程改革明确指出：教育应注重培养学生的独立性和自主性：引导学生质疑、调查、探究，在实践中学习，促进学生在教师指导下主动地、富有个性地学习。校本课程的多元融合在转变学习方式、优化学习环境的同时，能全面地提升学生的学习素养，促进学生的自主学习、解决问题、创新思维等能力的增强。

（一）多元融合课程，提升学习素养

以增强事物感知、多维度思考问题或交替使用多种形式达到多元课程的融合，优化学习方式和学习环境，培育学生综合素养和个性特长，丰富学生生活实践经验，形成良性的师生互动，得到有效的学习反馈，扭转应试教育倾向，提升自主学习、创新学习素养。

1. 增强事物感知，达到深度学习

深度学习是指在理解学习的基础上，批判性地将学习的新思想和事实融入已有的认知结构中，众多思想之间进行联系且能够将已有的知识迁移到新的情境中，作出决策和解决问题的学习。深度学习的提出是对以往浅层学习的纠正和深化，是我国教育界应对信息时代人类学习的必然要求，更是落实学习核心素养的有效途径。学校通过加深对深度学习的理解以及强化对人文意识的培养，利用如微型课程、慕课、微讲座、选学课等一系列特色课型，帮助学生增强对事物的感知，强化对知识的理解，达到深度学习，实现核心素养的培养目标。

感觉是认知的基础，人类的智力活动都是在对外部事物感知的基础上展开的，通过运用多种感官感知和认知事物，从而达到对知识的深入理解。英国著名生物学家达尔文曾说：“我既没有突出的理解力，也没有过人的机警，只是在觉察那些稍纵即逝的事物并对其进行精细观察的能力上，我可能在众人之上。”也正是因为他细心敏锐的感知和观察成就了经典著作《物种起源》。从某种程度上讲，感知来源于对事物的细心观察，只有通过认真敏锐的观察感知，才能全面深入理解感悟，并在寻常事物中突破创新，提出问题以及个人见解，达到深度学习的效果。

微型课程作为校本课程有特色的一环，在帮助学生达成深度学习具有一定的支持作用。微型课程又被称为专题式课程、短期课程或者模块课程，是一种周期短（最短的一门课程 3—4 周即可完成）、内容丰富、知识范围广的校本拓展课程。此课程是根据教师专长、能力、兴趣以及学生的需要，由教师自主申报，学校审核。其因自身的灵活性、实用性、独立性而深受教师与学生们的

推崇和喜爱，学校已坚持开设多年。这些课程不仅涉猎面广，而且内容更新快，多选择与学生当下的生活和需要密切相关的主题，有心理篇、生命篇、礼仪篇、科学篇、励志篇和艺术篇。初中处于青春期的关键阶段，此阶段因其矛盾的特性，具有叛逆的特质，学习心理学类、生命类课程，如“珍惜生命　热爱生活”“飞扬青春　相伴花季”能让初中生认识青春期，学习安全地生存、快乐地生活，珍重生命，以健康的心理状态顺利进入高中。励志类微型课程，能帮助初中学生找到未来的定位，鼓励他们克服困难勇往直前。现在的学生大多为独生，民办学校的学生又相对成长条件优越，较为自我，通过微型课程的礼仪课，让学生更为自尊自爱，促进全面优质发展。微型课程的艺术篇如“佚于时空的巨作”“书画那些事”“管乐赏析”，学习艺术的精华，探寻艺术的魅力，丰富生活，提高审美。除本校老师外，学校充分发动了社会资源和家长资源，把专家型家长请进教室开设课程，如由电视台气象节目主持人开设“生活与天气”课；由儿童保健医生开设“饮食与健康”课；由报社摄影部主任开设“摄影艺术”课，由生命科学教授开设“保护动物学”课，由国学讲师开设“透过《论语》话《西游》”课等。还有环保知识、法律常识、航空安全演示等，为学生打开了大千世界的大门，既形成学校与家长的良性互动，又拓展了学生的学习领域，提升了学生的校园生活品质。

以“打造书香氛围，塑造人文校园”为目标建设的书香校园课程，每天三分钟课前演讲；每日一句名言警句；每周一张“书香小报”，尤其是每周一堂“品读微课”，利用现代化技术手段，优化整合资源，通过声音和图像的交互功能，制作成学生喜欢的微课，不仅延展了学习时空，还实现学习的便利化、个性化。还有其他各种品牌书香活动，既独立存在又互为补充、互相交融的课程形态，构成了学校极具特色的语文校本课程，并以其丰富的形式、有机的组合、时空的交错和跨学科知识的融合，充分发挥了学生的个性、特长和潜在的优势，激发了学生学习语文的热情，全面提升了学生语文学科核心素养。

2. 多维度思考，提升学生的创新素养

科技的发展少不了人才，初中教育也必然要与国家人才培养目标相承接。为完善人才的培养，学校也开设了特色课程，如科创实验与学生课题，重点培养学生的动手能力、实践能力、创新素养，更好释放学生的创造力。

（1）科创实验

科创实验课程着力于培养学生的思维能力，提升学生的创新素养。学校设有科创室,聘请同济大学的专业人才,为学生提供必要的活动条件,指导学生开展各项科创制作、发明和竞赛活动。科创实验课程辅以理论指导,使学生形成一定的科学理论框架,再针对某一具体的实验进行具体操作,在实际操作的过程中,观察实验现象,反复进行探索操作。学生在实验过程中不仅锻炼了动手能力,并在运用概念、判断、推理等形式解决问题的过程中,培养了逻辑思维能力。例如在无土栽培实验室内,指导专题组成员观察植物在无土环境下如何生存,了解无土栽培环境所需要的具体条件,以及如何无土栽培植物,从而在获得知识和技术的同时,养成严谨求实的科学态度和团结协作的工作作风。另外,学校为有效提高学生的创新能力,经常开展"小制作""小发明""科技小论文"等竞赛活动,鼓励学生申报发明专利,并把学生参加科技活动的优异表现作为综合素质评价的重要内容。

(2) 学生课题

学生课题是由学生自主申报,指定专门的指导老师,在家委会和课题专家的参与和指导下完成的微课题研究。学生在指导老师的帮助下选题、开题、研究、实践。学生课题研究是自我发展培养工程上的一大特色,学生在课题研究的过程中有许多的角色转变,如课题的研究者、观察者,自我学习的领导者,这也给学生带来更多的责任与担当。学生课题大多与学生生活息息相关,分为社会意识类、热点关注类、人文熏陶类、成长引导类和创新探究类。例如,"家庭用水的合理化方案研究"深入家庭中探究家庭的用水量,整理数据制成图表,根据数据结果提出合理化的建议;"摩拜单车对上海绿色出行影响的时间研究"研究摩拜单车对上海出行的绿色影响,了解摩拜单车存在的优缺点,提出关于绿色出行的相关建议或对摩拜单车的使用提出一些合理化建议;"让节俭成为一种习惯:学校光盘行动合理化解决方案"支持学校光盘行动有效开展,通过跟踪观察学校食堂、餐饮等处剩饭剩菜现象,提出可行方案并付诸实践,寻找有效的节约粮食方案。部分课题是在平日师生共同学习的基础上,利用假期进行游学,如"西南地区喀斯特地貌景观的形成与现状调查",深入大西北、喀斯特地貌区等地进行实地考察探究,综合了拓展、探究和实践课程的形式,收到了良好的效果。

3. 综合使用多种形式,全面提升学习素养

学习素养是在先天遗传因素的基础上经过后天培养形成的内在的、稳定的基本学习品质。中国学生发展核心素养,以科学性、时代性和民族性为基本

原则，以培养“全面发展的人”为核心，分为文化基础、自主发展、社会参与三个方面。综合表现为人文底蕴、科学精神、学会学习、健康生活、责任担当、实践创新六大素养。学校开设的多个课程，都在一定程度上提升学生的学习素养。学校也为全面提升学习素养，将多个课程融合起来，综合利用多种形式，完成教学任务。以预习、学习、复习、强化、创造为主要学习主线，将特色课程贯穿其中。教师在教学新课程的时候，留有足够的时间让学生完成预习任务，学生可以通过微课平台，知晓关于新课的相关背景，把明天的课堂设成今天的作业，圈圈点点罗列出相关的疑问点，并将相关疑问点带入课堂中解答，为课堂的学习做出铺垫。慕课平台，帮助学生强化对课堂知识点的理解，并附有相应的作业，使学生能够举一反三、融会贯通。学生在课题研究的时候，需要走出校园，与社会不同的人群或事物接触，学会了与不同的对象沟通，学会了细致地观察生活中的细节，培养了自主探究的学习素养。书香校园，营造良好的阅读氛围，以多彩的书香活动，丰富学生的课余生活，学生在参与的过程中，品味书带来的精神食粮，提升语文素养。社团课程，学生依据自己的兴趣选择适合自己的课程，加入相应的社团，学习特定的知识。例如学生在摄影社学习有关摄影方面的知识，使得学生能在生活中运用相关的知识拍出精美的照片。再如管乐社的学习，让学生在音乐的熏陶中，学会审美，学习团队合作，或得到职业的敲门砖。微讲座，涉及面广，往往围绕某一主题，与学生一起分享，譬如心理类讲座，讲述青春期的心理特点，从认知、情绪、道德发展、友谊等具体方面剖析初中生的表现，让学生在清楚了解自己的同时，学会如何与这样的自己相处，如何与他人相处，或找到生存的意义，珍惜现在的自己、家人、朋友、教师。

（二）反馈学习效果，促进自主学习

为了促进学生全面、自主的发展，长期以来，教学重点紧紧围绕“大力推行自主学习，实现自我发展”开展实施。自主学习指的是学生在学习意识形成、学习方式方法选择、学习进程评估调控等方面的综合表现。自主学习能力的增强，必须要有优质的监控和评价制度。学校为进一步有效发挥自主监控和学习评价，指导学生自觉地将学习诊断与学习实践相结合，自己找到学习的薄弱点和增长点，培养学生综合运用分析性、创造性和实践性思维的高阶能力，激发学习兴趣，确定学习目标，选择学习内容、学习方法和学习策略。

自我诊断系统是依据教学测量原理，运用多维度统计分析，通过记录和分析学生学习的过程数据，形成对学生知识、能力、素养的可视化诊断，发现学习特点和障碍，提供个性化的解决方案。该项工作在我校已经形成了经验，从校方组织考试质量评析、教师个人质量分析到发现并解决教学问题，从学生和家长通过网络平台完成自我诊断到网上提问、寻求教师个别辅导，最后进入系统题库选择同类试题精确补漏，路线清晰、操作明确。这些信息分别推送至教师端、学生端和家长端，实现对所属学校、年级、班级、学生、教师质量的静态统计分析和动态趋势监测。在教师端，横向对比组内数据，可整体观察出此阶段的教学效果，也能突出教学质量的问题；纵向对比数据，以单元测试为例，教师能看到每题的正确率和错误率、选择题各个选项选择人数、平均分，能大致掌控学生的学习情况，从而发现学生在学习中所存在的具体问题，并能及时针对性地研究调整教学方式，优化教学内容，丰富教学课程。其次，自我诊断系统也能给教师一些针对性的教学建议，教师个人也能更明晰教学所存在的优缺点，更能有的放矢地扬长避短。在学生端，学生能在自我诊断系统中明确地看出在年级、班级群体中的学习排名，看出个人在历史数据中的表现，自我诊断系统也会提出相关的一些问题和建议。在家长端，家长能及时了解孩子在学校中的学习情况，予以辅导或和教师配合给予孩子帮助，从而增强学生的学习能力。另外，通过自我诊断系统，学生能对不懂的问题请教同学或教师，深入对难题的研究与探索，教师也能对个别学生予以辅导，更精确地解决学生的学习难题，防止学生一知半解，从根本上促进学生自学、先学、主动学。

总之，学校课程的设置尊重每个学生的个性特点和潜能开发，注重学生在学习过程中的主体地位，以及兴趣、特长与具体体验、学习态度，让每个学生能享受到更优质的教育，真正地达到教与学的转变，让每个学生拥有终身学习的学习素养，促进学生主动探究、自主学习能力的提升，让每个学生获得成功的体验，成为一个个自我发展的“人”。（史冬梅）

【实践探究】

指向语文学科核心素养的校本课程建设研究

对于“核心素养”这一概念，在当前教育界普遍认识如下：“核心素养是学生在接受相应学段教育过程中，逐步形成的适应个人终身发展和社会发展需要的必备品格与关键能力。”“学科核心素养”，是学科育人价值的集中体现，是学生在学习经历中逐步形成的正确价值观念、必备品格和关键能力。关于“语文学科的核心素养”，在《普通高中语文课程标准》(2017 年版)中使用了这一概念，并作了如下界定：“语文学科核心素养是学生在积极的语言实践活动中积累与建构起来，并在真实的语言运用情境中表现出来的语言能力及其品质；是学生在语文学习中获得的语言知识与语言能力，思维方法与思维品质，情感、态度与价值观的综合体现。主要包括‘语言建构与运用’‘思维发展与提升’‘审美鉴赏与创造’‘文化传承与理解’四个方面。”语言既是重要的交际工具，也是重要的思维工具，还是文化的载体和组成部分，是重要的审美对象，因此，语言建构与运用是语文学科核心素养的基础，另三方面都是以其为根基发展起来的，并在学生个体语言经验发展过程中得以实现。

原上海市初中语文教研员步根海老师对上海近几年在语文课程上培养学生核心素养的阐释中，就强调了语言素养的重要性。他认为首先要培养学生对祖国语言文字的感情；再者是积累，包括语言材料的积累、语感的积累，不仅是静态的知识的沉积，还包括知识的运用后形成的一种敏锐的感觉力；第三个是语言能力，包括听说读写的外显形式，还有更核心的思维能力，即在语言的学习过程中形成的一种思维的成长，包括想象、联想以及这个过程当中蕴含着的逻辑、抽象思维；最后是文化，从文化的积淀到文化的见解，进而稳定地成为一种文化的眼光，而语言是其重要载体。

学生学习语言的过程，不仅是语言建构与运用的过程，同时也是思维发展与提升、审美鉴赏与创造、文化传承与理解的过程。

基于此，我们不禁思考：在语文课程教学中，如何让学生多经历、多体验各类陶冶性、启发性的语文学习活动，逐步实现多方面要素的综合和内化，养成当下大环境所需要的思维品质、精神面貌和行为方式呢？我们尝试就指向学生语文核心素养的校本课程建设做了探索研究。

一、语文校本课程建设

学生在校的每一分钟都是在受教育，每一种教育都通过课程的形式在体现。在语文校本课程的建设中，对校本资源充分开发利用，可提升学生语文学科核心素养，激发、培养学生对汉语言的情感。

我校经多年探索实践，已形成极具学校特色的语文校本课程：每堂语文课前三分钟演讲；以“每日一言”栏目为抓手，落实每学期的古诗词积累计划；每周一张书香小报，集结时事新闻热点和文学知识；每周一堂“品读”系列微课，经典伴成长；每学期“阅读积累”，作为弹性作业存在；每学期开具“必读书目”和“选读书目”清单，量身定制读书档案；具年级特征的各类语文综合实践活动和项目性探究类作业……这些既独立存在又互为补充、互相交融的课程形态，构成了极具学校特色的语文校本课程，并以其丰富的形式、有机的组合、时空的交错和跨学科知识的融合，充分发挥了学生的个性、特长和潜在的优势，培养了学生学习语文的兴趣，全面提升了学生语文学科核心素养。

（一）分类

语文校本课程每一项目的开发，都遵循语文学科的特点，以有利于培养学生的语文课程核心素养为前提，为学生创设有效的学习经历，引导学生掌握语文学习的方法，提升语言能力，发展个性。同时，在规划上，结合学生年龄、心理发展和认知规律等特点，促进学生思考能力的形成，提升学生思维品质。我们按形式、学段、时空、成果等作如下分类：

1. 按形式分

著名教育家叶圣陶说：“语文教学，不仅是传授知识，尤其重要的，是培养学生听说读写的能力。”可以理解为：培养听说读写的能力是语文教学最根本的任务，也是语文学习与运用最基本的途径和能力。听说读写首先是一种呈现形式，通过这样的形式来提升学生的语言能力，在某种形式下它能够形成一定的技能，比如“听”，要求是什么？转化为技能的表现形式是什么？“说”“读”“写”也都是一样，都要有相应的要求和标准，以及相应的学生的行为表现。

同时，语文课程作为一门实践性课程，还应在综合实践中培养学生的语言文字运用能力。在综合实践活动中，增强学生对语文学以致用的自觉意识，学会充分利用资源，通过阅读与鉴赏、表达与交流、梳理与探究等语文实践，积累言语经验，掌握语文运用的方法，有效地提升语文能力，并在此过程中促进学习方法和习惯的养成，以及情感、态度与价值观的综合发展。

（1）听。“听”在语文教学中常被忽略，事实上会听善听对学习效果尤为重要。听是获取知识的重要途径，是帮助理解和消化知识的一个前提，只有先听取信息，再经过自己的思维加工，才能转化为自己的知识和能力。

例如：“每日一言”，即在黑板的一角设有古诗文专栏，要求学生每天听同学讲解一首古诗，听后背诵。

例如：每节语文课前都设有“三分钟演讲”，除了台上演讲的同学，对其他所有听的同学提出要求：一要听清演讲的主题和思路；二要边听边提取信息记录；三要在听的基础上，获取感受和思考。

例如：每周一堂“品读”微课，是运用现代化技术手段，将资源优化整合，设计教学内容，制作成学生喜闻乐见的微课，通过声音和图像的交互功能，形象化、动态化地呈现。

（2）说。“说”即口头表达，是书面表达发展的先导。口头语言的发展会促进书面语言的发展。要提高书面语言的表达能力，必须以说为先导，把话语权归还学生，让每个学生进行畅快地表达，从敢说到想说，从能说到善说，不断提高表达的准确性与生动性。这就需要教师创设一定的言语活动，也要有计划地对学生的表达技巧进行指导，对表达能力进行培养。

例如：“每日一言”，是同学们按学号轮流讲解，先得查阅相关资料，自主学习理解，再组织语言，讲解给同学们听，在理解的基础上再带领同学们背诵。

例如：每节课的“三分钟演讲”，每一轮演讲的主题和形式都是精心设计，不仅是演讲的同学锻炼了说的能力，其他听的同学需要和演讲者交流互动，一起感悟，也锻炼了口头表达能力，还在思维火花的碰撞中积累了情感、思想。

（3）读。语言材料、语言知识的积累，以及语感的积累，都离不开“读”。语文教师应通过各种方式激发起学生阅读的兴趣和热情，养成阅读的习惯，训练思维能力，培养对汉语言文字的情感。激发阅读兴趣从三个方向着手，一是让学生明确自身的阅读需求，二是帮助建立阅读任务，三是指导阅读方法。阅读需求的确定与阅读任务的建立都能够帮助学生坚定自己的阅读意志，从而积极主动地进行阅读。

在每学期初都会确定阅读任务单，分为“必读书单”“选读书单”和“自主书单”。必读书单是老师根据教材内容配套拓展和学生学力培养与身心发展的需求，布置学生的阅读任务；选读书单是教师根据学生个体能力差异等，结合拓展推荐，所确定的学生阅读需求；而自主书单相对更有自主性、个性化，是学生根据自身的兴趣爱好等所确定的。阅读指导，是教师根据阅读整本书和一篇篇的文本，根据其性质不同，指导朗读、默读，精读、泛读等，同时，指导有效积累，完成相关的识记、理解、分析、鉴赏等学习任务，是通过阅读任务的方式指导有效阅读。

再如：每周的书香小报，是已坚持近 8 年的一项读书活动，由语文教师收集整理一周内最热门最受关注的新闻时事、热点人物、各类文学常识和美篇推荐，引导学生再去收集整理资料，教师组织学生交流。学生逐渐养成一种读书看报的习惯。

(4) 写。“写”即书面表达，是对语言的运用能力，在某种程度上，最能体现语言能力的核心——思维能力。写作与思维的清晰性、缜密性、连贯性、创造性等密切相关，同时写作对丰富学生的生活感受、培养健康的审美情趣等也有着积极的作用。语文教学中，提高学生的写作水平，除了设计诸如写话、随笔、命题作文、话题作文等写作类作业，并加强指导以外，还可设计更多形式，来激发写作的热情，提高表达的能力。

例如：每周的书香小报附有练习，概括一周的见闻，并写下点评。

例如：“读书积累”作为弹性作业，指导学生在阅读过程中学会积累。在积累语言材料、语言知识和语感的过程中，要求学生把思考和感悟及时写下来，最终学以致用。

(5) 综合实践。语文，是重要的交际工具，和人类的生活息息相关，是人类文化的重要组成部分。语文是学习语言文字应用的综合性、实践性的课程，语言教育是听、说、读、写、观察、表演、思维、操作等行为的整合，不仅为其他学科的学习奠定了基础，更是建构了我们的精神世界。语文作为母语教育课程，学习资源和实践机会无时不有、无处不在。《普通高中语文课程标准》(2017 年版)指出：“语文课程应增进课程内容与学生成长的联系，引导学生积极参与实践活动，学习认识自然、认识社会、认识自我、规划人生，实现本课程在促进人的全面发展方面的价值追求。”针对语文学科的综合实践性这一特征，在多年来的探索中，我们形成了以各类项目性探究类作业和各年级的语文综合实践活动为主的校本课程系列。

项目性探究类作业在这里指的是：通过某一问题，将几个学习任务贯彻组合，重知识在实际中的应用，培养学生的创造力、合作意识、探究意识，能挖掘学生的综合能力的综合性作业。通常有项目主题，在时间上有弹性，可长可短，自主安排。在人员分配上，有的可独立完成，有的需小组成员合作完成。以“读书积累”为例，每学期初制订阅读计划后，在本学期内，需完成的配套作业是：针对所读书目，做一份主题积累，有整理有点评；写一篇读后感或做一份主题小报；做一次“好书推荐”汇报演讲。再如，在学习了唐诗单元和宋词单元，布置学生就感兴趣的某一位诗人或词人，以“走近某人某诗（词）”为项目，两周时间为期，小组合作，做一次主题探究式学习。

每学期都有年级规模的规定性语文综合实践活动。以预备年级的“读诗诵诗，一地诗情；学诗写诗，满园画意”综合实践活动为例，教师设计了这样的主题活动方案：

（1）运用你所学到的现代诗歌知识，拓展阅读一组诗歌，做积累赏析；（2）选择你最喜欢的一首现代诗歌，听录音范读，再配上合适的音乐，诵读给你的父母听；（3）模仿《写给云》等诗歌，创作一首小诗，注意主题和语言形式；（4）参加一次诗歌朗诵比赛，先在班级展示选拔，再由年级组举行沙龙。

以初一年级的“品读经典，走近名著”综合实践活动为例，教师设计了如下主题活动方案：

（1）做主题积累：整理各类知识点，概括情节，点评人物；（2）撰写一篇读后感；（3）小组合作：选取能反映人物性格特征的情节，改编成课本剧，自导自演；（4）一次四大名著知识过关测试（每位学生）；一次“品读经典，走近名著”年级沙龙，含知识竞赛和汇报表演（选拔学生）。

2. 按学段分

校本课程的开发，首先要考虑到各学段学生的身心发展特点，同时需要教师从人本的角度出发关注学生的需求。学习过程是一个认知的过程，明确学生“知什么、不知什么”，更能促进“学”的发生。帮助学生将情感融入认知活动中，使学生更加积极主动地参与学习。一是通过调查，发现学生自身所产生的对于语文学习能力的主观需求；二是教师通过评估学生的现有语文水平，与课程标准对比后，教师发现的学生现学段对于语文学习的客观需求。因此，在整个初中四年，我们语文校本课程是一个整体，具有连贯性，同时又具有相对独立的阶段性特征。

以每课“三分钟演讲”为例，演讲是由同学们按学号轮流，一轮结束开启下一轮，每一轮都关注学段特征、现有水平，结合语文教材单元主题，参照课标对学生的培养要求，综合设计。预备年级，绝大多数学生没有演讲的经历，且因生理、心理与小学时发生变化等因素的影响，常表现为怯场且不善表达，所以教师先设计难度相对较低的“故事分享”主题，辅之以推荐学生阅读《读者》《故事背囊》等书刊，鼓励学生把读书过程中触动情思、有所感悟的故事，在台上分享给同学，并组织同学们交流感悟。而教师在鼓励学生勇气的同时，通过指导学生的语调、语气、语速、停顿、态势等演讲的技巧，让学生逐步克服心理障碍，在表达能力提升的同时获得自信，从而达到“敢说”的效果。再如初一年级，经过一年的训练，以及读书积累的增多，审美能力和思维能力也有所发展，就会结合假期旅游，设计风土人情篇“小眼睛看世界”主题，结合课本中“唐诗精华”单元，设计“走近某某诗人”主题。这些学生喜闻乐见的话题演讲，不仅锻炼了学生的表达能力，更是达到了“乐说”的目标。再如初二年级，结合青春期学生自我意识越来越强，有自己的主见，语言表达能力也有明显提高，教师会设计一系列诸如“时事新闻之我见”“我看某某现象”“论手机的利与弊”“也谈……”等话题，在这样的训练下，学生的逻辑思维、口语表达能力都有明显的提升。初三时，有针对性地与写作能力训练相结合，先设计一轮“作文审题我能行”主题，轮到演讲的同学，根据老师给出的作文题，主讲审题要求，并围绕中心讲解材料的选择等。在这样循序渐进的训练下，不仅是学生的语文综合素养有明显地提升，更是在实际运用中培养了学生对语文学习的兴趣和对语言文字的感情。

《初中语文课程标准》中明确阅读积累的要求：具有独立阅读的能力，学会运用多种阅读方法。有较为丰富的积累和良好的语感，注重情感体验，发展感受和理解的能力。能初步鉴赏文学作品，丰富自己的精神世界。目前，国家全面要求使用“部编本”教材，初中古诗文选篇 124 篇。同时，从《普通高中语文课程标准》(2017 年版)能看出古诗文背诵推荐篇目从 14 篇增加到 72 篇。

基于以上的认识，学校的语文校本课程建设中，利用“每日一言”平台，每天学习与背诵经典古诗。

本着“多读书，好读书，读好书，读整本的书”的导向，从读物的量和难度上逐层递增，对每个年级的课外阅读要求明确，指导清晰，逐步推进。在此过程中，学生不仅培养了阅读习惯，训练了阅读能力，更获得了有益的启示，丰富了情感体验。

下面是阅读书单：

年级	必读书	选读书	年级	必读书	选读书
六年级	《论语》	《布鲁克林有棵树》	七年级	《水浒传》	《妞妞：一个父亲的札记》
	《我的野生动物朋友》	《杀死一只知更鸟》		《我与地坛》	《你一定爱读的极简欧洲史》
	《童年》	《巴黎圣母院》		《老人与海》	《红楼梦》
	《海底两万里》	《小王子》		《三国演义》	《撒哈拉的故事》
	《鲁滨逊漂流记》	《将军胡同》		《昆虫记》	《发明的故事》
	《伊索寓言》	《上下五千年》		《目送》	《孩子你慢慢来》
	《中国古代寓言故事》	《暗香》		《骆驼祥子》	《汉字奇兵》
	《假如给我三天光明》	《汉字树·五千年的刀光剑影》		《悲惨世界》	《湘行散记》
	《西游记》			《朝花夕拾》	《契诃夫小说集》
	《城南旧事》			《钢铁是怎样炼成的》	
	《智慧背囊》		九年级	《文化苦旅》	《淡品人生》
八年级	《动物哲学》	《月亮与六便士》		《孤独是生命的礼物》	《人类简史》
	《把栏杆拍遍》	《人间滋味》		《皮囊》	《人类群星闪耀时》
	《儒林外史》	《骆驼祥子》		《文化苦旅》	《中考满分作文》
	《莫泊桑小说集》	《林清玄散文》		《艾青诗选》	
	《欧·亨利小说集》	《最美古诗词》		《简爱》	
	《苏东坡传》	《夹缝中的历史》			
	《红星照耀中国》	《三体》			
	《与万物对话：霍金传》	《且以优雅过一生：杨绛传》			
	《傅雷家书》	《寂静的春天》			

3. 按时空分

美国教育家科勒涅斯有句名言:“语文学习的外延与生活的外延相等。”他启发我们:生活既是人生的舞台,又是语文学习的生动教材。生活有多大,语文学习的时空就有多大。所以,语文教学的课内外结合,既是一种观念,也是一种方法。课堂是激发学生走近语文、亲近语文、热爱语文的首要阵地,生活是语文学习的大后方,要充分挖掘课内外资源的内涵,实施语文的功能,学习语言文字,传承人文精神,提高审美情趣。

如每周一堂“品读”微课,充分利用现代化信息技术,延展了学习的时空,实现学习便利化、个性化。有的微课重在培养学生诸如朗读、语言品赏等能力,如预备年级推出的微课《少年中国说》,有个别朗读,有集体朗诵,更有对语速、语音语调和情感把握的朗读指导,这就实现了学生在课外时间、在家里,只要有网络的地方,只要自我时间的允许,照样能学习朗诵。有的微课实现了课堂前置的目的,助力学生预习。如初二年级在学习《最后一课》前,先推出了相关微课,介绍普法战争等时代背景,介绍作者创作缘起,概括情节,梳理小说人物关系等,同学们在课前在家里自主学习了这针对性很强的主题微课,进行了很好的预习,再在课堂上学习时,就既丰富了信息容量,又能更深入地浸润文本,学习效果自然更好。微课也可出现在课后学习。初二年级学习外国短篇小说主题单元后,学生对世界三大短篇小说巨匠有了一定的认识,对其作品风格也有了一定的鉴赏能力,这时可补充欧·亨利的《麦琪的礼物》、莫泊桑的《项链》等鉴赏微课,让学生在课后的自主学习中,更进一步地走近作家作品。再如寒暑假布置不同年级的学生阅读《城南旧事》《林清玄散文》《苏东坡传》等,分别配以“《冬阳童年骆驼队》导读”“走近林清玄”“林语堂和他的《苏东坡传》”等主题微课,这就实现了哪怕是在假期里,也可以对学生进行有效的指导,让学生对阅读作品更有兴趣,也更有收获。

再以读书积累为例。从时间上来看,读书任务以一学期为周期布置,而读书笔记、点评鉴赏类积累作业,则是布置成每周的弹性作业,每周一查一交流。在空间上来看,每周有一节进课表的阅读课,有两次自主阅读的校内课余时间,让学生走进学校阅览室、图书馆,以班级的形式进行阅读。同时,每个班级都设有“图书角”,好书漂流,学生在学校的任何课余时间,都可以随手取阅。而在校外,我们组织“小手牵大手”的“书香家庭”读书活动,鼓励学生走进图书馆、书店、上海书展等,还推荐观看“奇葩说”“诗词大会”“朗读者”等节目,走进博物馆、艺术厅，通过另一种阅读形式，整体构建时空交错的立体阅读环境。

教学中，我们还努力为学生创造在各种复杂情境中综合运用各种知识、技能的平台。如“项目性探究类作业”，很多时候需要小组合作，在规定的一段时间内，不仅在课内，更要利用书籍、网络平台，走进图书馆、社区等场所，采访相关人士，挖掘资源，整合信息，探究问题，完成汇报。再如除了年级层面的规定性的综合实践活动外，平日教学中，也会设计微活动。在学习了《卖炭翁》《蚊子和狮子》等作品后，会组织学生改编成课本剧，汇报演出。

总之，学校的语文校本课程将课堂教学与课外学习活动相结合，实现课堂内外、学校内外互相促进，达成课内得法、课外得益的目的。

（二）原则

在语文校本课程的建设研究过程中，除了指向学生语文核心素养这条宗旨以外，还遵循多样性、分层性、延续性、融合性等原则。

1. 多样性：主要指在校本课程建设的形式上要多样化；学生的学习方式也有其多样性；课程内容的安排要丰富，不断激发学生的学习语文的热情和兴趣；对学生的评价上也要根据可操作性、实效性，建立定量定性相结合，形式丰富的评价方案。

2. 分层性：充分遵循各学段学生的身心发展特点，关注学生的需求，参照《课程标准》对不同年段学生的培养要求，再结合本校学生的特点，在语文校本课程的每一项活动中，都分别有不同的要求和目的，但同时又是可以根据班级实情不断调整和更新的。当然，同时要充分尊重学生个体之间的差异。

3. 延伸性：语文学科作为母语，教学上，在其功能价值、目标责任、资源方式等方面，都有别于其他学科。从时空维度看，课堂延伸至课外，校内延伸至校外。各年级课程实施在方式和要求上相对独立却更应延续成一个整体，前面的学习都是为后续打好基础，后面的发展都是之前的延续。

4. 融合性：语文学科各项校本课程之间相互交融，互相促进，合为整体，语文学科与其他学科之间的壁垒也被打破，不同学科领域的知识不再相互隔绝，而是适当地进行整合和渗透，让学生的视野和意识有完全不同于往日的变化，显示出很强的融合性。

（1）学科内部

学校的语文校本课程体系中，每一项学习活动都是相融的，互为影响互为促进，让学生在直接或间接的体验中，不断丰富学习经历，获得成长。

《课程标准》对7—9年级的“写作”提出了明确的要求：“多角度观察生活，发现生活的丰富多彩，能抓住事物特征，有自己的感受和认识，表达力求有创意。”这就离不开积累，包含阅读积累、生活积累、知识积累、情感积累、思想积累等。阅读是写作的前提，写作是阅读的积累和运用，“三分钟演讲”等训练口头表达，使口头语言与书面语言相互促进，共同发展。通过阅读任务的推进，学生接触到更广阔的世界，获得丰富的知识，转化为自己的写作素材，加之日常学校生活中丰富的语文活动经历，学生便不断提升了语言文字的运用能力，升华了思想内涵。

(2) 学科之间

语文课程的内容涉及政治、历史、艺术等多门学科，同时又为其他学科的学习提供基础。

在“寻找春天”项目活动中，我们设计了“以画写话”“以话绘画”的环节，通过充分朗读、品赏相关描写春的古诗文和现代散文的语言文字，领悟不同作者笔下的春的特征，再通过合理想象，用绘画的形式描绘出某一处语言表达的情景，请其他同学用自己的语言进行画面描述，最后比较与原文语言的表达效果。这样形象的画面和抽象的文字互为转换的过程，正是把语言文字与美术建起勾连，既训练了学生对文字的鉴赏能力，又训练了想象思维。

学习了《月光曲》一文，我们设计了仿照文中描写音乐的那段文字，自行欣赏音乐，并把想象到的情景用文字写下来的活动。这样融文字和音乐为一体，不仅加深了对文字的理解、创造，也能获得审美艺术的熏陶。

（三）属性表

课程名称	________________
课程类别 (打✓)	□ 听　□ 说　□ 读 □ 写　□ 综合
实施学段 (打✓)	□ 预备　□ 初一　□ 初二 □ 初三　□ 全学段
实施时间 (打✓)	□ 课前　□ 课时　□ 周末 □ 寒暑假　□ 贯穿整个学段
实施空间 (打✓)	□ 教室　□ 学校 □ 家庭　□ 社会场所　□ 综合
指向的核心素养 (打✓)	□ 语言的积累与运用　□ 思维的提升与发展 □ 文化的传承与理解　□ 审美的鉴赏与创造

说明:语文校本课程的每一项活动建设实施之前,都要通过属性表来评估其价值、可操作性,还要与其他项目在类别上有不同的侧重,在时间和空间上要错开,尤其是在指向的核心素养上,要有效果。这张属性表,将不断完善,为还在不断建设的语文校本课程项目提供导向。

二、语文校本课程和语文核心素养的逻辑关系

上海市初中语文教研员曹刚老师认为:语文课程重在学习语言,培养学生语言的感知力、理解力、表达力,提升学生的思想文化修养。因此,语文学科校本课程的建设,要以提升学生语文核心素养为宗旨,每项语文活动都至少要指向语文核心素养的一项要素,与语言积累、思维发展、审美情趣、文化传承等方面,建立起逻辑关联。

很多项目性探究类作业的设计,指向思维的发展和提升这一要素,通过关注语言形式,在对语言的鉴赏和应用中形成的对语言的直觉体验,进而理解语言形式背后所蕴含的思想情感,获得情感的升华和文化修养的提高。

在语文学习中养成有意识的积累的习惯,并注重梳理,通过归纳、分类,学习品读鉴赏,逐步领悟语言文字运用的规律,自主建构相关的知识。这样就不仅积累了语言、语感,还培养了对语言的感觉力,打开了眼界,丰富了精神生活,培养了高尚情操。此外,在阅读作品后写出内容提要和阅读感受的经历,更是让学生训练了思维能力,激发了审美的创造力,加强了对文化的理解和传承。

"每日一言",学习积累古诗词,不仅提升了学生的文学积累和对传统文化的理解,还通过古诗词的学习,领略祖国的大好河山,回顾厚重的历史文化,进而提升学生的审美情趣以及对语言文字的感情。

在"三分钟演讲"中,每一轮的主题精心策划,有"美文品赏"系列,主要指向审美鉴赏与创造能力素养培养的;有"佳作鉴赏"系列,主要是从语言积累、结构思路剖析、中心与材料的提炼等方面,借鉴优点、模仿创作。还有"人物传记"系列、有"诗词荐读"系列等,主要指向文化的理解认同,对传统文化的传承。

"品读"微课,对经典作品的价值挖掘,不仅丰富了学生的知识积累、情感体验,也在理解把握文本内容的经历中,学习语言运用规范、文章要素,在获得文学体验的过程中,逐步提高审美鉴赏能力。

具有年级特征的多样化的校本语文实践活动,让学生在"语文性"的活动中，丰富阅读体验、学习经历，培养积累并运用语言的能力，发展思辨性思维，在活动中探究，提高在情境中解决问题的能力，提升思想文化修养和审美鉴赏力、创造力，从而促进了学生语文综合素养的全面发展。如读诗诵诗活动，提高诗歌鉴赏审美能力，创作诗歌，运用语言，发展思维；在辩论赛中，学生的辩证思维得到了很好的训练；“我的读书故事”演讲比赛综合了读书积累运用、思维发展与审美创造等素养。

附表格汇总：

名　称	学　　段	类别	指向的语文素养			
			语言的积累与运用	思维的提升与发展	文化的传承与理解	审美的鉴赏与创造
每日一言	全学段	听说读	√		√	√
三分钟演讲	全学段（分层实施）	听说	√	√	√	√
书香小报	全学段	读写	√		√	√
读书积累	全学段	读写	√	√	√	√
“品读”微课	全学段（分层实施）	听读写	√	√	√	√
项目性探究类作业	全学段	综合	√	√	√	√
综合实践活动	全学段（分层实施）	综合	√	√	√	√
……						

三、课程评价

语文校本课程建设中，必定要辅之以评价，来判断学生语文核心素养的发展情况，从而判断校本课程项目的效果，或助力推行实施。但考虑到学生的语文核心素养发展程度本身较难量化，因此教师通常以外显性学习成果，即学生的外在表现，如考试成绩、静态作品、动态表达、综合表演等作为主要评价对象。而内隐性学习成果，即学生在学习中形成的情感态度、价值观、品质等，则需靠教师的过程中的关注。

从评价主体看，可以有学生自评、互评，以及教师、家长和其他相关人员共同参与。比如：每课的“三分钟演讲”，就由同学们根据演讲者的表现，从仪态风度、演讲内容、语言表达、现场效果等维度，对其作出点评，并打分。

从评价方式看，有些可以用纸笔测试，如：每日一言，并非只是背诵，为促进学生的自主意识，达到效果，每学期会有“古诗文阅读过关测试”，第一轮不过关的同学，将自动升为寒暑假作业，下学期进行第二轮过关测试，以保证过关率。有些可用静态作品呈现，如积累作业，读后感、活动报告等形式。有些可用动态的表现来展现个体语文素养的发展，如综合实践活动中的学生表现，项目性探究类作业中学生的参与情况、合作效果等。这时，需要教师作出形成性的评价。

但即便是校本课程的同一个项目，评价方式也需综合运用。以课外阅读为例，每学期初每位学生都需结合教师布置的必读任务，再结合自身情况，确定读书计划。在每周的阅读课上，教师进行读书积累的指导，组织同学们开展读书积累本的交流。阅读积累作为弹性作业，教师每周查阅。每学期会组织一轮“好书推荐”的演讲，学期末，会有“读书记录卡”的汇总，并纳入《成长手册》综合素质评定，作为必达标项目。

总之，语文学科核心素养各项指标是相互依存，互为补充，素养的整体提高绝非一蹴而就之事，要循序渐进，逐步积累。语文教师要将提高学生核心素养为己任，从语言积累、思维发展、文化传承、审美情趣等方面出发，让学生在积累、涵泳、顿悟的过程中获得全面发展。语文素养，不仅是对学生在学习过程中所达成的衡量，更是自我发展、终身学习的一种潜能。因此，每一项语文校本课程的开发与建设，必须指向学生的语文学科核心素养的提升，学校语文学科校本课程系列项目的开发，将以属性表和逻辑关系表为参照，确定其可行性和价值，并在实践中不断检验其成效。（史冬梅）

“行走课堂”对初中历史课堂的影响初探

“行走课堂”是培育与构建学生大历史观的重要方法。行走，在于超越课堂与书本的概念，走到田野里去调查资料，走进历史现场，是一种身临其境的观察与浸润。“行走的课堂”是充分利用社会资源，在实践中检验中学生校内课堂所学知识和能力，促进学生全面发展的有益实践。知行合一，在广阔的田野中感受历史、认知历史、构建自身的大历史观与大格局。

历史课堂之内，如果一味地解读浩如烟海的典籍，会让学生云里雾里，久而久之感到枯燥、乏味。利用多种手段，把学生带入历史环境中，还原历史现场，来展示贴近历史真实面貌的叙述与演绎，是展示历史的丰富多彩特性的策略。通常而言，红色景区、博物馆、非遗基地、乡村等都是行走课堂的场域。到红色景区参观，旨在学习革命精神、传承红色基因，进一步坚定理想信念，争做时代新人；参观博物馆、非遗基地实践，感受中华文化的博大精深，进一步坚定文化自信，增强中华优秀文化的保护和传承的使命感。

“行走课堂”可以在课内完成，也可以在课外实践中完成，旨在让每一位参与历史课堂的学生都能够参与体验，从体验中获取历史知识，进而学会分析、筛选历史史料，掌握基本的历史分析与探究能力。体验成功，是历史高效课堂的目的与意义。它是确立在“希望”“目标”“学习巩固”“归纳小结”“应用迁移”等的每一个环节中，让每一个学生不断地体验成功，进而不断确立新的希望目标。“行走课堂”为每位学生提供成功的机会，让成功的愉悦转化为创造的动力，特别是让那些所谓的“潜能生”发现自我、实现自我。

具体而言，将“行走课堂”的理念融入初中历史课堂，主要有以下几方面：

首先，课堂教学与多媒体手段相结合。我校经过多年的投资建设，多媒体设备十分先进，因此可以借助现代多媒体技术的力量来提升历史课堂的体验感与丰富性。例如，人教版七年级历史教材“盛唐气象”一课，为充分理解“盛唐气象”的“气象”二字，可恰当运用多媒体技术，从整体音效、人物的服饰、诗词歌赋等来营造一种大唐盛世的辉煌景象。丰富多彩的多媒体手段，能够将学生带入历史情景，了解历史发生、发展的特定的场域。

其次，实践探究与课外实践活动相结合。“行走课堂”在于走向田野、走出课堂范围，走进自然、走进社会、走进大街小巷。我校定期组织丰富多彩的历史文化活动，例如，每年暑假组织学生参加“大西北敦煌研学”“广富林历史文化遗址考察”“长沙红色文化之旅”。在广阔的田野行走与探索中，学生能够切身观察、感受大自然，近距离观察、思考社会万象，不仅身体素质得到了锻炼，开阔了视野，更在历史遗迹中，感受文明的魅力，体味历史的沧桑，珍惜眼前的来之不易的学习机会。因此，行走课堂的效果是综合性的、长期性的、有效性的。

“商周青铜器”的课堂授课中，我发现学生对于青铜器的认知不够深刻。因此，2018 年 10 月，我所带的初一年级 6 个班的同学，分成 20 个小组，对上海博物馆进行了为期一天的调研考察活动。本次上海博物馆参观课程基于七年级历史“走进历史现场”的部分内容而设计，结合课本知识并利用上海博物馆内丰富的馆藏资源——历代 400 余件精美的青铜器，让学生们更清晰地掌握铜器相关历史知识，通过观察各类青铜器铭文来了解其所包含的历史信息。

因此，上海博物馆作为重要的行走课堂场域，考察上海博物馆的意义在于：让学生们养成自主探究的习惯，直观、生动、深刻地感受历史，培养他们的历史学素养。实地考察是学生接触第一手史料（特别是实物史料）的绝佳方法，并通过研究这些史料去掌握史学的思想方法。平时他们通过书本和网络学到的并不是最直观的感受，有了切身体会对他们的情感态度价值观来说是不一样的。更值得注意的是，学生在考察之后，将考察积累的史料、照片、游记、实物等整理成 PPT，以小组为单位随堂汇报，做到了及时反馈。在汇报的过程中能够主动和大家分享见闻，课堂气氛十分活跃，得到了“走进历史现场”的收集史料的快乐与成就感。

再者，拓展作业与社会资源相结合。走进历史现场的同时，也要走进社会生活，观察社会万象，利用社会资源，尝试透过社会现象发现问题的本质。2018 年 12 月，初一年级调研小组再次开展田野考察的方式，调研上海“田子坊”社区。他们以小组为单位，深入田子坊中，透过现代商业模式，来思考旧城区的改造与商业发展的关系，感受上海历史变化的一个缩影、一个经典案例。

同时,学生通过与田子坊社区管理人员交流、商铺店家交流等,搜集到了不少口述史料。“行走课堂”将学生带入历史现场,成为构建历史的主角,成为责任主体的一部分。

充分利用上海地区的社会资源,发挥上海地区的资源优势,是打造上海特色的精品历史课堂与行走课堂的重要基础。例如,课堂内谈及“清朝历史文化”的内容时,学生反响热烈,纷纷议论“穿越剧”“宫斗剧”等。无疑,娱乐与现代媒体对于大众的影响是广泛的。然而,作为历史课堂与历史教学的基本任务,在于努力还原真实的历史面貌,培养学生的批判性思维与独立思考的能力。因此,我组织初一年级学生课题小组,实地到上海博物馆开展“清朝历史文化考察之旅”,将实地考察与文献资料研究方法相结合,走进历史现场,实地探究诸如:“如何理解中央集权的皇帝制度在清朝时期走向顶峰?”“是否可以从故宫的建筑艺术中找到‘皇权走向顶峰’的证据?”“‘后宫’在故宫中的房间布局是否与地位有关?”“行走课堂”的理念贯穿过程中,引领各个环节、将批判性思维渗透于整个教学环节。

总之,走向田野,走出课堂,并不是等于抛弃了书本,抛弃了历史学“坐冷板凳”“下笨功夫”的研究、观察与沉淀,而是在“知行合一”的思路下,检验历史价值观的正确与否、价值判断的有效性与合理性的好方法。“行走课堂”能够有效地、直观地捕捉学生思维的灵感、智慧的火花。“行走课堂”过程中,学生能够亲自动手参与,亲自发现问题、解决问题、延伸问题。“行走课堂”引入历史教学还是一个方兴未艾的话题,从理论的构建到实践方法仍处于探索阶段。历史课堂自身也在不断的改革、变化中,学生的学情也在不断变化。因此,如何打造一套与时代接轨、符合学情的“行走课堂”模式,推出一系列精品的行走课堂案例,丰富我校“高品质校园生活”的核心理念,是值得深思的命题。(王　晨)

以地理核心素养为导向的地理社团建设研究

自2014年3月教育部发布《关于全面深化课程改革落实立德树人根本任务的意见》以来，学生素养的构建和培养成为研究热点。地理学科素养是中学生素养的重要组成部分。《中学地理素养教育》中对地理素养内涵的解释为："地理素养是指一个人能从地理学的角度来观察事物且利用地理学的技能来解决地理问题的内在素养。"如何培养学生的地理素养成为地理课程建设的重要方向。

2018年教育部颁布了《普通高中地理课程标准》(2017年版)，在地理素养的基础上明确了地理学科的核心素养。地理核心素养主要包括区域认知、综合思维、地理实践力以及人地协调观。区域认知指人们运用区域的观点认识地理环境的思维方式能力，够能对不同尺度、不同类型的区域加以认识和区分。综合思维指人们运用综合的观点认识地理环境的思维方式和能力。人类生存的地理环境是一个综合体，在不同时空组合条件下，地理要素相互作用，综合决定着地理环境的形成和发展。地理实践力指人们在考察、实验和调查等地理实践活动中所具备的意志品质和行动能力。考察、实验、调查等是地理学重要的研究方法，也是地理课程重要的学习方式。人地协调观指人与地理环境秉持的正确的价值观。人地关系作为地理学研究的核心主题，面对不断出现的人口、资源、环境和发展问题，深刻认识到尊重自然规律的重要性。地理核心素养各要素之间相互渗透，是一个具有相互联系的有机整体。地理核心素养的培养是地理学科改革的核心理念，也是不断深化地理课程改革的新指向。

社团作为地理课程的延伸和拓展，围绕地理学科核心素养培养的基本要求，构建与地理课功能互补的课程体系，坚持基础性、拓展性、趣味性并重，可以满足学生自身发展的需要。通过自主合作的组织形式，在探究中互动学习，在自然、社会等真实情境中开展丰富多样的地理实践活动，强化人与环境协调发展的观念，提升地理学科方面的品格和能力。因此基于以地理核心素养为指向的地理课程建设，对促进区域认知的提高、综合思维的培养、地理实践力探索、人地协调观的强化具有重要意义。

那么，在地理实践活动中如何实施呢？

1. 利用各类地图工具，增强学生的区域认知

区域性是地理学的显著特点之一，区域认知是人们认识地理环境复杂性的基本方法。区域认知素养有助于人们从区域的角度，分析和认识地理环境，理解与人类活动的关系。《上海市初中地理学科教学基本要求》把地图作为初中地理的核心能力，描述初中地图技能的能力要求包括地图的填绘，地图的解释，以及地图的应用构成，掌握对地球仪及各类地图的操作和阅读能力，认识地理现象，阐述地图信息所蕴含的地理事物之间的联系，并能够对某一问题做出决策。因此运用地图有助于提高学生提取和分析地理信息的能力。

地图帮助学生逐步由简单到复杂、由单一地理要素到多要素组合的区域认识，还可以进行区域之间的比较，分析区域之间的联系。课堂教学发现，学生对于一些特殊地理事物所在区域具有很强的好奇心和求知欲，因此可以培养学生学习地理的兴趣。例如典型地质地貌分布区，通过实地研学体验，利用多种地图综合分析，将实践力转化为所学知识，形成区域认知。社团活动的趣味性是吸引学生的重要指标，可通过地图绘制的形式，尤其是创意地图的绘制，营造直观、生动的教学环境。

2. 通过多元学科融合，培养学生综合思维

根据《上海市初中地理学科教学基本要求》，在初中地理核心能力中，地理空间思维能力由辨识空间要素、建立空间联系、形成空间决策构成。在中学地理的学习中，多学科融合有利于辅助学生理解地理要素之间的联系，培养学生的综合思维，同时也能提高学生的跨学科素养。

(1) 社团活动与自然学科的融合

地理学习过程中运用物理、化学、数学的基本概念以及思维视角，有助于帮助学生全面理解地理知识。例如当分析昼夜温差时，需借用物理当中的“比热容”这一重要概念帮助理解；探究环境污染时，光化学烟雾和大气污染需要一些化学知识的补充；而运用数学视角分析地球运动，可以帮助学生理解、掌握基本规律。因此在社团活动设计上要积极寻找地理知识与其他学科之间的联系，培养学生的理性思维以及正确的地理意识。

(2) 社团活动与人文学科的融合

地理学科与人文学科之间的联系也十分密切。人文学科中的语文、历史、

音乐等可以丰富社团活动形式。例如对所探究的活动内容包含的地理原理，以诗歌的形式，或者音乐填词的形式进行表达，而一些地理名称的背后也有一些引人入胜的历史小故事。《基于大概念的高中地理跨学科教学资源的整合》一文提到，地理核心素养倡导的人地协调观是经过一定历史影响积淀后形成的人地观念，综合思维也是在一定时空综合下的思维过程，区域认知更是离不开区域发展的历史主线，可通过历史地图，形成对某一区域在时间、空间上的纵向、横向联系，在地理教学中，渗透中华传统文化，使教学内涵兼具综合性和人文性。

3. 充分发挥学生主体性，提高地理实践力

兴趣是最好的老师，也是学习的关键。地理素养的形成离不开实践，只有在体验地理概念、地理规律、地理原理之后，才能更全面地了解地理学习的基本思想方法。例如气象观测、太阳高度测定、植物识别、垃圾分类调查、噪声污染测定、遥感地物识别等，通过实地考察，可加深亲身体验和感受，培养学生实事求是的生活态度和严谨的科学精神，提升学生的行动意识和行动能力。

4. 关注时事热点，树立人地协调观

吴云华在《浅析初中地理热点教学的几个误区》里对地理热点的描述是同地理学科密切相关的、人们普遍关注的时事热点、生态环境热点和生活热点，即关系到国内外经济、科技、文化、环保等方面的问题。可将珠港澳大桥的开通、首届中国国际进口博览会、印尼地震、页岩气能源开发、嫦娥四号首次实现月球背面软着陆等地理热点问题，设计成社团活动的探究主题模块，通过理论联系实际，引导学生关注区域开发、社会经济、科技前沿、资源环境、自然灾害等问题，培养学生的时代使命感和社会责任感。

学生学习的重要来源之一是实用。实用指所教学的知识对学生来说有实用价值，学生在生活之中可以运用学到的知识解决实际问题。因此要精选利于地理学科核心素养形成的课程内容，力求科学性、实践性、时代性的统一，满足学生现在和未来学习、工作、生活的需求。

除此之外，在学习评价上，通过多种评价形式促进学生的积极性，充分体现过程性评价与终结性评价相结合的学习评价体系，提高学生的认知水平，形成价值判断。地理核心素养能力的形成需要长时间的培养，因此将社团与学科素养结合来推动学生的全面发展，在今后还需再深入研究。（田　娜）

阳光体育活动对学生校园生活体验满意度影响的研究

自“2007 中国青少年体质健康论坛”确定开展阳光体育运动以来，已有十多年的时间。活动以“健康、运动、阳光、未来”为宣传口号，致力于研究体育对青少年的思想品德、智力发育、审美情趣形成中的重要作用，探讨以体育为手段，促进青少年全面发展的理论与实践问题。

交华中学建于 2001 年，经过了 10 多年的发展，逐步形成了自己的办学风格和校园形态。学校以质量求生存，以特色求发展。近几年，随着办学质量的快速提升，社会声誉的不断提高，学校也在不断地调整办学思路和方法，寻找并逐步形成更鲜明的办学特色，以更好地顺应学生的发展。经过几年的探索与实践，学校积累了丰富的经验，形成了独特的校园文化，每一位教师都秉承着“让每一个学生都受到最好的教育，让每一个学生都获得成功的体验”的办学理念，注重学生个性的发展，为学生现在和未来的发展创造条件，使学生在交华快乐地度过金色的童年和少年时光。在此基础上，学校的办学特色得到更高的定位：让学生在交华“快乐学习，健康成长”，“全面提升学生的学校生活品质”，成为交华人新的教育理想和追求。在学校积极发展的大背景下，我们同时也大力开展各类阳光体育活动，增加学生课余活动时间、丰富活动的内容，让每一位学生都有自己喜爱的运动及时间板块。我们响应国家的政策要求，同时我们也期待该活动对学生的校园生活满意度有所提升，为此，定下本文的研究主题及内容。

一、研究目的

体育活动作为日常校园生活中重要组成部分，他们在学校中体育活动的满意度会影响学习质量和各方面的发展。我们在以阳光体育活动开展为前提的情况下，研究其对校园生活体验满意度的影响。

二、研究对象与方法

(一) 研究对象

研究对象为交华中学学生,选择被试共736人,其中男生355人,女生381人(见表1)。

表1 学生的人口学统计(n=736)

性 别	人 数	百分比(%)	总 计
男	381	51.8	736
女	355	49.2	

身体素质情况即按照《国家学生体质测试标准》测得(见图1),无重大疾病与残疾,在校方动员下学生自愿积极参加本活动。

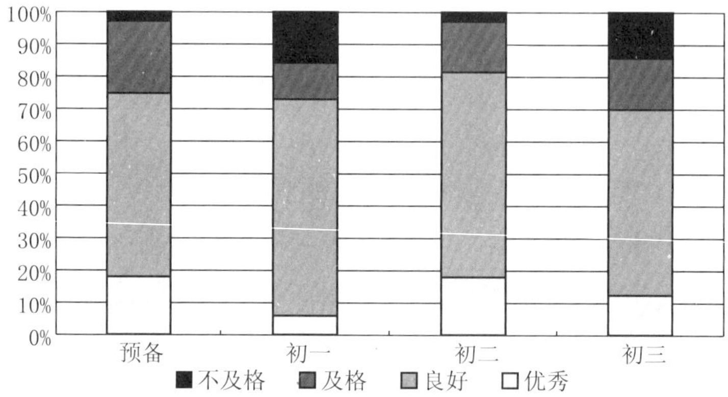

图1 学生体质情况统计

(二) 研究方法

本文主要采用文献资料法、观察法、逻辑分析法、数理统计法。

调查工具为"校园体育活动满意度量表":量表由45个题目组成,包括整体满足感、负面情感、师生关系、社群关系、成就感、机会、经历7个分量表。"整体满足感"是从整体上测查学生对体育活动总体的正面感受;"负面情感"反映的是学生在体育活动的整体负面经历;"师生关系"反映的是学生与老师的关系状况;"社群关系"反映的是学生与同辈和校内其他人员的关系及交往;"成就感"反映的是学生在学业方面的成就感;"机会"反映学生对他们在学校所学东西与其未来的生活相关及可以为他们创造就业机会的认同程度;"经历”反映的是学生在学校的生活经验。

本实验的设计、评估，调查实施为经过培训的体育教师。

（三）阳光体育活动的构建框架

在对上海市校园阳光体育运动开展情况进行分析和相关理论研究的支撑下，结合当前我校开展阳光体育活动的实际情况，提出了体育活动模式的结构框架。除体育必修课以外，在以学生为主体，由教师辅导下的，以体育社团、体育兴趣课、自编课间操、体育活动课、早操、校内业余训练、校内外比赛为载体的七种多元活动形式，相互关联与融合，采用以“健康第一”为指导思想，以阳光体育运动为一体的多元一体化模式（见图 2）。

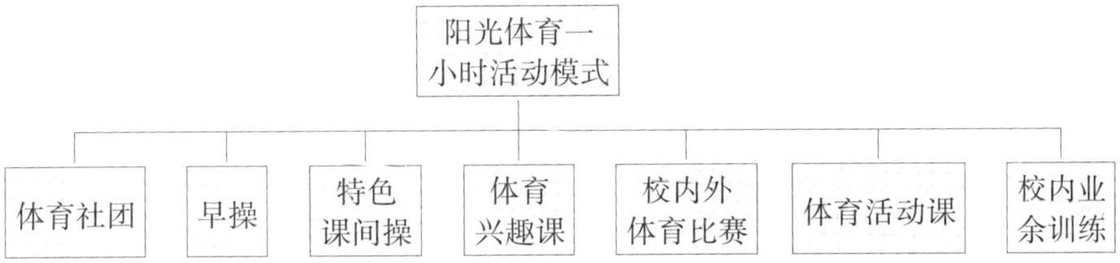

图 2　阳光体育活动的构建框架

1. 早操及自编课间操

早操时间为每日清晨 8 点到 8 点 20 分，内容以广播操和跑步类为主，用以激活学生机体活动。

特色课间操为体育教师自编操类活动，配以动感时尚的音乐，学生根据律动的节奏挥舞着手臂，扭动着身体各部位，在广阔的天地里又蹦又跳，为上、下午的学习生活积蓄能量。

2. 体育活动课

学校在每个年级各个班级都严格执行“三课两操两活动”的规定。下午的体育活动课是一天当中最佳的体育运动时间。体育课中技术以及身体素质薄弱的学生都可以通过活动课加大锻炼的负荷量，同时提高运动技术。为此，交华中学在下午的活动课中都会选派三名体育老师进行现场指导。全年级学生在规定区域集合整队，在对各班级进行活动课出勤考评以后，在体育老师的统一组织下进行 600 米慢跑。学生锻炼的项目除了体育课学习的项目外，还设置了篮球、足球、排球、羽毛球、体操、跑步、跳绳、呼啦圈、滚铁环、打陀螺、飞盘、棋类等项目供学生选择。

3. 课外拓展模式

交华中学的课外拓展模式是课外活动多元模式之一，分为三个板块：

一是阳光体育大联赛训练队。

训练队是由学生组成的各项比赛运动队，日常训练配备专业体育老师指导，在课外活动时间训练，每次 1 个小时，每周两次。参加阳光体育大联赛运动队训练的人数多，分布广。参加项目有田径、花样跳绳、足球、篮球、乒乓球、羽毛球、棋类等。

宝山区每学年阳光体育大联赛的开展，我校都积极参与。学校选派优秀的学生代表学校去参加比赛与交流，很大程度检验了学校阳光体育活动训练水平，进一步增强了学校与兄弟学校体育活动的交流。

二是体育社团课程。

体育社团是指由学校学生组成的各类体育社团。日常事务，训练由学生社长负责，体育老师起辅导作用，社团活动时间在每天下午 4 点半到 5 点，每周两次活动。参加体育社团训练的人数众多，学校为此设置了奖励分，每学期完成一定的体育社团活动次数，可以算到体育日常考核成绩中。

体育社团是学生实现自主管理的一种途径，也是学生参加课外活动和运动训练的一个重要平台。学校也十分重视体育社团的发展，积极支持各个单项体育社团的发展，丰富学生业余文化生活，促进体育锻炼。交华中学的体育社团覆盖预备和初一年级现有 4 个体育社团，占全校所有社团的 36%(图 3)，每个体育社团都安排一名体育教师进行指导。学生可以在这里继续锻炼身体和学习体育技能，这给学生提供了经常、合理、科学地进行体育锻炼的条件，为终身体育锻炼打下了良好的基础。

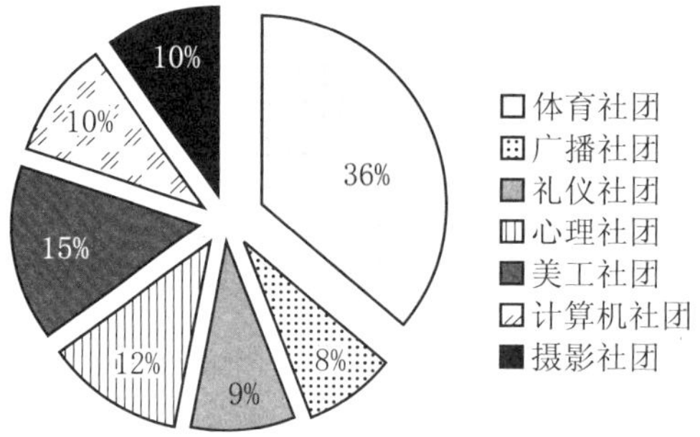

图 3　交华中学社团比例

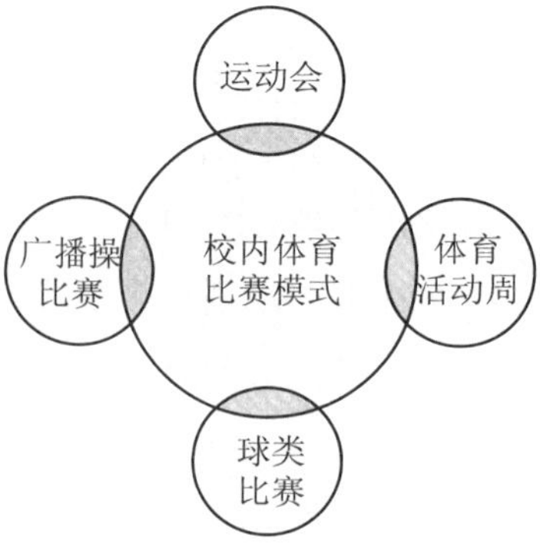

图 4　校内体育比赛模式

三是校内体育比赛模式。

为了更好地鼓励学生参加课外活动锻炼，有效提高学生锻炼的热情，使"阳光体育活动一小时"更深入、持久、蓬勃地开展，实现经常化和自主化，学校每学年定期开展两次校级运动会：秋季校园运动会和春季趣味运动会。每年度一次校级广播操比赛，以及每学期开展体育活动周。组织年级之间的篮球比赛、足球比赛、花样跳绳比赛（见图 4）。每项比赛组织到位，参加人数多，学生积极性高。体育比赛的开展使同学们有亲近感，加深了同学之间的了解和友谊。

三、结果与分析

（一）活动前与活动后各维度数据比较分析

表 2　活动前与活动后各维度数据比较（配对 T 检验）

分量表	活动前（$M_1 \pm SD_1$）	活动后（$M_2 \pm SD_2$）	检验统计量 t	自由度 df	显著性 p（双侧）
整体满足感	2.95±0.67	3.41±0.24	15.66	735	0.007**
负面情感	1.56±0.47	1.89±0.32	−26.33	735	0.036**
师生关系	3.23±0.56	3.33±0.42	24.87	735	0.021**
社群关系	2.89±0.55	2.90±0.45	15.78	735	0.003**
成就感	2.77±0.43	2.87±0.61	9.12	735	0.005**
机会	3.22±0.47	3.12±0.47	30.11	735	0.041*
经历	2.88±0.58	2.81±0.38	13.22	735	0.051

注：* 表示 $p<0.05$，** 表示 $p<0.01$。

通过表 2 的统计结果可知，学生在经历了一定时间的阳光体育活动后，在整体满足感、师生关系、社群关系、负面情感以及成就感指标上有了非常显著性的提高，机会也得到显著性的提高，经历没有明显的变化，但 P 值在显著性变化的边缘，说明学生的经历也有一定的提高。

（二）活动后不同体质测试成绩的学生数据比较分析

表 3　活动后不同体质测试成绩的学生数据比较

分量表	上等（n=108）	中等（n=444）	下等（n=184）	F	P
整体满足感	3.11 ± 0.55^{a}	3.83±0.58	2.66±0.52	3.22	0.000**
负面情感	1.58 ± 0.32^{ab}	1.92±0.53	1.91±0.55	6.88	0.003**

（续表）

分量表	上等(n=108)	中等(n=444)	下等(n=184)	F	P
师生关系	3.49±0.88[ab]	3.31±0.44	3.00±0.12	5.29	0.001**
社群关系	3.12±0.54[ab]	2.89±0.46	2.75±0.23	8.21	0.000**
成就感	2.89±0.56[ab]	2.88±0.41	2.56±0.35	28.31	0.000**
机会	3.55±0.11[ab]	3.32±0.52	3.14±0.59	6.55	0.021**
经历	2.76±0.77[a]	2.98±0.47	2.66±0.33	1.85	0.046*

注：与下等成绩比较[a]P，与中等成绩比较[b]P。

进一步运用 Scheffe 法进行事后多重比较发现：学生在师生关系、整体满足感、成就感、社群关系、机会个维度的得分均随体质测试成绩的提高而提高；在负面情感维度的得分则正好相反，体质测试成绩越好的学生在该维度的得分越低。

（三）活动后不同年级数据比较分析

表 4　活动后不同年级数据比较

分量表	预备(n=221)	初一(n=206)	初二(n=169)	初三(n=140)	F	P
整体满足感	3.53±0.33	2.93±0.47	2.79±0.48	2.63±0.48[ab]	4.12	0.000**
负面情感	1.22±0.53	1.31±0.43	1.34±0.43	1.91±0.53[ac]	0.98	0.033*
师生关系	3.61±0.35	3.42±0.54	3.31±0.34	2.89±0.34[ac]	5.33	0.021*
社群关系	3.49±0.32	3.10±0.31	2.99±0.49	2.79±0.41[bc]	1.09	0.026*
成就感	3.48±0.51	3.38±0.26	3.33±0.41	2.68±0.47[ab]	2.15	0.000**
机会	3.41±0.51	3.32±0.47	3.02±0.52	2.89±0.53[ab]	3.07	0.050*
经历	2.99±0.47	2.58±0.37	2.50±0.36	2.90±0.37[ab]	2.30	0.036*

注：与预备成绩比较[a]P，与初一成绩比较[b]P，与初二成绩比较[c]P。

进一步运用 Scheffe 法进行事后多重比较发现：学生整体满足感和成就感在经过活动后有了非常显著的差异，社群关系、师生关系、负面情绪、机会以及经历维度的得分也均随着年级的增大而呈现了显著性的变化，随年级的增大而出现下滑的现象。

综上所述，学生在整体满足感、经历、成就感等学校生活满意度维度的均值方面的分数都显著高出了平均水平，负面情感维度的得分显著低于理论均值。可以看出，经过阳光体育活动，目前交华中学初中生对其学校体育生活满意度具有较高评价，体验到更多的积极情感。

不同年级学生校园体育活动满意度的比较表明，预备年级学生在整体满足感、师生关系、机会维度的得分显著高于初三年级的学生。分析其原因，一方面，预备年级学生对初中的校园生活充满好奇，对阳光体育的各种活动充满兴趣，即对未知甚至新奇的一切均感到好奇。同时，预备年级新生积极性高，对所有的运动项目都具有很高的参与度，以高年级较为反感的耐力为例，预备年级却可以做到全员积极参与，并且在四个年级的国家体质测试中耐力项目优秀率最高。另一方面，这也可能是预备年级是学生从小学到中学的过渡期，学生对新的学校和新老师充满了好奇，因此更倾向于用积极的目光来审视与其小学生活完全不同的环境。到了中学以后，体育教师组织的活动逐渐增多，学生可参与的项目也与小学不同，球类活动成倍地增加，球类联赛、体育活动周、运动会等活动使得每一位学生都有机会给班级争光出力，同时在比赛中遇到不懂的技术问题也会积极地寻求教师的帮助。到初三以后，学生对学校和各项体育活动有了充分的了解，经过三年的熟悉，新奇感逐渐消失，对各项活动的参与度逐步降低，以至于一个班都组织不成一个五人的球队。他们能够从正反两方面来看待初中生活，体验到比预备年级时更多的对学校生活的不满，因而其在学校体育活动质量的某些方面的评价有所降低。

本结果还发现，交华学生在整体满足感、社群关系、师生关系、机会维度、成就感的校园体育活动满意度均呈现出随体质测试成绩的提高而提高的特点，体质测试成绩越好的学生负面情感越少，对学校体育活动的评价越积极。在师生关系方面，交华中学的阳光体育活动模式能够有效地促进师生关系，使得学生更加爱戴老师，师生关系更加和谐。好的教育，一定是通过教师和学生良好的互动关系产生的。阳光体育活动所有项目的开展均是教师与学生一起活动的过程，这自然会促进教师与学生的关系，从而学生更加喜爱体育运动，积极地参与各种项目，这自然会提升了学生的校园体育生活满意度。

以上结果充分说明了交华中学阳光体育活动对学生学校生活评价和体验产生了重要的影响。

本研究通过对交华中学学生 18 个月时间的阳光体育活动的实施、观察和测试，得出相关结论。阳光体育活动对学生的体育活动满意度产生了良好影响。其中整体满足感、师生关系、社群关系、成就感、经历维度都能产生显著的干预效果，其中个别维度影响效果及其显著。

交华中学的阳光体育活动模式能够有效提高初中生的体育活动满意度，

可作为改善学生校园生活质量的一种方式。(武彦虎)

附:

校园体育活动满意度量表

以下各项叙述关于在学校发生在你身上的一些事情或你对体育活动的一些感觉。请指出你是否“毫不同意”“不太同意”“有些同意”或“非常同意”以下各项,把每个项目填入“学校的体育活动,________”这个句子内,使之成为一个完整的句子,例如:“学校的体育活动,令我感到快乐。”

学校的体育活动,________		毫不同意	不太同意	有些同意	非常同意
1	令我每天都想要参与	1	2	3	4
2	令我喜欢	1	2	3	4
3	令我感到快乐	1	2	3	4
4	老师公正地对待我	1	2	3	4
5	老师乐于在学习上帮助我	1	2	3	4
6	老师乐于听我倾诉	1	2	3	4
7	令我能得到乐趣	1	2	3	4
8	我经常挂念	1	2	3	4
9	我在假期里也想回去	1	2	3	4
10	老师协助我做到最好	1	2	3	4
11	我得到老师在班上公平对待	1	2	3	4
12	老师乐于助我解决疑难	1	2	3	4
13	老师耐心地指导我	1	2	3	4
14	令我感到孤单	1	2	3	4
15	令我感到忧虑	1	2	3	4
16	令其他同学都接纳我	1	2	3	4
17	令别人都信任我	1	2	3	4
18	令我觉得自己是一个杰出的学生	1	2	3	4
19	我表现良好	1	2	3	4
20	能为我的前途做好准备	1	2	3	4
21	我学习到一些重要东西	1	2	3	4

（续表）

学校的体育活动，________		毫不同意	不太同意	有些同意	非常同意
22	令我喜爱做额外工作	1	2	3	4
23	令我享受在班上所做的一切	1	2	3	4
24	为我长大都成人生活做准备	1	2	3	4
25	我能学到我想知道的东西	1	2	3	4
26	令我对我们所做的感到兴奋	1	2	3	4
27	令我对我们所做的都感到兴趣	1	2	3	4
28	令我可经常做我喜欢的事情	1	2	3	4
29	令我学习到有价值的东西	1	2	3	4
30	令我懂得如何应付各样问题	1	2	3	4
31	令我能应付各事情	1	2	3	4
32	我在学业上常常有满意表现	1	2	3	4
33	我经常享受成功经验	1	2	3	4
34	令其他同学都喜欢我	1	2	3	4
35	令我能与班内其他同学融洽相处	1	2	3	4
36	令我很投入	1	2	3	4
37	令我知道我能够成功	1	2	3	4
38	令别人都尊重我	1	2	3	4
39	其他同学对我很友善	1	2	3	4
40	别人重视我意见	1	2	3	4
41	令我感到不安	1	2	3	4
42	令我感到身心疲累	1	2	3	4
43	令我感到无助	1	2	3	4
44	令我感到受威胁	1	2	3	4
45	令我感到受忽视	1	2	3	4

非常感谢你的回答！

追随兴趣，静待开花

法国思想家卢梭说过："问题不在于教他各种学问，而在于培养他有爱好学问的兴趣，而且在这种兴趣充分增长起来的时候，教他以研究学问的方法。"

——题记

美术课是中国学校教育中的一门必修课，这门科目的学习对学生的综合素养发展来说起着不可或缺的作用，但是在实际教学实践中，我发现很多同学存在着兴趣不足的状况。我认为，要想培养学生对美术学科的兴趣，必须要从了解学生入手，因为每个人都存在着个体差异，不能一概而论，另外，我们更多地要站在学生的角度去思考问题，以他们的性格特征、眼光和标准去评价他们的作品，让学生感受到来自老师的尊重，同时点燃兴趣的火花。而一旦引起了学生的学习兴趣，他们就会产生强烈的求知欲望，主动学习、研究，学生在愉快的氛围中体验学习的乐趣和自我价值。作为美术老师，我们该如何调动学生的积极性，激发他们的学习兴趣，让学生爱上美术课、热爱美术呢?

一、用良好的师生关系促进学生对美术的艺术价值认同

我觉得，不管什么科目，一个成功的、有效的、有价值的课堂，首先应该建立在良好的师生关系的基础上。在学习过程中，学生对教师主观情绪色彩决定了他对这门科目的态度以及价值观。说白了，就是喜欢哪个教师，就对哪一门科目比较有兴趣，至少是有好感，而不喜欢哪个老师，这种厌恶情绪也会反映到这个老师所教授的科目，直接影响他们学习的兴趣。所谓"亲其师，信其道"正是如此。因此，建立良好的师生关系是促进学生学习兴趣形成的先决条件。

所以，作为教师首先要树立平等、民主、和谐的课堂教学理念，关心和爱护学生的成长，和学生交朋友，面对学生的错误，教师应用宽容、豁达的态度去对待学生，与学生一起分析错误的原因，以大朋友的身份帮助他们更好地成长，尽力为学生创设出快乐、轻松的学习环境。而在美术课堂中，哪怕学生有一丁点进步，我都会给予肯定和鼓励，拉着他们的手一起前行。

和同学们相处时，我会尽量站在他们的角度思考问题，像朋友一样，无论在学习上还是生活上，有问题、有矛盾就及时沟通解决，减少师生之间的隔阂。在这样的一个环境下，孩子们是非常喜欢上美术课的，也就产生了对美术的学习兴趣。美术课和其他的主学科相比有着很大的不同，我们作为美术教师，主要任务就是尽可能地培养学生的审美能力，丰富孩子们的创造力，从而让学生得到全面的发展。在现在的教育大背景下，我们要把美术课堂的主人还给孩子们，从而培养学生的独立思考能力。

二、用过硬的教师专业素养带领学生不断提高审美能力

我们都知道教师中有个“一碗水和一桶水”的道理，要使学生有“一碗水”，老师就必须要有“一桶水”。现在的课堂之下，教师光备课本、备教参是远远不够的，虽说术业有专攻，即便是美术老师也不可能对各流派样样精通，但作为老师，不断提高自己、不断推动自己进步，却是每个人的必修课。刚刚走上教师岗位的那一年，我在上毕加索的《格尔尼卡》的作品欣赏课时，先为大家介绍了毕加索，从而提到了“野兽派”，学生们听到“野兽”一词比较感兴趣，偏偏让我介绍野兽派，但是基于只备了教材的我，就没有准备那么多，草草地说了两句，讲不出更多的东西，所以从学生的眼光中看出了他们对我的失望。课下我进行了反思，如果自己平时多注重主动学习充电，延伸课堂主要内容，拓展相关内容的学习，增加自己专业知识的储备，那么课堂之上就不会出现这样的教学效果。大家都知道美术学科的教学涉及的知识范围较广，教师在教学过程中可能会遇到很多突如其来的情况，需要教师了解多个学科的知识。为了获得良好的教学效果，我现在不仅备课堂上的内容，拓展也加进去，同时在课堂之外多下功夫，阅读各学科的书籍来拓宽自己的知识面。

三、用师生互动与合作激发学生的自主参与意识

我们在开展教学时，要积极地改变课堂生态，把教师的教与学生的学进行有机结合，而不是完全死板的割裂，巧妙设计互动环节，让学生与学生之间增进合作，再通过他们的合作，加上师生之间的互动，激发他们的学习兴趣，并主动进行美术知识的深入探究，快速掌握所学知识。记得在七年级《泥坯装饰》这一课中，我以课件及视频的方式展示了使用工具和制作方法及步骤，等到学生自己动手做的时候，有个同学就坐在那看别人动，这时我突然间捏了一个装饰性不强的小东西，拿给他看，让他说说自己的看法。他告诉我我能做一个比你这个好看的物件，于是拿出泥动手做了起来。我环顾了一圈以后，发现一节课做不完，很多学生的作品只完成了一半，这时我问了一个问题：同样的时间里怎么能做完这样东西？有一个同学说，我搓泥条，同桌做泥块，做底盘，然后我们合在一起就可以了。听到这里大家都明白了，与其都是半成品还不如大家合作，就可以有完成的作品了，然后大家就再次动手合作起来，很快同学们的作品做好展示出来了。在这环节中，我们要参与到学生中间去，和他们一起动手做，把自己当成学生中的一员。在孩子们的小组合作学习当中，由于每个孩子的思维方式不同，他们对美术知识与技能的掌握程度也不同，呈现的作品自然也就不同，甚至更有创意，这能相互促进学习兴趣的提高。

四、用成功的体验唤醒学生学习的深层次动力

新课程标准中提出了在教学中要“重视学生的发现学习、探究学习、研究学习”的观点。那么面对不同层次学生，如何将探究性学习落到实处，如何让学生在探究学习中体验到成功的快乐呢？我认为其首要前提是要帮助学生建立自信。鼓励是开发学生各项能力的催化剂，学生在进行探究活动时，教师欣赏的目光、赞赏的话语、会意的微笑，都会带给学生最大的快乐和无穷的信心。在七年级《单色版画》这一课里，我们尝试的做法是粘贴纸版画。我先是通过课件讲解了什么是粘贴纸版画、粘贴纸版画的工具，又给同学们在课堂上展示了这些工具，然后又以小视频的方式让他们进一步了解这些工具的具体使用方法，最后我拿起工具，给大家演示这些工具的使用方法，学生们看了以后能够更加直观地了解工具的使用方法以及粘贴纸版画的制作步骤。然后我把创作的主题引出以后，让学生通过小组合作的方式进行创作。这样能在相对较短的时间里呈现相对出色的作品，以此成功的、精彩的作品来激发他们对美术课的学习兴趣。

为了更好地让学生体验成功带来的乐趣，我想到利用学校的宣传橱窗作为平台来展示学生的作品。在上学期期末的时候，我选取了这一个学期一些具有代表性的作品展示在橱窗里给全校师生欣赏，课间和放学后能够看到同学们成群结队去参观的身影。有一个学生的胆子比较小，缺乏自信，自从他的作品被选中展出之后，他在接下来的课堂中增添了很多自信，也愿意表达自己的想法了。通过橱窗展示，学生们的作品能够得到大家的认可和好评，在很大一个层面上增强了学生们自信心，从而激发了他们的学习兴趣。

另外，还要重视评价的艺术性，课堂的精彩很大一部分来自师生间、生生间的相互评价，而一堂课的众多言语中学生们最在乎的也是来自教师对学生的评价。在一次国画课上，画的内容是临摹齐白石老人家的一幅小作《枫叶》。画里面有一只被遮住了一半的蟋蟀，一位男同学将这只蟋蟀画得比整片枫叶还要大很多，这时全班同学都在嘲笑他。他觉得很丢人，红着脸把头低下了。我看穿了他的小心思，走到他旁边去用温柔的语气说道："其实你画得还不错，颜料中的水掌握得恰到好处，使画面的色彩感不焦不淡，下次我们能更好地掌握蟋蟀与枫叶的大小比例就更好了。"我的话说完，从他的表情中我能够发现他又找回了自信。每个学生对各种技法掌握的程度不一样，我们就不能用同样的要求去评价不同的学生，我们要站在学生的角度去评价作品，发现他们每一个的长处，给予鼓励和赞扬，提高他们的自信，从而激发他们对美术课的学习兴趣。

俗话说得好，兴趣是最好的老师。的确是这样，有了兴趣才能使学生主动学习。在当下的美术教学中，我们要做的就是有效地激发学生对美术课的学习兴趣，培养学生健康的审美情趣，从而达到提高学生的人文素养的目的。让我们一起追随兴趣，静待开花。（王　静）

在课题研究实践中提升学生综合素养

国家教育部提出，学校需要加强学生自主探究的学习及研究，增加新型课程，其中包括培养学生的创新能力、科学的精神和综合的实践能力，即是将学生培养成具有综合素养的人才。而新课程的理念是，要求教师在教育中将综合素养的培养作为重要的目标，其中包括学生的价值取向、思维方式及跨学科的综合分析归纳的能力。本校着力于将多元化的课外活动作为“第二课堂”开展，课题研究作为学校的特色课程之一在学生中开展，让学生养成自己发现问题的能力，及运用互联网技术搜索信息的能力。在获得信息的过程中，学生由于自身知识面的不全面性，还需加强小组之间的团结协作，这对加强合作意识具有重要的意义。

一、选择“光污染”研究，提升学生的社会责任感

基于自身学科的特点，我参与指导了学生组织开展“光污染”现状的课题研究，旨在帮助他们形成对自然、社会和自我之间联系的整体认识；体验并初步学会解决实际问题的科学方法，形成强烈的社会责任感，塑造良好的个性品质。

光污染作为人类社会四大污染之外的污染，受人关注较少，但其实它对人的影响每天都存在。如何减少光污染，如何让更多的人了解光污染的危害，不仅需要学生能够将光污染的产生原因和造成的危害深入厘清，还要加深学生对社会责任的理解，提高其对问题本质的辨识能力。因此，在课题前期准备工作中，我带领他们一起到上海玻璃博物馆考察，在对玻璃制造商、汽车制造商、司机的访谈中，将学习的光污染的理论知识与实际相结合，推动学生加深对人与社会关系的感悟与理解。

二、设计问卷，提高学生搜集、整理、归纳和总结的能力

伴随着互联网长大的“00 后”，他们拥有着比“80 后”“90 后”的优势是拥有信息搜索和处理能力。作为当代的中学生对信息搜索和处理能力是素质教育的必然要求，学生对于某些问题产生强烈的疑问时会有深入探究的欲望，所以学生的信息搜寻和处理信息的能力需要有意识地培养。对于光污染，初二的学生已经学过光，对于光污染有着一定的认知，而初一的学生对于光污染没有在课堂上接触过，相对陌生的课题如何做到深层次的研究，需要学生精准搜索信息资料的能力，促使学生的自我完善和自我突破。问题的搜集是问卷设计的前提，问卷是根据提出的问题进行题目的定性设计，在问卷设计的过程中，要仔细地思考光污染产生的原因是什么，现代的人对于光污染有怎样的认识，怎样防止光污染给人带来的伤害，学生要用心去感受光污染与生活的联系，对于问题的设置从多维度去分析，要求能够全面地设计问卷，在生活中的不同角度获得启发与完善。现在问题的搜集方式有传统的方式如电视、广播、杂志、书，还有现在的互联网平台，如微信公众号、微博、博客、抖音等。从视频、文字、图片等多角度搜寻各类信息资讯，可加深学生对问题的认知与理解，从而让学生获得信息搜寻、辨识和分析的能力。

三、开展访谈，提升学生沟通与解决问题的能力

马克思主义理论认为社会交往是人的社会存在方式："一个人的发展取决于他直接和间接进行交往的其他人的发展。"所以人与人之间的关系，需要从沟通的角度获得互动，如缺少沟通，可能会出现隔阂、冷漠甚至出现误解的局面，由此可见，沟通的质量对学生的发展起着重要的作用。

在小组合作中，每个学生有自己的独特的认知和能力，怎样将问题特别是由分歧的问题得到统一，需要学生之间的沟通与合作。另外还需要在街头访谈时，获得陌生人的支持与配合。每个人的性格不同，生长环境不一样，被访谈时的心情不同，工作的性质不同等，都会导致访谈出的结果不一样。怎样挖掘出有效的信息，需要小组成员善于倾听，将被访谈者言语中的有效信息抓住，对于有效信息进行深挖，每一位小组成员是组织者、协调者、引导者，运用自己的沟通与协调的技能使访谈的关系进入良性的循环状态。学会沟通，是一种美德，一种修炼，一份涵养，舒缓沟通的基础是和谐的氛围。

在进行光污染调研的时候，我鼓励同学们大胆投入，锻炼自己的表情态度，传递真诚实意，如怎样利用微笑等面部表情，消除隔阂，打消疑虑；或者怎样通过礼貌与简短介绍，让陌生人快速了解自己的意图，变成被访谈的对象，愿意将自己的想法分享给课题组成员；又或者学会察言观色，体察对方情绪，遇到忙碌的叔叔与阿姨，学会运用同理心与之交流，并体现在用词用语上，如

“叔叔阿姨，您慢走，谢谢您”等。

四、小组讨论，增加学生小组团结合作的能力

不同于课堂的学习，学生在课外开放的情景中去搜索知识、实践理论，亲身体验，在这一主动学习过程中，收获的是知识结构的内化，提升的是自己的学习素养，也锻炼了自己的自信心。而当今社会对人才的要求，不仅要有渊博的知识，更要具有较强的合作意识和社会适应能力。

因此，课题组成员之间的合作也具有非凡的意义。首先，作为指导老师，我致力于在小组中营造良好的工作氛围。课题的研究不同于课堂，一个令人愉快的合作氛围有利于提高小组成员的积极性，加强团队意识和集体智慧，在团结中增长凝聚力和工作能力。其次，要促进小组成员之间实现信息和资源的共享，在学习中交流、讨论，加大信息交流量，拓宽小组成员之间的深度和广度。如光污染小组成员根据每个人的特长和时间的安排，进行分工合作，在寒假中，需要到玻璃馆中进行调研，对汽车制造商、玻璃制造商、医生等人群进行访谈，小组成员之间相互协作，每位成员间乐于奉献，小组成员之间没有比较付出时间的多少。因为大家都认识到，小组成员之间只有相互努力协作、团结和统一，才能将小组之间的价值发挥最大化。

总而言之，光污染微课题研究实践是非常大胆和有益的举措，不仅有利于学生综合素养的提高，也对他们未来发展之路起到至关重要的指引作用，为学生的个人发展奠定了良好基础。（刘锦花）

亲近植物,感受生命

——“交华中学植物物语”校本课程开发的实践与思考

一、多识鸟兽草木之名:课程开发的背景

学校是求知的殿堂,学生在课堂上尽情地遨游于知识的海洋,感受着成长的快乐。其实,在校园里、课堂外,身边的一草一木都蕴含着自然的奥秘,它们是无声的老师,只要用心观察,我们一定会有独特的成长体验。

现在的学生学业压力相对较大,体验自然、观察自然的时间和机会相对较少。笔者发现许多学生小学虽然学过自然,按说应该有基本的植物常识,但却分不清植物种类,只知道这是树、那是草。校园有美丽、多元的绿化,能让学生在课余休憩、放松,然而因为不了解,不少学生对校园植物熟视无睹,这让我感到非常遗憾。

尽管学生对校园植物总体不了解,但稍加指引,学生对身边的植物还是颇感兴趣的,我曾经尝试在课间带部分学生在校园漫步,一起观察植物,学生都表现了很高的学习积极性,若是能开设相关课程,一定能帮助同学们了解植物,提升同学们观察自然的能力。

我在交华中学工作多年,对校园植物情有独钟,一直在闲暇时间观察、研究、拍摄植物,并借助书籍、网络、专业人士等资源,对校园植物有一定了解,且我对文学作品中出现的植物也有一定了解,因此具有编写《交华中学植物物语》的主客观条件。机缘巧合,学校当时正好鼓励老师编校本教材,我将自己的想法告诉学校,得到了校领导大力支持,使得想法变成了现实。

《交华中学植物物语》旨在帮助同学们认识校园植物,并了解植物特点,了解不同植物在文学作品中蕴含的特殊含义,帮助学生提升审美趣味、拓展视野,也在润物细无声中让同学们养成亲近自然的习惯,在此基础上,让同学们能由此及彼,尊重关爱每一种生灵。

我编写了《交华中学植物物语》,自己为教材配图,文字则兼顾知识性与趣

味性的结合。

二、一草一木皆关情:三年实践有成效

自2016年开始,“交华中学植物物语”校本课程连续三年在预备年级展开,虽然周期短,但达到了预期的效果,激发了学生对植物的热爱,提升了学生综合素养。

我介绍的植物都生长在交华校园,通过这门课程的学习,同学们增加了植物学方面的知识,还了解了和植物有关的传说故事、诗词作品等,增加生活的情趣。该课程设计融知识性与趣味性于一体,激发学生对植物的热爱、对自然的热爱、对生活的热爱。

上课时,我主要通过PPT展示植物图片,让同学辨识,再展示相关知识,供同学们学习。我按照由木本到草本的顺序介绍,最后,我还介绍了生长在校园之内的野草,同学们也颇感兴趣。

上课时,同学们积极参与,许多同学能指出我展示图片中植物在校园中的位置,但同学们几乎都说不出植物的具体名字,少数能说出植物名字的同学受到了同学们的羡慕。在课上大家不仅辨识植物,还一起学习植物蕴含的丰富文化知识,如学习桂花,我展示了白居易的《忆江南》“江南忆,最忆是杭州,山寺月中寻桂子,郡亭枕上看潮头,何日更重游”,欣赏着优雅的丹桂,同学们一起吟咏、背诵描写桂花的诗歌,课堂中充满了诗情画意,同学们感受到了植物的魅力、自然的魅力、知识的魅力。

一切景语皆情语,当我展示文人笔下的植物时,同学们也能感受到植物身上具有的品格,因为懂得去欣赏,去爱护。

学习这门课程,同学们还提升了观察写作能力,写作最怕无米之炊,触手可及的植物为同学们提供了取之不尽的写作素材。在介绍紫藤花时,我让同学观察紫藤花图片,试着用自己语言描述紫藤,眼中之景变成口中之文。在实践中,同学们感受到语言描写必须准确,想象能让文字变得轻盈。模仿是写作的基础,同学们小试牛刀后,我特意展示了当代著名女作家宗璞的《紫藤萝瀑布》中一段描写紫藤的文字:“从未见过开得这样盛的藤萝,只见一片辉煌的淡紫色,像一条瀑布,从空中垂下,不见其发端,也不见其终极。只是深深浅浅的紫,仿佛在流动,在欢笑,在不停地生长。紫色的大条幅上,泛着点点银光,就像迸溅的水花。仔细看时,才知道那是每一朵紫花中的最浅淡的部分,在和阳光互相挑逗。”我从同学们眼中看到了求知的渴望与惊喜,不少同学都将宗璞

的这段描写抄写背诵。腹有诗书气自华,同学们经过美的熏陶,能够更向往美好的事物。

课后,当我在学校漫步时,碰到有同学特地来请教,问上课时介绍的某一植物在哪里,每当这时,我都会高兴地带着同学们一起去寻找。

三、一花一世界:尊重每一种生命,课程优化永不止步

英国诗人丁尼生说,当你从头到根弄懂了一朵小花,你就懂得了上帝和人。笔者在上课时发现,当笔者介绍完校园栽培的各种植物,又介绍那些校园里不请自来的野花野草时,总能引起学生浓厚的兴趣。一花一世界,同学们从中也逐渐悟道生命的珍贵与神奇,学会尊重每一种生命。

教学相长,三年以来,我一直边教边完善该课程,课程优化永不止步。我曾在学校红色的塑胶跑道上拍到了一张蒲公英的照片,给同学们欣赏时,同学们总是很惊叹,野草没人照料,却有顽强的生命力。

2017 年,当我在上"交华中学植物物语"这门课时,得知当年 9 月 25 日,植物学家钟扬遭遇车祸,不幸逝世。上课时,我又特别增加了相关内容,让同学们认识了蒲公英之后,又简单介绍了钟扬,十几年间,他走遍青藏高原,收集了 4 000 多万颗种子,为了打造"种子方舟",为未来留存希望。上课时,我展示了钟扬在《种子方舟》中写过的一段话:"作为植物学家,我去采植物的种子,最喜欢的是蒲公英。如果发现开花并且结了种子,我就用手去抓一把,一般情况下有 200 颗。"同学们听到这里都静默了,相信他们在未来的日子里一定会对生命多一份关怀与思考,因为懂得,所以慈悲。

因为我开设了这门课程,平时对于植物方面的知识更加关注,有好的信息都会及时补充到教材中,教师成了真正的学习者、研究者。我去辰山植物园游览,发现上海辰山植物园有 APP,经常推送与植物相关的文章,我立刻下载了辰山植物园 APP。

总之,"交华中学植物物语"校本课程通过三年的运作,增进了学生对植物的认知,使学生能认识学校的基本植物类型,让学生懂得尊重每一株树、每一棵草、每一种生命。我也同样通过编写教材、上课、平时钻研,不断提升自己,成为了真正的学习型教师。(刘雪峰)

在应用课题中提升学生的综合素养

21 世纪需要全面发展的人，在这样的时代背景下，学校需要改变传统的教育观念，注意培养学生的综合素养。综合素养的提出具有时代意义，有利于学生的全面培养，有利于学生更好地将所学知识运用于实践中。新课程改革也对义务阶段各个学科的研究性学习作出相应要求。自 20 世纪 80 年代以来，研究性学习已成为世界上普遍认同的一种学习模式，它以学生自主学习、探究学习为前提；以与学生学习生活密切相关的内容为研究主题；以小组合作为开展形式进行专题性研究，使教学的重心不局限于知识的获取上，而是侧重于传授学生学习的方法，使学生变被动学习为主动探究学习。其中综合实践活动是研究性学习最常见的开展形式，也是学生获得知识、掌握方法、塑造品格最直接的方式之一。在活动中，帮助学生养成善于思考、善于提出问题、主动探究的学习习惯，同时培养学生与他人交流合作的能力，从而提升综合素养。

交华中学以学生自主发展、合作参与、创新实践为宗旨，通过多年的实践探索，开设以学科知识为主干、以主题为单位、以综合实践活动为主线的学生微课题。课题不仅融合了多学科知识，更使学生在综合实践活动中获得体验、习得方法、塑造人格、形成正确的情感价值观，进而提升自身综合素养，适应终身发展和社会发展需要。

在地理课题“西南地区喀斯特地貌景观的形成与现状调查”中，学生带着问题到达千里之外的桂林，进行喀斯特地貌的探索，在研究过程中，学生不仅学会使用地理工具，还灵活运用化学、物理、生物、历史等知识，将心中疑团一一击破；在心理课题“共情训练提升中学生人际交往能力的行动研究”中，课题成员则走向社会进行问卷调查与访谈，不仅获得了心理学方面的研究成果，更是提升了合作交流、整合分析数据的综合能力；生物课题“培育生命——无土栽培研究实践”，为学生提供参与实践活动的机会，使学生在实践中灵活运用所学知识，并且学会提出问题、分析问题以及解决问题。

学校通过多年开展学生课题的经验得出：组织学生积极参加研究性学习是提升学生综合素养的直接有效途径，能力是在实践中形成并发展的。

第一，专题性研究有助于培养学生独立人格。

我校学生微课题的一大特点是专题性研究，这不仅能帮助学生获得专业性的知识，更能帮助学生找到感兴趣的领域，甚至是人生的发展方向。兴趣对于个人学习成绩的提高乃至今后个人专业的发展都具有重要影响。因此，我校教师在应用课题的开展中，着重激发学生的学科兴趣，使其在研究过程中逐步发现自己的志向所在，引导学生形成正确的自我认知。微课题研究的都是源于生活且学生感兴趣的问题，针对这类问题开展研究能够极大地激发学生的研究兴趣。例如，我校 2015 学年的心理课题“青春期，我准备好了——初中生青春期叛逆心理探究”正是与学生息息相关，从课题实施的一开始，学生就有着浓烈的探究兴趣，在老师的指引下更加了解叛逆心理的表现及原因，并深入探究出疏导策略，对于自身甚至全校师生都有重要的借鉴意义。值得一提的是，该课题组成员通过此次探究，对心理学产生了浓厚的兴趣，且掌握了一定的研究方法，相信这无论对学生今后的学习还是生活都大有裨益。此外，专题性研究明确了学生的学习动机，这样学生在后期研究过程中，不易受到外界环境的干扰。再如，2016 学年的学生课题“摩拜单车对上海市民出行影响的实践研究”的研究对象明确，即学生通过“试驾”摩拜单车，总结出新款摩拜单车的优点与不足，通过社会调查总结出目前存在的问题并提出建议与对策。在此过程中学生学会了关注身边生活，提升研究问题、解决问题的能力。

专题性研究能够帮助学生形成独立人格，而独立人格已经成为时代发展对中学生提出的更高要求，中学阶段更是形成人生观、世界观、价值观的重要阶段，也是形成自我认知的关键时期，因此我校一直重视学生独立人格的养成。经学校多年实践研究发现，开展学生微课题是一条有效途径，原因有以下三点。一是在课题研究过程中，由学生提出研究问题、研究材料和研究方案，教师发挥引导作用，学生才是主体。二是学生在提出研究问题的过程中培养了质疑的科学精神，在之后提出研究方案的过程中培养了独立思考、批判思维的能力。三是课题研究的过程就是科学探索的过程，即提出假设——验证假设——得出结论，但是科学研究的过程不是一帆风顺的，很有可能学生的假设错误或者验证实验设计有误，导致不能得出科学结论，学生需要理性思考，找出解决方案。正是这样的科学探究过程促进学生形成独立人格和科学探究精神。

第二，开放性探究有助于提升学生研究能力。

首先是研究问题开放。研究问题的选择和设计在综合实践活动中十分重要，开设微课题的宗旨是打造高品质校园生活，提升学生综合素养，因此研究问题应符合中学生好学、好奇、好动的特性，让学生在做中学、在玩中学。这就需要指导教师"蹲下来"倾听学生的需求，鼓励并引导学生自主选择研究角度，从而开展学生喜欢的综合实践活动。只有研究的问题与学生生活、学习紧密结合，与学生的兴趣紧密结合，学生才会积极参与其中，课题的开展才具有现实意义。例如，在生物课题"培育生命——无土栽培研究实践"的开展过程中，指导老师没有给出具体的研究问题，而是给出参考文献和参考书目让课题组成员阅读并以思维导图形式列出重要信息，此时，学生对无土栽培已有初步了解。随后开展组内交流活动，指导老师进一步说明无土栽培的含义、发展、应用范围以及栽培管理技术等。至此，学生对于无土栽培已经有了较为全面且深刻的理解。接着，由学生列出想要研究的相关问题，如：水培法、基质栽培法与传统土壤栽培种植出的植物营养成分是否相同？不同植物对于营养液浓度的要求是否一样？不同栽培方式植物产量是否一样？几种作物的最适 PH 值是多少？不同作物的最适温度分别是多少？……之后再次进行组内交流，学生与指导老师共同讨论这些初步列出的研究问题是否可行，最终共同确定出要研究的问题，此过程充分体现学生的主体地位。研究问题由学生提出，并且是学生感兴趣的，在接下来的实践探究活动中，学生的积极性和参与度才会达到最大化。

其次是研究材料开放。传统的课堂实验教学，往往明确给出实验材料，然后学生按照一定的实验步骤进行操作，而我校开设的生物课题，研究材料则由学生自己选择。指导老师在选择了与学生生活密切相关的课题之后，具体的研究问题由师生共同讨论得出，实验材料也由学生根据各自的研究问题进行选择。如研究"不同栽培方式种植出的作物营养成分是否相同"，有的组选择草莓为研究对象，有的组选择生菜，还有的组选择胡萝卜。是否所有作物用不同栽培方式种植后，营养成分都会有很大差异还不得而知，在分析了实验数据之后才能下结论，也许会出现大家都没有想到的结果，这也正是生物研究性课题的有趣之处，这样能够充分激发学生的好奇心，使学生主动参与其中。

另外研究方法也是开放的。在确定了研究问题之后，采用何种研究方法最合理、最高效、最准确？这些都是我校课题指导老师会指引学生思考的问题。例如我校的心理课题“当‘青春期’遇上‘更年期’”以及“如何面对他人的批评”中都运用到了调查法，但是调查法又包括问卷调查法、访谈法、资料搜集法（包括现场记录、访谈记录、官方文件、私人文件、备忘录、照片、图表、录影带等）。不同课题适用的调查法不同，因此课题组成员结合本组课题研究内容的特点，在多次讨论后选择出最合适的调查方法，使得研究过程更高效、研究数据更科学。这样，在探究活动中，放手让学生大胆进行方案设计，针对出现的问题，教师引导并鼓励学生积极思考，找出解决方案，尝试创新，这不仅有利于学生加强对所学知识的理解，还有利于学生熟练掌握相关研究方法。由于研究方案的设计过程可显示学生的个性学习和思维，常进行这方面的训练对培养学生的创新能力以及思维的严谨性大有裨益。

第三，小组分工有助于提升学生交流合作能力。

在学生自主研究性学习中，学生初步得出的结论往往是开放性的、不确定性的，即使结论不一定科学，但只要言之有理，教师都应给予肯定。学生渴望展示自己的研究成果，因此教师可以采取多种方式为学生提供展示的平台，使学生在交流中加深对知识的理解。我校的学生课题在实施过程中都有明确的小组分工，每位同学都有具体任务。比如在课题“初中生体育锻炼与学业成绩的关系研究”中，指导老师给出多个关键词，学生分组搜集相关文献，组员资料搜集完毕后，制作主题幻灯片，组内开会进行交流，交流是研究性学习中的重要环节，在此环节中听取他人的观点，以拓展自己的视野。此外，在方案实施过程中也以小组分工形式展开，如有的组负责设计问卷调查样卷，有的组负责确定问卷调查对象，有的组负责记录研究对象实验前后学习成绩及学习状态差异情况，有的组则负责实验装备的试用及调整，等等。合作交流是贯穿我校课题组活动始终的，在此过程中教师不再是知识的机械传播者，知识也不再是枯燥的文字符号，师生共同分享研究成果。“发现生活中的文明举止”“我看‘占中’”“网络信息对我们的影响”以及“我看留学热”等多个课题均采用小组分工的形式。这样开放式的学习环境，充分发挥学生的主体性，使学生积极参与研究性学习中，既有能力的训练，也有对研究方法的学习，更有情感、态度和价值观的体验。因此，既能培养学生探究问题的能力、养成独立思考的习惯、学会与他人交流合作，也能培养学生的科学探究精神，使课题活动得以实现培养学生综合素养的目标。

第四,资源整合有助于提升学生跨学科探究能力。

随着教学改革的深入与发展,现代化的设施为学生课题研究创造了便利条件,我们抓住契机,为学生创造良好的研究环境。我们允许学生利用学校提供的现代化教学设施,如多媒体设备、录音设备、录像设备、信息化的图书馆、计算机房,充分调动学生研究的积极性,同时培养学生搜集资料的能力。此外,我校设有科创社,学生具有较强的自主研发能力以及数据分析能力。在地理课题"西南地区喀斯特地貌景观的形成与现状调查"研究中,学生除了需要利用地理学相关知识进行实地考察,还需要运用化学知识分析岩石特点;运用历史知识分析地貌的时间分布;运用生物知识进行岩石植被的多样性研究。还有些组员能够熟练运用相关计算机软件,设计出简洁合理的观察记录表,大大提高了后期记录及整合数据的效率。最后,组员利用数学中的统计学知识对本次研究的数据以及前人研究所得数据进行归纳、横向纵向比较、分析,最终得出科学结论。因此,整个地理课题的研究过程融合了不同学科的知识,即以地理学知识为主线,贯穿多学科知识,提升学生知识的整合能力以及跨学科探究能力。

第五,基地考察有助于提升学生应用能力。

参观体验可以加深学生对知识的理解并提升运用知识的能力。例如"培育生命——无土栽培研究实践"课题组成员在自己动手进行无土栽培实践研究之后,参观某大型无土栽培基地,比较无土栽培技术在实际生产与学校温室实验中的异同点,了解无土栽培技术除了进行科学研究之外有哪些实际应用,教师鼓励学生举一反三,思考出无土栽培技术的更多应用前景。这既提高了学生的研究兴趣,又开拓了学生的视野,为之后的深入探究打下基础。此外,还通过实地参观进行品德教育和环保教育。例如,长期的土壤栽培严重破坏了作物的可持续发展,无土栽培技术解决了土壤连作障碍,带来了极大的环境效益,借此培养学生热爱自然、保护环境的品德。又如"家庭用水的合理化方案研究"课题组成员带着方案实施过程中出现的难题,参观了上海建筑设计院,向水利工程师请教水资源循环利用的技术问题。在院长的带领下,同学们还参观了设计院院史陈列馆,看到墙面上许多院士的照片以及上海知名建筑物的模型,同学们个个热血澎湃。

第六,社会调研有助于激发学生社会责任感。

新课程改革强调从生活中的知识讲起,同时强调将知识运用于生活中,注重培育学生运用所学知识解决实际问题的能力。例如本校“绿色出行总动员”课题开展过程中，学生通过自主探究了解大气污染的主要来源以及危害。之后面向大华地区居民，通过街头访谈、随机抽样和网上问卷调查等方式，总结出居民出行方式现状及对出行方式的看法，并生成详细分析报告，为倡导绿色出行提供数据支持。最后指导老师鼓励学生进行深入探究，引导学生针对人们的出行方式提出可行建议。再如“家庭用水的合理化方案研究”课题开展过程中，组员们首先通过搜集资料了解到我国水资源的现状，之后，利用周末的时间，走进社区进行问卷调查，最后同学们给出了切实可行的节约用水方案，成为了节水先锋。由此可见，我校的学生课题不局限于知识的获取，而是注重引导学生深入思考知识可以运用于何处，这不仅能够提升学生探究能力，更激发学生的社会责任感，能够将所学知识运用到解决社会问题中，使学生获得极大的成就感。

最后，在开展学生微课题的过程中，我们发现：研究性学习是一种有效的学习方式，也是帮助学生提升综合素质、形成独立人格、激发探究意识、培养终身学习能力的主要途径。在研究性学习过程中学生是主体，教师的作用是引导思考、适当指导、积极鼓励。综合实践活动则是开展研究性学习的有效途径，在实践中培养学生的参与意识与合作意识，培养学生学习的主动性，形成实事求是的科学态度和严谨细致的科学作风，提升学生的创新能力，也将研究性学习推向高潮。研究性学习在初中教学的运用还在试行阶段，我们还在继续探索之中。我们能做的就是不断学习、不断完善、不断提高，从而达到“面向全体学生”“提高综合素养”的新课程理念的要求。（朱瑶瑶）

培育“道德与法治”学科核心素养的教学实践探究

随着课程改革的不断深入，在高速发展的时代背景下，“核心素养”一词近几年不断高频出现，所谓核心素养，具体分为人文底蕴、科学精神、学会学习、健康生活、责任担当、实践创新六大素养，是指“个体在面对复杂的、不确定的现实生活情景时，能够通过自身正确的人生观、世界观和价值观，综合解决问题，而且还指通过自身技能和观念的提升，在各种问题面前表现出的综合品质”。培养核心素养需要立足到各个学科核心素养的培养才能落实，而“道德与法治”学科核心素养也是紧紧贴合着六大核心素养的要求。“道德与法治”学科核心素养大体上是指学生通过教师传授的知识和自己的亲身实践锻炼学生能力，获得对知识的理解和相关的技能以适应生活，并在个人情感和生活技能等方面得到正确的发展，培养学生素质，走正确的人生道路。其中“道德与法治”学科核心素养是“最能体现育人价值的根本性和关键性要素”。

随着新课改的不断深入推行，教育不仅仅局限在学生知识能力的提高，对德育教育也更加重视，小学的“思想品德”到初中的“道德与法治”一步步地对学生深入德育教育。尤其到初中阶段，很多学生进入叛逆期，是个性养成的关键时期，因此更需要教师正确的引导，不断鼓励，这就要求教师根据“道德与法治”课程内容，培养学生的核心素养。在日常教学中我静下心来反思，发现在教育改革的这条路上，如何利用教学阵地培育好“道德与法治”学科素养是一个需要长久实践思考的问题，一味地模仿和照搬别人的模式和方法，心浮气躁，急功近利，不注重挖掘自身的潜力，没有长远的眼光……所有这些，其实都违背了教育的基本规律和初衷，我们不能为了课改而课改。作为一名教师，我们真正成长的动力是在实践中学会思考的能力，一颗热爱学生、潜心于教育的心。

一、尝试跨学科主题教学，变“学科教学”为“学科整合”

未来的人才应该具备怎样的素质？跨越文化差异、观点差异，能够与不同文化背景的人合作，具备批判和创新思维等都至关重要，而这些素质无一例外都是跨越学科文化基础的综合素养。对于学校教育来说，让学生具备这样的素质，就需要有超越学科教育的“大教育”理念。新课改以来，中学道德与法治课程逐渐融合了法律、历史、地理、心理等多个领域，成为一门综合性课程。2018年启用的《道德与法治》教材将法治教育作为重要内容，这要求我们必须深入理解当前的课程内容结构，超越拼盘式的综合课程状态。道德与法治课程的设置，是我国课程体系的重要标识，尤其是在初中阶段，更是对国家教育发展有着很大的基础作用。提高核心素养，也是育人的本质。

【教学案例1“中学时代”】

活动一：结合学校预备年级新生教育集训活动，领着孩子们参观校园：校门口（认识校名）——操场（活动设施）——教学楼（各年级教室、专业教室和教师办公室）——学校的其他场所（厕所、图书馆、医务室、体艺馆等），回到课堂尝试自己动手绘制学校的平面方位导图。

活动二：我是小小安全员。结合新生集训中由德育老师专门讲授校园安全教育规范行为讲座，同时与班主任一起开展开学第一课的班队课，用生活中的小故事激发学生对安全问题的关注，出示视频或图片，引导学生讨论：这样做会造成怎样的后果？让同学们深刻认识为什么要遵守规范，变“要我遵守”为“我要遵守”。

活动三：交华植物物语。交华中学校园内种植几十种不同类别的植被花草，带着同学们深入校内花园、绿色植被、阳光房观察认识不同植物。在自然环境中，浸润式学习校园植物学知识，更深刻感受校园环境，培养核心素养中的人文底蕴。

活动四：课堂畅谈中学时代的来临对我们来说有怎样的意义，我们当下面对它的到来有怎样的心情。带着对自我的探索和感受去参加新生培训的心理讲座“新环境·新朋友·新学校”。

于是，在这个美丽的入学季，孩子们开心地探究，惊奇地发现，快乐地学习，充分体验着新校园、新生活，而乐于观察探究、善于团结协作、注重自我探索等多种素养教育浸润其中。这样的教学，我们很难将其定义为品德课、心理课或是其他某一门单独的课程。它关注学生的学习过程而非学科知识的灌输，通过整合各学科教学内容，找到了入学教育、班队课、心理课等学科的连接点，由此赋予学生无限的空间、无尽的欢乐和无穷的创意。

二、用真实生活情境创设教学情境搭建“场景育人”平台，推动人文素养提升

建构主义理论认为学习是一个主动而积极的过程，学习者知识的获得需要在一定的情境下，通过教师的指导、同学间的交流来实现。在这个过程中，教师扮演的角色是为学生提供一个范式，引导学生解决生活中遇到的问题，由此判断学生的行为动机、观察学生的思维养成，最终引领学生实现学科所要达到的核心素养。比如针对网络上热议的“老年人跌倒该不该扶”的问题，教师可以创设情境，让学生进行角色扮演，在表演和观看的过程中，分析各类现象的成因，对于这些行为可能引发的社会影响进行讨论，并从中得到启示。学生会在一系列鞭辟入里的学习过程中，逐渐形成自己的道德意识和道德观念，增强了法治观念，提升了公民素养，同时深刻地认识到，和谐社会建设，人人有责。这就是真实情境所带来的教学效果：贴近生活，容易激起学生们的兴趣，引发共鸣。所以，只要是和学生密切相连的生活实际，或是社会上的热点现象，都可以作为学习的素材，帮助学生实现核心素养的培养。创设真实的教学情境，贴近学生的生活，容易激发学生学习动机，引发学生积极思维，形成正确认知，使学生在生活实践中提高认识，提升境界，实现学科核心素养的培养。

此外，我认为校园文化生活是“场景育人”的重要组成部分和学校教育的重要基石，是符合学生成长规律、学校教育规律和国家育人目标的。因此，我校秉承“学生走进校园就是教育活动的开始”这一理念，力求在各类主题实践活动中发展学生的自主学习能力、交流能力、合作能力、反思与自我提升的能力以及各方面学科核心素养。通过对学生的分层教育（年龄、性别、住宿走读等差异），为学生素养的提升以及“社会人属性”打下良好基础。

1. 道德与法治学习。学生在不同年段会学到不同的法律知识。例如，在学习《学校生活　法律保护》章节时，通过引导同学们观察发现，学校无论是寒暑假期间还是上学期间，无论天气如何，无论场地如何变化（大队部活动等），都会风雨无阻地举行升旗仪式。在学习《生活俭朴　行为文明》的章节时，通过参加环保主题中的“轻放餐盘”“光盘行动”、包干区保洁、绿化角维护、环保小发明小制作等学校养成教育活动，不断增强学生的作为一个“现代人”的基础素养。

2. 利用校宣传阵地。通过校广播、橱窗等宣传手段对党和国家相关重大事件进行解读和分析(如党的十九大代表产生的流程和会议结构设置等),借助便捷高效的多种宣传方式,凸显内隐的教育需求,将知识不局限于课本,通过校园文化生活对学生产生文化价值观层面的长久影响。

三、促进深度体验与探究培养批判性思维,变"落实知识"为"养成素养"

新课程实施多年来,体验探究等学习方式逐渐为道德与法治课教师所熟悉和运用,但是往往并不深刻,甚至流于形式。比如,学生可能会在道德与法治课上开展小组合作学习,但往往是在教师指导下完成一些只需要低阶思维并且对活动参与要求不高的任务。真正指向核心素养的道德与法治课教学必须促进学生学习方式的真正转变,以"身"体之,以"心"悟之,实现深度体验与探究,引导学生培养批判性思维。

【教学案例 2"深深浅浅话友谊"】

活动一:巧用漫画绘本,让"假大空"的学术理论语言接"接地气"。在这一课的教学中,"友谊的澄清"这一块是学生最难理解最有误区的,我们以《友谊的小船》漫画绘本为课堂导入,激发学生的探索应如何在中学人际交往中建立良好友谊关系的兴趣。

活动二:以学生喜闻乐见的社会热点事件媒介,引导学生在"一起讨论"中头脑风暴,创新思维,从中认识和体验"规则"。如以社会法治新闻案例"这样的哥们义气""不一样的母爱"等,引发学生对一些伦理道德上应该,法律上不允许的社会行为发起反思和讨论,明白法外也有人情,看事物要辩证,而不是单纯的对与错。对于学生在过程中出现的问题,教师不急于纠正,而是引导学生讨论怎样"一起做"才能做得更好,引导学生在自我反思中总结提高。

在这样的深度体验与探究过程中,孩子们积极反思,寻找问题解决方案。这样的学习过程不仅仅是知识的获取与运用过程,更是自主学习意识的形成过程。它指向学会学习、自主发展等学生核心素养的形成与发展。

四、归还学生学习自主权,变"课堂控制"为"共享学习"

基于核心素养的教学是一种开放式的教学,这势必要求教师归还学生的学习自主权,扭转"知识代理人"的"专家"角色,成为学生学习的合作者,与学生一起迎接新时代的挑战。

"课前三分钟"是我们学校大力推广和实践的"自主、合作、探究"教学模式中的一个环节,一直以来多应用于语文课堂教学,由每位学生在课前准备一篇课前小演讲，带到语文课堂的课前三分钟。笔者由此得来启发尝试迁移到“道德与法治”课堂，具体来说，就是利用上课铃响前后的 3～5 分钟时间，根据学科特点，给学生布置一些任务，让学生自己主持完成。它建立在学生小组合作学习的基础上，一般要求每节课由一个小组共同主持完成，充分体现“自主与合作”的精神和要求。

下面我主要从初中道德与法治课程的教学过程来具体说一说“课前三分钟”的具体操作和流程。每节课的“课前三分钟”都由一个小组的同学（四个人为一组）共同主持完成。具体包括两个环节：第一环节主要是“新闻播报”，由学生自己搜集整理素材。学生搜集的内容主要有：当前的新闻热点、社会热门话题、体坛快报、安全知识、自我保护、身边的人和事，甚至是一些生活中的小常识等。对这一环节的整体要求是内容健康、积极，传播社会正能量，能够引起同学们的兴趣和思考。这一环节一般情况下主要由组长负责搜集资料，制作课件。（因为我们学校每个教室都安装了纳米黑板等设备，所以要求每个小组提前准备，制作简易课件，图文并茂。）第二环节是针对课本知识点，复习提问，就是我们传统课堂上教师复习提问这一环节，完全交给学生来完成。要求每个小组的四名同学提前沟通和协商，根据每个人的能力、爱好和特点，进行不同的分工。在课堂上，教师及全班同学根据每个小组的具体表现，进行评价和打分。初中道德与法治课程是为初中生思想品德健康发展奠定基础的一门综合性必修课程。在素质教育成为学科教学中心任务的今天，学科素质教育的核心就是培养学生的学科素养。初中道德与法治学科的核心素养包含知识素养、信息素养、实践素养、人文素养，突出强调个人修养、社会关爱、家国情怀，更加注重自主发展、合作参与、创新实践。“课前三分钟”这一环节，其本质是给学生提供一个展示自己的平台，学生通过课前资料的搜集、课件的制作、知识点的梳理、小组成员间的分工、课堂上的展示等环节，逐步培养自己的知识素养、信息素养等学科素养，并且养成关注国家、社会发展的良好习惯，所有这些，在传统的道德与法治的课堂上是很难做到和实现的。换一个角度来说，传统的道德与法治课堂内容枯燥、单调，学生对这门课程缺乏学习的兴趣，“课前三分钟”这一环节很好地弥补了这一不足。

五、用精心的科研课题指导推动学生学科实践创新能力的提高

书本上的知识来源于实践，最终还是要回到实践中去。从 2015 学年开始，交华中学有步骤、有计划地鼓励学生开展自主课题实践，学生通过课题的探索过程，可将许多学科知识应用于实践，道德与法制学科相关的课题研究，主要包括社会意识类、热点关注类、人文熏陶类、成长引导类、创新探究类等。

如在《发现自己》的章节学习中，学生认识了青春期的自我，探讨与同学间、家人间等遇到的人际关系问题，进行了“当青春期撞上了更年期”“青春期我们准备好了”“如何面对他人的批评”“初中生注意力水平提升”等心理道德意识类课题研究。学生从自身角度出发，通过针对特定年龄层群体的调查问卷，体验青春期心理变化规律，达到自我教育的目的。而“走进大熊猫”“家庭用水合理化方案研究”等以校外实践为主，加深了学生对全球环境危机的了解和认识。在学习“网上交友新时空”时，课题组同学对网络信息发达对人们的影响及其利弊进行了深入剖析，学会了以正确、健康的态度对待网络。通过一系列课题的研究，培养了学生团队合作精神，提升了他们综合思维能力和习惯，增强了他们学习的主动性以及创新精神和科研素质，也提高了他们合理有效安排时间的能力、融入社会的能力、与人沟通的能力、分析问题的能力。

当下教育的风向标指向核心素养，我们必须深度思考道德与法治的学习方式，真正促进学生在学习实践中追求技能、知识、思想情感、文化修养等多方位、多层次、多目标的综合发展。这要求我们改变教师讲解分析、技能逐项训练的同质化模式，甚至可以更大胆些，让学生来设计课堂体验和探究活动等，由此才能激发道德与法治学科的课堂活力，从学科角度助力培养学生核心素养。（钱雯睿）

现代信息技术运用，推进深度学习

随着科技的发展，现代信息技术得到了蓬勃的发展，越来越多的现代信息技术运用于教育领域。信息技术与学科教学的整合是我国面向21世纪在教育方面进行改革的重点，《基础教育课程改革纲要（试行）》中明确提出要“大力推进信息技术与学科课程的整合，逐步实现教学内容的呈现方式、学生的学习方式、教师的教学方式和师生互动方式的变革，充分发挥信息技术的优势，为学生的学习和发展提供丰富多彩的教育环境和有力的学习工具”。2018年10月18日，教育部印发简称“新时代高教40条”等文件，更将现代信息技术与高等教育的要求结合起来。由此可见，现代信息技术的运用已经深入现代教育的各个领域。

一、运用于课堂的现代信息技术

至今仍记得十几年前，当我刚踏上教师的三尺讲台之时，当时的主要电教设备是幻灯机、录音机、电视机等。当时计算机还是处于家用或者商用阶段，并未大规模进入学校，当时的电化教育最多只能“辅助教学”。而后几年，各个学校开始大量运用计算机，电化教育的作用不仅仅是课件的制作，还转化成“计算机辅助教学”。到了近几年，随着科技的迅猛发展，网络教学、电子白板等软件硬件已基本普及，深入每一所学校，这时，教育现代化的步伐不仅加快了，还同时伴随产生了“信息技术与课堂教学深度融合”这一概念。

从这里我们可以发现，随着教育现代化的不断深入，信息技术与课堂深度融合是教育现代化的必然。那么，为什么要进行信息技术与课堂教学融合？信息技术与课堂教学深度融合到底有何作用？笔者通过理论学习和日常教学中对信息技术的使用，归纳其如下作用。

1. 利用大数据，帮助学生发现学习漏洞、制定学习目标

早在2008年，国外杂志就已经提及大数据这一概念。2012年美国成立大数据论坛，鼓励企业或机构进行大数据技术交流合作。2012年7月，联合国还

发布了与之相关的白皮书《大数据促发展：挑战与机遇》，从那时起，全球大数据的研究和发展迅速进入高潮。我国自 2013 年以来已在各种领域把大数据列为重大科研课题，诸多学校也已将大数据技术运用到教育教学工作中，收到了良好的效果。

大数据能够帮助学生及时发现其在学习中的不足之处。与学生相关的海量数据可以通过大数据技术，剖析每个学生的学习行为，得出每个学生的学习模式。大数据为学生状态的分析提供了更客观的数据支持。我校在利用大数据引导学生分析问题方面做了很多工作。如在每个单元检测或期中、期末考试之后，我校都会给学生们下发成绩分析单，由学生根据自己的本次测验情况与历次测验进行比较，从而使学生们能够填写相应的质量分析表。通过这样的分析，学生们可以根据自己的状况找到薄弱环节，调整学习计划，提高学习效率。而在每份学生质量分析表的最后，是教师结合学生在课堂中的行为特征，对学生在本次考试中的表现进行评价或建议。这份质量分析表不仅可以让教师明确学生在学习习性、课堂状态、作业表现和书写习惯等方面需要改进的问题，还可以帮助学生判断或调整学习目标，提供针对性的学习资源。

2. 利用软件，攻克词汇难关

面对海量的学习资源，学生难以辨识这些学习资源对自己的价值，常盲从于各种资源，学习效率低下。而现代信息手段的数据，能以学生测评的大数据为基础，帮助学生进行信息过滤，为其推荐适当的学习资源，使学生的学习更有针对性，提高学习效率。比如：我校在基于大数据分析的基础上得出学生需要在单词方面进行加强，因此研发了一套单词集训系统，通过每天的单词集训扩充学生的词汇量。这样的集训是有的放矢的，取得了比较好的效果。

3. 利用白板电视，加大课堂容量

随着现代信息科技的发展，教室里的多媒体设备已经从早期的投影仪到后来的电子白板，而现在教室里使用的是集电子白板与电视电脑于一体的白板电视，其功能强大，方便快捷，生动有趣，促进师生互动，为师生提供一个很好的教育平台。丰富的教学资源在课堂教学中发挥白板电视图、文、声、像并茂的众多特点及优势。无论是新授课，还是练习课，抑或是复习课都能轻松、愉快地使学生在课堂上始终保持愉悦、渴求上进的状态，进一步增强学生学习的自信心，使他们觉得学习是一件快乐的事。先进的白板技术还可以加大课堂教学密度、增加课堂容量，使学生在相同的时间内能获取到更多量的信息。

教师可以利用白板进行各种形式的练习，可以是游戏、选择，亦或填充、拼图等，也可以更便捷地进行一题多变或一题多解的训练。电视白板技术改变了传统教学中的练习题型单调、枯燥等问题，使学生从厌烦练习逐渐变成愿意练习，主动练习。此外，板书对课堂容量有一定的影响，教师可以利用电视白板的储存功能把一些文字和图形等事先存于白板，在课堂上按需适时呈现出来，从而提高教学效率。

我在教授牛津英语（上海版）教材七年级第一学期 Unit 5 Choosing a new flat 时，利用其隐藏功能教授生词，直观的视觉刺激使学生们很快记住了这些单词。再马上配合使用聚光灯功能对学生的掌握进行巩固和检测，效果显著。在课文新授环节，采用听力找茬形式，利用书写功能，请同学在白板上画出错误的地方，再将学生找到的错误拍摄下来，在其后的情景对话环节中粘贴该图片，让学生针对找出的错误进行两两对话，不仅体现了生成性，也提升了学生的学习兴趣。通过实践，我深深感到，使用各种白板电视的技术的确可以促进学生的学习进步，取得较好的教学效果。

此外，在日常的作文课上，笔者利用白板的书写、批注、色彩等功能，先让学生自己到白板上进行修改，再进行讲解，这样提高了学生的理解、改错能力，更好地让学生明确了优秀作文的一些要求。除了白板的以上功能之外，其储存库功能还可以让学生进行大量的训练，以便教师及时了解、掌握学生的学习状况，及时改进教学内容、调整教学进度。

4. 利用网络教学平台，推进深度学习

伴随大数据时代的到来，信息技术与课堂教学深度融合，传统课堂教学也在转变，同时转变的还有学生的学习方式。在网络教学平台的影响下，学生可以确立适合自身的学习目标，提高自己的创新能力，进而展现自身优秀的一面。如我在牛津英语（上海版）八年级第一学期 Unit 7 Nobody wins（II）语法课中，运用了智慧英语平台技术来检测学生对所学内容的理解掌握程度，同时通过大量练习帮助学生巩固所知，由学生小组讨论分析推进深度学习。云平台减轻了教师工作量，同时给学生以及时反馈，让学生在后来的教学环节中避免同样的错误，取得了良好的教学效果。

针对中考英语试题增加口语这个情况，我校走在了改革的前头，于 2017 年就结合智慧英语平台进行人机对话的训练，由教师每周发布一次人机对话作业，学生自主进行对话练习。渐渐地，对智慧英语平台越来越熟悉后，很多学生开始了自主训练。有的同学就单词词组进行自主训练,有的同学就更多的人机对话专题进行自主训练,有的同学练习听力,学习的氛围越来越浓郁,这一切都是与学校的理念、教师的转变、网络平台的促进作用是密不可分的,越来越多的学生开始进行主动学习、深度学习。

现在,国与国之间的交流日益增多,英语作为国际通用语言,其重要性也越来越明显。而对于多数国人,英语的学习仍是个巨大的难题。单词作为学习英语的基础,是非常重要的。针对部分同学单词记忆困难,无规律、无方法、无计划导致整个英语学习不理想的问题,我校开发了英语单词集训软件。由教师选定内容、审查校对、测试系统后,对每个年级学生进行集训,每天在早中晚三个时间段的集训中使学生们巩固了已学的单词,拓展高年级词汇,学生们感觉收获颇丰。在学校的单词集训结束后,学生纷纷主动利用单词手册、平台自主训练等方式,进行自我提高。

二、巧用现代技术推进深度学习

用技术来推进深度学习,是目前信息技术与课堂教学深度融合的主要研究内容。乔纳森认为,在具体的学习过程中,技术可以通过以下几种方式来促进学生知识的构建和思维的发展:首先,技术可以作为知识构建的工具,表达学生的观点;第二,技术可以作为信息搜寻工具,帮助学生获取、比较信息;第三,技术作为情境创设工具,使学生“知行合一”;第四,技术可以作为交流的媒介,支持学生与他人协作,在交流中学习;最后,技术还可以作为智能伙伴,支持学生在反思中学习,发展高阶思维。通过运用现代信息技术,如上文提及的大数据分析、电视白板的大容量课堂、网络平台及时的检测、反馈等手段,教师可以更好地引导学生,促进学生的反思,使更多的学生主动学习,深度学习。以英语学科的教学为例,现代信息技术中交互式电子白板的聚光灯功能可以很好地检测学生对于一些生词的直观掌握程度;书写、截图功能体现了生成性,增加了学生的参与度;播放功能则加大了课堂容量;云平台在减轻了教师工作量的同时还及时给学生以反馈等。这些信息技术的使用,起的作用不仅是节约时间、扩大课堂容量、创设情景,还能突破课堂重点、解决课堂难点,更好地促进学生的深度学习。

不过,教师需要注意的是,信息技术是教学的有机组成部分,是为了达成教学目标而使用的教学手段之一。如果在教学中,教师可以使用别的方法来促进学生学习,就无须生搬硬套使用信息技术。切忌盲目使用信息技术,为了技术而技术。不同的课型、不同的教学目标所需要使用的教学手段是不同的，教师应选择合适的信息技术手段融入课堂。

总之，在信息化快速发展大背景下，教学的方式不停地发生着转变，教育现代化和国际化将激励我们不断去学习和探索更加适合中国国情的教学方法。信息化的进一步发展无疑将推动新教育技术在日常教学中的更多运用，也将促使我们进一步研究课程与技术之间的完美连接，只有这样才真正做到信息技术与课堂教学的深度融合，使信息技术在学生学习的过程中真正发挥重要作用。（陈娟娟）

在行走的课堂中实现自我成长

2016年11月30日，教育部、国家发展改革委等11个部门印发了《关于推进中小学生研学旅行的意见》，提出了"教育性、实践性、安全性、公益性"四个研学原则，彼时距离交华中学第一次与《新闻晨报》合作组织的"扬帆爱心助学浙江山区行"已过去整整八年，而那时我校的学生课题组也刚好开始进行第三轮研学探究实践活动……

毫不夸张说，十几年来，交华中学在超前的办学理念指引下和对学生自我发展能力培养的坚持推动下，已经形成了独具一格的办学特色并产生了深远的社会影响及辐射。其中，最为人称道的就是，在传统意义的课堂之外，我们一直致力于为学生构建完备的大课程体系，自选社团、兴趣课、微型课、自选课程、学生课题研究等已让人目不暇接，老师们还会引导学生制定课外学习实践的个性化目标和个性化分层作业，激发其学习兴趣，增强其自主发展意识。"行走的课堂"同时是我校德育大课程体系中的重要一环，那么，我们是如何充分利用校内外教育资源，做实做强课外探究实践活动的呢？学校主要从以下几个方面着手进行。

一、连接课堂内外，让体验成为学习手段

学习情境理论指出，学习者参与实践活动、与环境互动影响是学习得以形成的根本机制。而语言类学科（语文、英语等）作为实践性、综合性强的一门学科更是如此。

慵懒的阳光透过碎花玻璃照在实木地板上，显出影影绰绰，在展馆二楼，我看到了一张张著名作曲家的手稿，上面的各种反复涂改，让人惊叹于他们对音乐精益求精的严谨态度。而最让我印象深刻的是1981年黄贻钧指挥柏林爱乐乐团时使用的指挥棒，这根指挥棒显得分外平整光滑。工作人员介绍说，在演出前，黄贻钧每天有超过十小时的训练与乐团磨合，将原本十分粗糙的指挥棒木柄也逐渐磨平了。岁月可以偷走往昔的荣耀，却偷不走他们对音乐的执着与热爱，外国人将交响乐带入中国，中国则以更优美昂扬的旋律回馈世界。

——摘自我校学生“交响音乐之旅”手记

我们认为，学生学习的最大问题不是“学到了什么”或者“怎么学习”，而是“为何而学”，尤其是对于初中阶段正经历“青春动荡期”剧烈变化的孩子们，这个问题的解决更为重要，因此，让学生获得真实的学习体验与反馈就是最好的学习手段。例如，我们结合“书香校园”特色，在与浙江、广西的贫困地区学校建立助学结对关系的同时，由学生走进社区联系并设立助学基础书库；将学生文集编辑成册进行义卖获取资金；爱心代表小队走进结对学校进行社团教学互动；为结对小学筹建“扬帆图书馆”；通过两地学生之间的书信往来交流读书心得，畅谈人生理想……凡此种种，学生对于议论文、倡议动员、书信公文、演讲等写作水平也获得大幅度的提高。

再如其他游学实践过程中，由于学校常年坚持进行“任务单设计”“行前课程指导”“研学手册制定”等研学“基础设施建设”，使得同学们在各种场馆及名胜古迹、街头巷尾、名山大川的游历当中，能够积极动脑分析所获取信息，也大大拉近了书本学习与生活实践的距离，激发了学生对文学艺术、哲学、历史、地理等人文各领域的思考与探究。

二、打破学科壁垒，用双脚拓展学习空间

毋庸置疑，“行走的课堂”的确是检验学校所学知识的最佳阵地，但交华中学从未把它仅仅当作是课堂学习的延伸。事实上，我们认为如果校外实践活动设计实施得当，就能够有效打破传统教育教学的三个“天花板”——学科、空间和角色。

喀斯特地貌实地考察中需要用到多种地理技能，地形图的阅读，海拔高度、经纬度的判断，气候特点分析……这些在地理课堂上经常出现的“书本知识”，需要在实际考察中成为能够帮助学生解决实际问题的“有用知识”。另外，在当今信息化时代，我们的课题组成员还必须学会下载和使用手机（或 PAD 等电子产品）上的地理地图类 APP，在实地考察的过程中学会浏览、查询区域地形图信息，结合实地情况，分析地形特点、影响等，通过建立与以往所学知识间的联系，通过知识的运用和迁移，提高地图技能和信息筛选能力。

——摘自我校教师"喀斯特地貌探究"课程设计稿

从上述行走课堂教师设计稿中的片段，就可以看出，我校对于校外参访实践活动中的"学习方法""实践流程""目标设置"等核心议题都进行了较为详细的筹划。

同时，在课程内容的规划上，我们也尽量做到多样性和实效性并重。且看："绿色出行"课题小组成员在放学回家的路上通过观察和计算时间段、车流量、人群流向来分析最快或最健康回家路线；交华栽培基地小管理员们在浦东某科研所进行营养液配比试验；舞蹈兴趣课学员在广西某实验小学的助学联谊会上开设面向当地小学生的现代舞教学课程；心理社团学员们在上海邮政博物馆中寻找人们思想交流与科技进步之间的联系和变化；各班级安全委员在消防武警支队练习负重定向跑和器材快速组装；"西南喀斯特地貌调查"课题组成员在桂林溶洞中寻找地貌变化痕迹；学校党支部、德育处与历史教研组合作带领学生走进长沙寻找中国近代民主革命的发端——细心的你也许会发现，交华中学"行走的课堂"系列活动的开展绝非仅仅局限于学校某个部门、条线、学科或时间段，而是由内而外、自上而下地进行了最大限度的整合与联动。

在下列表格中，我梳理了近年我校的一些"行走的课堂"实例：

项　目	指　导	"行走的课堂"课例
兴趣课程外延	兴趣课教师	美工兴趣组参访"上海传统工艺博物馆" 生命科学兴趣组参访"海昌海洋公园" 小记者兴趣组参访"上海屋里厢博物馆" 校田径运动队参访"上海奥运会博物馆" ……
社团活动外延	社团顾问教师	拉拉操社参访"华师大全明星拉拉操队" 科技社参访"上海无线电博物馆" 心理社参访"上海邮政博物馆" 管乐社参访"上海市交响音乐博物馆" ……

（续表）

项　目	指　导	“行走的课堂”课例
学生课题专项	课题导师	家庭用水合理化课题组参访“上海现代建筑设计院” 无土栽培课题组参访“浦东国家无土栽培基地” 城市光污染研究小组参访“玻璃博物馆” 大熊猫保护及生物多样性研究小组参访四川大熊猫基地 喀斯特地形地貌现状研究小组桂林等地实地踏查 ……
校自管会实践	团队	团队员代表参访“上海市陶行知纪念馆” 班级安全专管员参访消防武警支队 班级图书管理员参与“社区书香换绿植”活动 ……
立德树人实践	德育处	长沙历史人文红色之旅 广西谐乐手牵手结对助学之旅 放飞梦想青岛毕业游 走进厦大毕业游 ……
主题研学活动	德育处	上海·新加坡“水资源再生”主题研学 “走进航天城”大西北探索之旅 “草原之夜”走进美丽内蒙研学 ……

当然，在实际操作当中，并非如上表中所显示的那样泾渭分明，而是由学校根据自身课程体系与设置进行统一规划，在部门与部门、学科与学科、兴趣课与社团、学生课题与教研组等之间架设桥梁，将专题课堂与综合课堂穿插融合，让行走的课堂实践探究效果获得综合化与最大化。另外，说到角色的变化和体验，我校相关指导老师们也深有体会，正如前文中大家所看到的那样，在每一次行走的课堂设计和实施过程中，都需要相关项目老师的精心设计和规划，尤其是教师角色的变化更需要他们主动去适应，他们既是学科教师，又要做研究方法指导，同时还需规划学习内容与活动，总之，想要充分促进学生知行合一、把知识和体验深度融合，就要求教师们主动、提前进行更高层次的自我学习与深造，这样才能带领学生在行走的课堂中获得长足发展。

三、激活深层需求，观世界中形成世界观

把“书本是学生的世界”转变成“世界是学生的书本”是教育界的普遍梦想。的确，把情感交流、智慧碰撞和思维沟通连为一体形成一个三维立体的学习反射圈——这是一个教与学的理想状态。而作为一所民办初中，面对着一群正处在一生中心理和生理变化剧烈的孩子们，交华中学在行走的课堂实施过程中，除了力求为学生建立知识和实践体系，也更加注重他们世界观与价值观的形成。

> 一位小男孩走进了教室，向四周好奇地看了看，便迎面径直向我走来。来学生啦！我一下就乐了，立马给他腾出位子开始认真地教他画漫画。从握笔到构图，恨不得把我所有的知识和技巧都教给他……虽然课程很难，手上还有冻疮，但是小家伙始终面带微笑不紧不慢，这个原本寒冷的冬天，因为偕乐之行而变得异常温暖。临别之际，我才意识到也许真正得到帮助的是我自己，我带回上海的将是受益终身的启示和触动：坚持、乐观、感恩、奋斗。
>
> ——摘自我校学生“爱心助学之旅”手记
>
> 在岳麓山脚下的东方红广场齐诵《沁园春·长沙》，直面伟人胸怀；在毛主席雕像前跟着特型演员一起唱响《东方红》，感受领袖胸襟，仿佛自己也沾染了“问苍茫大地，谁主沉浮”的气概。于是乎，先辈们开拓事业的不屈不挠和我们当代社会主义事业接班人的一脉传承已不再是一句口号，而是水到渠成之事了。
>
> ——摘自我校学生“红色长沙之旅”手记

我们深知，要实现世界观（价值观）塑造这一目标，就必须关注学生成长的深层需求，以促进学生的自我发展为最终目标，让每一次“行走的课堂”在设计之初就从需求着手，以避免出了校门却又回到了填鸭式的传统课堂教学模式，让学生获得自主发展的源源动力。

当然，有些时候，有些需求是学生自己都没有意识到，要靠老师去发掘和引导的，就像上述笔者所举出的两个例子一样：来自上海生活和学习环境优渥的初中生，用自己的一技之长在广西希望小学当起了“看似”在“帮助他人”的小先生；前往长沙开展红色征途足迹参访团的队员代表；还有“新一代上海小公民”组成的小记者社代表团参访“上海屋里厢博物馆”；对传统通信技术不太了解甚至有些“看不上眼”的科技创新社社员们参访“上海无线电历史博物馆”；科学兴趣组成员利用学校春游的机会对海洋生物多样性直观考察和比对;地质社与历史兴趣组携手对辽阔的大西北进行联合考察……

总而言之,看了上面这些例子,你会发现,交华中学行走课堂实践活动的开展,既不会一味舍近求远,也不会盲目选址刻意追求高大上。我们一直致力于在校外实践常态化以及"微研学"常态化上做文章,在学生深层需求的开发上做文章,认真听取社团社长、课题组学生、兴趣课微型课指导教师的意见和建议,寻找学生感兴趣的、指导老师认可的、与我校育人目标相匹配的、与校内实践活动结合度高的校外实践资源,并鼓励师生一起拿出"愿望单"、制作"任务单",以需求为指引,让学生在自主"观世界"的过程中形成我们所期望的世界观和价值观。

下图是标准的以学生需求为主导的"行走的课堂"完整流程周期:

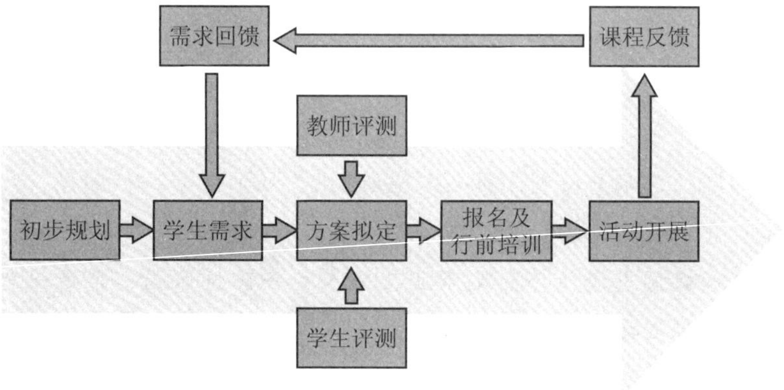

"行,乃知之始;知,乃行之果。"长久以来,交华中学始终追求在大课程体系框架建设中,还给同学们一个相互联系的整体知识体系,构建完整的学习生态和生动的学习情境,将情感交流、智慧碰撞和思维锻炼更加紧密地勾连为一体,让同学们在思中游、乐中学,在行走中检验知识,在行走中获得发展。相信我校"行走的课堂"系列探究实践课程必将获得更加旺盛和持久的生命力。

(陈　琪)

【心香一瓣】

那每一次尝试给我带来的纷繁体验

——纪念交华中学时光

说起来也惭愧，现在回想起八年前在交华的岁月，第一个在脑中浮现的居然是跟同学们吃完晚饭后在操场上玩游戏的画面。游戏原理和丢沙包很像，我们称之为“丢瓶子”。大家非常享受沉浸于游戏之中纯粹的愉悦，虽然这只有短暂的一刻钟。

顺着这一画面，我脑中开始一一浮现出在交华学习和生活的其他场景。记得当初学校组织给各年级学生上选修课，我选了英语类的拓展课。每周给我们上课的是一位美国留学回来的年轻老师，一口标准的美音。起初上这门课非常痛苦，因为总是不知阅读材料所云，完形填空也毫无头绪。或许，这是我们在面对超出自己理解范围的知识的时候，再为正常不过的反应了。不过坚持一学期下来，至少在面对长阅读的时候，再也没有了当初的那种恐怯心理，而是学着一步一步理解分析。这也许就是交华在开设各类拓展课程上真正带给我们的收益吧。

快要临近毕业，正值学校跟《新闻晨报》有合办暑期游学项目的机会，本着出国见识世界的目的，我便参加了为期一周的新加坡游学。世界确实是见识到了：整洁的街道，守序的群众，多元的文化。但想起我当初的口语水平，似乎还停留在想买止痛药都怯于询问店员的水平。但也正是从那个时候，我开始明白，世界于我们而言何其之大，我们在学着适应的同时又会质疑自我能力，在怯于尝试的时候有一股暗流将我们带向高处，告诉我们放手去搏。

这也是我为什么一直记得玩丢瓶子的时光的原因。我们周遭的一切时刻都在变化，在这变化之中找到我们自身的立足点；若瓶子向你砸来，便做好转变身份的准备，主动出击。借用法国作家罗曼·罗兰的一句话：生活不是静止，而是对旧事物的吸引力的永恒反抗。

交华中学为我们提供了这样一个接触更广阔世界的平台，让我们学会于平台之上向更高的平台跳跃，反抗每一次尝试时的引力。而这些一直影响着我在离开交华之后的岁月。

祝愿每一位在交华学习的同学都能永葆接触新鲜事物的好奇，享受每一次尝试所带来的纷繁体验。这就好比我们当初总是会期待今日食堂会是怎样的美味，每天晚自习之后学校发的点心是什么。（张振华，2011 届毕业生，现就读于美国斯坦福大学）

忆交华如歌

大华三路这条老街，日夜人来车往奔流不息，而我的母校——交华中学，就坐落于这片繁忙的天地中，用白墙红砖在喧嚣的街区围起一隅城堡，供年轻的生命自由呼吸、欢快畅想。于我而言，这里是我的少年梦开始的地方。

毕业后，我关注公众号的动态，看到了这里，正不断注入新鲜的血液；我也不时回母校探望，路过预备班教室时，听到了稚嫩的童声在学唱校歌。“每个清晨当我睁开眼，每个黄昏你在我身边……”熟悉的音乐响起，不禁有些恍惚，往昔的点点滴滴，开始在眼前铺陈开来——岁月流转，纵人事变迁，但那支不变的主旋律，时时萦绕于这座城堡之中，由一代代的交华人共同吟唱，我驻足聆听，忆起在交华的如歌时光。

我的交华四年是在忙碌中度过的，这份忙碌中，有疲惫，也有充实与快乐。自从六年级进入大队部，我便有了更多的机会加入学校大大小小的活动中。于是，我眼中交华的旋律，不仅仅局限于课堂，更是散布在校园的每一处角落，那是每日晨光下、校门口永远朝气活力的礼仪队员鲜红的绶带，那是升旗仪式排练时一次次挥舞向天空的国旗，那或许又是周五自主管理委员会例会后，怀抱着满箱资料走过夕阳洒落的空荡荡的长廊……这一切的一切，串联起了交华生活，串联起了我从生疏懵懂走向成熟稳重的蜕变历程，也串联起了我的青春时光。

在交华，陪伴我的还有一群可敬又可爱的老师，他们各具个性，风趣又充满活力，他们引导的每门课程为我开启了一扇扇认知另一个世界的窗户。语文课上的三分钟演讲使我跨出了展现自我的第一步，而每周的随笔则培养了我对写作的热爱；几何与代数的碰撞开拓了我原本贫瘠的理科大陆，使我发现自己的更多可能；严谨细致的物理课更是激发了我对“声光力热电”的无限兴趣，成为我从今遨游物理海洋的起航点。除此之外，还有交华的兴趣课、特色社团……在不同的课堂上，交华学子们饱尝知识的甘露，从老师们的口中、笔下放眼看世界。

另外,我还想提到我的班主任程宏老师——我们会亲切地喊她“程妈”。记得初次见面时,她在黑板上写下了一句话:“让知识和修养卓越你的人生。”从此,它便渗透在了我们生活中,程老师会在班会课上与我们分享正能量美文,或是探讨时事热点,培养我们对社会、对世界的思辨性看法。她是那个对学生品行极为重视且公正严格的老师,也是那个毕业典礼上感性而深情落泪的程妈,她使我明白了:一个人需要提高的不只是成绩,还有品行、素养、思维能力,这些看不见摸不着,但却从言行举止中散发出来,是自我实现的一部分。

细数这四年在交华,我不仅被“授以鱼”,即学问与知识;更被“授以渔”,即如何学习、如何为人处世、对待生活——或许数年过后,当一条条公式、符号、原理已逐渐淡忘,但交华的老师,你们曾教会我的那些勇敢、善良与乐观,将永远影响我的人生轨迹,指引我前进的方向。

思绪从记忆的远方拉回现实,自己已是站在交华的校门前。蓦然回首,又见晚霞映衬的钟楼,正如两年前告别这里的情景——我不知道何时还能再次相见,而到那时的交华又会是怎样的光景,但我知道,在每个从这儿走出的交华人的心底,都留存有一块地方,抹不掉、忘不去,那是一段属于自己、关于交华的如歌时光,是我们共同的独家记忆。(沈嘉慧,2017 届毕业生,现就读于延安中学)

第三编　高品质育人环境陶冶学生健康身心

【宏观设计】

在大德育观践行中实现“立德树人”及核心素养培育

我们认为，所谓大德育观，就是将德育内容、德育课程、德育环境、德育手段等要素进行整合，它扩大了德育的广度，推进了德育的深度，将从前的“德、智、体、美、劳”中的“德”进行了内涵上的扩张，并在一定程度将上述五要素联结和系统化。“大德育观”虽然不是一个非常前沿或新鲜的概念，但在教育行业内，却始终未能形成统一的认识和做法，很多学校都在按照自己的理解进行相关实践，而交华中学从“高品质校园生活”课题研究开始，结合我校德育课程体系建设经验、“核心素养”概念及“社会主义核心价值观”等教育观及理念，也在不断地探索中谋求发展。

一、我们对于大德育观及核心素养的基本理解与宏观把控

众所周知，在2014年教育部《关于全面深化课程改革落实立德树人根本任务的意见》中首次提出了“研究制定学生发展核心素养体系”的要求，这份文件的出台使得“核心素养”在最近几年成为教育界被不断提及的关键词，很多学校都在按照自己的理解和判断将“核心素养”列入教育教学的探索实践中。

然而，从新概念、新理念的提出，到其落地生根是需要一个长期过程的。事实上，世界经济合作与发展组织（以下简称“OECD”）早在1997年就提出了21世纪人才“核心素养”的概念，并将其视为基础教育的目标指针。而对于“核心素养”关键能力的解读，世界各国用词都不一样，OECD使用了“胜任力”一词，美国用了“21世纪技能”，日本则以“生存力”来概括，凡此种种不一而足，但各国解读的核心内容都是一样的，归纳起来，就是以“什么样的人具备何种特质才能较好地在21世纪生存、生活与发展”这一问题为基本导向的。从这一点上讲，毛泽东“实践出真知”的著名唯物主义论断不仅没有过时反而更有着高屋建瓴的指导性作用。

我校充分地注意到："核心素养"的提出不仅是中国共产党的教育方针的具体化，更是连接宏观教育理念、培养目标与具体教育教学实践的中间环节。党的教育方针通过核心素养这一桥梁，可以转化为教育教学实践可用的、教育工作者易于理解的具体要求，明确学生应具备的必备品格和关键能力，深入回答了"立什么德、树什么人"的根本问题，这必然是引领课程改革和育人模式变革，最终渗透进社会主义核心价值观的根本导向。因此，在实践中发展学生自主学习能力、交流能力、合作能力、反思与自我提升的能力也是我校在大德育观践行中的重要指标。

二、在大德育观践行中进行立德树人及核心素养培育

中国共产党在学校教育立德树人方面提出的核心素养培育主要包含三个板块、六个目标含义的要求，分别是：文化基础（人文底蕴、科学精神）、自主发展（学会学习、健康生活）、社会参与（责任担当、实践创新）。我们认为上述目标主要包含以下四个平行并包含进阶关系的内容：具备判断并选择的能力，具备理解和反思的能力，具备包容他人及团队合作能力，具备自律和自主的能力。

于是，交华中学提出了德育课程体系以及学生自主发展目标的核心素养培育架构，力图在"大德育观"实践中促进学生素养的进阶与提升。自 2012 年以来，我们步步为营、稳扎稳打，从"高品质校园生活"到"学生自我管理、自主发展能力提升的实践研究"，与时俱进、在实践中求创新、求发展，一步一步深入践行党的教育观。我们所着眼的根本性问题就是：当今的中国正处于极速变革的发展时期，怎样才能切实提高学生适应个人终身发展和社会发展需要的"必备品格"？怎样才能将高喊的"核心素养"口号真正内化为学生的"关键能力"？我从以下几个方面介绍一下我校的实践经验：

1. 用丰富的校园文化生活推动学生人文素养的提升

德育不是简单的说教，只有浸润式的、生活化的教育才能从更深层次上解决德育问题。

我们认为，校园文化生活是"场景育人"的重要组成部分和学校教育的重要基石，而常态化的德育工作体系就是"符合学生成长规律、学校教育规律和国家育人目标的相对稳定的科学育人体系"。因此，我校秉承"学生走进校园就是教育活动的开始"这一观点和原则，力求在各类主题实践活动中发展学生的自主学习能力、交流能力、合作能力、反思与自我提升的能力以及各方面核心素质，其中主要包括围绕以体现个人价值和社会价值习得的主题实践活动或体验型课程，这些德育活动运用训练习得、养成教育、集体实践活动等方式，通过对学生的分层教育(年龄年级、性别差异、住宿与走读等)，为学生认为素养的提升以及“社会人属性”的形成打下良好的基础。

(1) 仪式教育

仪式教育是集体实践活动和两纲教育的基础，它不仅包括主题活动中的“仪式环节”，也包括“仪式专题类”的主题活动，每周的升旗仪式、晨会课、“国旗下的讲话”、少先队活动课、主题班会课等是我们进行仪式教育的经常性的、主要的阵地，同时我们也非常重视常规性的、具有重要教育意义的仪式类主题活动，如十四岁生日“迈好青春第一步”主题集会、开学典礼、结业典礼、毕业典礼、团课结业式和入团仪式、清明节祭扫先烈等，另外，学校还通过广播、橱窗等宣传手段对有关党和国家相关重大事件进行解读和分析(如党的十九大代表产生的流程和会议结构设置等)，通过这些林林总总的仪式教育，借助仪式整体美的形式特点，凸显内隐的教育需求，对学生产生文化价值观层面的长久影响。

(2) 养成教育

如果说仪式教育着眼于学生整体层面的集体人文实践，那么养成教育则是更为细致直观的个人素养的培育手段。交华中学通过精心设置各种专项素质教育活动来逐步实施对学生习得性教育目标，如环保主题中的“轻放餐盘”“光盘行动”、包干区保洁、绿化角维护、环保小发明小制作等，以及文明素养主题中的基本礼仪教育、餐桌文明教育、仪容仪表规范等。再如公共文明主题类的图书馆礼仪、预备铃习惯、教室环境、班级文化、寝室文化……通过这些养成主题教育活动，达到润物细无声的目的，不断增强学生的作为一个“现代人”的基础素养。

(3) 个性发展教育

人文素养不仅是社会习得属性，同时也应具备个性特征属性，在大同中求不同才是个人发展的终极之路，而我们相信，每一个学生都是独一无二的，都具备独特的闪光点，因此学校也积极通过大量的文化艺体类主题活动，为同学创建个性发掘和发展的舞台、机会，如每年的秋季田径运动会、趣味运动会、各年级球类运动联赛、运动小达人积分竞赛、学校艺术节、迎新晚会、年级主题沙龙、英语课本剧展演、电影配音大赛、演讲比赛、学生辩论赛、数独技能竞赛、应急救护技能竞赛、主题征文活动、游园会、赛诗会等，这些主题活动为学生个性发展、能力发展和人格塑造起到了推波助澜的作用，深受他们的喜爱和支持。

(4) 节日主题教育

节日是一个国家或民族传统文化的缩影，也是对学生进行人文传统教育的绝佳机会，因此，交华中学特别重视节日教育活动的开展——元宵节灯谜会、端午节包粽子比赛、国庆节爱国主题活动、教师节“谢师恩”、重阳节探望孤寡老人、学雷锋日文明宣讲团、妇女节“牵妈妈的手”摄影大赛、父亲节“给爸爸唱首歌”展演、儿童节主题班会、圣诞节英语歌曲会演……这一系列围绕国内外传统节日开展的主题教育活动，既丰富了学生的在校学习生活，又从一定程度上加强了学生对国内外传统文化的深度体验，更进一步提升的学生的历史人文素养，逐步塑造他们健全、健康的人格特征。

2. 让扎实的自主管理体系促进学生自我管理能力的提升

教育的本质是自我教育，学习的本质是自我学习。

“德育需要在教师的价值引导与学生的自主构建中寻找平衡”。初中阶段是人一生中形成人生观和价值观的重要时期，在这短暂的四年中，他们将迎来人生巨变，快速摆脱稚气的童年，迈向充满活力的青年。我们认为，在这个阶段，每一个学生身上存在着的多元智能和独一无二的特质都可以通过训练增强与改变，并充分挖掘出潜能，发展出个人兴趣特长，找到自信的支点，最终在适合自身特点的领域里得到充分的发展与展示，而这一切都必须建立在推动学生自我管理、自主发展的基础之上。

因此，我们着眼于学生的未来发展，为其提供必要的条件和舞台，精心创设优质的、选择多样发展路径，既充分尊重学生的意愿和选择，又能够让他们肩负起管理自身的责任，确保他们能够管理好自己的人生发展之路。

(1) 生活管理

在传统课堂学习之外，交华中学为学生课余生活准备了诸多精彩大餐，如：学生可以根据自己的兴趣爱好和特长自行组成社团，由社长规划开展实践活动或聘请有相关专长的老师进行专题指导，学生有了发展自身兴趣特长的环境和渠道。此外，分年级兴趣课是根据学生的选择率、问卷调查进行不定期调整；微型课程是根据学生需求和时事动态而设置的；学校教师还定期开展专题讲座，通过海报、橱窗、广播站等进行宣传，下发讲座选择券由学生自由选择入场听课，同时根据对学生选择的统计数字及建议不断调整讲座内容和形式……

（2）学习管理

交华中学为学生设置了每日自主阅读和晚自修自主学习时间，在老师们的引导下，同学们利用上述时间，为自己量身定制课外学习实践的个性化目标和个性化分层次作业，根据自身实际情况选择作业的难易程度、完成方式和完成时限。对于课外阅读量，学生都会有个性化的目标，在大量的阅读中，眼界开阔了，知识面丰富了，在各类的市区级作文大赛中，也便总是喜报连连。通过学习兴趣的激发、自主意识的增强、探究能力的培养、探索情境的搭建，形成了终身学习的理念和习惯，让学生真正成为了学习的主人。

以上这些教育举措都源于我校赵风飞校长的理念——“教育的本质是自我教育，学习的本质是自我学习”。

3. 用精心的科研课题指导推动学生实践创新能力的提高

书本上的知识来源于实践，最终还是要回到实践中去。

“在德育课程实施途径上，一定要注意认知教育与实践体验相融合”。面对中高考改革以及人文素质教育的历史洪流，交华中学采取了积极面对、勇于挑战的整体教育策略，将学生创新能力、科研能力、实践能力的培养摆上了议事日程。

从 2015 学年开始，交华中学有步骤、有计划地鼓励学生开展自主课题实践，采用自主申报课题，自主邀请课题指导老师的方式，对学生申报课题进行审核、汇总，并提出相应的研究意见和建议以及实践指导。现在已有五大类共三十多项学生课题或已结题或正在开展中，主要包括社会意识类、热点关注类、人文熏陶类、成长引导类、创新探究类等等。

如“青春期我们准备好了”“当青春期撞上更年期”“如何面对他人的批评”“初中生注意力水平的提升”等心理意识类课题研究，学生从自身角度出发，通过针对特定年龄层群体的调查问卷，摸查、体验青春期心理变化规律，达到自我教育的目的。而“摩拜单车对绿色出行的影响”“我看留学热”“微信利与弊”“网络信息对人们的影响”等课题组研究，由平时特别关心时事的学生组成，他们抓住热点话题，采用先进的统计学原理和访问、问卷分析等方式，通过国内外各种资料检索、比对、实际摸排，对各种热点话题进行深入分析，培养了独立思考、研究分析问题的能力。而“走近大熊猫”“家庭用水合理化方案研究”等以校外实践为主，加深了对全球环境危机的了解和认识。课题组学生对网络信息发达对人们的影响及其利弊进行深入剖析，学会以正确、健康的态度对待网络。

另外还有“音乐对情绪的影响”“绿色出行总动员”“喀斯特地形的形成与勘查”等课题，无一例外都是从学生的视角看世界，从学生角度研究世界，迈出自主探索的第一步。而通过一系列的课题实践研究，培养了学生团队合作精神，增强了他们学习的主动性以及创新精神和科研素质，也提高了他们合理有效安排时间的能力、融入社会的能力、与人沟通的能力、分析问题的能力。

4. 用稳健的情绪管理课程，帮助学生度过人生发展瓶颈期

心理上的问题最终的解决还是要依靠自身，要帮助学生建立相互间的信任，建立学生对其自身的信任。

成功的教育必须首先是“走心”的教育，“如果不深入关注学生的心理活动，就会使教育双方形成对立”。初中生正好处于青春期，人称“心理叛逆期”或“心理断乳期”，他们有一定的自控能力，但是这种能力又较弱，很多时候会受情绪的影响，但这也正是培养学生情商的最佳时期。

在社团活动时间走进交华中学的阳光聊天室，你也许会恰巧碰上心理社社员在为前来咨询的同学进行“圆桌辅导”，在“接力画”和“盲行”等有关信任度体验的心理辅导小游戏中，预约接受“游戏辅导”的小同学们紧锁的眉头渐渐地舒展了开来……

而我们认为，不管是什么情绪问题，其最终能否解决或解决的程度取决于当事人自己，家长们也许会过分依赖于疏导者或第三方的作用，往往忽略了当事人的“自救能力”，任何问题必须从内部着手，从当事人主观意愿上着手，才是真正的疏导。基于此，交华中学通过鼓励学生进行心理课题研究、心理社团宣传实践、参与心理微型课以及心理主题活动课的开展，引导学生善于感知、分析、判断和调节自我及他人的情绪，为自我发展保驾护航，并且每个班级还会选出“阳光小天使”定期接受心理辅导老师的专题培训，他们也成为学校同伴教育的重要一环。

而在精心布置的阳光聊天室和专用活动室里，学校定期开展的心理团体辅导课不拘一格，人数可多可少，班级、年级混搭，主题丰富多变，引导学生情绪主观体验的调节能力、评价能力。同时，学校心理辅导老师和十几位由各科老师担任的深受学生喜爱的心理疏导员会定期将阳光聊天室收到的来信进行

归纳梳理，接受预约辅导或通过广播站的“心理驿站”栏目进行匿名解答，或者根据各年级不同的年龄特征和认知水平，开设心理健康辅导沙龙，深受同学们的喜爱和关注。正如一位家长所言：“成绩好固然重要，但是让孩子拥有阳光健康的心态更是重中之重。”

5. 让有效的自主实践活动促进学生健康人格的完善

学生健康人格来源于他以什么样的方式去感知这个社会，以什么样的原则与世界发生互动，而这也需要学校的正确引导和支持。

“学校开展生活德育，要重视学生社会责任的道德践行”。初中阶段是青少年世界观、人生观和价值观形成的关键时期，而自尊、自立、感恩、责任、团结、友爱等一直都是交华中学德育教育的主要内容，这些内容也需要借助活动载体来实现其目的性。交华中学从社会需要和学生成长需要出发，结合学校实际，选择了以“让爱随行”系列活动为切入点，为学生搭建爱与行的平台，构建实践契机，让学生在爱中感动、在爱中感悟、在爱中行动，学会关爱自己、关爱家人、关爱社会，回报社会，进而实现发展学生社会责任感和正确价值观的目标，建设积淀厚重、情理交融、充满活力、风貌独特的和谐校园文化。

在周末，交华的社区小志愿者会去看望那些需要帮助和陪伴的人，如自闭症孩子和孤寡老人。每次都会精心准备礼物、书籍、自己的文章或书画作品和小节目。爱心大使曹雪琳说：“善良的人们啊，请将目光投向‘星星的孩子’，让他们在生命的旅程中，感受到人间的欢乐、美好和爱，让他们不再孤单！”爱心大使张泽芊也祝福他们能和正常孩子一样“一起在阳光下成长”。

同时，交华中学作为承办单位之一，还会定期举办“书香沁大华”社区读书活动。在学校大队部学生自管会的倡议和组织下，同学们积极参与书香换绿植活动，捐出闲置书籍用于大华社区图书馆的建立和刊物补充，同时也换回绿植，装点校园，此举受到了社区居委的热烈欢迎和赞赏。

另外，我们的目光不仅关注于身边，也心向着远方的弱势群体和需要帮助的同龄人，从 2009 年至 2017 年，学校与《新闻晨报》、社区居委合作，结合书香校园活动的开展，先后与浙江磐安县胡宅乡小学、广西靖西市偕乐村希望小学等偏远地区的困难学校建立了爱心助学结对活动，为他们捐助图书、建立奖学金，并一直保持书信、电话联系，关心每个孩子的生活和学习。学校不仅定期组织爱心小队去结对学校看望他们，还利用出版学生文集、爱心义卖、文艺会演等方式，为结对学校筹集善款。

交华中学的学生还采取“爱心接力”的方式，分别为助学结对小学创建了“扬帆”系列图书馆，各位同学积极参与爱心活动，纷纷拿出自己珍藏的书籍，范围涉及故事类、科普类、文艺类、工具书等，目前，全校学生通过若干批次的“爱心接力”，累计共为两所“扬帆”图书馆捐献书籍 6 000 余册，每册书的扉页上都有同学们为当地的孩子们写下的鼓励、祝福的话语，读之令人动容。

最为关键的是，“身体力行，亲身实践”一直是我们进行此类活动的基本原则，交华中学从来不提倡直接捐款，而是指导学生以力所能及的方式为结对学校募集资金和物资。回想起来，最先参与结对的学生现在都已经是大学里的高材生，回忆起初中时的那段助学经历，仍然历历在目，他们当中有很多人仍然在积极参与各种社会公益活动，成为所在高校的志愿者团体中的热心人士或领导者，甚至成为上海市志愿者协会的一员，活跃在义工服务的最前沿。责任、协作、感恩、独立、学会爱与被爱……这些不也正是他们从“赠人玫瑰”的手中所获得的最好的“余香”吗？

此外，交华中学还把前文所提到学生课题与游学实践相结合，开展各式主题多样、形式多元、学科融合的假期研学活动，如广西喀斯特地形和大西北地质研学、长沙历史研学、英国文化之旅等，学生带着问题、带着考察任务走出去，将书本知识真正内化为学生素质素养，让他们的“小科研”真正走出校园，走向大千世界。

于是，在结合学校和学生实际开展的一次次校外实践活动中，学生的道德品质得到了提升，联系生活，使德育活动内容“实”起来，每次活动都做到内容相同，内涵不同；主题相近，设计不同；认识变化，高度不同，力求让每一位学生都致知、力行，进而知行合一，将学生正确的价值判断、价值选择融合、提升，内化为素养。

6. 让优质的学科德育素养实现学生学习能力的升华

全员德育并不能仅仅停留在口头层面，只有不断提高全体教师的学科德育水平，才能实现学生学习能力的升华。

(1) 努力推进落实德育进课堂方针

“没有足够吸引学生的课堂，学生对于学习的主动性就无从谈起。”在谈到课堂教学这一家长们普遍关心的问题时，赵校长曾经这样说道：“富有教师亲和力、个人魅力、精心设计的课堂可以实现多种能力的培养，学生一堂课是否愿意学、善于学、有收获也是校方考量教师的评判标准。”

的确,“民主平等的课堂生活能创设宽松愉悦的学习环境,教师对学生的尊重是减轻学生心灵负担和焦虑的重要因素”。合班教室里两个班级的同学坐在一起交叉完成探究任务,语文课上“学生教员”轮流进行阅读辅导,数学课上自由选座成立临时竞赛小组,英语课上对课文即兴编剧展演……交华中学致力于贯彻落实“德育进课堂”的理念和做法,并将其作为教师考核的重要内容,老师们研究课程、研究学生心理,费尽心思让学生喜欢自己并喜欢自己的课堂,培养和谐良好的师生关系。各教研组也把主动学习情境的创设、学生互动交流能力的培养以及个性化学习方法的指导这三点作为教师教学的主要观察指标,立足于培养学生自信、自立、自强的学习精神和自律、自主、自觉的学习态度,在日常课堂学习中做到“愿学”“敢学”“善学”。

如何培养学生包容他人的态度以及团队合作的能力?我们认为首先要让学生习得平等与尊重的基本价值观,所以学校更是主张,教师必须善于创设一个宽松、舒适、民主的课堂氛围,始终以民主、宽松、和谐的师生关系为基础,用尊重、平等的情感去感染学生,使课堂充满快乐的气氛,并以此为考量课堂质量和教师专业素质的重要标准。因为,只有平等民主、有活力的课堂氛围才能让学生像生活在最适宜的气温下一样心旷神怡、情绪高涨,在这样的情境中进行“对话”是最有效的,会使学生始终保持着愉悦的情感和畅通的思维。这种状态的课堂教学,能引发学生积极情感的共鸣,形成情感交融的氛围,获得有效的课堂教学效果,最终获得学习素养的全面提升。

(2) 全面加强教师德育教育水平

在校长室的带领下,我校努力构建一支政治素质高,能力强,作风朴实、道德高尚的、稳定的德育工作队伍,加强班主任的培训指导和考核评优,提高班主任育人意识和育人能力,形成相互学习、共同进步的良好氛围,促进班主任专业化发展;努力创造条件,为班主任的成长搭建平台,为提高德育工作实效性、针对性保驾护航。同时,我们力图切实提高全员德育的服务意识、管理水平,增强教师责任感。目前我校的教师德育校本培训体系已基本完善,主要由“初中生青春期心理指导”“校园卫生及安全教育”“主题活动课设计辅导”“家校沟通与共育”等多个板块组成。

(3) 不断推进学科德育,提升育人功能

在学科德育方面,在我校各教研组的大力支持与配合下,已形成全员德育氛围,跨学科德育、德育渗透课堂已成为教师们的共识,各教研组定期召开专题研讨会，促进德育进教案、德育进课堂，并大力组织开设微信课、兴趣课、社团等各类拓展课程，在这一过程中，教师德育水平不断提升。尤其是语文学科充当主力，如每堂语文课前三分钟演讲；每日一句名言警句，记录在黑板上，共同感悟和积累中进行品德教育；每周一次“书香伴我成长”读报活动，培养信息收集整合的习惯和能力。

而我校的艺术教育实践，更是和“两纲”教育紧密结合，以社会主义核心价值观为指导，注重挖掘艺术教育实践和活动内涵，把育人的目的贯穿于艺术教育活动的始终，引导学生树立正确的世界观、人生观、价值观，养成高尚的思想品质和良好的道德情操。首先，立足艺术课堂教学，借重课外兴趣小组，结合重大节日和庆典活动，利用各种艺术竞赛和展演活动，为学生构建学习艺术技能的渠道和施展艺术才华的舞台，促进学生全面发展。

总而言之，如何真正保障学生的身心健康，并为学生走向社会、面对未来培育终身发展的核心素养，是当代教育必须面对和解决的问题，而学生将来在知识经济、信息化时代面对复杂的、不确定性的现实生活情境时，运用所学的知识、观念、思想、方法，解决真实的问题所表现出来的关键能力与必备品格——这是我们对核心素养的关键问题的理解。这不是我们通常所说的解题能力，也不是指能做某一件生活小事，而是个体在未来面对不确定的情境中所表现出来的真实问题解决能力与必备品格。在新的教育形势和中高考改革大背景下，在社会主义核心价值观的引领下，交华中学将继续以党的“教育要面向现代化、面向世界、面向未来”指导方针为引领，积极探索、构建和完善更加有效、更加精准、更加系统化的德育大课程体系，交华中学将持续为之探索与奋斗。（陈　琪）

【实践探究】

推行自主管理,彰显教育魅力

交华中学有一支专业、敬业的教师队伍,老师们在学校的办学理念"让每一个学生都受到最好的教育,让每一个学生都获得成功的体验"的影响下,结合新课程的改革目标,深刻理解,使交华的教育不仅仅只是注重成绩,更注重学生的全面发展与能力提高。而学生的自我管理则是学校提出的新要求——"提升校园生活品质,提高学生自我管理能力"的重要组成部分。产生这一新目标的主要原因则是学校生源的特殊性。交华中学是一所民办中学,家长对教育的期望值高,投入的关注也高,对孩子呵护备至,使孩子们容易以自我为中心,自我约束能力和自我管理能力亟待培养。现在进入了初中阶段,这个年龄层的学生表现欲和独立性都较强,自 14 岁后各自思维方式和性格特点的独特性又逐渐显现出来,加上日益增长的学业压力,他们尤其需要有各种机会来锻炼自己的意志和能力,提高决策和执行的意识,培养健康积极的情绪体验,保持积极的人生态度,为成长为一名优秀的"社会人"而做准备。所以,学校的办学特色——高品质校园生活将不仅体现在课程、活动、生活中,更要为学生的终身发展奠定有益的基础,体现现代学校建设的根本追求——真正关心人的成长。苏霍姆林斯基曾说:"实现自我教育,才是一种真正的教育。"顺应历史新潮流,学生实现自我管理是实现自我教育的重要手段,它也是现代教育发展的一个重要趋势,是教育体制改革和加强学生德育工作的重要工作之一;学生实现自我管理同时也体现了一个学校的校风和一个班级的班风。所以完善并深化自主管理体系,引导学生学会自我管理,树立"自我管理、自我塑造、自我服务"的观念,成了学校的重要工作和办学特色。

一、实行学生自主管理任务和组织

1. 学生自主管理任务

实施学生自主管理,旨在提高学生自我管理的四种意识和五种能力,充分调动和发挥学生的主动学习、主动生活的积极性和创造性，培养和提高学生自主学习、自我发展的能力，将学生原来的被动角色转换为主动，同时在此过程中让一部分学生做榜样，带动全校同学共同成长，共同营造和谐的校园气氛，从而提升我校的管理水平。

四种意识

类　别	目　标
主人意识	引导学生明白自己是学习的主人、成长的主人、学校的主人
民主意识	引导学生明白自己在班级建设和学校发展工作中享有话语权、监督权、决策权和执行权
责任意识	引导学生懂得为自己的言行负责，进而达到对社会负责，对班级负责
荣誉意识	引导学生努力为小组争荣誉，为班级争光彩，为学校树形象

五种能力

类　别	目　标
自我管理能力	通过变他控为自控，变他律为自律，从而提高自我控制和自我管理的能力
人际交往能力	通过管理过程的磨炼，提高交往能力、沟通能力、写作能力、合作能力
高效学习能力	通过自主、合作、探究和互相帮助，提高学习能力
组织执行能力	通过对管理的思考、策划、协调、实施，提高组织能力和执行能力
质疑创新能力	引导学生用新思路、新方法去解决在管理过程中不断出现的新情况、新问题，从而培养学生的质疑精神和创新能力

2. 学生自主管理组织

为了给学生提供“自我管理，自我教育，自我服务”的实践平台，从而为全体学生提供锻炼自身，全面提升个人素质的机会，学校成立了一支以大队部为主的学生自主管理的自主管理委员会。大队主席、副主席全权履行自主管理的职责，分管五个由正副委员担任的大队委员组（包括学习委员、宣传委员、劳动委员、纪律委员和文体委员）。学生自主管理委员会是学校与全体学生之间的桥梁和纽带，负责将学校的有关规定予以贯彻执行。作为学生的代言人，他们也肩负着通过正当渠道及时向学校反映学生中的意见建议和问题。该部门在上级部门的指导下，围绕学校的中心工作，进行管理和自我管理，教育和自我教育，服务和自我服务。

二、实施策略

自主管理的最终目标是完成自我发展、自主管理，是个体按照社会规范和自身发展要求，自觉地对自己的思想、心理和情绪进行规划、调控、约束和修正的能力。在学校这个小社会中，学生是集体的一个细胞，更是学校管理活动的主体，在教师的指导下学习自我教育、自我调控、自主发展，在学校活动的各个环节都表现出“克己”“自律”“主动”的优良品质，将学校的要求内化为自己的自觉行为，为未来的可持续发展夯实基础。自主发展是学生根据个体发展的内在需要，即主动树立发展目标，主动自我导向、自我激励、自我监控、自主选择、自主判断、自主建构，逐步形成比较稳定的健全的人格。所以自我管理和自主发展相辅相成，一个是先天条件，另一个则是发展的方向和最终目标。

依据学生的年龄特点及我校的实际情况，学生自主管理的培养主要分成三大块：校级自主管理、班级自主管理、个人自主管理。三级管理有层次但又密不可分，结合家校、社会等多渠道共同为培养学生的成长成才不懈努力。

1. 校级自主管理

（1）常规管理

我们成立了一支由中国少年先锋队交华中学大队部发起的，由校德育室直接协助领导的以“自我教育、自我管理、自我服务、自我发展”为宗旨的学生组织——交华中学学生自我管理委员会。该组织在全校发起自管会成员招募活动，各中队全体队员秉承自愿原则填写自管会申请表交中队、年级组、校大队部审核，经同意后加入校级自管会工作，为期一个月。结合班级日常行规和星级文明班争创鼓励，促动更多的成员加入自管会行列，锻炼学生学习以外的能力及提升学生个人综合能力，为集体、为他人服务的品质。该部门成立以来，通过学校常规工作的协调管理、班级日志的建立、管理部门信息反馈、学生干部的自我培训、“小先生”课程的自主开发、各级各类表彰活动、学生自主探究课题的开展等活动，对全体学生进行养成教育、组织能力的培养、生活能力的培养及情绪调控能力的培养，该组织也成为了受学生推崇、尊重和信任的部门。

自管会的师徒制是小干部们成长、制度传承的好机会，辅导员退居二线，由有经验的学生师傅带领徒弟学习并从事校级层面的管理工作。从一开始的一味接受到后期的经验传授，校级小干部们感慨万千。

[成长日志案例一]

从别人身上发现自己

今年，对我来说最大的变化就是我升到了初一，这也意味着我将会有一个小徒弟,并将把我工作的经验传授给她。这是一种全新的体验,我的心情有些纠结,我迫切期待却又紧张着。

这一天终于到来了,当陈老师一个又一个报着名字时,我的心跳得愈发的快了,这时我竟有些担忧会不会因为人数问题而让我今年依旧孤身一人。但事实证明,担心是多余的。这一刻终于到来,陈老师报到我的名字时,我不敢相信地瞪圆双眼,深吸一口气。是的,我非常惊讶,但这一刻,有了徒弟的欣喜远大于惊讶,我的笑容几乎不可抑制,满满地洋溢在脸上,不加掩饰。但是,这份欣喜也意味着之后不可推卸的责任与义务。在拥有这个想法的那一刻,我想,我成长了。

小徒弟很听话,但是有点缺乏自信。这使我不禁想起了当我刚上任时的样子。那时的我,缺乏自信,不敢尝试任何新事物,害怕做决定。从她身上,我仿佛看到了当时的自己。有人说:人总是喜欢和自己相像的人。就这样,我决心帮助她走出困境。

建立自信是非常重要的,而这个过程也是漫长的。而我能做的,就是帮助她走过第一个岔口。我告诉她:首先你要相信自己,对自己有信心,你才刚刚起步,难免会有些错误。不要害怕做决定,也千万不要害怕做错误的决定,因为这是成长这个旅途上的必需品。你只有从错误中吸取经验,才能为下一次的成功打好基础。

就这样说着说着,我自己也不经意发现:原来我也可以总结出这样的成功经验,原来不知不觉中我又成长许多。

从中我也发现了一些问题,比如她接到任务不会立刻执行,之后会容易忘记。这时我发现,原来我也有这样的缺点,导致我的工作效率下降。于是,我决定和她一起改正,接到任务尽量立刻执行,不要拖延时间。在和她一起工作的时候,我们也在偶然中发现了更好的方法,比如给组长一份名单,让他在收袖章和执勤表格时能够明确到每个人。也改进了一些之前做的不完善的地方,比如把丢失袖章的人实名制,不至于到每个学期末想找都有心无力。

不经意间我才发现:原来,从别人身上发现自己,不是那么难。

(2) 社团管理

社团活动是我校提升学生校园生活品质中一块重要内容。此项活动在管理上从活动前期的招新工作到活动开展及后期的展示,我校的社团自管会成员充分发挥了他们的精神和办事能力。例如招新工作中,从资料的准备、活动的筹划及活动当天的开展，每一个环节都是由他们商量、决议如何操作的。我们几位顾问教师则是退居二线，只在有关方面给予了一定的建议、支持和鼓励。在角色的定位上我们也是和每一位社团顾问教师明确，在这里学生才是主体，我们要充分尊重主体的地位，并强调所有的社团顾问教师应该始终秉持着一个信念，就是"授之以鱼，不如授之以渔"。在新理念的指引下，很多社团部门办得非常有特色。例如文学社，他们根据自己社团的实际情况（刚开始人数只有 8 位），在社长的选举上实行轮流制，努力做到让每个学生都有机会获得成功的体验。每次社团活动的内容准备和组织都是由当值的社长负责，我们的顾问教师只是在第一次活动的时候给予学生一个重要的概念，就是他们才是社团的主人翁。文学社不仅仅只是看书而已，所以各位社长也是在活动前精心准备了很多材料，因为每个学生都有意识，都不想落后，都想得到所有人的肯定，都想让自己的这次经历显得与众不同，所以这样的方式，激励了他们去探索、去研究。我们常说，过程有时比结果更重要。正是因为这样开放式的活动，让孩子们体验到了成功的快乐，所以很多其他同学也是慕名而来，表示十分想参加这样的活动。这样的社团才算是成功的。因为成功的定义就是被认可，被需要，并且它有促进作用。此外还有我们的心理社、小记者社、播音社等，也都是各有特色地开展着自己的社团活动。在我们的橱窗，在我们的广播站，你处处可以看到那些从社团里走出来的"成功人士"。

[成长日志案例二]

授之以鱼，不如授之以渔

社团活动时，除了每次在我们的社团活动卡上敲章之外，还有就是要记录每次活动的情况。结合同学们民主的意见——社长轮流制，作为顾问教师的我决定将这些"活"派给孩子们，让他们承担起这份责任。其实我的主要的目的还是让学生在有成就感的同时，也深刻理解到自己的这个身份是需要担当起一定的责任。我深知自己的使命，作为一名教师不仅仅只是教书，还要育人，包括行为习惯、学习方法、做人的道理，等等。所以我有责任去引导孩子们往正确的道路上行走。同时，我认为活动的记录，其实也是锻炼文字功底的，因为仔细聆听后，高度地概括也是一种能力培养。

关于一学期的社团活动安排，我的原计划就是和孩子们一起讨论、制订。所以第一次活动的时候，我就把问题"抛"给了孩子们，"在你们眼中，文学社是做什么的”。孩子们觉得文学社就是看看书的地方而已。这样的想法，虽然说在我的意料之中，但是我还是有点担心，因为各种文学社活动的开展，孩子们甚少关心过，这批“新时代”中学生非常需要我来帮助他们打开思路。

印象很深的是第一次，当他们坐在那里睁着可爱的双眼，望着我，却不知道我提出的活动内容如何操作时，我立刻意识到我应该抓住时机引导他们的思维。在纸上，我写了一个大大的“犇”字，果不其然，有几个孩子认识这个字，很快便说出了答案，我故意用很惊讶的目光加上夸张的表情看着他们，这下他们更骄傲了。紧接着我马上写出了第二个“磊”字，这个字所有的人都认识，顿时现场的气氛热闹起来了，因为孩子的正确率高了，我知道每个孩子都想得到老师的赞美和肯定，我毫不吝啬地表扬他们，他们非常开心。氛围变轻松后，我改变了速度，因为这样的过程会让孩子们有一种竞争感，氛围再一次推向了高潮。“猋”“焱”……，孩子们越来越激动，现场变得异常热闹。有争辩声、欢叫声、质疑声，活动进行得非常顺利。游戏结束后，我和孩子们一起总结活动的意义，孩子们投给了我欢乐的目光。我知道，通过这样的活动，孩子们懂得了文学社不仅仅只是坐在那里看看书，他们还可以游戏，还可以舞蹈、歌唱……

之后的每次社团活动，除了主选文学社的孩子们，也吸引了很多其他原先没有选择我们社团的孩子。因为我们的这种既独立自主，又轻松愉快的氛围正是他们所想要的。独立主持一次有质量的活动，让他们的内心得到了极大的满足，因为他们渴望被肯定，也渴望在这里获得成功的快乐。

毫不夸张，孩子们准备的每一次活动都非常有意义，也很有趣。比如:“我也有笔名”活动。整个活动孩子精心准备，一开始，有个孩子就把自己装扮成了我们非常熟悉的鲁迅先生，吸引了众多孩子的目光。他分享了鲁迅先生名字的“故事”，以此强调一个好记的笔名有助于提高作者知名度。那天，我也有了平生的第一个笔名。这样有意义的活动不仅增强了孩子们的文学信心，也鼓励了他们的创作。最后还进行了“最佳笔名”的投票评比活动。在这里，我和孩子们在一起收获知识，收获喜悦。

2. 班级自主管理

经过几年的摸爬滚打，我们已经充分意识到班级自主管理是初中年龄阶段一种有效的管理模式。从班级自管会的组建到各项班级例会的召开，到各项活动的组织开展，辅导员为学生创造参与班级管理的机会，引导学生参与到班级各项制度的制定上，以此激发学生的主体性，激发学生学习动力，增强个人、集体荣誉感。有时对学生来说，“官”不在大小，而在于老师是否“看”得到他，是否欣赏他，他的个人价值是否可以得到体现，所以在班级中，我们的小干部无处不在，小到餐桌的桌长、植物角管理员，等等。

[成长日志案例三]

将挫折化为我们的勋章

——初二(4)班公开主题班会课

如何面对挫折？相信很多人都会我们一样，常常遇到这样的疑问，在日常学习生活中，很多事情往往与我们的期望截然相反，明明是该这样的可结果却是那样的，导致内心受到一万点伤害，甚至会失去信心和勇气。

今天，我们结合学生自主管理的情绪管理，由班干部带头精心组织策划了一场公开主题班会，和全校同学一起分享我们的“劳动成果”：了解了几位颇有知名度的名人是如何面对受挫的，如因车祸惨遭毁容的影星胡歌、因病半身瘫痪却最终成为金牌主播的梁艺等。跟随着“特约朗读者”的讲述，大家由震撼而陷入沉思……

感动之余，现场的观众也和主持人积极互动，探讨应对挫折的方法，讲述自己战胜挫折的故事。有的同学以自己为例告诉大家如何面对考试失利，保持自信从而“东山再起”；有的同学讲述了自己如何成功戒掉网瘾重新使学习生活走上正轨；还有的同学讲述了性格腼腆的自己是如何努力跟老师同学相处的……大家在互相分享的过程中总结出面对挫折时的一些有益小贴士：要坦然面对、冷静对待、自我疏导、寻求帮助、调整转化目标。

现场还邀请到了武彦虎老师来讲述他2014年随队骑行川藏线时队友遭遇重大事故的经历。他最后动情地说道：“能够将挫折化为自己的勋章，将苦难化为成功的阶梯，你就是自己的无冕之王！”

此次班会主题活动让我们深深意识到挫折和磨难会使人生美丽起来。只有经历过失败，体验过个中的滋味，才会奋发图强，硬逼着你思索，跨越失败，跨越困境，使人走向成熟和完美。

3. 个人自主管理

任何层面的自主管理培养的终极目标都是让学生意识自主管理的重要性，并养成各方面的自主管理习惯，为终身发展奠定良好的基础。

[成长日志案例四]

珍珠的诞生

今年和去年相比,唯一的区别就是升旗仪式全权交由我来负责了。之前的我在嘉慧的带领下一点也不慌,因为总是由她来提醒我什么时候该做些什么事情。这学期在没有她的帮助下,我慢慢地开始成长。按时培训升旗手、修改主持稿,合理安排时间,调整作息。这些一开始做得并不是那么顺利,稿子要一遍遍地催,升旗手培训了很多次他们还是错。这样一天天我的信心都快要被磨灭了。妈妈成了我最好的倾听者并给予我鼓励,于是我又开始振作起来,因为我觉得既然要做一件事,那么就要把它做到最好。每天我都在和时间赛跑,虽然占用了许多课余的时间,但我开始渐渐懂得享受和时间赛跑的快感和快乐。这样的付出让我得到了老师认可,让我收获了每天的升旗仪式的成功。现在升旗仪式终于在我的管理下变得有条不紊。每天当我看见五星红旗冉冉升起的时候,心中总是油然而生一种自豪感。

一颗光洁的珍珠是怎样形成的?它不是大自然一开始就给予我们的宝物,而是蚌的母体不断地与沙石抗争,受到刺激后再将这些杂质包裹,从而形成一颗完美的珍珠。而我们也一样,当我们遇到困难时,不要退缩,试着用自己的坚强去包裹住困难,从而使成功这颗“珍珠”诞生。

[成长日志案例五]

我的自主管理心得

回首一路走来,自主管理这项能力给予了我许多的帮助与锻炼,它不仅是一种能力的提升,更是一种习惯的养成。

在学习方面,初一时我曾经历过一次成绩起伏期,在老师的帮助下我尝试着去发现与改变自身问题。我重新给自己制定学习目标、学习计划,合理进行时间分配,如利用碎片时间去做一些力所能及的事务等,这一点一滴地努力都磨炼了我的自主管理能力。渐渐地养成了自管习惯后,我发现在学习效率与收益上都有了很大的提高,帮助我变得更加自律。

在大队部工作的这两年多以来,最大的收益是提高了我的自主管理能力。经过一次次的考验与历练,我也在从中汲取工作经验与自管方法,并加以运用在之后的工作过程中,如在升旗仪式部门负责演讲稿的过程中,我学会了凡事在可控范围中都要提前去想、去准备,要提高自身的自觉度与灵敏度。在担任大队主席、管理大队部运营工作的过程中，我意识到想要掌控好全局就不能单单只看到部门表面浮现出的问题，更要自觉、主动地去不断跟踪观察，发现内在原因并以有效的方法来根除。自管能力促使着我提高自身执行力。

在生活中，自主管理其实也是无处不在。在前一段时间中，我时常感到理不清头脑思绪，便以写手账的方式来记录每天的所思所想，现在也养成了每天都随身携带一本小本子以记录待办事项的习惯，而这些想法都是在经历磨砺后根据经验心得总结出的方法，自管能力也提高了我的总结经验与排解心绪的能力。

其实以上列举出来的自管方面不过是冰山一角，它渗透在了不论是现在还是将来的方方面面。希望在以后的路上，我也能够不断提高自身的自主管理能力，成为更好的自己。

学生自主管理除了以上提到的，学校各类活动的组织开展学生们也参与其中。比如少代会的召开，从 PPT 的设计，新晋大队委员发言稿的审稿、培训到活动正式开展等都是由大队干部组织安排。再如元宵节活动，从内容的设计到各类材料的准备以及活动当天的安排都是学生亲力亲为团结协作完成的。各种活动从前期的组织策划到后期的正式举办，学生们从不知如何着手到从容面对发生各种状况，他们学会了很多为人处世的道理，这将是他们今后走上社会一笔宝贵的经验财富。一位已经毕业若干年的国旗班学生再次回到母校时感慨说，初中时学校国旗班的组织训练为她在高中再次组织训练国旗班打下了坚实的基础，每每托起鲜艳的五星红旗，她都会情不自禁地想起初中时那段美好的国旗班训练时光。

在探索学生自主管理的路上，我们已经完全意识到当前的教育已进入了"自己教育自己"的时代，而诸多的事实也告诉我们，适应时代发展必须让学生学会面对现实，自己调整自己。一个孩子要成长为真正优秀的人，不光要有广博的知识、健康的体魄，还要有更高的视野格局、更强的团结协作意识，而自我管理能力则是重中之重。另一方面，这些年的经验也让我们深切感受到了学生自主管理带来的积极影响，所以践行学生自主管理模式必将为学生的终身发展奠定坚实的基础。面对学生的长远发展，我们有信心做好、做大、做强！（陈丽萍）

音乐课堂上的文化浸润

作为音乐老师，在学科德育方面，我们有着天然的优势，也面临着更大的困境——毫不夸张的说，在这个全球化、信息化和娱乐化的时代，帮助学生树立文化自信、建立正确的审美观已经是音乐课德育教育的最大难题。君不见，媒体、电视、网络上如狂风骤雨般袭来的“欧巴”“欧尼”“沧浪嗨哟”，小时代、小苹果、江南 style 等快餐文化肆虐，就连素以严肃著称的金鸡百花奖居然也能把最佳男配角颁给一个缺少基础台词功底需要在戏中使用“文替”的小鲜肉偶像……于是乎，课堂上唱着《朝花夕拾》昏昏欲睡，课堂下刷着“某音”群情激昂，这既是被网络挤压导致的审美能力的匮乏，更是文化入侵导致的文化不自信。于是乎，学校一节课抵不上娱乐一花边，在校一星期抵不上回家一周末，纯洁象牙塔敌不过社会大染缸……

我们的出路在哪里？先说个小故事吧。

某次在初一年级的一节关于亚洲采风的音乐课上，我请学生欣赏朝鲜民歌《阿里郎》，却看到一位平时颇为低调内敛的李同学异常兴奋，旁若无人般手舞足蹈地跟着音乐哼唱，并全然不顾 CD 范唱的女声其实并不适合他的调门，引来旁人纷纷侧目和讪笑……

原来，这个男孩来自韩国京畿道，小学四年级开始随父母在上海生活，看到这位在班主任的课上都能一言不合就趴桌上睡觉的“高冷”男生兴奋的样子，我灵机一动，关掉了音乐，教室里顿时鸦雀无声，李同学惴惴不安地看着我，好像才发现自己刚刚“失态”了一般，其他同学则是一副等着看笑话的表情。

李同学站起来，准备使用标准的“韩式鞠躬道歉礼”，我摆了摆手问道：“你会用韩语唱这首歌吗？”（因为配套教材使用的是译制版）“会！”他肯定地回答。“那么，大家想听一下原汁原味的《阿里郎》吗？”——“想！”教室里爆发出热烈的掌声。

和着钢琴伴奏，李同学在讲台前虽稚嫩却声情并茂的演唱震撼了在场的所有人，而那对故乡音乐的热忱更是让人动容。一曲唱罢，我问："你能给大家介绍一下这首歌吗？"他很认真地回答说："我不太了解这首歌，是奶奶教会我唱的，所以还是老师您来说一下吧！"

于是，我把《阿里郎》这首歌背后的故事以及它与中国五声宫调式之间的渊源简单介绍了一下，并当场做出一个决定，把本节课的内容改成开一个"家乡的调调"音乐会，由各位同学表演自己家乡或者自己所熟悉的民歌，交流一下自己所知道的民歌故事。

福建的《采茶扑蝶》和《天黑黑》、广东的《彩云追月》、江苏的《茉莉花》……甚至还有人唱了段豫剧《谁说女子不如男》，一个个绝对不专业但绝对用情的表演让在场的上海同学大开眼界，李同学更是摘下了"高冷"的面具，听得极其投入，津津有味。最后，我总结道："有句话说得好，民族的才是世界的，能感动自己的才能感动别人，请再次把掌声献给李同学和我们自己！"

从技术角度来说，这节课上得很不成功甚至跑偏，完全没有实现教案里说好的"教学目标"，但却是我自认为是最有人情味的一节课。我觉得，在当今时代，将德育渗透音乐学科的必经之路，是情感的启发和引领，只有做到发乎于情，才能从深层次起到教化人心、改变态度和价值观的最终目标，为什么那个韩国的李同学听到《阿里郎》能够如此激动、能够有如此的文化自觉和自信？原因只有一个：那是他奶奶教会他的，是积淀了个人情感的民族之音，而他的表现也激发了其他同学的类似情感，最终产生了跨越地域及国界的共鸣，这不正是音乐学科德育的深层目标吗？

作为音乐教师，我们必须意识到，在音乐教学中，只有积极引发学生在情感上的共鸣，在共鸣中陶冶性情，在陶冶中形成品格、意志和审美情趣，才算是真正使德育渗透于教学之中。

那节"意料之外"的一堂音乐课，对于我而言，影响是极为深远的，从此以后，我开始深入思考音乐课的价值，是否仅仅教会了歌曲、学会了乐理便是完成了任务呢？显然，在当代社会，美育课堂应该承担更大的责任和更大的德育功能。而我们绝不能让学科德育变成一句空话，或者成为讲大道理的走过场。此后的音乐课上，我常常思考如何从文化自觉的角度进行授课设计，也常常检讨课堂上的一些环节是否实现了一定的德育目标。

例如，在民族五声调式的教学中，我从古人诗句接龙创作和行酒令的做法中获得启发，引导学生通过“鱼咬尾”的方式运用五声音阶进行合作编曲，而不是仅限于曲例欣赏，让学生在亲身实践中去了解古人的智慧与文化的传承，学生通过合作与创编，对民族调式的美学特点也有了更进一步的体验。有学生在这节课结束后感慨道：“学了古筝这么多年，终于明白‘清角(fa)’与‘变宫(si)’两个音在民族音乐中并不是可有可无的，古人的用法可谓一绝，身为中国人，确实值得骄傲……”

再如电影音乐赏析这一单元中，我抛弃了以往简单的以课本范例进行听赏的课堂常规，转而设计了学生分小组合作为电影片段配乐的环节，让学生从影片内容，精神特质、场景、情绪等多个角度为电影片段进行配乐，并分析各种配乐之间的不同特点，在这一过程中，他们对音乐之于电影的重要性有了更深刻的体会，更对不同国家、民族之间的音乐性有了进一步的思考与认识。

还有戏曲这一单元里，我从纽约时装周中国戏曲元素讲起，再通过联系欧美“咽音唱法”和中国戏曲对“关闭声”的运用，欧美说唱和中国戏曲中的念白之间异同以及学生对歌剧、音乐剧和戏曲之间异同的分析比对，让学生在世界文化大环境下去思考中国曲艺的地位与发展，对于戏曲这门艺术奇葩有了不再僵化的认识，甚至有些平时只听欧美“Hip-hop”音乐的学生下课还追着要我推荐一些京剧曲目或京韵大鼓给他们听，让我深感意外。

在不断的课堂改革实践中，我也意识到不断更新观念、理念，不断提升自身专业素养和涉猎的重要性。作为教师，尤其是音乐美术等艺术行为培育类的科任老师，在学生民族文化自觉与自信的培养上，我们是面临着一场旷日持久的拉锯战。而作为德育工作者，我们必须在坚持“以情化人、以情育人”的基础上，拉近与学生的距离，培育他们的文化自觉、增强他们的文化自信，深化他们对民族文化和社会主义核心价值体系的认同。(陈　琪)

“组队”读书，构建家庭教育新平台

不知从什么时候起，“组队”“团购”成为网络热词，从各级各类消费、旅游到学习实践，把合作与竞争进行捆绑，不失为一种“拉动生产力”的好办法，例如某宝“双十一”活动把单人单项消费变成了多人联合组队项目，后来又推出了五人组集赞，渴望获得更低折扣的消费者们将一个庞大的人际关系网络调动了起来，让广大消费者趋之若鹜，而这种捆绑合作与竞争的方式若用于班级管理又会有怎样的效果呢？

——题记

苏联教育家苏霍姆林斯基曾经说过：“两个教育者即学校和家庭，不仅要一致行动，要向儿童提出同样的要求，而且要志同道合，抱着一致的信念，始终从同样的原则出发，无论在教育目的上，还是手段上，都不要发生分歧。”

是的，一个学生大约有70%的时间是在家中度过的，家庭环境对孩子们的行为、思想、习惯的形成都有着至关重要的影响。尤其是初中阶段，从小学升入初中对学生和家长来说都是一场剧烈的变革，学生要适应新的学习与生活方式，更要面对生理与心理的双重成长；而等待家长们的则是青春期遇上更年期的激烈冲突，于是两代人的沟通与相处往往演变为“相顾无言”，甚至“大动干戈”，最终以两败俱伤作结。而作为一个初中班主任，我相信很多人都跟我一样，总能听到家长们抱怨：“孩子只是听您的话，我们的话根本听不进去。”“到家里连句话都不跟我们说，门一锁再没有任何交流。”……家长们无法适应进入青春期的孩子从言听计从到拒绝沟通的变化，而具有更强自我意识的孩子也对单向说教的家庭教育充满抵触，最终让校方所呼吁的家校联动成了一纸空文。

听多了抱怨，见多了问题，我决定换一种方式缓和家庭教育中存在的矛盾，让家校共育有所突破。作为一个语文教师兼班主任，学生不爱阅读一直是一件让我头疼不已的事情。语文学习需要大量的积累，以阅读促理解、体悟，以阅读促写作、实践，而单向的呼唤并不能让学生形成阅读的积极性。

怎样才能让学生在阅读训练中将竞争与合作相结合？又该如何策动家庭教育指导与班级教育的相互呼应呢？这时候，我想起了“某宝”的“双十一组队集赞大促”活动。初一年级期中考试过后，我在班里推出了一个新对策——组队读书。比赛时间为期一周，以 4 人组队的方式进行竞争读书；队员可以是同班同学，也可以是家里的任意家长；每个人每天向记录员汇报读书量，并缴纳一块糖；读书量以有批注和圈画的页数为基准；一周后阅读量最大的小组赢得所有的糖。比赛规则还没说完，学生们都如沸水翻腾，跃跃欲试。于是当天，大部分小组就完成了组队，不少学生短时间的组队行为使得所有人都紧张起来，学生组队已经不能满足他们的需求。他们需要组员，更需要有实力的队友，于是，在孩子们的小队中，有不少家长的名字出现，而大部分的家长都是“被参与”的。

就这样，比赛开始了预热。首先，我趁热打铁向学生再次讲解了圈画与批注阅读的相关方法，学生们认真记录并明了规则之后，组队读书比赛就这样开始了。16 个小组，448 块糖的奖励对孩子们来说真的是个致命的诱惑。求胜的竞争心理与强烈的社交渴望促使孩子们以极大的热情投身比赛之中。他们一改往日考试过后便松懈放纵的常态，争分夺秒地捧起书本进行圈画和批注。下课后，走廊中的喧闹声少了；晚自修时，教室发呆的人少了……

接着，当然是要通过“集赞”扩展他们的“书友圈”。果不其然，家长们在孩子的推动下，对读书比拼活动的态度也开始发生了微妙的变化，从开始的无奈配合，到后来仔细询问规则，最终纷纷饶有兴致地跟我分享与孩子共同读书的快乐体验。从前关着的那扇门打开了，孩子主动走出房间要求和爸爸妈妈一起读书，全家围在桌边上圈画批注，热烈探讨，孩子煞有介事的样子常常让家长感动不已。家人们一起读的书越多，彼此之间的共同话题也就越多。冰冷的家庭氛围逐渐消解，沟通的桥梁悄然建立，家对于父母和孩子而言不再是寂静的住所，而是温暖的港湾。

相比于孩子们的积极踊跃，家长们积极性的爆发才是真的让我感受到了被认可的喜悦。一对对父母暗中较劲，甚至为了扩大阅读量而把书带到单位里，将阅读延伸到工作中。为期一周的组队读书比赛下来，很多家长都在阅读中改变了气质，开脱了思路，扩展了视野，对子女的教育有了更理性的思考和更科学的实践。

班里一个生性活泼但学习主动性较差的男孩子，在母亲和外婆的规范和干预下已经小有起色，而父母离婚的家庭变化却给他刚趋于稳定的学习状态沉重一击。孩子的成绩开始直线下滑，作业也是草草了事。母亲严厉的批评甚至将不合格的作业撕毁也没对孩子的状况有太大的改观，而本次的读书比赛中，这位男孩将母亲也请到了自己所在的读书小组里。

后来母亲反映，儿子每天催促她读书，导致自己倍感压力，即便加班到深夜也不忘在临睡前翻上几页书才能心安。我以为读书会成为这位母亲的负担，然而她却高兴地告诉我，和儿子最近有了很多的话题，两个人常常可以心平气和地坐下来聊天了。读书成了一个沟通的机遇，就在这个礼拜中，悄然改变着两个人。而在后来的时间里，这位母亲突然开始每日给我发他儿子的字帖，说要进行练字打卡。原来在母亲的沟通下，儿子慢慢接受了母亲的提议，也在读书活动中对语文有了兴趣，决定听从母亲的建议在语文学习上多一份付出。几本书竟悄悄地改变了一个破碎的家庭。

读书结果公布了，读书量参差不齐。有的小组一个礼拜的时间竟然有两千多页的读书量。而奋起直追的小组亦不在少数，家长们的读书量更是甚为可观。让我意外的是，输了的小组都不甘心，想要进行第二轮的比赛，于是六人重新组队的第二轮比赛又悄悄拉开帷幕。其中家长的参与也经历了一个“优胜劣汰”的过程，依然不乏很多家长参与其中。

班里有一个女孩子，总是比别人慢半拍，经常不能完成每日作业，也不知道如何融入集体，成绩更是一直垫底。父母对此常常头疼不已。这个女孩有一个爱好，就是读书。她经常在课上偷偷看书，也经常因为看书忘记写作业。因为这件事，她的父母曾和我沟通禁止让孩子去借书，禁止桌肚里放任何的课外书，让我哭笑不得。而这次的活动可谓是投其所好。女孩的读书量得到了不少小组的青睐，她突然成了“抢手”成员，在第二次活动中有了挑选的权利。看到她能融入集体，这真的是一个意外的收获。而在后来的一次考试中，女孩的语文竟然考出了一个 88 分，让她的母亲欣喜若狂。假期里，她的父亲每天给我发一段孩子的作文，每一段都让我刮目相看。这个曾经不会学习的孩子，竟然能写出如此好的片段。读书活动似乎让她和她的父母拥有了一个交流的纽带，也让这个女孩有了一个充实自信的契机。丰厚的积累量让她的考试成绩逐渐上升，而随之而来的兴趣便成为父亲教育的入口。她的父亲每天给女儿一个小的情境，让女儿进行片段练习，每日提出一项修改意见，渐渐地，女孩的写作能力有了极大的提高。

像这样的家长不乏其例，很多家长都通过这样的活动参与到了孩子的学习过程里。家庭的环境在这样的一个契机下悄悄有了改善。

颜之推在《颜氏家训》中曾开宗明义地指出“夫同言而信，信其所亲；同命而行，行其所服”。学生们在经历青春期的心理成长中，常因自我意识的萌芽而变得更有孤独感和情绪化。家庭教育中若少了对孩子心理和精神状态的体察，便会导致矛盾频发。孩子不再满足于父母的关心与爱护，有了更多的与人交往的需求。而比赛的目的，就是把这种交往的需求再次转化为家庭的关爱，让家长与孩子有了平等交流的机会与相互理解的途径。家长的参与使得学生收获更多的荣誉感，就这样，当学生对家长产生了敬佩之意时，自然会“信其道”。

后来，我们持续推进，每周都推出一次家长微课。不同职业的家长变身老师，向孩子们讲述专业领域的知识。利用家长资源拓展学生的知识面也让家长们从另一个角度走进了课堂，感受学生们在课堂上的表现，更好地认识孩子。家长们非常重视每一次的讲课机会，不失时机地给孩子们送上回答问题的小礼品，让整体气氛不断推向高潮。家长们在孩子们的眼里更多了一层神圣的光环。我们后来的学生课题，也让家长们成为孩子们的指导老师。孩子们在实践中学习，更在实践中见证了更多来自家长们的魅力，于是家庭教育多了更多的抓手。

学校教育和家庭教育是教育过程中不可或缺的阵地，两者的联动方能促进孩子的全面发展，而合作与竞争是当代社会孩子们所必将具备的基本素质素养。在家班联动中，当我们给家庭教育一个契机时，其实也给了家校沟通一个更好的平台，学生乐在其中的同时，家长亦乐于接受，班级、学生与家长之间的壁垒被打破，阅读变成了“悦读”，家长变成了孩子的老师、伙伴，教育便在潜移默化中滋长、发芽。（王欣玉）

从培养小干部着眼，提高学生自主管理意识

随着教育体制和理念不断地深化变革，中学生自我管理能力的培养越来越受到重视。而我作为班主任既不赞同用强势的管理方式奴化学生，更不赞同什么事都不参与，做“甩手掌柜”。我认为提升学生自我管理能力，尤其是班级小干部的培养应是重中之重。

自我管理是指学生可以充分利用和合理地安排学习和生活的时间，不断提高自身素质与主观能动性。学生通过合理地安排分配学习和生活的时间，进而达到不断完善和提高自我的目的。同时，作为老师可以指导帮助学生，让他们可以更快、更好地提高自我管理能力。比如说，作为中学教师应该充分调动学生的积极性，不是单纯地由老师制定班级规章制度，而是让全体学生都参与班级规章制度的制定。由他们自己提出的班级规章制度，不仅能够让他们更加信服班级的规章制度，更能提升他们的自我管理能力。

我们教育学生是从德智体三方面培养，使学生能够活泼开朗成长，德智体全面的发展。为了达到这样的要求，我们从开始就应该注重学生逐渐养成“心中有他人，心中有集体，心中有人民，心中有祖国”的集体主义观念。我在班级中设置小干部，目的是让学生成为班级的管理者，让他们养成为班级和同学服务的意识，这有利于培养他们为人民服务、做人民公仆的思想，有利于激发他们的集体荣誉感和班级主人翁的责任感。

一、培养“小干部”对学生自主管理意识养成的重要性和意义

1. 能促进学生个性的形成和发展

学生个性形成的过程就是学生在一定的文化背景下通过与环境的相互作用，由自然人转化为能参与学习和生活，担负起一定角色社会人的过程。课堂对于学生来说就是他们的主场地，这样的场地环境容易产生特有的舆论和评价，这些特有的舆论和评价会对学生的个性形成产生极大的影响，同时也会对学生自主管理能力的养成产生影响。一些在班级中经常受到表扬、赞赏、乐于

助人的同学，他的自我管理能力就会较强，而那些经常受到批评、否定、遇事冷漠的同学，往往自我管理能力就较弱，而且这样的学生他们在青春期的叛逆心理也会表现得更明显，自卑感较强。

2. 能提高学生的情商水平

情商教育是基础教学的一个核心。情商与智商的区别在于，智商可以通过专业测试得到一个分数，而情商却不能用一个分数去准确地表示出来，它只能通过一个人的日常综合表现来进行判断。这其中自我管理能力的高低又占了较大的比例。对于一个学生来说，自我管理能力的高低，对其情感、态度和价值观都有着广泛而深远的影响，自主管理能力的提高，既能使学生去发现、体验、感悟学习之美、生活之美，又能使学生受到思想政治和道德文化的熏陶，使学生得到“随风潜入夜，润物细无声”这样潜移默化的教育，帮助学生能够多角度全面发展。

3. 能提高学生的是非辨别能力

学生在初中这个阶段无论是从生理上还是心理上都经历着巨大的变化，生理上的变化使其对自我产生一个新的认识，心理上的变化使其思维品质达到了一个更高阶段，自我意识也变得更加清晰。而这些生理和心理的变化又与学生自我管理能力密切相关，无论是作业能否按时完成、是否遵守校规校纪、与同学之间是否能够友善相处，还是对社会现象的正确认知，老师应从逐步建立学生正确的思想观念出发，将思想道德的规范要求转化为学生自主自觉的思想意识，并让学生自觉地落实在日常生活中，这样长此以往才能提高学生的是非辨别能力。

4. 能培养学生独立学习意识与习惯

中学生自主管理意识的培养能够让中学生学会独立自主，合理安排学习和生活的时间，这不仅能够使他们与人的沟通水平、竞争心态和合作意识得到大大的提高，还能够让他们更好、更快地融入班集体，与班级同学团结友善。而且对于中学生自主管理能力的培养，还能够大大发挥学生本身的主观能动性，有利于培养学生的发散思维、创造力与创新能力。学生在自主管理中明白学习的重要性，并从中发现适合自己的学习方法，这样能够有效地提高学习效率，充分地调动学习积极性，最终取得优异的成绩。

5. 能培养学生的生活自理能力

由于独生子女的增多，现如今的初中生对父母有着很强的依赖性。父母虽然是最坚强的后盾，但是一味地依赖父母却是绝对不可行的。所以中学生自主合理地安排自己的生活就尤为重要。一个拥有较高自理能力的学生，不仅能够和同学们友善地交往，面对问题也能够做出正确的决定而不会犹豫不决。独立自主地解决问题能大大增强学生的自信心，让内心变得更强大。

二、培养学生自主管理能力的具体实施方法

1. 建立充分的民主机制

在过去的班干部竞选中，班干部竞选的参与者大多是由老师指定的，然后从老师指定的人选中同学们投票产生。这样的选拔方式，大大限制了学生的参与度，会导致每次竞选选拔出的班干部总是那几个班级里成绩好、人缘好的学生。现在为了让每个学生都能参与到竞选，让每个人的能力都得到展示的机会，我在班上实行了新的“班干部竞选制”，只要自己认为自己能够做好哪个职位或想要担任哪个职务，就可以参与竞选，每位同学准备一份竞选稿进行演讲，让其他同学根据竞选者的演讲内容和平时能力表现对竞选者进行投票。通过竞选演讲，学生不仅能够得到展示自我的机会，也让一些平时在班级表现很低调但做事能力强的学生脱颖而出，而且能够让一些平时很出众的学生认识到自己的不足，进而更加注重从各个方面提高自己的能力，努力变得更好。

2. 自我管理源于自我服务

自我服务意识是自我管理意识的来源。为培养学生自我服务的意识，我经常利用晨会、班会和团队主题活动，强调“自己的事情自己做”，并经常提议举办一些活动来锻炼他们。如团队主题班会、家长会、速算小竞赛、语文课本剧的编排、朗诵大赛等活动，既使组织者的组织能力得到锻炼，又使主持人的主持调控能力得到培养，还锻炼了参与同学的表达能力，更锻炼了团体的集体协作意识。

3. 善于反思方能不断进步

自我管理意识的培养需要自我不断地去反思和纠错，我们班级每天午休之前会对前一天进行总结，先由班长提出发现的问题，再由同学们举手补充提出自己还发现了哪些问题，由“小干部”主持，同学们自主提出问题并讨论解决办法。总结会上同学们呈现出了空前的热情，每个人都能感觉到自己是班级的小主人。在整个总结会过程中，作为老师的我只是一个旁观者、引导者。

三、培养学生自主管理过程中的成效和反思

在班级的日常管理中，我愿意做一个“懒老师”尽量多放手，对于班级出现的各类问题，让班干部带领全班同学去研究、商讨、解决。这样不仅让每个同学都参与到班级的管理中，更增强了他们的主人翁意识。当班级面临问题的时候，每个同学都能以主人翁的身份去思考问题、商讨和处理问题，不会去选择逃避、偷懒和敷衍问题，也不会产生那种只会按别人眼色行事的消极的依附心理。

我认为如果想要通过小干部来培养学生的自主管理意识，就应该注重小干部能力的培养。一个有能力并且自主管理意识强的小干部，能够起到榜样带头作用，言传身教，大大提升学生自主管理意识。

而对于小干部培养这方面我也做了很多引导。比如我班的班长，她为人亲和，乐于助人，无论男生还是女生都很喜欢她，然而在日常班级管理中，由于她不愿意去得罪同学，经常对于犯错同学采取包庇的态度，致使班级曾出现一段时间混乱。我和她谈话，发现她虽然是一个严格要求自己，自主管理能力很强的学生，但对于其他同学她总觉得应该更宽容一点。我纠正了她这样的想法，让她意识到纠正同学的错误不仅是为了管理好班级，更是为了帮助那些同学提高自我管理意识，帮助他们成长。

还有我班的纪律委员，学习好、人缘好，为人大方热情，被同学们推选为纪律委员，可由于他之前并未担任过纪律委员这一职务，在班级管理中缺乏经验，屡次碰壁，不仅班级没有管理好，自己的成绩也受到了影响，心态也受到了打击。经过我的引导，他认识到班级纪律的管理，不仅仅是要他一个人去发现问题，更是要让每一名同学都发现问题并且认识到问题的重要性。班级是所有同学共同的家，要让每一个同学都有主人翁意识，管好自己并能够在他人犯错时提醒别人。如果只是由别人告知错误在哪，自己本身的问题将一直不能改进。在我的指导下，我们班的纪律委员采取温和提醒，私下沟通的方法，让班级几个不太守纪律的同学提高了自我管理意识，认识到了扰乱纪律的严重性，整个班集体也紧紧地团结了起来。

当然“小干部”的管理也会存在一些不足，仍需不断摸索改进。作为班主任应尽量让班级中的每位学生都得到展示和锻炼的机会。传统模式的让“能力强、有经验”的学生去组织活动和管理班级，会导致整个班级中得到任务的同学因事务的繁重而感到疲累，而大多数没有得到任务的同学就会无所事事，这对学生自主管理意识的培养起不到太大的作用。为了多给学生提供、创造自我管理的机会，我采取了小干部轮换制，让每个小干部都有接班人，争取让每个同学都得到相应的锻炼。而接班人的制度，可以让每个之前当过小干部的同学将自己工作的经验和遇到的问题和接下来担任相应职务的同学进行分享、交流，换个角度得到不同的解决办法，也让班级的管理不走弯路。

相信通过我的不断创新尝试，一定可以探索出一个更好、更高效的学生管理办法，让每个孩子都找到适合自己的自主管理办法，拥有一个美好、光明的未来。（王心蕊）

怎样走进他们的心

送走紧张忙碌的初三学子，迎来稚嫩可爱的预备新生。有幸成为他们的班主任，带着满心的欢欣和期待，走进了他们的世界。刚进校的学生，自然要进行行为规范的养成，让他们快速适应初中生活。新班中难免有调皮捣蛋的学生，他们也在班风的影响下，迅速步入中学正常学习轨道。可却有几个特殊学生，无论采用“爱心感化教育”和“苦口婆心的说服教育”，我各种方法轮番上阵，几个月下来最终却还是无所收获。

俗话说得好：“醉后方知酒味浓，为师方知为师难。”他们的出现，让拥有多年工作经验的我，也陷入了苦恼中。直到有一天，读到“因材施教”的真正来历时，我顿时豁然开朗！

子路和冉有都向孔子请教问题——听到一个很好的主张，是不是应该马上去做，孔子却对他俩作出不同的回答。孔子对子路的建议是：家里父兄在，子路应该先向他们请教再看看是否要马上去做；对冉有的建议却是鼓励他应当马上就去做。站在一旁的公西华看到此状非常想不通，同样的问题，为何答案不同，便询问孔子这样做的原因。孔子告诉他说：冉有遇事畏缩，所以要鼓励他；子路遇事轻率，所以加以抑制。具体问题具体分析，针对不同事物的不同特点，采用不同的方法去解决矛盾。这就是“因材施教”的真正来历，而“因材施教”也成为孔子在长期教育实践中首创的一个经典教育原则。

的确，我们一直畅谈“因材施教”，但几人能真正做到！特殊孩子特殊行为的出现，自然会有此深层的原因。班中的那几个同学，家长从小到大的过分溺爱，导致孩子做事没有规矩。本应懂得规矩的年龄，却没有做好规矩，等意识到要给孩子立规矩时，才发现孩子却没有做事的耐心！针对此现状，我采取的方法如下：

1. 面对学生身心差异，学会让自己欣然接纳

要坦然面对学生这些“材”之间的身心差异，必须承认这种差异均属独特的天赋。因为与生俱来的个体差异，自然会产生个体行为的不同表现。而作

为他们的老师,总习惯以一种标准去衡量不同的学生而产生“主观差异”,这种“主观差异”往往是导致学生最终学习成果差的直接原因之一。所以,我从心理上要学会坦然面对这种个体差异。其实,每个学生都有想学好的欲望,只是各自的约束能力的差异,而导致其行为的差异。

学生之间存在身心差异,先让自己从心理上真正接受并认可,平等地对待他们。因此,我每次走进班级上课时,总会告诫自己“忍住,从容”,用这样的话语来鼓励自己。可当课堂内容进展顺利,即将进入教授关键要点时,那特殊学生的耐性却没有了,一直保持安静的他,不能控制住便开始讲话。不仅违反课堂纪律,千辛万苦引导学生进入文本分析的高潮,还被他一下子打断。前功尽弃的我,怒火涌上心头,刚想发火时想起进教室的告诫,压制自己发火的欲望,暂停一会儿,等他讲完后,我就继续开始上课。一节课就这样在反反复复“暂停、继续”中把课堂上要讲授的重点全部完成下去。课后,我还是会心平气和地和他讲道理,告诉他今天需要批评的地方和值得表扬的地方。对于其不良行为,要给的是信任、期待、友好,让其感受到老师的可亲、可信。当其有点滴进步时,就及时总结评价表扬鼓励,让其感受到老师对他们的友好和关爱。

一节课这样上下去,两节课这样上下去,日复一日,那特殊学生也从自己和老师的克制中感受到自己行为的不对,以至于当他控制不住地乱插嘴讲话时,一定会紧接着告诉我:“老师,你继续,我说错了话。”看着他无辜又努力克制的眼神,我感受到他的改变。就是凭借着反反复复不懈地修炼,他的课堂表现也有了进步,我的课堂心理承受能力也越来越强悍。

2. 做到“真诚的鼓励,良好的沟通”

每个学生在学校都期望得到老师的关注,也渴望得到老师的喜欢。只是因为自身行为的表现,让他们很难得到这些。为此可适当地满足他们一点心愿,也满足他们小小的虚荣心,允许他们选择担任自己喜欢的职务。但在任命此职务前,把该承担的责任和要求,都先和孩子们约法三章。一旦选择做,遇到任何困难都不能逃避,适当地给予他们一些压力,逼着他们学会自我约束。

学校自管会招募在食堂执勤的学生,这个职务还不错,蛮适合我们班级的那几个学生。和他们沟通后,询问他意见时,其中一个李学生表现出自己的期望,想担任此职务,但又害怕做不好。我就鼓励他尝试,并告诉他:“没有关系,老师会坚决支持你的!”同时明此确职务的职责。带着这份信心,李同学每天中午和下午开始了他的准时执勤工作,小小职务的担任,既培养了他的责任心和意志力，同时也分散了他给班级学生制造麻烦的精力，减少对他人的干扰和破坏。李同学担任此职务时，中间也出现过很多困难，那就是因为他的在校表现和影响力，让别人难以信服，所以执勤中别人不接受他提出的建议，更不服从他的管理。为此，李同学很沮丧，有了不愿继续担任此职务的想法。作为老师的我，积极鼓励李同学，并积极辅助、协助他想办法来处理问题，同时向他指出：要想让别人彻底服从你，你必须认真从能力和行为上成为他们的榜样。慢慢地，他确实有所改变了。

3. 适度的“惩罚”，培养其责任意识

虽说教育从严，管理从严，处理要从宽。长期形成的不良习惯和行为，不是一下子就能改正过来的。有时也要对他们出现的违纪行为予以适度的惩罚。他们犯错时要引导他们，学会换角度思考：你是对方同学，你是老师，你会怎样处理这件事情？让他们反思自己的行为及应当承担的责任。对于课堂上调皮捣蛋、上课“插嘴讲话”、扰乱课堂纪律、作业不完成等情况，要根据犯错次数累计，给予适当惩罚。惩罚的原则以不伤害他们的身体和心理健康为主，只是让他们明白违反规矩，就要懂得承担责任。

4. 多发现他们的闪光点，毫不吝惜地表扬他们

特殊学生在学习上得到的认可度远远低于其他学生，从而在学校得到表扬的机会远远低于其他人，所以一定要多多发现他们的闪光点，多肯定他们的存在，给予他们更多的关注和肯定。

其中一个学生特别喜欢帮助老师收发作业，帮助老师去拿上课需要资料。虽然班级已经有这个职务的课代表，可他还是坚持努力出现在老师的面前，求得更多的关注。所以我就给予这个学生机会主动帮助老师做事情，同时借此培养他学习的主动性和积极性。

另外一个特殊学生，除了不爱学习之外，其他活动都能积极参与，具有很强的集体荣誉感。预备年级时的一次拔河比赛，我们输了。他第一个流下来眼泪，哭得可伤心了。看到他流泪，我深受感动，原来读书不用心的学生，拔河是用心的。这一次的表现也让我对他重新定位，找到了教育他的突破点，表扬他热爱班级的责任心和荣誉心，激发他在学习上努力追求上进，同时引导学生明白，取得成功不仅仅需要力气，还需要智慧。在初一的拔河比赛中，在他的组织下，从战略布局上进行调控，同学们竟一举获得了冠军。借助这次表现，我又好好表扬鼓励他，也让他品尝到成功的喜悦。

5. 做到“持久的信任，耐心的等待”

有的学生，不可能通过老师的一两次谈话、三五次的思想工作，在三两周内就能改正的；有些可能要几个月，一两年甚至更长的时间才能有所长进。所以面对他们短期内出现的屡犯屡改、屡改屡犯的现象不能丧失信心，要给他们一定的时间。老师始终坚持疏导、鼓励、情感交融与严肃纪律相统一原则，用一颗宽容的心来欣然接纳，多站在学生的角度考虑问题，把心理沟通放在第一位，成为他们可以交心的朋友。这样，老师的真诚、友善的表扬和批评才能被他乐意接受。

两年多的努力，他们的行为习惯有了进步，在课堂上插嘴讲话时，会马上意识到自己的错误行为；作业完成得不好，老师给予辅导补课时，会安静地坐在旁边学习；担任班级职务时，能够记住自己的职责并且去做；在他们的努力和老师的协助下，荣获到之前从未有过的荣誉：获得“交华之星”的光荣称号，“运动会比赛项目的冠军”，作文习作刊登到学校的校刊上！

滴水穿石，长期持久的支持信任很重要，一旦放弃，他们就可能会重蹈覆辙、自暴自弃，我们的工作也会前功尽弃。所以我认为还要坚持“导之以行，持之以恒”的原则，耐心细致做好反复教育的转化工作，这样，才可能收到较好的教育效果。正所谓“路漫漫其修远兮，吾将上下而求索”！（王　宁）

家校共育，助力成长

苏联教育家苏霍姆林斯基曾提提出："儿童只有在学校和家庭一致行动，一致信念且提出同等要求抱着条件下才能实现和谐的全面发展。"的确，望子成龙，望女成凤，没有哪个父母不希望自己的孩子受到良好的教育，健康的成长，将来有所作为。而学生成长过程中会接受到多方面的教育，但大多数父母会认为这些教育几乎依靠于老师。我认为学生的第一启蒙老师来自于家庭，那便是父母；我更坚信家长是学生成长中永不可或缺的一分子。在教育教学过程中，学生的教育是一个家庭与学校通力合作的引导，良好的家校合作对学生的成长具有积极的导向性。由此可见，为了学生的健康成长，家庭教育与学校教育必须通力合作，形成一股强大的教育力量，为学生的成长打下良好坚实的基础。

一、家校合作有利于构建学生良好的成长环境

心理学家华生说过："如果给我一打婴儿，我保证能够任意把他们培养成任何一类人——或者医生、律师，甚至盗贼和乞丐。"我不能妄论这句话究竟是对还是错，但从教育教学过程中我们可以发现，学生们智慧或者愚笨并非与生俱来，很多都跟自己所处的生活环境有关。除去在校的时间，学生最多的空间就是家庭。

通过长期观察我们发现，有父母在身边的，父母相处和睦的学生比父母相处较冷的学生要开朗快乐许多。没有父母在身边，爷爷奶奶能够管教的学生比不能够管教的学生要懂事得更早更多；父母常常关心的学生比不常询问的学生要积极许多。记得，在我做班主任工作期间，有一个孩子平常父母工作非常忙，几乎没有时间去关心孩子的生活和学习，孩子日常的生活是交给邻居帮忙照看的，这个孩子很聪明，但是在学习习惯方面和待人处事方面却很欠缺，对于老师布置的任务总是不能按质按量地完成，跟班级同学的关系相处得也不是很融洽。我多次与家长联系了解孩子在家的情况，可是家长居然对孩子家中的情况一无所知，我也因此找到了症结所在。经过跟家长的谈话，希望家长能在家里抽出一些时间关心孩子的生活和学习，家长做出了改变，孩子也在家长的关心之下进步了很多。家校合作就是要让教师在与家长不断的沟通交流过程中更加地去了解一个学生所生长的环境，针对每个学生的实际情况去引导他们、关心他们，让他们充分享受到来自学校和家庭的关爱，享受到教育带给他们的快乐，让他们更加健康快乐地成长。

二、家校合作有利于学校及时有效调整对策

古有孟母三迁，今有母陪子读。天下没有不爱自己孩子的父母，即使由于家庭环境各不相同，使每位家长的教育观念不一样，教育学生的方式也不同，但我相信家长们希望学生健康成长的愿望是相同的。学生作为家中的宝贝，应该集家长的万般宠爱于一身。但现实看来，并不是所有的孩童都那么公主皇帝。

说一个我在做班主任工作期间遇到的家长对于学生成长教育态度的案例，从中正体现了家校合作在教育中的重要性。

班级里有这样一个男生，上课非常积极，对老师也非常尊敬。可是，作业总是不能按时完成，成绩一直不是很理想。同学也不是很待见他。于是我就找时间与这个孩子谈心，孩子跟我讲父母在闹矛盾，自己平时都是住在外公外婆家，父母很少去看望他。在外公外婆的溺爱下孩子总是爱钻空子，在家一有时间就玩，很少能静下心来学习。了解到这些情况后我试图与孩子的爸爸、妈妈进行沟通，但是孩子的家长都以自己工作非常忙，没有空去照看孩子为借口来结束我们之间的交谈。之后的几次电访也是草草了事，孩子在校的表现更没有办法反馈给家长。所以，孩子在学校时我只能尽可能多地关心他。但是，光是靠我在学校的关心是不够的，因为孩子回家的情况我根本无法了解，所以长期下来就是孩子在星期一到星期五表现都很好，一到双休日结束来上学一切又打回了原形。

如果家庭教育和学校教育之间沟通脱了节，就会导致学生在受教育的过程中手足无措，不知所以。父母之爱子，则为之计深远。家长能够为孩子做得多的，那是孩子的幸福，我们说不能够为孩子全权代劳，其实家长只需要学会关心与鼓励，教会孩子把事情真正当作自己的去做，让学生自己学会为之努力，也不失为一种好办法。

那么，对于学校而言，在家校合作共育的过程中，有哪些原则或者行之有效的方式呢？我认为要做到以下几点：

1. 与家长平等沟通

我在与家长沟通中，随时注意自己的态度，把家长当作朋友一样沟通，用唠家常的方式把孩子在学校的表现都反馈给家长，通过这种方式家长很愿意与我沟通。我时常提醒自己，在与家长沟通的时候千万不要觉得学生在校表现不好，都是家长不负责任造成的，而把家长当作批评的对象。几年班主任工作下来我觉得应该平等地与家长探讨，去发现、去寻找学生身上问题的根源所在，并一起帮助学生改正问题。如果在与家长沟通一开始就显得态度生硬，一副教训人的样子，这样不仅不能很好地让家长信服你的看法，更不易让家长接受你的建议，这样即使与家庭联系再多，恐怕是没有任何意义的。

2. 家校沟通要及时深入

作为教师应该细心观察学生的日常行为表现。对于表现好的学生我会及时给予表扬，有问题的也会第一时间与家长交流。我时常把学生们的故事拍成照片在家长会上分享给家长们，也会把班级的一些决策和问题处理方式同家长们探讨，得到了许多家长的认可和配合。这样不但激励了学生继续努力，也激励家长能积极配合学校的教育工作。通过及时的沟通，家校联系逐渐密切起来。

3. 家校沟通要讲究艺术

问题再多的学生，身上总有优点和闪光点。所以，在与家长沟通交流的过程中，我总是提前做好准备工作，把孩子近期在学校表现好的地方都梳理一遍，首先对孩子表现好的地方进行表扬。这样，即使老师提出批评或者建议，家长从心理上都比较愿意接受，老师的苦心也就没有白费。不要一开始就各种指责与批评，让家长嘴服心不服。这样家长可能会因为不好意思离得越来越远，教师与家长联系的意义也就逐渐丧失了。

而如果想要构建健康的家校共育机制，我们需要从以下几个方面着手进行：

一是有计划地做好家校沟通。

我在与家长沟通之前一直有个习惯就是在纸上罗列一下自己在沟通过程中需要解决的问题，让自己能有目的地与家长沟通。还记得，自己刚做老师的时候第一次与家长沟通，可以说是非常盲目，感觉自己像无头苍蝇一样，所以沟通下来不但问题没有解决，反而让事情变得更加复杂化。后来经过反思，发现要想解决问题，与家长有效沟通，必须要提前做好大量的工作。比如，可以准备一个本子,在每次与家长沟通之前都罗列好准备沟通的内容,并且想好针对学生的问题给家长的建议以及自己解决的方案。这样有计划地与家长沟通就更加有序、有效。

二是明确家庭和学校双方应尽的权利和义务。

在家校合作中,要明确双方的权利和义务。家庭和学校是不同的社会组织,在社会上分别发挥自己独特的作用。父母是孩子的守护者,有权利和责任让孩子接受教育。很多老师平时时常抱怨"某某家长经常告诉我如何教育他孩子,方法一套一套可是就是教育不好自己的孩子",最后还加一句"孩子不听我们的只听老师的话"。遇到这样的家长使得老师对孩子的教育无从下手。所以,一定要明确家庭和学校双方应尽的权利和义务,做到家校教育互相尊重但不越界。

三是重视建立家校互信机制。

家长和老师及时沟通,这样父母和老师形成相互信任、相互配合的教育联盟力量,共同完成孩子的教育工作。父母和班主任老师是平等的,缺少哪一方的合作,教育的效果都会不完整。我在开家长会的时候,时常强调老师和家长是一个战壕里的兄弟,目的只有一个就是让孩子健康快乐成长,这样家长就会认为我值得信任,愿意把自己教育当中遇到的问题与我沟通。这样每次与家长的沟通就变得非常融洽。

四是采取多种措施切实提高时效性。

"家校联系会"。我不是把与家长的沟通都集中在家长会上,我会在平时就有阶段性地与家长联系沟通,向家长咨询和征求意见,让学校家长合作有一定的规划。还有一些常见的问题,针对相同问题的家长可以分批开一些小型的家长会,这样比家长到学校统一开家长会更有效。

"家校联系数字化"。现在微信已经是非常普遍的交流工具。我们可以利用好这个平台有针对地发布一些辅导方面的信息、图片、文章等,还可以介绍一些适宜家长和学生观看的节目或者老师平时收集的一些家庭教育的材料,分享一些学生的作品,报告一些家长和学生在家里学习活动、生活等。这有助于家校联系更为密切。

总之,家校教育在学生成长中起到尤为重要的作用,缺一不可。只有家庭和学校紧密联系、互相尊重、互相支持,才能及时发现学生成长过程中的问题,并且能够及时解决这些问题,学生在这样的良性教育环境下才能健康成长。(王念念)

有艺术地批评，助学生健康成长

批评是一门艺术，当学生有不恰当的思想和言行时，班主任不可避免地要对他们进行批评，以唤起他们的警觉，使他们真正提高思想认识和觉悟，变得更有道德和教养，少犯错误。

目前，我们的学生大多数是独生子女，从小就在父母和祖辈的精心呵护下长大，心理承受能力普遍较差，所以，班主任如果不讲究批评的技巧与艺术，不仅收不到预期的效果，还会适得其反，引起学生的逆反心理，甚至可能造成师生之间的情感对立，增加今后教育转变的难度。相反，恰如其分的批评，不仅能让学生改正错误，增强辨别是非能力，而且还能增进师生感情，从而更好地接受老师的教导。如果班主任能转变思想观念，努力实践批评的艺术与技巧，往往事半功倍。

一、避实就虚，曲径通幽利于行

1. 直白的话，迂回地说，用表扬代替批评

著名教育家陈鹤琴说："无论什么人，受激励而改过，是很容易的，受责骂而改过，比较的不大容易，而小孩子尤其喜欢听好话，不喜欢听恶言。"每个学生都会有缺点和错误，但大多数学生都喜欢听表扬的话，不愿意听批评的话，甚至一听到批评的话就产生逆反心理。我们中学生正处于青春期，叛逆的情况普遍存在。对于批评的逆反心理就更甚了，因此，我们不仅要有一针见血、开门见山的批评教育，也要有"明修栈道，暗度陈仓"的迂回批评教育。当他们犯错时，先表扬后批评，以委婉表达出责备语气的方式来处理，或者用赞扬来代替批评，效果会更好。

我们班的小张同学个人卫生很差，不仅鼻涕袖子擦，口水脏手擦，而且每次吃好饭，他的桌上凳子上总会留点东西，不是米粒就是汤汁。批评时他似乎是一脸的无所谓，下次继续。但是有一次，我却发现他把值日工作做得很细致，很干净。之后几次都是如此。又是周五值日时间，我指着一尘不染的讲台

和干净透亮的黑板说："你看，你可以把你的值日工作做得这么好，让老师上课会有好心情，那么你的个人卫生整理干净，是不是会让你自己也变得受同学欢迎呢？老师相信你肯定可以做到的。"他很不好意思地点了点头。从此以后，小张就慢慢养成了讲究卫生的习惯。现在的小张，大部分不良的卫生习惯已经改掉，加上我称赞他是历史小百科，他在同学心中的地位也有了提高。在赞赏与期待中的"绿色批评"效果良好，这样的批评既维护了学生的自尊心，又使他积极改正了错误。

所有学生心灵深处最强烈的要求和所有成年人一样，人性中最本质的渴望是得到别人的赏识和称赞。

2. 严肃的话，风趣地说，用"如果"置换"但是"

部分班主任脾气急躁，一看到学生的不良行为或听到其他学生的告状，就不分青红皂白地批评学生，这种做法是不可取的。班主任应该按捺住心中的不快，耐心地核实情况，冷静地分析原因，然后再决定怎么处理。如果班主任能变生硬的说理为风趣幽默的"闲聊"，可以降低犯错学生的心理紧张，制造轻松愉快的气氛。它容易缩短班主任和学生之间的心理距离，使班主任与学生在尴尬的处境下变得积极交往，容易消除师生间对立情绪。

我们班级小周同学和小陈同学特别爱睡觉，不管是上课还是下课随时都能看到他们趴在桌上睡觉。临近一模，他们更是常常来校没多久就睡觉。我看到这种情况一般会说："初三的课业压力确实比初一、初二要大。当别人都进入梦乡的时候，我们很多同学还在挑灯夜读；现在冬天这么冷，当别人还在温暖的被窝里的时候，我们很多同学已经来到了学校。你瞧，还有个别同学趴在冰冷的桌上背古诗，我真是不忍心打扰他们。希望真如我们阅读里做过的，做梦也能背单词……"同学们爽朗的笑声惊醒了睡着的小周、小陈，也惊醒了昏昏欲睡的同学们。老师幽默的语言，善意的提醒，及时纠正了学生不恰当的行为，又保护了学生的自尊，学生也不会产生逆反心理，体现了老师的宽容和善解人意。

班主任不仅要幽默地说严肃的话，还要注意用词的巧妙。

有些班主任在批评学生时先赞扬，但大加赞扬一通后，便来了个一百八十度大转弯——"但是"。学生一听"但是"二字就反感，认为班主任前面所说的赞扬是言不由衷，是批评的前奏，其结果，不但批评不能达到预期的效果，就连前面的赞扬也会被学生理解为虚情假意。如果我们不用"但是"这个转折，效果可能就会不同。

我们班的小王同学成绩在班级里属于中下接近下的水平，但是他的记忆力相当好，这在语文和英语的学习上很重要。可是他比较懒惰不愿意背诵，于是，每次语文考试之后，我都会特意和他说："你这次语文考试有进步，如果能把默写全部写对，相信你的成绩会进步更快。"几次之后，我发现每次考试或是默写之前的时间，他都会非常认真地背诵，成绩也稳步前进了。现在初三，背诵的内容更多了，不过他的信心也就更足了。

用"如果"巧妙地指出不足或错误以及今天努力的方向，这样的间接提醒，比用"但是"的转折效果要好得多，更容易为学生接受。

二、把握分寸，言简意赅利于行

英国著名的教育理论家洛克指出：如果教师使学生过分的无地自容，他们便会失望，而制裁他们的工具就没有了。恰到好处的批评不仅可以使学生认识到自己的不足，还能帮助他们明辨是非、克服缺点，但没有分寸绝对化的批评往往会适得其反，把学生推向另一个极端。

1. 言简意赅，批评要"适量"

有的老师不管什么场合，只要看到学生有一点问题，就开始心灵鸡汤，少则几分钟，多则几十分钟，从学生到老师，从学校到家庭甚至学生将来。久而久之，学生不但没有反思，反而更加不喜欢这门学科。所以，老师在对学生进行批评教育时，一定要围绕问题这一中心来展开，只有做到言简意赅、内容清晰、目的明确，才能让学生真正从中意识到自身的错误并积极改正。

2. 就事论理，批评要"适度"

班主任批评学生时，要了解事实，最忌"主观武断"。如果对事实不做调查，对学生的问题做了不符合事实的处理，轻则使当事人受委屈、反感，影响师生正常关系和教育效果；重则造成严重对立，造成教育的严重障碍，甚至造成学生终身的心理创伤，严重影响学生的健康成长。所以班主任进行批评教育时一定要就事论理，没有例外，不掺入个人主观情感，不宽容成绩好的学生，也不严苛成绩差的学生。

另外，老师不能够以偏概全，不能因为学生某一地方出现问题了就将其全盘否定，甚至是人身攻击。不可以翻旧账，将学生原本犯过的错误重提，这样会让学生觉得你是一个善于记住别人缺点的人，不够大度，老师也会在学生面前失去信任。批评学生不是让学生难堪，而是让他明白自己的某些行为有悖集体利益，有损他人甚至有害自己。只要学生承认了错误，就要加以肯定。

3. 男女有别，批评要“适性”

批评学生要注意根据学生的性别和心理特点，刚柔并济。刚柔相济，用刚制柔，以柔克刚。对女同学用刚，则有震撼力，对男同学用柔，则化解顽石，刚与柔的使用以不伤害学生的自尊心为重点。

比如，一个班级男女同学一起在网吧打游戏，我们老师特别是班主任对于他们的处理方法就要不同。对于女生，要严格管理，因为游戏这样的项目更倾向于男孩子，个别玩游戏的女生也是知道网吧聚众玩游戏的严重性，只要老师态度严肃，就会有效果。男生则不同，很多男生聚在一块儿都是交流游戏心得，没有玩游戏的男生反而会被其他男生排挤甚至轻视。因此当发现男生聚众玩游戏，更多地要以柔克刚，让他们在老师的春风细雨中得到感化，从而戒了游戏瘾。如果这时候对这些男孩子严格批评，他们因为不玩而遭同学排挤已经有自卑感了，这时又因为玩而犯错误，他们会对老师产生更大的反感，甚至产生“破罐破摔”的想法。著名的教育家马卡连科曾经说过：“得不到别人的尊重的人往往有最强烈的自尊心。”在极大的自尊心受损的情况下，老师所有的批评教育都没有任何效果。

三、巧设台阶，无痕教育利于行

1. 鞭策学生，教师自己寻找台阶

当人遇到尴尬的时候，要保持良好的心态，更应该学会自己寻找台阶。在教学过程中，调皮的学生、情绪化的学生往往会令老师陷入尴尬的境地，这时候老师更要保持冷静，运用幽默的语言给自己一个台阶，并达到教育的效果。

我们班的小王同学自我情绪控制能力很差，常常会在课堂上和老师起冲突，讲出一些不合场合的话语。第一次与之发生冲突是在接班不久，当时非常生气，觉得自己的课堂权威遭到了质疑。事后，学生偷偷地告诉我：“老师，他就这样的，我们都习惯了，当听不见。你也不要和他计较了。”从那以后，我在课堂上都会注意他的情绪。这学期有一次他课堂上又犯错，我指出他的错误，他居然大声吼起来一句：“你凭什么管我？”当时全班安静，等待着我的处理。以我对他的了解，此时再发火没有任何意义，他只会强词夺理，而且影响我的课堂。当时正好上《橘逾淮为枳》，我以一句幽默自嘲的话语“晏子面对楚王的嘲笑能够避席对曰，维护个人和国家的尊严。我也要像晏子学习”绕过了他的情绪，其他学生明白我的意思，都哈哈大笑，我也成功地给自己寻找了台阶而继续我的课堂。两天之后，他来向我道歉。那时，他的态度也不急躁了，心情也好了，我们之间的矛盾化解了，他也懂得了自己的态度有问题，这样，教育也就达到了目的。

2. 保护尊严，给学生一个台阶下

学生作为一个单独的个体，有着享受自己自尊的权利，而这也是教育的前提。老师在教育过程中，一定要考虑到学生的自尊心，一个能够充分展示自我的环境才能够有利于学生的发展。所以，为了让学生能够自我意识到错误所在，对于学生的错误行为，班主任有时也可以冷一冷，甚至可以不急于找学生，适当使用沉默，也就是我们口头上说的“冷处理，热熨帖”，给他们一个台阶。实际上这是为学生创造自我认识、自我反思、自我行为调节、自我教育的空间，让学生进行激烈的思想斗争，达到自我教育的功效。学生也会感到内疚，有时班主任不找他们，他们反而感到不自在，坐立不安，迫切希望班主任找他们，以解除他们的心理包袱。为此，他们有时还会主动找班主任，向班主任说明情况，表白心声。此时，班主任应抓住契机对其进行教育，这样的教育效果往往最佳，而且容易形成一种和谐的师生关系。

就像上面所说的小王同学课堂顶嘴这件事发生之后，我没有第一时间去找小王同学交流，而是给大家都留有思考的空间，之后一两天也是对他冷处理，希望他明白课堂上毫无纪律是作为学生对老师最大的不尊重。但是我暗暗地交代班长关注这个孩子的情绪和态度，有情况第一时间反馈。我发现之后几天的冷处理阶段，他脾气收敛了很多，学习也认真了。周五的语文课后，他跑来向我道歉，我也能心平气和地和他交谈，他最后开开心心地回家。这样既保护了孩子的尊严，也达到了我教育的目的。小王同学情绪不好控制，对于他，我基本都是采取冷处理的方法，最长的一次达到了一两周，不过他的情绪控制能力却在慢慢地进步，从最初的几乎一周一次到现在的大概一学期一两次。

有时候教育不是一次性的，需要班主任持之以恒，不过只要是保护学生自尊的教育最终都会成功。

给学生一个台阶，是为了能够让学生自己意识到问题，而不是教师对学生犯错误不管不问，消极退让。这个过程中，老师需要加以引导，更需要用机智的措施、方法，教会学生寻找台阶。为学生创造一个轻松的环境，不至于太过于严肃，也不至于因为直接提出而产生尴尬。寻找台阶的过程，也是学生的自我认知、反思与改进的过程，这才是教育最高的目的与意义所在。

最后，批评过后要关注情绪，注意安抚技巧，消除感情隔膜。

教育实践告诉我们，班主任的批评应该考虑学生的心理随承受能力，不能让学生过分难堪，致使学生过分羞愧和无地自容。英国著名的教育理论家洛克曾说过："过分地批评学生，他们便会失望，觉得自己的名誉受到打击，设法获得别人好评的思想就更加淡薄。"如果我们教育的对象变得对什么都无所谓了，教师就没有办法教好他们，这种教育当然是非常失败的教育。现在的学生以独生子女居多，大多较任性，自尊心特别强，承受挫折和打击能力较差，因此，班主任在对其进行批评教育的过程中应充分考虑这些因素，使其"快乐"地接受批评。

总之，班主任的批评是一门艺术，更是一门高深的学问。在班级管理中，班主任只有调整好自己的心态，更新自己批评教育工作的思维方式，适当地运用俏皮话、双关语、夸大其词等手段，营造轻松愉快的教育氛围，减轻犯错学生的心理压力，消除消极对抗情绪，才能更好地利用批评教育的理论指导实践，使批评教育达到春风细雨、润物无声的境界，也让学生在笑声中去领会、去感悟为人处世的道理，从而努力达到良好的教育效果。（徐　静）

心中有爱，春暖花开

如果说班级是花圃，那学生则像一颗种子，他们享受着同样的阳光雨露，有些会很快生根发芽，旋即争芳斗艳；而有些却始终平淡无奇，甚至孤芳不自赏。在我的班级中，就曾有这样一颗种子。

她是个不拘小节的女生，常在公众场合箕踞而坐，或因为感冒没带纸巾把鼻涕擦得到处都是而成为班中的笑柄；她也可以自我到毫无征兆地当众高歌起舞，或突然抱住暗中欣赏的同学，让人避之不及。

说起来像个笑话，可作为班主任，我真的笑不出来，总感觉压力重重，不胜其烦。每当我努力压制着内心的烦躁，跟她谈起此事，想让她正常顺利融入班集体时，她却又满腹心事般低头不语，这更加让我无所适从。

可说着容易，做起来却有点波折。面对这样一个孩子，看来唯有用鼓励与赏识静待花开了。

其实她是个极富才情的女孩，尤其敲得一手好爵士鼓，于是我先极力推荐她参加学校艺术节，却吃了闭门羹。班里搞主题班会，我叫班委请她在一个小品里演个角色，被冷冷地告知："没空！"……

就这样，鼻子碰了无数次灰之后，我仍然没有放弃，学校游园义卖会临近，我又再顾茅庐："你能不能做我们班义卖市场的小推销员啊？"——我的语气已近乎恳求，内心却是急得冒火。

她却依然那么淡定："老师，我不感兴趣。"然而，就在我打算要放弃的时候，她却叫住了我："老师，义卖会可以出售自己的手工制品么？"

哎？有门？我马上回答："可以！你先拿来给我审核一下吧。"

"不行！那些东西只能当天带过来的。"——又拒绝我？我也只能哭笑不得地默许了。

琳琅满目的义卖会现场，我却瞬间被一株白瓷盆中晶莹灵动的多肉植物抓住了眼球。盆中标签上稚嫩而工整地写着植物的名字和特点，没错，正是她的笔迹！

“你喜欢养植物吗？”我问她。

“妈妈很喜欢，家里到处都是花，所以我也懂一点。”她冷漠的眼神中突然闪起一道光芒。

可惜，在这样一个义卖会上，一个盆栽注定难以成为焦点。结束时，学生们兴奋地谈论着各自的收获，唯独她形单影只地捧着那个盆栽朝教室走去。

“把这盆花放到教室里养好吗？”我追上去问她，“你来照顾它们，做个植物管理员如何？”她点了点头，笑靥如花。

其实之前，班级专门设置过植物角。可惜孩子们和我一样不谙养花之道，植物角的花新鲜几天后都会变成一堆残花败叶。但就在她成为植物管理员的第二天，班级的植物角上就多了一个小喷壶，第三天，多了一瓶淡蓝色的营养液，一周后全班同学都被那个角落的娇艳色彩和沁人芬芳所震撼。

在感叹她的育花事业做得如火如荼同时，我也从这样一个粗枝大叶的女孩身上看到了细腻柔美的一面。此后，植物仿佛成了她的新伙伴。每天上午九点以后，她会把每盆花抱出去追逐太阳的脚步。每次课间再为植物们随着光线变化调整角度，有时你会哭笑不得地发现，一盆盆植物就放在走廊正中间横行霸道，谁过去都得小心翼翼。

为了让她从寄情花卉开始融入集体，我也耐着性子与她一起养花。在她的指导下我们购置了花苗和器皿，一起换盆施肥，我也时常向她请教养花方法，当她解答不上来的时候则会回家询问，而她妈妈则反映说孩子最近在家里话多了，母女间的交流也频繁起来。

渐渐地，培植花卉在班级中蔚然成风：娇艳的海棠、圣洁的天竺葵、清爽的郁金香……优美的学习环境让孩子们的精神状态都为之振奋，课下不少学生跟着那个女孩一起搬花浇水倒成了校园中一道独特的风景。

这个“异类女孩”因花而开朗，也因花而交到了朋友，在辰山植物园的春游活动中，丰富的植物养殖知识更使她成为话题的引领者。而在后来的英语歌曲比赛中，她自奏独唱的一曲 *you raise me up* 更是博得了全场好评。在校长为她颁奖时，我第一次从她的笑容中看到了坦然与自信。

暑假来临前，送走了同学们，往日喧嚣的教室里突然静得让我有些空落落的。一阵轻柔的敲门声响起，那个女孩满脸娇羞地走进来，将一盆盛放着紫色小花的酢浆草放在我面前，随即转身就跑。原来她见我下课总会留意班里那盆酢浆草，便自己用了两个星期的时间为我培育了一盆当作礼物。

这种酢浆草其实随处可见且极为易成活，它在天色晦暗时会收拢花和叶子垂头静默，遇见艳阳高照又会开花盛放。就恰如我的这位女学生，只要耐心地给予温暖和关怀，便能在平凡的花蕾中绽放不平凡的芳香。

夏丏尊先生说：教育之没有爱犹如池塘之没有水，没有爱就没有教育。在我们身边有许多等待绽放的酢浆草，需要我们用阳光雨露去耐心滋润。倘若用爱诠释尊重，则得到敬仰；用爱绽放微笑，则得到信赖；用爱倾洒关怀，则收获感恩。

教育是一种寄情体验，需要教师入心、动情，需要讲求时机，更需要静待花开。每一个失落的眼神背后，是一个渴望鼓励的内心，每一个沉默的背影背后，是一双渴望被牵起的双手。班主任在教育的主战场中，起到重要的纽带作用。我们的教育需要心灵的沟通，需要情感的交流，需要智慧的火花。我们需用智慧让学生徜徉在文字的烟雨楼台，世界的风云变幻间，更需要用高山仰止、景行行止剪出孩子心中的浓墨重彩。教育就是在潜移默化中的知识素养、为人处世的融会贯通。教育的终极诉求是成人，而我们作为重要的载体，就是以自己独特的魅力支撑起教育这座千秋大厦。心中有爱，则会春暖花开。（王欣玉）

做情绪的主人，做自己的朋友

——交华中学情绪自主管理实践探究

情绪管理是在了解自己情绪特征的基础上，有意识地培养健康、积极的情绪体验，建立科学的情绪宣泄和控制机制，自觉克服和消除负面情绪的影响，从而保持积极的人生态度。但是，在如今的中学教育现实中，一方面学生身处文化和价值多元、知识和信息开放、自由和个性张扬的时代；另一方面，相比于教学，情绪管理教育却普遍缺乏。尤其是正处在第一个心理重塑期和心理问题多发期的初中生，这个阶段的孩子面对着生理剧变、心理的变化、学业的压力、交友的困惑、叛逆期与家长沟通的不畅、攀比心理、自卑与自负的交替、自尊心的脆弱、自我认识的迷雾等一系列问题，但却很少接受到关于如何管理自己情绪的教育，缺乏妥善管理情绪的意识和能力。

交华中学在多年办学实践、相关课题研究以及学生自主管理机制建设的基础上，又提出了发展学生自我情绪管理能力的教育思路，把培养学生情绪管理能力摆在了学校教育工作的重要位置。

交华中学心理辅导室在长期实践探索中，通过对各种途径搜集来的学生心理反馈情况的档案记录、分类统计及个案分析，将常见的学生不良情绪的成因归为以下几类：

1. 学业上产生的不良情绪

这类学生多半因学业压力或者面临考试压力，处于压抑、紧张的心理状态，在心理与思维方面都显得十分消极，部分学生可能还存在性格急躁而加深在学习与生活方面产生“焦虑”的不良情绪，长期处于没来由的恐惧与不安中，从而影响学习成绩。在学习上的不良情绪主要表现为“厌学”，一方面是由于主观觉得学习枯燥无聊，缺乏对学习的兴趣而产生的厌学情绪；另一方面则是个人能力有限，很难理解教师所讲解的知识，学习成绩始终难以提高，久而久之的挫败感，就不愿再花费时间在学习上，进而“厌学”。

2. 家庭因素方面不良情绪

家庭因素也是造成初中生不良情绪的重要来源之一。有的学生家庭环境不好，可能会使学生染上不良的习惯。现在许多父母因为忙于工作，常出现对于孩子家庭教育的缺位。由于缺乏父母的陪伴与关爱，以及在遇到困难时父母给予的有效引导，导致一些学生产生不良的个人情绪。

3. 人际交往方面的不良情绪

在面对小学到中学成长中逐渐复杂的人际交往中，有的学生还不能适应，始终放不开，常出现“敌对”“自卑”“孤独”等负面情绪，其中敌对是因为与他人存在着利益冲突而难以相融，并很容易因为他人一些简单的行为就产生厌恶情绪，而不愿再与这部分人交往。自卑情绪则是过分地低估了自身的能力，并进一步产生害羞、失望、不安等负面情绪，在人际交往中始终放不开。有的学生即便处于热闹的环境中，也依然会觉得孤独寂寞，找不到可以说话的人，长久下去就不愿再与他人交流。

以上三种不良情绪来源并非一成不变，或者完全隔离，而且通常情况下，一个学生的不良情绪往往成因并不单一，尤其值得注意的是，由于学业原因造成的不良情绪是最为普遍的现象，同时，它又有转化或滋生其他情绪的趋势。

我校在推动学生情绪管理方面的一些做法：

1. 鼓励学生对情绪问题进行自我探索

首先，交华中学鼓励学生开展与心理研究、情绪管理有关的自主课题研究，并将社团建设与学生课题研究相结合，以社团活动带动学生课题研究，以学生自主课题实践促进社团品格提升，其中心理社主导的“青春期之我见”“我的情绪我管理”“如何面对他人的批评”“青春期撞上更年期”“共情训练改善人际关系”等课题以及“交华中学学生抗压受挫能力问卷调查”等调研，将研究目标聚焦自尊心、执行力、自制力等跟初中生情绪密切相关的领域，采用校内外问卷法、比对分析法、周边领域调研等方法，通过对青春期焦点问题的研究以及研究结果的公示、研究案例的积累，给老师和同学们以极大的启发。此类学生课题的自主研究实践抛弃了以往以教师为主导的青春期心理知识满堂灌的方式，更容易被学生接受，而学生在进行课题研究的同时，通过自己的亲身实践，对自身心理问题的认识也更加宏观更加深刻，增加了说服力。

2. 鼓励学生对本年龄段普遍情绪问题进行释放或反馈

交华中学对情绪问题的征集分为几种方式。第一种是阳光聊天室信箱采集，此种方式多为实名制，且大多有要求具体的心理团队老师予以疏导，有时也会注明“求助”于心理社社员。第二种是情绪问题问卷，说是问卷，其实就是一张匿名表单，如“我的烦恼”问卷等，由心理社不定期下发到各个班级，学生填写后交还给心理老师或各班级的“阳光小天使”，此种方式可署名也可匿名，主要用于大规模心理调研。根据经验，在不同的时期，如大考前、放假前等时候，心理问题的变化和波动也很不一样，此方式主要用于心理老师、心理社和各班级阳光小天使进行集中性的心理问题解答和预防工作，也会被心理社课题组学生用于一些课题研究的依据，如前文提到的学生课题“我的情绪我管理”就是以这些素材为基础进行的。第三种是学校广播站的“心灵驿站”栏目的来稿，这种方式以“短平快”和“匿名”来稿为主，心理老师和心理社成员会一起分析来稿中的问题，并利用广播站进行及时反馈，当然反馈内容具有大范围公开的特点，因此，这种方式也具有普及心理知识和情绪管理技巧的优点。

3. 通过社团、个别辅导及团体辅导等形式提高学生的情绪管理能力

有了问题就要有解决问题的过程，有了解决问题的过程就会形成案例和经验参考，交华中学自下而上的情绪自主管理探索也形成了很多典型案例。

（1）专职心理老师辅导

案例一：

预备年级小帅同学平时能按时到校上课，有时能按时完成作业，有时也能积极发言，但对很多问题一知半解，学习成绩不稳定，上课爱搞小动作，特别是每到下课时，他常常管不住自己的手脚，常常和同学发生摩擦，常遭到同学们的反感投诉，老师经常进行说服教育，但效果不大。

根据以上情况，对其进行分阶段、有步骤的心理干预。

① 根据其动机外化强烈的状态，只要一有机会就安排适当的工作给他，特别是体育、文艺方面的工作，使他发挥自己的能力，对内在强烈外化的动机加以自身技巧性的调整。

② 对他讲述中外名人故事的奋斗史，以此激励他强烈的学习兴趣，并请他回答一些适当的问题，以利让他自悟。

③ 与其家庭密切配合，采用互相签字法，督促完成家庭作业，并使其家中对他的娱乐有所节制监管。

④ 通过班队会活动教给同学们一些正确的交往方法，让大家谈谈不正当交往的感受和危害，生动的事例给他启发和感受。

⑤ 有意识地让他做一些擅长学科稍难的题，建立自身正能量的自信，以此来更进一步地激发其学习的内在欲望，并发挥其较好的天赋特长。

⑥ 善于发现，对优点给予及时表扬；对缺点，在课堂上的尽量以体态语言暗示其改之，课外则多引导他提高认识，培养其自我教育的意识和能力。

⑦ 开展丰富多彩的班队活动，寓教于乐，使其发挥表演才能，也引导其强烈的外化向正确的内化方向发展，从中促进其学习兴趣更为深化。

⑧ 强调启发性，使其动机能量处于与学习对象的强烈结合状态，一方面不压抑其创造性思维，另一方面又使其步入到正规化学习的境地中来，充分调动起他学习的主动性。

通过心理干预，小帅的学习态度有了明确的转变，学习意志初步培养起来了。面对目前学生中普遍存在的不同程度的心理状况，交华中学一直倡导教育工作者，特别是班主任处处做有心人，善于从学生的眼神、表情、姿态、行为、兴趣、爱好甚至衣着等外部表现中，去透视其内心秘密和个性特点，做好教师的本职工作。

案例二：

初二的小张同学，每次临近重大考试，都表现出焦虑、紧张、心烦意乱，无法集中精神，不能正常入睡，在考场常出现发挥失常等问题。

根据该生的情况，运用以下的心理干预方法：

① 认知领悟疗法。在建立良好咨询关系，取得学生信任的基础上，让该生正确认识考试的意义。

② 放松干预。它有意识、有系统地训练肌肉动作逐步达到松弛，并使呼吸减缓。放松技术可以帮助人们振作精神、稳定情绪、增强记忆、提高学习效率等。肌肉放松、想象放松和深呼吸放松都是常用的技术。

③ 家庭治疗。由于父母对该生的期望很大，父母言行间透露出的焦虑，无形加重了她的心理负担，让其父母降低对她的要求起点，赞扬她的点滴进步，鼓励她前进。

(2) 同伴互助力量

案例三：

初一年级的小 A 同学在写给阳光聊天室的署名求助信中说："爸爸妈妈在闹离婚，每一天都像战争一样，已经持续了大半年，他们不管我了，这个世界不需要我了，我也已经无法把注意力放在学习上了，昨天不小心用碎玻璃割破了手，我却觉得很开心，又再割了一下，我是不是心理不正常了？”

聊天室的值班老师看完小A同学的来信，征得她的同意之后，将此事移交给心理社的指导老师、社员和小A班级的阳光小天使联合处理。社团学生仔细听取了阳光小天使对小A同学的情况介绍，了解到她是住宿生，学习上数学并不是很理想，作文水平很高，参加了文学社，但最近一段时间出席率不高，社团活动时间总是一个人坐在教室里发呆……

心理社社长殷祯捷同学根据之前社团课题研究和实践经验，组织社员们在很短的时间内完成了“小A同学友情关怀计划”：1.阳光小天使负责为小A同学寻找一位“数学达人”作为“一对一帮扶小老师”；2.社长出面邀请小A同学客串参加心理社活动，请她作为心理社的专题广播编辑撰写稿件；3.社团指导老师与小A的班主任老师合作与家长联系，将其在校情况做一个通告，并劝说其父母当着孩子的面不要激化矛盾，以照顾小A的感受。

三管齐下，小A同学感受到了来自学校、老师和同学给予的温暖，数学成绩有了一定了提高，同时，她不仅在心理社的工作以及与社员的互动中获得了认同感，更学会了很多自我心理调节和心理暗示的技巧，现在的小A已经是一名心理社的活跃社员，久违的笑容又渐渐回到了脸上。

案例四：

预备年级的小B同学也在求助信中署了名，他的烦恼是：“人缘不好，进了初中交了几个‘朋友’，但总感觉是泛泛之交，他们有时候对我不错，有时候又会一起‘攻击’我，给我起一些我不喜欢的外号，我又不好意思拒绝，怕他们不再和我做朋友，有时候他们还会孤立我，跟别人热火朝天，我看得很不舒服，真不知道该怎么办。”

小B的求助信引起了心理社成员的注意，而他在信中所提到的问题也很具有代表性，心理社社长徐悦同学召集社员们在社团活动时专门分析了小B同学的状况，认为这位同学心思细腻、腼腆内向、有些不自信，但从求助信的内容来看，表达表述能力还不错，分析结果得到了心理社指导老师的认同，最后决定由社长出面邀请小B午自修时到心理社来做客，由选定的另外两位社员以及该生班级的阳光小天使作陪一起探讨交友中难题，而心理社的指导老师决定不出席这一次的情绪管理，由社长全权负责。

小B同学这次做客心理社是很成功的，社员们首先邀请他参加了两个心理小游戏——“接力画”和“盲行”，游戏玩得很开心，结束后大家探讨时，有人说“接力画”游戏体现了沟通的重要性，而“盲行”游戏则展现了朋友间信任的重要性，小B同学听得很入神。接着社长话锋一转，发动大家说说交朋友的心得，参与活动的孩子马上开始分享自己的体会——有的同学说如果别人起的外号自己不喜欢，就要如实相告，这既是对朋友的真诚，也是对朋友的信任，要相信既然是朋友，就不会介意你的坦白；有的同学说五指伸出来还不一样长，更何况有血有肉的人，只要交友不抱有目的性，单纯真诚的交往，就一定能交到知心好友，不必患得患失。小B同学听到这里，心中已然有了答案。

两周之后，阳光聊天室接到了小B同学的反馈信，很短：“已和朋友谈过，说了自己的想法，一个大包袱终于放下了，谢谢各位亲，我相信只要自己足够优秀，是不愁交不到朋友的。”

4. 情绪管理和心理健康教育的普及

其实上述这样的情绪自主管理案例还有很多，有些只是很细小的心理波动，也有个别是需要专业心理辅导老师直接介入的，而除了由阳光聊天室师生团队领衔的案例实践和课题研究以外，学校还会在各年级乃至全校开展普及型的情绪管理知识讲座、活动和微型课程，如针对初三年级的“塑阳光心态，助梦想启航”讲座；针对预备年级新生的“新环境、新朋友”主题年级沙龙；针对学生心理生理急剧变化的“生理知识讲座”；针对男生的“我们是他”青春期情绪管理讲座和针对女生的“我们是她”青春期情绪管理讲座；还有心理社与播音社联手开展的“心理知识联播”“情绪管理我能行”系列栏目；心理社与美工社联手开展的“心理知识橱窗专栏”；以及与摄影社联手开展的“阳光你我，微笑瞬间”摄影展……这些活动都大大推动了学校情绪管理和心理健康教育工作的发展，成效颇丰。我们注意到，同伴心理互助在促进校园和谐、提高学生心理健康方面具有非常大的优势。做好同伴心理互助，要充分发挥心理社团的作用，同时完善学校心理辅导工作体系，并且对同伴互助者做好培训和指导。同伴心理互助将成为提高学校和谐的有效助力。

“做情绪的主人，做自己的朋友”是交华中学阳光聊天室情绪管理团队的座右铭，也是交华中学培养学生情绪自主管理能力的理念和最终目标。我们坚信，每一个学生都可以成为自己情绪的掌控者，成为自己命运的把握者，更可以成为自己最好的朋友。（钱雯睿）

战狼精神锻造新集体文化

“蓬生麻中，不扶而直；白沙在涅，与之俱黑。”作为班主任，我深知班级环境在育人工作中的重要影响力，而班级文化的打造也是交华中学高品质育人的重要组成部分，对于刚接手新组建班级的班主任而言，具有更高的迫切性，既是机遇，也是挑战。我认为，班级文化的打造不应只浮于所谓“教室环境”的布置上，而应该从以下几个方面着手进行：

一、提前思考，化虚为实

凡事预则立，不预则废。在带完一届学生之后，总结这几年的班主任工作得失发现，班主任有能力引导塑造形成一种带着个人风格的独特的班级文化。我便一直思考，在接手一个新集体之前，我要做好班级规划，把班级培养成一个班级品牌文化鲜明、凝聚力竞争力强的班集体，形成独具一格的班风、学风。所以，在开学前的暑假期间，我对全班进行了逐一家访，对每一位同学的个性特征、学业能力、家庭状况等方面有了初步的了解，做好详细记录。在整理家访记录的过程中，把学生的情况进行比对，找出并预测那些将会是在一些在行为、学习习惯上的领头羊的同学，以及一些需要不同程度予以关注的同学。与此同时，我也有了班级文化建设的基础规划：班级班风正气纯良，学风积极踏实，班干部建设卓有成效，班级凝聚力、竞争力强的班集体，并以此为基础，将班级的核心文化定位于科学、协作、团结、拼搏。

与此同时，为了能够让学生快速理解和认识班级文化的核心内涵，我还需要一个具有高度凝练的班级名称，于是便借用了电影《战狼》的主题，在开学第一天的班会课上，鼓励每一位同学大胆地走上讲台做自我介绍，说出他们对初中生活的期待，并和他们一起探讨狼的特质，梳理出一些可供大家在学习生活上能够借鉴的品质，提炼出班训——科学、协作、团结、拼搏。就这样，通过初步树立班级品牌的具象，以期快速形成班级归属感。

二、贯彻共识，形成氛围

在带班管理中，我采用了“头狼策略”，始终坚持“表扬个人，批评现象，各个击破”的大方针。这一原则也非常符合我把“战狼二班”打造成有竞争力的集体的要求。譬如通过登记发言次数，颁发战狼二班“发言能手”称号的方式，表扬课堂专注度高、踊跃发言的“头狼”，以期初步塑造与形成积极向好、扬长避短、互相学习的主流班风。

另外，为了让每个同学都能够获得“存在感”，并有机会发展自己的特长和能力，我还在班级中着力推行专人专职。通过设置一些特殊的职位，给那些“精力异常充沛”的学生布置一些任务，让他们通过自己的实际行动在狼群中获得一定的成就感。譬如，专人检查后柜叫作后柜检查员，专门查备忘录的叫作备忘录小助手，日常卫生管理叫作卫生督察员，嗓门大精力又充沛的让他做早读领读员，等等。实践证明，专人专职不仅能充分发掘这些“小头狼”们的潜力，还有利于班级的团结稳定。

三、特色活动，打造名片

除了培育和引导班风、学风建设外，在班级文化品牌打造上，必须要有自己的特色活动，以在同学中形成独特的集体认同感。我根据自己的班情，推动开展了一些班级活动，希望能够通过长期坚持，不断团结和发掘学生的才能，提高班级认同感，增强班级凝聚力，最终变成班级特色、班级名片。

比如，刚开学时，我发现同学们精力充沛，喜欢表现，好奇心重，模仿能力强，好胜心强。作为英语老师的我，便开始设计每周一下午五点到五点半的班级英语角活动。首先，我会给他们做一个示范，带着他们熟悉流程。然后通过培训组织人员和主持人，提高他们独立解决问题的能力。几次操作下来，效果还不错。有一次，我真是意外，孩子们事先居然连主题和 PPT 都“私下”定好和做好了，又或者还没等到我通知，他们已经选好了主持人，并且连台词都完成了。你看，给孩子们一个舞台，他们真的会还你一片精彩！

于是，我趁热打铁，推出了课前三分钟英语 free talk，内容不设限，既可做主题演讲，也可以做诗歌朗诵、演唱英文歌曲、讲英语笑话等。通过这一活动，锻炼学生的上台发言能力，培养了“小狼”们的自信。通过这些活动，不仅活跃了班级气氛，加强了班级活力，同时，学生之间快速熟悉和了解，班级认同感初步形成。在后续的学习生活中，我抓住教育契机，设计班级活动，组织班歌评选活动，最后同学们根据班级文化，票选出 *Dream it possible* 这首旋律简单、充满正能量的英文歌曲作为班歌，他们参与班级事务的热情和积极性进一步得到提高。

总之，班级文化品牌的树立非一日之功。随着学生的生理、心理变化，应不断调整班级管理方法，不断探索最适合本班发展的特色活动，寻找最适合本班班情的管理方法，让学生得到身心锻炼，健康成长，这样班级才能越走越远，优质的环境育人才能得以实现。（袁　凤）

论班干部培养中的五要素

在班级管理工作中，班主任不但要耐心细致地做好学生工作，还要善于培养一支强有力的班干部队伍，既能够发挥学生的主体作用，又培养学生的自我管理能力。然而班干部的培养是一门学问，也是我们不断学习探讨的话题，我也在不断地探索中。下面谈一些自己的心得与体会，供大家参考。

1. 身先士卒，做好表率

班干部在全班学生中应该像“火车头”，这个“头”带得好不好，直接影响到整个班级的活动和学习，那么这就要求班干部能够严格要求自己，处处起模范带头作用，以自己的行动为同学们做出榜样。而预备开学时班干部都是指定或者自荐，同学们不一定信服，那么帮助班干部树立威信很重要。想让班干部以身作则，有奉献精神，热心为同学服务，就需要班主任做好同学的表率，先从自身做起，凡事先带领班委做起来。比如搬书发书、打扫等，时时处处成为学生的表率，所有要求学生做到的，班主任和班委首先要做到。比如预备时要求同学保持地面干净，我只要进班，先在班级里转一圈，即使有纸屑，我也不轻易发脾气，自己主动捡起来，没多长时间，同学们就不好意思乱丢了。紧接着班长和劳动委员也会主动为维护环境整洁的教室环境尽一份力。比如我们的劳动委员永远是打扫卫生的最后一棒，负责收尾，并且还是消防队员，谁有事情他就替补上去。

长此以往，在各方面榜样作用的带动下，他们自然也就信服班委，听从班委的指令，每次大扫除打扫卫生的同学都是经卫生委员审查以后才会离开。经常是班长一声令下，同学们就会行动，有时候比老师的话还管用。另外，树威信还要注意尽量保证班委办事的公平公正公开。班主任做好示范，无论评优评先，尽可能地公平公正，提高班的孩子聪明，想法相对多一些，尤其要注意这一点。班干部办事公平会为自己赢得公信力。

2. 开阔眼界，鼓励启发

班主任不能完全包办，要想让班委更积极主动地工作，还要注意不失时机地加以引导。在预备年级时，我们曾经因为水痘被隔离了一个多月，待在五楼不能乱跑，吃饭都是食堂阿姨端上去。年级主任曹老师、语文杨老师及其他老师和我带动班长、体育委员、纪律委员等每天为同学们打饭，擦桌子消毒，打扫。我们的付出，学生们看在眼里，自然会有感激在心里。我趁机引导他们不自怨自艾，感恩学校上下的关心，感恩食堂师傅和老师们、班委们的付出。他们不仅没有负面情绪，反而增强了凝聚力，懂得了感恩与回报。

同时，班干部们做了事情，班主任的表扬、激励和肯定也要及时跟上，随时发现班干部的闪光点，及时表扬，让同学们看到他们的付出。我会见缝插针地表扬班委们的无私付出，比如没有老师在的自习课上，纪律委员会随时承担起班级管理工作。有同学不便下楼吃饭，学习委员自愿帮助打饭等。我还时不时开展“发现身边的美”活动，让大家把看到的无私奉献的事情大声说出来。还利用周记的平台进行互夸和自夸，也让我更多地了解他们，用我的嘴巴说出来。班委们得到大家的认可，会越来越有干劲儿，这样就会形成良性循环。

3. 因材施教，做好指导

初中生毕竟还处于在摸索中成长的阶段，不可能很快就具备较强的能力，但是他们有自己的兴趣、爱好、特长以及鲜明的性格特点，作为班主任，要学会观察和掌握学生特征，把他们放到合适的岗位上去锻炼。

比如有些女同学性格大方，又具备一定的音乐或美术特长，我就会安排她们做一些宣传组织方面的工作，并进行一定的跟踪指导，如板报设计或者开幕式表演等。这个时候尤其要注意的是，不能伤害她们工作的积极性和主动性。有些学生在工作上会有自己独特的想法或做法，班主任也许不认可，但要及时肯定他们的思考过程，如果他们的想法还不成熟，或者欠周到，作为班主任要及时跟他们沟通，摆事实讲道理，切不可武断拒绝甚至责难他们，以免让班干部在今后的工作中陷入畏首畏尾的地步，到头来吃苦头的还是班主任。

当然，班干部工作或多或少会出一些纰漏，如果有同学反映班委做得不好的地方，作为班主任切不可莽撞行事，要认真做好调查工作，找出问题根源，再私下跟班委沟通，帮助其改进工作。

4. 协同合作，凝心聚力

班级的每一项工作都不可能仅仅靠某一个人去做好，必须依靠班委们的团结协作和共同努力，因此合作是必不可少的。班主任要引导班干部正确处理合作关系，有意识地增强他们的合作意识和合作能力。班级要想有较强的凝聚力，首先班干部要有担当，有责任感。所以一定要注重培养班干部的团结协作精神。班干部在工作中有时会发生分歧，很多时候并不是出于恶意或者私心，但任由其发展下去，对于班委集体的权威和工作效率都会有非常负面的影响。我们应该采取疏导的办法，定时定点给他们一个公开机会，把话敞开来说，消除误解和隔阂。我们常在晚自修前召开班干部会议，大家畅所欲言，发现班级问题，互相提醒，共同寻找解决办法。比如学习委员会指出班长偶尔不理智对待男同学的做法，组织委员会觉得纪律委员管纪律有些放纵女同学等，大家畅所欲言，互相帮助，共同把工作做好，形成团结且步调一致的班干部群体。

总而言之，班干部队伍建设是班级工作的基础，班主任下的功夫越多，得到的回报也会越丰厚。在一个集体刚组建的时候，要先下手为强，这时最容易达成你设想中的目的，同时也要不断观察维护，为以后的班级工作打下良好的基础。（刘利蓉）

【心香一瓣】

忆交华之“气”

一晃，竟已过去了三年。

提笔，无数的记忆碎片不断重现。若有个旁观者在场，他会看到一个成年的大女生或皱眉或舒颜，一副傻兮兮的样子，竟是初中生的情态。细细想来，或许是交华的那段快乐时光留在脑海中的印记。交华的人啊，我想你们啦！

不得不提的是交华丰富的各类活动，具体的名称场合都不太清晰了，只记得抑扬顿挫、声情并茂的朗诵声，声声入耳；只记得古筝钢琴合奏，琴音流转；只记得运动场上奋力前奔、勇夺桂冠的矫健身影……我记得这些，是因为那是肆意飞扬的青春，是我们在交华留下的痕迹。

交华留给我的，是一股“气”。

它包含“孩子气”。初三与水痘结缘，受困于教室。一开始兵荒马乱，后来苦中作乐，“真的不容易”。独占顶层露台，迎接毫无阻挡的阳光，奋战题海。不少老师评价我们是个充满“孩子气”的集体。一群爱玩的孩子，策划惊喜的恶作剧，老师却也不恼，笑骂道：“真是群孩子！”是的，这就是我们应有的样子。

它包含“不服之气”。约是某次大考不在状态，整个班级气压低沉。不想赘述如何努力，只记得课上的专注模样，课间的论辩瞬间，“就这样埋下一颗种子”，打个漂亮的翻身仗。不服的，实质是自己。不服之气是对自我价值的渴求，是促进人前进的原动力。

它包含“大气”。这该说是一种态度吧。谁都曾一门心思地相信自己终将成为顶天立地的盖世英雄，脚踏七彩祥云，遗世而独立。可“大气”告诉我，哪怕不慎从云端跌落，哪怕超凡脱俗的梦想被现实击碎，老师一句“没关系，下次努力”，同学一句“我的笔记借你”，都给了我继续下去的勇气。

这一股“气”支撑我们走过初三既艰难又充实的时刻，也在之后的日子里指引我方向。当然这一股气并非空穴而来。例如每课的“三分钟演讲”，每周的“书香小报”，每月的读书积累，都带着我们在不知不觉中追寻文化的积淀。给李白杜甫更大的空间，有充分的机缘被中华文明的薪火淬过，让那一片源于屈陶李杜、飘自王杨卢骆的清风朗月，在新的时代，继续吹拂照耀着我们。心灵满溢充实，自成“一气”。

我记得生日蛋糕的烛光，记得角落的哭泣，记得分别的拥抱。我们相聚在这里，在电影之外的生活里一起玩闹取暖，“没想到，真没想到”，平淡的日子竟也如电影般精彩。在交华我们率性而为，以最真切之心观照世界，看万物万象交替流转，度过了最美好的青春年华。

与交华相遇，与你们相遇，着实幸运。交华也真是继承了“一毕业就装修”的传统，因而希望学弟学妹们能在交华不断创设的优质环境中，不断充实自我。三年时光匆匆而过，愿一年、两年、多年后的你回想时，也能在交华的记忆里找到一片栖息之地。（洪晶晶，2016 届毕业生，现就读于交通大学）

在交华，挽羽，飞翔

初秋的阳光伴随着和煦的微风，洒在身上暖暖的。学生自主管理例会结束后，校园格外宁静，沿着学校的林荫路漫步，也算是别有一番意境。

缕缕阳光化作片片羽毛洒下来，忽然间似乎有些恍惚，透过那缕缕阳光我好像看到了一个熟悉的身影……

一个扎着马尾辫的小姑娘，站在心仪的初中学校门口，举着剪刀手，母亲给她拍摄了一张照片作入学第一天的纪念。那天的阳光也是这样从林间洒下，和煦如春，也正是从那一刻起，女孩隐形的翅膀上，有了一些小小的羽毛，只是不够她飞翔罢了。

开学后，她成为了班长。刚走马上任时，多少有些手足无措，笨拙却又无比认真地完成老师布置的任务。就像当初第一次接下组织班会课的“重任”，安排节目、组织同学，一切都是那么陌生，心中更是慌张：我会组织不好吗？我会办砸吗？可是身边有友爱的同学和和蔼的老师，正是他们的陪伴、鼓励与指导，她发现：在周围人的温暖之下哪怕是再大的困难也不算什么。她就这样跌跌撞撞地一点点成长，渐渐可以独当一面，亦颇有“初长成”之风采。她稚嫩的翅膀上，轻飘飘的羽毛迎风舒展。

转眼之间，从“小预备”变成了“新初一”，在交华，小女孩收获的不仅是丰富的学科知识，还有各项活动中摘得的累累硕果：在书声朗朗的课堂上，她汲取为人之理、学习之道；在青春洋溢的运动会上，她在翻飞的长绳中穿梭，不仅体会了运动之快乐，还和队员们一起摘取了金牌；在学生课题研究时，担任组长的她，分配任务、制定问卷、分析数据……接触了从未了解过的新领域。那时，这个小女孩在交华校园里感受到了归属感，就好像她天生就该在这里绽放光芒。相比之前对困难时的手足无措，现在则游刃有余，可以在学习和班级工作中平衡。她的翅膀抖动着，在天空中不断飞翔！

带着些许懵懂却又无比的向往，她迈入了初二。她一如既往地前进着：三分钟演讲时的她，视角新颖、逻辑严谨，充满人文关怀；家长会时的她负责引导和主持，得体的微笑、自信的声音，都象征着她在交华所学习到的落落大方；满怀憧憬的她为成为入团积极分子而欣喜……朝着梦想，她迈着坚定的步伐，勇往直前。陪她共同奋进的，还是那些友爱的同学、和蔼的老师。哦，那时的她，羽翼虽未丰却有鸿鹄之志……

阳光有点刺眼，便伸手遮挡，这如电影般放映的画面也随之戛然而止。这才意识到，那个扎着马尾的女孩早已变成了现在短发的我。回想在交华的两年，从初进校的懵懵懂懂到如今的“初长成”，我在交华的成长不言而喻。

在这个绿树环绕、白墙红砖的殿堂里，我体会到了处处流淌的温暖——不用说同学的关心，老师的关爱，单是雨天时保洁叔叔贴心的一句“小心路滑”、中午打饭时阿姨的一个笑容、晚自习结束后食堂阿姨精心烘焙的一份小点心，就足以让我内心暖意浓浓……

对于他们在我成长道路上付出的点点滴滴的照顾，我都不胜感激。学会感恩——这正是我在交华学到的人生至理之一。

太阳的金光遍洒全身，我不由得伸出手，仿佛我已有一双希望的翅膀，带我飞，飞向远方。（郭韵怡，2020 届学生）

第四编　高品质学力培养奠定学生成长根基

【宏观设计】

精准的“教”造就有效的“学”

当学生面临的社会环境正在发生巨变，当知识和信息以我们所无法想象的速度在倍增和更新，当海量的知识需要汲取，当更多元的评价方式和升学途径等待孩子们去挑战时，学校教育必须从以知识为中心、以课堂为中心、以教材为中心向以学生的个性化学习、自主学习为中心转型。“提高自主学习的意识、掌握有效的学习方法、学会合理安排学习时间”，方能拥有终身学习的能力，成为自己的主人。因此，我们认为，学校最需要教给学生的能力是学习和思维的方法，是拥有知识和技能的能力；学校最负责任的教育是促进学生全面、自主的发展。用有效的教学教会学生有效的学习，是提高校园生活品质的重中之重。

传统的课堂教学模式以教师讲授为主，学生的学习行为受限；作业多是书面题与阅读教科书，实践类作业数量偏少，导致学生的创新精神和学习能力的培养受到忽视，这种教与学的模式已经无法满足新的教育需求，更会错过学生自主学习能力培养的机会。

我校数年来在市级课题“提高学生自我管理自主发展能力的实践研究”和“学习诊断对学生自主学习能力影响的实践研究”的指导下，对学生自主学习能力的现状、学生自主学习能力和学业成绩的关系，以及如何借助现代技术测评体系，寻找提高学生自主学习能力的有效途径展开了深入的调查与研究。研究发现，如果想要改变学生多年来养成的无批判思维的完全接受的学习方式，必须从源头着手，同时优化教师的教和学生的学，才能激发学生在学习上的“自我造血机能”，提高学习的自我监控水平，提高学习自主性，掌握正确的学习策略。

集结多年实践经验形成的“教学三举措”和“练习三步法”已经成为本校教师开展有效教学的纲领和指南，更是培养和提升学生学力的有效保障：

一、“教学三举措”

（一）课堂前移，先学后教

美国著名专家西蒙说：“只有当学习者知道学习的结果如何时才能发生学习兴趣。”的确，课堂中教师传授的信息量会大于学生的接受能力，如果学生对知识还没有完全理解时，又有新知识累积，导致学生的思维总是处于滞后状态和被动地位，久而久之，其主动探索意识必然下降，学生就会不愿意学习。所以课前学习是高效自主学习第一关，也是“高效课堂”的重要环节，对提高课堂效率、培养学生的自学能力和学习热情具有极大帮助，必须高度重视。

交华的老师重视在每一天的教学中布置预习的任务，并为学生留有足够的预习时间来完成预习任务，培养学生在预习的过程中思考，在思考的基础上听课的学习习惯。老师们重视预习布置的内容，在预习作业设计与预习作业指导中讲究方法和技巧，明确预习工作的目标，并在课堂教学中得以实现。老师们有些简单又有效的做法，能够把明天的课堂变成今天的作业。

一是“站在书上看书”。学生自主预先落实基础知识，学会对书圈、点、划，标明自己的难点和疑点，等待堂上解决。

二是“学起于思，思起于疑”，把预习内容问题化，由教师预设问题，带着问题预习可以增强学习的目标性。

三是编制导学案，同时解决了“问题化”“具体化”和“练习化”三大任务。

四是根据学生基础学力的不同，布置不同程度的作业：基础型预习作业、加强型预习作业、提高型预习作业。每个学生都能根据自己的能力完成相应的预习。

重视内容的同时，老师们更重视预习结果的反馈。为了避免学生虚化口头作业和预习作业，老师们采取了诸如互相检查、当堂提问或小测试等方法促进预习工作的有效达成。

（二）聚焦问题，高效课堂

当经过了充分自学、质疑后的学习主阵地转移到课堂后，教师需要努力地转变教学观念，努力地探索教学新思路新方法，不做“演员”，做“导演”，帮助学生表演，成为学生学习的设计者、解决困难的帮助者、成长的指导者；推动并引导学生从听众席上走向教学舞台中心，成为表演者，积极投入，汲取知识。这种以学生为中心的学导式教学可以充分发挥学生学习中的主观能动性，在师生互动和生生互动的过程中引导学生学会学习，对培养学生主动学习的意识和习惯有很大的帮助。我们通过以下措施来保障课堂高度的专业性和有效性：

一是以读书交流作为打造魅力课堂的基石。通过阅读，丰富教师的知识，提升教师的素养。学校会定期组织读书交流会和校本教材培训活动，加深对有效教学改革的认识。积极鼓励广大教师写读后感，定期编写校园期刊，为教师搭建交流平台，博采众长。

二是优化各类课型设计，打造魅力课堂。学校将课型分类并对每一课型都进行研讨，鼓励教师不断实践和大胆创新，改进和完善不同课型的教学设计和教学策略，通过丰富的课型有效帮助学生加深对知识的理解、接受和运用，让学生能在学习知识的不同阶段获取不同的学习感受和认知体会。在交华，每一节课都是精心“磨”出来的，每一次备课都经历了“个体研读设计”——“集体研修再设计”——“优秀经验分享”的过程，整个年级的进度、作业、练习、拓展均经过反复推敲，突出重难点和问题的预设，突出班级差异性的教学设计。

三是大量的学科交流活动推动教师思考和学习。学校组织各类回头反思课、课改尝试课、观摩研讨课和创新示范课，辅以教法研讨、教学微技能探索等措施，深化落实“以学生自主学习为核心”的课堂教学理念和做法。

四是精细化的教学常规管理下沉到各教研组和备课组，直接对教师个人的教学工作进行指导、督促、检查、评价和反馈，从小处抓起，从细处着手。促使每位教师在教学中都能做到对学生的“五个关注”：关注学生学习能力的提升，关注以学生的学为中心的教师的教，关注学生高阶能力的培养，关注学生主动学习的态度和自主学习能力的培养，关注倾听学生的诉求。

高度专业的师资和管理造就了现在交华的魅力课堂和高效课堂：

有宽松、舒适、民主的课堂环境，有和谐的课堂师生关系，没有教师过于严肃、凌驾课堂的气氛。

有充满激情与活力的学习氛围，有在教师引导下的学生智力的碰撞，有师生互动、生生互动的氛围，没有教师一言堂。

有充满求知欲、进取心、善于思考、主动反思的学习过程，有学生主动学习、敢于提问和质疑的精神，没有过于沉闷的学习气氛和被动的学习过程。

（三）作业多元，因材施教

要保护和支持学生的自主学习，教师首先要考虑的是学生学力基础各有不同，“承认差异、直面差异、缩小差异”需要智慧和技巧，我们尽可能地满足不同层次学生的学习需求，提供各种自主选择学习方式的可能。老师们在个性化作业内容设计上下功夫、动脑筋，引导学生探究和主动学习的欲望：把作业分成基础型作业、拓展型作业、周期弹性作业、预习作业和微课作业等类型，学生根据学校要求并结合自身能力选择相关作业去完成。

基础型作业是全部学生均需完成的、当日课堂练习的延伸和巩固。

拓展型作业按难度分层，学生根据自身能力选做。

周期弹性作业非当日完成，在规定的时间段里根据当日作业量做合理安排。

微课制作把课堂延展。每个年级每个班都会有学力基础参差不齐的学生，“众口难调”“顾头不顾尾”一直是老师们的课堂难题。学校有一支微课制作团队，利用网络平台上传微课视频，让学生周末在家根据自己的实际需求选择相关授课视频进行延伸学习，并完成相关练习。有些难题学生会反复播放精看，比课堂效果还要好。

作业类型	完成对象	完成日期	完成时间	编印要求
基础型作业	普遍要求完成	当日	三门总量控制	备课组统一编印
拓展型作业	按需按能选择性完成	当日	三门总量控制	备课组统一编印
弹性作业	按需按能选择性完成	每周或双周	学生自定	学生可自选教辅
预习作业	普遍要求完成	当日	教师自定	按照老师要求
网络平台作业	普遍要求完成	每周	教师自定	在网络上实现 英语能力训练
微课作业	按需收看	每周	学生自定	提高类、人文类

多元作业的设计与布置提高了作业的针对性设计与批改效果，控制了作业总量，有效减负。

二、“练习三步法”

数年前，学校引进了网上阅卷和质量评估系统，将端口与教师和家长的微信绑定，将学生练习所有指标得分进入网上平台接受分析和测评，以数据指导诊断和评价，并及时推送数据，保证更精准的指导和教学。无论是期中、期末考试，还是年级组统一练习均要遵循“练习三步法”的流程。多年的实践证明，“练习三步法”的实施极为有效地实现了靶向诊断，有效提质，保证了学习的轻负高能。具体操作如下图所示：

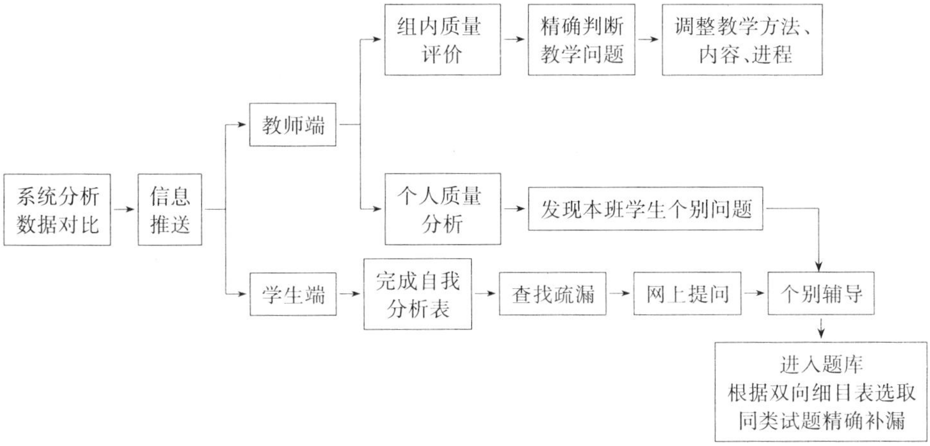

第一步:认识数据,使用数据。

具体的做法是在每次练习前,备课组根据课标设计双向细目表,确定诊断标准;练习后,由系统自动分析出一系列数据,校方教学管理团队进行综合分析;同时在教师端和学生端的平台上推送指定数据,师生各自看到本班或本人在本次练习中知识点的掌握情况及能力水平。通过数据的采集,可形成对学生知识、能力、素养的可视化诊断。

学校每学期都会安排教师接受培训指导,熟练掌握获取、分析和使用数据的方法,支持教与学,提高教师的数据素养。

第二步:自我诊断,明确目标。

数据提供给教师和学生的是诊断和评价的抓手,可以让教师清晰地认识到自身教学问题所在,把握每个学生在学习过程中遇到的困难,并精准地找到这个困难是什么以及产生困难的原因。正如鲁迅先生所说:"不能诊断,如何用药?"通过诊断可以改进教学,诊断为教学指引了方向,扫除了障碍。

与此同时学生也要对自己的学进行诊断。学生通过数据分析了解自己学习状况,反思不足,全面排摸自己的知识储备,起到查漏补缺的目的,并有针对性地改进学习方法,提高解决问题的能力,有利于终身学习意识的形成。

很多家长会单纯地通过分数来判定学生的学习状态。其实分数的高低并不代表知识掌握的多少,学校和家长都不应只以成绩作为终结性评价来衡量学生。质量分析平台方便家长在学校不公布排名的前提下,也清晰地通过得分率、z 分数等数据知道孩子的学习变化、现状和知识点的掌握情况。

每次练习结束,学校都要做好"三方诊断":校方以年级为单位的质量分析、教师个人的质量分析和学生自我分析。

细化到双向细目表的知识点排摸，可以使教师、学生、家长迅速“把准脉搏”“对症下药”，老师后续课堂的容量和教学效率都会有大幅度地提高。

第三步：认识自我，满足需求。

经过了第二步的诊断和评价，师生双方心里都有了底。教师调整教学安排，注重评价得分率较低的题目，教学针对性强，极大地节省了时间，减负增效。同时结合个别学生的学习差异，了解学生需求，关注学生需求。学生要做的事情则更多：

(1) 在教师讲评之前，先对练习或者考卷进行自查，自己去发现出于审题、心理、思维等原因导致的失误。

(2) 教师讲评之后，可在老师或家长的指导下，认真比对网上质量分析，做好自我诊断，发现自身学习中存在的问题，分析出现困难的原因。

(3) 古人云：“学贵有疑，大疑则大进，小疑则小进。”学校开发了网上提问平台，积极鼓励学生就个人仍然无法解决的难题向教师个别提问。

(4) 进到学校网上题库，查找相关题型，举一反三，有针对性地强化练习能有效减轻学生盲目刷题的学业负担。

(5) 建立错题本。

从系统数据分析和推送，到校方组织考试质量评析、教师个人质量分析、发现并解决教学问题；从学生在家长辅导下通过网络平台完成自我诊断，到网上提问、寻求教师个别辅导，最后进入系统题库选择同类试题精确补漏，这是一个考验和培养自主、自律能力的过程。在这个过程中，学生会自主制订学习计划、自主安排学习时间、自主选择学习方法，学力提升效果显著，为其掌握终身学习的能力打下了坚实的基础。

初中阶段的教育是终身教育的一个基本环节，学校要关注学生人格的形成，也要关注学生学力的形成，通过教师的教，激发学生的学习动机，养成良好的学习方法，形成可持续的独立的学习态度，全面提高学生的自我教育力，这是对学生最负责的做法。（詹　晶）

【实践探究】

学会学习，从有效预习开始

从学生学习的整个过程来看，学生的学习由三部分组成：课前准备，课堂学习和课后复习。作为学生学习的三个环节，这三个部分应该得到同等程度的关注。其中，预习是整个学习过程的第一步，在学生的学习中起着重要作用。随着新课程改革的推进，教师要更加注重学生的自学能力和预习能力。

预习，作为学生学习的第一部分，它直接用于学生的课堂学习。从内容来看，预习的内容是课标中要学习的内容；从过程来看，预习是建立新学习内容与已经存在于思想中的学习内容的知识之间的联系的过程；从结果来看，在预习过程中允许学生针对自己的困难发现新的学习内容，并使他们能够有针对性地进行课堂学习。

从已有的预习的概念界定和关于预习概念界定的分析，我认为，预习是学生在课前自主进行的促进其课堂学习的学习活动。学生在初中阶段正处于思维能力由具体向抽象过渡的时期，学习常从兴趣出发，难以恒定持久，需要老师帮助其养成好的学习习惯，因此可以从预习习惯的养成入手，让他们学会自主学习。

一、学生预习的现状分析

学生必须具有预习的主观意图，能够执行自己独特的认知和思考，能够生成自己关于新学习内容的问题。在平时引导学生进行有效预习的过程中，笔者发现学生的预习主要有以下几个问题：

1. 学生预习意识有待提高

预习意识是指对于预习的认识和态度。我曾在自己所教授的班级进行简单的问卷调查，其中有一个问题："如果老师不布置预习这项作业你是否会主动预习？"有接近50%的学生选择"否"。这说明将近一半的同学都只是将预习作为一项作业来完成，而没有形成自主的预习意识。一部分学生也提到过预习中存在困难，不知如何预习，总是读一遍草草了事，感觉也没有多少用处。

2. 预习内容多为教材文本的阅读

我在关于学生预习的问卷调查中提出一个问题："你知道什么预习吗？"他们的答案是"看看课本，找出下一课的主要内容"；"查出新的英文单词的中文意思，查一下这个词的词性"。由此可见，阅读教材是学生准备的主要方式，教材的解释是学生准备的主要内容，学生很少在预览的基础上提出自己的问题。

3. 预习自我检测方式局限

对于具有较强学习能力的学生，大部分可以在预习后找到自己的问题，并通过老师的解释解决问题。而有些学生提前预习了，并认为已知道一切，所以在课堂上时，并没有认真听。上述两类学生，一类学生的预习对其学习起到的是促进作用，另一类学生的预习在很大程度上起到的是阻碍作用。针对上述情况，一方面学生要对自己的预习进行自我检测，以此了解自己在预习中的收获和不足之处，而不能盲目地认为"预习了就代表自己懂了，就可以上课不听讲了"。预习的自我检测要求学生有较高的学习能力，而反过来，预习的自我检测也能促进学生学习能力的提升。另一方面，教师要采用一定的方式对学生的预习结果进行检测，以此补充学生自我检测的不足，并促进教师对学生预习结果的了解。

二、学生有效预习的实施策略

（一）学生预习行为方式的优化

学生是学习的主体，学生预习行为方式的优化是有效预习的前提。承担学习的责任，进行个性化的学习，以及与同伴之间的交流与合作，既是学生预习行为方式优化的前提条件，同时也是学生预习行为方式优化的有效手段。

1. 承担学习的责任

学习是学生的天然责任，但是，在学校或者家庭中，我们经常遇到这样的情况：教师催着学生学习，而家长则利用各种奖励来引诱学生学习，仿佛学习是教师和家长交待给学生的任务。关于学习责任，有过很多的讨论，但是我们往往习惯于将"学习"和"责任"分开，把它们当作两件不同的事情来讨论，认为"学习"是学生应该做的事情，但是"责任"却应该由家长和教师来承担。我们耳熟能详的教育俗语"没有教不好的学生，只有不会教的老师"，表达的就是这样的意思。学生仅仅有"学习"，却没有肩负起"责任"的时候，学习则成为了一种应对检查、考试的手段，也就是说这个时候，学生仅仅是从外在标准来衡量自己的学习，即作业有没有写完、考试有没有及格等。

2. 进行个性化的学习

在基于班级的教学系统中，学生总是以“教学计划”为导向。具体单元有特定时间。一旦时间到了，不管学生的掌握程度如何，而且无论学生之间的掌握程度如何，全班必须一起进入下一个学习单元。“教学计划”是根据学生的整体平均水平确定的，但作为学生个体，总体平均水平上只有少数学生，大多数学生要么是平均水平，要么低于平均水平。因此，对于学生来说，改变“教学计划”是不可能的。唯一可以做的就是进行个性化学习，制订自己的学习计划，并根据自己的理解水平进行课前和课后练习，从而使自己达到一定的熟练程度。

3. 与同伴进行交流和合作

学生成为学习的主体意味着学生应该独立学习，但这并不否认学生之间的合作与交流。相反，与同龄人的交流与合作恰恰是学生成为学习主体的动力。在今天的教育中，学生的相互合作或小组合作往往更多的是个别学生取代另一个学生或一群学生说话和思考，而不是在充分讨论中相互选择。正因为如此，许多教师反对学生与同学之间的交流与合作，因为在他们看来，这会让很多学生不去学习或思考。这实际上是一种避免问题而不是解决问题的方法。

我在2016年七年级教学时开设一节展示课，这堂课是新世纪英语7B的Unit 1 Lesson 3 A Knowledge Quiz中的Tuning In & Text。知识目标是分数的表达法；能力目标是帮助学生能用简单的英语来讨论地球和太空知识；情感目标是激发学生对于地球和宇宙空间的探索兴趣。

这堂课的教学步骤如下：

Step 1　复习上节课的新授单词以及短语

以班级集体朗读的方式来快速地复习之前所教授的单词，在进入新课文之前很有必要。

Step 2　Tuning In 导入以及地理知识的引入

之前已经将这部分的准备任务交给学生，让他们思考这些问题的答案并用英语表达出来，以Pair work的形式来检查学生对于此项预习任务的完成情况。

Step 3　Text 的处理

此步骤分为以下几个环节：

1. Listening comprehension：让学生听录音来完成True/False的理解，这项环节的设置一是为了检查学习对于课文的预习情况；二是此种类型的练习符合平时考试听力部分的题型，是听力训练不可或缺的一部分。

2. Reading the text：之前布置的口头预习作业中有跟磁带朗读，此项环节的设置也是对学生完成口头预习工作的检查，并能帮助学生更好地理解课文。

3. Language points in the text：(1)之前布置学生对于课文的预习要达到画出并理解文中短语句型的程度，预习工作不能只停留于口头单词课文的背诵，应该让学生自主去寻找文中的重点，这样就能提高学生学习的主动性，并且提高课堂的效率，增加课堂的容量。(2)老师对学生所画知识点进行补充，并强调和练习重点难点。

4. Worksheet：在备课中将学生易错点设于练习中，做到当堂讲当堂练，有讲有练有反馈，提高课堂效率。

Step 4　弹性作业的处理

弹性作业的要求是学生进行自批订正，首先让学生以小组讨论的形式来解决题目中比较简单、易于理解的题目，以学生帮学生的形式激发孩子们的求知欲和自信心。学生们不能解决或难以理解的问题以向老师提问、老师来答疑的形式解决。此次联系中涉及被动语态和if引导的条件状语从句，这是学生没有学过的知识点，以此作为课堂拓展的出发点，并设置几道题目来进行练习反馈。

Step 5　作业的设置

从此节课的教学步骤来看，每一步都有预习效果的展示课检测，而此堂课的最终教学目标就是让学生学会预习，养成预习的习惯，形成自主学习的良好学习氛围。其中第四步就是采用小组合作的形式，同组的组员互为“老师”，有问题预先自行解决，而由老师来做“终结问题解决者”，解决同组成员通过讨论还不能解决的问题，这也就是本节课的知识难点。这样一来既增加了预习的趣味性，也提高了课堂的效率。

（二）教师预习指导策略的提升

预习，固然很重要，但是在我们的实际教学过程中，确实存在很多学生根本不想预习、不会预习，其中反映出来的是学生的预习态度和预习能力的问题。面对这样的学生，如果不加指导而让他们自己提前进行预习，结果通常是对学生帮助不大，甚至还会导致学生学习负担的加重。鉴于此，学生的预习除了上述路径的支持之外，还需要教师提供兴趣上的激发、能力上的培养和习惯上的培养。

1. 以兴趣为激发点，让学生进入预习状态

营造氛围，培养学生的学习兴趣。学生对学习的兴趣不是固有的，特别是在现实条件下，学生没有预先学习的概念。如果学生对准备工作感兴趣，就应该营造一种强烈的准备氛围。首先，确保学生有时间准备。没有时间，预习就变成了空谈。第二，提供充足和适当的准备材料。通过为学生提供尽可能多的预读材料，可以创造一个随时随地准备的氛围。当学生对准备工作已经有一定的兴趣时，教师应该从提供现成材料转移到指导学生自己寻找材料。

2. 以正强化为手段，让学生养成预习习惯

时间上的适当性。对学生预习行为的正强化不是越早越好。过去我们总说对学生预习的反馈要及时，其实这种观点是片面的，真正应该做的是在恰当的时间给予学生预习的反馈。有的学生预习了，但是只是理解了教材上的文本内容，当学生通过这样的预习解决了一些很简单的问题时，如果教师立刻给予学生“预习很有效”的反馈，以此肯定学生的预习结果，那么有可能会让学生产生自己通过预习理解了新课内容的错觉，进而在接下来的上课过程中变得不认真听讲。而对于有些学生来说，他虽然认真地进行了预习，但是有可能他的这种预习效果并没有立即显现在课堂学习上，如果这个时候教师立即给了他一个“应该认真预习”的反馈，那么他预习的积极性则有可能会有所下降。

内容上的针对性。正强化还要求教师针对具体的情况对学生的预习行为提出建设性的意见和建议。也就是说要让教师给予学生的正强化变得真实，要使这种强化在学生之间引起共鸣，要让学生能够感受到是针对他们这次的预习结果的。教师给予学生的正强化，不是越多越好，对于学生，尤其是中高年级学生而言，过多的正强化反而会让他们产生抵触情绪，以至于正强化的价值被弱化，而只有在内容上具有针对性的正强化才能被学生真正接受，并进而成为其良好预习习惯形成的催化剂。

学生学会学习是教育追求的理想，而学会有效预习则是实现这一理想极为有力的突破口。对学生有效预习的研究，一方面有利于教师的专业发展，使其能够更好地对学生的预习进行指导；另一方面更加突出了学生在学习中的主体性地位，有利于学生的自主学习能力的提高。（冯　博）

预习是提高课堂效率的途径之一

课前预习对于学生，是一个非常重要的学习环节。学生在学习过程中借助积极充分的课前预习，不仅能够掌握自主学习的方法、培养并提高自身的自学能力，而且能够有效提升学习效率。教师只要对学生预习的方法予以正确引导与监督，让学生找出知识的重点与难点，学生就能够在听课过程中合理分配听课时间，进而最大限度提高听课效率。同时，教师还要对学生预习情况予以检查，进而对自己课堂教学内容予以改进。这样，师生就能够获得共赢。初中学生对于化学充满了好奇，化学教师更应充分借助学生的好奇心，提高学生的预习能力，进而最大限度提高教学效果。

一、预习的内涵

学习能力比较薄弱的学生，不能够主动接受知识，只能被动地接受知识。他们的思考能力与分析能力相对比较薄弱，解决问题的能力也比较差。自主预习不仅能够有效改变学生依赖教师的习惯，而且能够有效培养学生的自主预习能力。学生学习过程一般包括预习、听课、复习、作业以及课后总结等五个环节。其中，预习是不仅是所有环节的基础，而且也是非常重要的环节。

1. 预习方式

预习一般情况包括课前预习、阶段预习以及学期预习等三种方式，侧重点也不一样。首先，课前预习。该类预习主要指教师在讲课前，学生对教师下一节课所要讲解的教学内容予以独立学习。其次，阶段预习。该类预习主要指教师在进行下一章节教学前，学生对下一章或下一单元进行总体预习。第三，学期预习。该类预习指学生在本学期开学前，对本学期新教材内容予以自学。其中，学生在预习过程中多采用课前预习的方式。本文中的预习指课前预习。

2. 预习的方法

首先，通读内容。学生通过对下一节课教师所教内容进行认真阅读，把自己不懂或者有疑问的问题在书上做好标记。在教师上课时，学生有针对性地予以重点听讲。其次，扫清障碍。学生对教师所讲内容在阅读的基础上，与学过的知识进行联系，温故知新。如果对以前的知识有所遗忘，就立即进行复习，从而做好新知识与旧知识之间的衔接。第三，认准重点、难点及疑点。在对下一节内容习题进行思考的基础上，找出本节课的重点、难点及疑点，为教师分析做好准备。

二、教师如何帮助学生做好课前预习

有效的课前预习，不仅是提高学生成绩的重要方式，而且也是提高学生思考能力、分析能力以及解决问题能力的有效途径。学生进入九年级后，随着学科的增多，部分学生养成了依赖教师、不再主动学习的不良习惯。因此，教师只有让学生养成良好的预习习惯，才能够有效提高学生的学习能力。

1. 科学把握预习时间

学生什么时间预习能够获得最佳效果？预习多长时间能够获得最佳预习效果？针对这些问题教师有必要认真思考。首先，假期预习。学生借助假期的时间对下学期教材进行自学，对知识内容及框架进行总体掌握，这样，学生自己就能够对下学期知识有一个整体了解。其次，阶段性预习。学生通过一段相对比较集中的时间，对下一章节予以自学，从而先对知识有一个认识。这两种预习方式，都距教师实施教学有一段时间，学生对知识能够有一个整体认识。然而，我们在这主要分析学生常用的预习方式即课前预习，也就是学生要对教师第二天的教学内容予以自学，就能够在第二天教师教学过程中有重点、有目的地进行听讲，更利于知识的掌握。这种预习只是针对第二天教学的内容进行预习，知识范围及知识量都相对较少，因此预习时间也就相对较少，预习效果也相对比较明显。学生在预习过程中，由于学科较多，如果其中一个学科预习时间过长，就会对其他学科学习造成一定影响。同时，如果学生认为借助预习已经基本掌握了明天教师所教内容，就有可能第二天听课不认真，这种预习反而不能够起到良好的预习作用。所以，教师应让学生合理把握预习时间。

2. 科学编制学案

教师只有针对学生实际情况科学编制学案，才能够有效指导学生预习。完善的学案不仅要针对学生学习的目标、内容、方法、过程以及反思等内容进行指导，而且要通过活动研究与自我检测等方面实施有效指导。教师在实施这些环节的指导时，应该注意下列事项。

首先，学习目标一定要清晰。如果学生对学习目标不清楚，不仅达不到预习效果，而且对今后学习也会产生不利影响。合理的学习目标是教师实施指导的重要基础。其次，学习重难点一定要突出。教师只有让学生充分了解下一节课内容的重难点，学生才能够做到有的放矢。第三，学习方法要科学。教师只有让学生掌握科学的学习方法，学生才能够把知识学会、把知识学活，学生也才能够真正乐学。同时，学生只有掌握了科学的学习方法，学习能力才能够得到有效培养，学习积极性才能够充分调动。这样，才能够达到让学生掌握知识、形成能力以及丰富学生情感的教学目的。第四，学习过程要突出。学习过程不仅是教师编制学案中的主体部分，而且也是学生预习过程中最重要的一个环节。因此，教师在设计学习过程时，应借助探究性活动使学生能够主动参与到学习之中。这样，学生主体地位不仅能够得到有效体现，而且学生解决问题的能力也能够得到提升，也能够获得更多的情感体验。第五，实施适时的自我检测。教师应依据学生预习的内容、不同班级学生的学习水平设计相关试题，让学生对自己的预习效果予以自我检测与评价。第六，认真进行自我反思。这个阶段是教师设计学案的最后一个环节。学生通过自我反思，能够对预习内容的掌握情况进行总体了解，进而为上课听讲及下一步学习做好准备。这样，学习效率才能够得到提高。

有效的预习，不仅能够提高学生学习能力，而且也能够提高学生的学习效率。因此，教师必须做好学生预习的指导工作。

3. 掌握预习的基本程序

教师在指导学生预习过程中，必须让学生了解预习的基本程序，掌握知识的深度与广度，这样学生预习才能够达到预期目的。

首先，浏览教材。对教材进行整体浏览，是学生获取知识的重要基础。学生通过对教材进行浏览，能够对所学新知识进行全面了解，更加清楚需要解决什么问题。然而，学生浏览教材用时不可过多，了解不必过详，避免影响其他学科的学习。其次，复习旧知识。学生在学习新知识的同时，应对旧知识进行复习，这样才能够将新旧知识有机地联系起来，也才能够顺利地学习新知识。第三，思考查找。这个环节是预习的重点环节。学生在预习过程中，通过对新知识的内容及结构进行整理，确定自己不理解的问题，进而能够带着问题听课。在听课过程中，不仅能够判断自己理解的问题是否与教师的讲解一致，而且能够把不理解的问题弄清楚、理解错的懂得什么地方错了。这样就能够对新知识有效掌握。第四，探索答案。学生预习结束后，也可以通过做课后习题，对自己的预习效果进行检测。这不仅是对问题深入思考与查找的过程，而且也能够提高听课的针对性。同时，教师应告知学生，不必在难度大、难理解的问题上浪费时间，这些问题可以在听课过程中得到有效解决。由于学生学习程度及知识水平不同，因此，教师指导学生预习时，应依据自身学习情况或者教师指定出预习内容，让学生对知识的深度与广度予以合理控制，既不能对知识进行过深过细的预习，也不能够在预习过程中马马虎虎、不认真。如果学生在预习时不认真，不仅不能够获得良好的预习效果，而且有可能对知识产生厌倦心理。学生在预习过程中，进行思考并提出相关问题，才是预习的重点所在。同时，学生借助预习也可能将所有问题都学会，因此，学生借助预习，寻找问题，并在课堂上认真听讲才是最为关键的。

三、化学学科的预习分析

化学教师应让学生了解，预习应依据知识的类型进行有效预习。化学知识不仅包括化学的基本概念、原理、元素及化合物等相关知识，而且也包括化学实验及计算等方面的知识。这些化学知识虽然各不相同，却又互相渗透。

1. 预习化学基本概念与原理

学生在预习化学基本概念与原理过程中，应对下列问题予以充分了解：化学基本概念及原理在教材中是怎么进行阐述的？这样阐述的原因是什么？阐述的语句中哪些词是关键词？借助这些基本概念及原理能够解决生活中哪些问题？学生通过不断地寻找问题，才能够真正掌握这些化学概念及原理。

2. 预习化学元素及化合物知识

学生在预习化学元素及化合物知识的过程中，同样可以借助问题的形式对知识进行预习。首先，在自然界中，化学元素的存在形式是单质还是化合物？这种存在形式的原因是什么？其次，物质的物理性质指哪些内容？第三，物质的化学性质是什么？物质化学性质发生变化时，经常伴随什么现象？物质发生化学变化的方程式怎么表述？怎么用化学方程式表述物质的制取方法？

3. 预习化学实验知识

教师借助实验教学，不仅能够提高学生动手操作能力，而且能够增强学生学习兴趣。教师在指导学生预习化学实验知识过程中，应让学生寻找下列问题：首先，为什么要做这节实验课？会用到什么实验仪器及试剂？其次，这节实验课能够解决什么实际问题？实验方案依据哪些原理进行制定？最佳实验方案是什么？第三，实验过程中，基本操作有哪些？应该注意的问题有哪些？

4. 预习化学计算知识

化学学科同样要涉及很多计算方面的知识。首先，解题的原理和依据是什么？已知条件、未知条件以及隐含条件分别是什么？其次，如何在已知条件与未知条件之间构建关系？解题过程中用到方法及最佳解题方法分别是什么？

四、预习的作用分析

学生借助有效的课前预习不仅能够有效掌握新知识，而且能够增强听课的针对性，进而达到事半功倍的效果。学生在预习过程中发现问题，不仅能够提高自己独立解决问题的能力，而且更利于听课学习。反之，学生没有良好的预习习惯，不仅可能影响教学进度，而且也很难有效掌握知识的重点与难点。由此可知，预习对于学生具有很大的作用。

1. 提高听课效率

学生借助课前预习，不仅能够对下一节所教内容进行整体认知，而且能够做到心中有数，进而做到有目的地听讲。这样，学生就能够更容易掌握知识。

2. 课堂笔记更加有条理

教师如果不能够有效指导学生进行课前预习，学生上课做笔记就有可能没有条理，对知识结构不能够有效梳理，也就不利于学生记忆。学生借助有效预习，就能够更加有针对性听课，掌握知识的重点与难点。

3. 自学能力能够得到有效提高

学生借助课前预习，能够通过自己独立的阅读、思考，对发现的问题会记忆更深。学生的自学能力也就会得到显著提高。

4. 知识能够得到有效巩固

学生借助课前有效预习，不仅能够养成独立思考的习惯，而且能够提高听课的注意力，对知识记忆力也就显著提高。学生借助有效预习，自己发现问题，不仅能够有效激发学生学习兴趣，而且能够有效提高学生解决问题的能力，从而提高了自身的学习效果。

教师在指导学生进行课前预习过程中，首先应掌握学生的学习状况，从不同的学生不同层次入手，才能够做好指导工作。同时，化学教师还要根据初中化学的教学特点和学科特点，对学生指导预习应有侧重点，不仅要让学生掌握教材的知识点，而且还应让学生在预习过程中善于寻找问题，并尝试着自己寻找解决问题的办法。学生在这样的不断重复过程中，学习效果不仅能够得到有效提高，而且自身的学习能力同样会得到很大程度的提高。（马淑婕）

问题导学在预习中的运用

问题导学法，是一种教学方法。这种教学方法要求教师在教学过程中利用一系列的问题引导学生思考探究，使他们更好地理解并掌握知识。课堂的学习时间十分有限，不能保证每个学生有充分的思考时间，为了帮助学生思维的发展，在预习时采用问题导学的方法，可以给予学生充分的思考时间和空间。再者，新课程改革的全面推出无疑是对初中语文的教学质量和学生水平提出了更高要求。在此情况下，教师要树立以学生为主体的新教育观念，在语文课堂当中巧妙利用问题导学法的教学方式来全面培养学生的语言素养（包括情感、思维、审美、文化方面的素养）。在语文预习中，采用问题导学符合教育教学改革的宗旨，符合当前的教育理念，是促进学生深度学习、发展学生核心素养的重要途径。它在一定程度上促进了"教中心"向"学中心"的转变，能够保障学生在学习活动中的主体地位，赋予学生更多的自主权和发言权。

但问题导学在语文预习中的运用仍存在一定的问题：教师对预习作业的设计随意，缺乏目的性、实用性、趣味性；缺乏预习习惯的培养，对学生预习方法的明确指导不够，学生难以提出有价值的问题，更难达到深度学习层面；评价检测不到位，缺乏学生预习的跟进评价检测机制。因此，教师必须要结合实际的语文教材科学合理地进行预习作业的问题设计和导入，系统培养学生的预习习惯，对学生进行有效点拨，并设置一套有效的预习评价检测机制。通过趣味性和探究性的问题，来逐渐引导学生进行深入的分析和思考，利用学生能够接受的方式引导学生系统化地进行"问题导学"学习，这样才能达到有效预习的目的，引导学生思维的发展，全面提升学生的语文核心素养。

一、"问题导学"在预习中应用的策略

问题是一切创造的出发点和归宿，也是语文课堂教学过程可以把握、可以控制的对象。教师在课堂教学中通过对一系列问题的思考与解决，能够更好地培养学生创新能力与创新精神，让学生在先学的前提下，触摸到真实的问题,学会发现问题,并能通过有效的引导与思考抓住问题的关键,找到解决问题的途径,提升认识。但目前来看,预习中存在教师对于学生质疑的引导不够具体,因此学生根本不会提问、不敢提问。

为提升学生"问"的能力,教师在进行具体提问方法指导的同时,还要在具体课例中训练学生质疑。具体的提问方法包括:依据文章的题目提问;依据课文的重点、难点处提问;依据文章中作者用笔繁杂指出提问;依据含义深刻的词句提问;依据特殊的标点符号提问;依据文章的矛盾处质疑;依据文章的哲思语处质疑;依据文中称谓转换处质疑等。

可要求他们课前完成独立预习任务——提出问题,可以要求学生把提出的问题写在固定的本子上,教师在从中选取一些有价值的问题,组成教师教学的问题链。明确要求每位学生在独立阅读中提出两至三个问题,一可保证他们所提问题的数量,二可保证他们所提问题的质量。学生能否提出有价值的问题,某种程度上取决于能否抓住文本的关键处。我们在教学时需指导学生如何抓住文本的关键处。

1. 从文章的题目,引导学生质疑

教师可以引导学生针对课题提出问题,引导学生从内容、语言、写法、情感等方面进行提问,这样有利于学生理解文本,而且能培养学生的质疑能力。例如,部编本六年级上的第五单元《盼》,教师可以引导学生质疑:"看到这个课题,你有什么疑问?""谁盼? 盼什么? 为什么盼? 怎么盼? 为什么以盼为题?"这些问题,从是什么、为什么、怎么样入手,直触文章中心、内容、写法,带着这些问题就可以直扑重点。

2. 从重点、难点处,引导学生质疑

学生接触到一篇新课文时,往往有些语句不能一下子读懂,这就是文章的重点、难点。教师要引导学生带着主线问题进行默读课文,找出文中精彩的语句或感受最深的地方,进行理解,引导学生直扑重点,从内容上思考。例如部编本六年级上的第一单元《草原》中文章最后一句"蒙汉情深何忍别,天涯比草话斜阳",学生可就此提问:"这句话的含义是什么? 和文章主旨的关系是?"也可以从写法上考虑:"文章引用诗句有什么作用?"

文章的某些特殊写法一直是学生学习的重点问题,再如部编本六年级上《穷人》第一段中:"文章重点写桑娜夫妇的善良心灵,为何用大量的文笔描写屋外的风暴,屋内的整洁?"引导学生依据文本内容解决问题,从而直接突破难点，了解写法——通过大量的环境描写，推动下文桑娜出门看邻居的故事情节，衬托桑娜夫妇在如此穷苦环境下，善良心灵的可贵！

学生在预习中，教师还应该鼓励学生发现疑点并探究，不怕犯错误，敢于用直觉思维从文本的整体上跳跃猜测，探索追究，多方寻求答案，解决疑问。例如部编本六年级上《月光曲》一文中，读完课文会发现文中贝多芬弹了两次琴，就可以引导学生提出问题："贝多芬为何会给盲姑娘弹琴？为何弹完一曲又弹一曲？"这两个问题就可以引导学生从全篇考虑贝多芬在当时情景下的情感变化。开始弹琴是听到了兄妹两人的对话，被兄妹情深以及盲姑娘对音乐的执着感动；弹完一曲后，贝多芬被盲姑娘的超高领悟力和理解力而打动，借着清幽的月光，又弹了一曲，创作出了世界名曲《月光曲》。

3. 从文章的繁笔处多质疑

高明的作家，往往惜墨如金，如果他在文章中不厌其烦反复写到某一内容，这肯定是有深刻用意的。例如《祝福》中多次写到祥林嫂的"眼睛"，作者正是通过对祥林嫂不同时期眼睛的描写来表现其悲惨命运，从而揭示造成祥林嫂悲惨命运的原因。

4. 从文章的矛盾处质疑

这里的矛盾是指不合生活的逻辑，不合常理，但在文学作品中恰恰最符合人物内心的真实世界。我们要读懂作者的内心世界，就要在矛盾中寻找秘密。如孟浩然的《宿建德江》中有这样的句子"野旷天低树，江清月近人"，学生在阅读时常常忽略，但这一句恰恰是理解诗句的关键。这句话说天比树还要低，月亮离人很近，这与我们认知的常识不相符。天不可能比树还低，月亮也不会主动来靠近人，这就是文本中的矛盾。抓住这一矛盾深入研究，我们可得知原来前半句是此处原野空旷，使孤身一人在小舟中远远看去仿佛天比树还要低，写出了此时诗人内心的惆怅、孤独、无依无靠；后半句不是月亮离人近，而是江面清澈，月亮倒映在水面上仿佛离人很近，写出了诗人此情此景之下对自己人生的坎坷的慨叹、异乡愁绪油然而生。想要寻找一丝慰藉，只有这倒映在江面上的月亮仿佛还在与自己亲近，给人一点点安慰。这样，如果学生在阅读时抓住这一矛盾，诗人此时孤身一人在小舟上的心情就一览无余了，就能提出深层次的问题。

5. 对文章的哲思语质疑

作家要表达的思想情感，往往会以富有哲思的话语来呈现，抓住了这样的话语就能读懂作者所要表达的主要思想情感。但哲思语往往又难以理解，这恰恰应是阅读者所要抓住的问题。如宗璞的《丁香结》中有这样的一句话："结，是解不完的；人生中的问题也是解不完的，不然，岂不是太平淡无味了么？"这句话很有哲思，表达了作者对人生的认识。学生抓住这句话可进一步思考：丁香结究竟指什么？为什么结是解不完的？作者对待结的态度是什么？

6. 从遣词造句的妙处进行质疑

对课文精彩句、段赏析的质疑，既有利于学生深入理解课文，同时，也有助于学生对遣词造句的理解和运用。例如《丁香结》一课中有这样一句："有的宅院里探出半树银枝妆，星星般的小花缀满枝头，从墙上窥着行人，惹得人走过了，还要回头望？"教师可以引导学生提问：为什么要用"探、窥"这样的动词，怎么不用"长、看"？教师出示两个句式，学生比较后，深深地感受到把小花拟人化来写，让读者深切感受到丁香花的灵动、可爱，体会出作者对于丁香花的喜爱。这个看似简单的问题提得很有价值，通过这个问题的解决，学生可以更加形象地感知拟人这一修辞方法的妙处。以后遇到类似的写法，他们就会思考：为什么这样写？这样写有什么好处？久而久之学生就会积累运用了。

7. 从标点符号上进行质疑

标点符号各式各样，其用法也不一样，它既能帮助学生识别句子，辨明不同的语气和情感，也能加深学生对文章内容的理解。例如《穷人》一课中有这样一句："她忐忑不安地想：他会说什么呢？这是闹着玩吗？自己的五个孩子已经让他受够了……是他来了？……不，还没来！……为什么把她抱来啊？……他会揍我的。"教师可以引导学生进行质疑："为什么用了这么多的省略号？作用是什么？"先引导学生进行大胆想象，揣摩人物的心理活动；接着引导学生从"标点符号"的作用感受人物复杂的心理过程及人物的优秀品质——善良，宁肯自己挨打也要帮助别人。同时还可以上下勾连，对不同位置省略号的作用进行提问。

8. 从称谓转换处质疑

同一事物，在文中多次提到，作者因情感变化会赋予其不同的称谓，可以引导学生关注称谓的变化。例如《花脸》一文中，可引导学生提问："我对花脸的不同称谓体现了我对'花脸'情感有什么变化？"

二、"问题导学"在预习中的应用实践反馈

我在六年级选取了两个在开学时语文阅读理解能力相似的班级，一个作为实验班，一个作为对照班。在实验班指导学生进行"问题导学"式预习，我先引导学生学会从以上八个方面预习提问，要求他们写在积累本上，我会对学生的提问进行筛选，筛选出有价值的问题在课上抛给学生一起思考，并选取部分问题作为全班同学的课下作业。一方面告诉学生什么是有价值的问题，给不会提问的学生做示范；另一方面提高学生提问的积极性。经过一个学期的预习实验，对学生的语文能力进行评估。

通过长期的方法训练，学生能够在课前按要求预习，课上依据单元训练重点、单元主题、课后题等提出有价值的问题，然后运用批注进行自主阅读，从而较好地提升了学生阅读的能力，真正让学生在课堂上活起来，动起来，成为课堂的主体。例如，《掌声》一课，经过训练的学生可以提出以下几个问题。(1)谁给谁的掌声？(这是从体裁角度针对小说中的主要人物提问)(2)几次掌声？(从文章的重点入手)(3)掌声响起的原因是什么？(从文章的难点入手)(4)掌声的意义？(从文章的哲理处和情感入手)(5)文中结尾处为什么写到英子给我的来信？(从写法上提问)(6)文中的“我”是一个人吗？(从叙述视角入手)(7)文中采用“骤然”这个词语形容掌声有什么作用？(从遣词造句上入手)(8)为何以“掌声”为题？(从文章的题目入手)(9)文章是按照什么顺序写的？(这是从写作顺序上提问)。

让学生学会预习，引导学生主动发现并提出有价值的问题，能够有效促进学生的语言建构与运用，发展并提升学生的思维，进而提升学生的语文素养。对此，我进行了相关的实践验证。

我在两个班组织了一次针对学生理解能力、作文能力的语文测试，结果如下：

	阅读理解题平均分	作文平均分
实验班	14.7	31.2
对照班	12.8	30.6

发现实验班在阅读理解上平均分比对照班高出 1.9 分，作文上高出 0.6 分，说明采用“问题导学”式预习对于学生的阅读理解能力和作文水平的提高有一定的成效。但是预习的提问训练在提高学生的阅读理解能力方面具体是如何作用的，需要进一步的调查研究。

经过本文研究发现，教师合理利用问题导学法，引导学生预习时有效思考，对于学生整体语文水平的提高有一定的成效。预习中运用预习导学法，能锻炼学生的思考与分析能力，帮助提高他们的语文学习核心素养。例如执教《桥》一课时，开始质疑时，学生提出的问题比较浅显总是停留在“桥在哪”，“桥是什么样的”。可以引导学生关注文章笔墨的着力点，然后联系题目进行提问，学生就会提出：“课文是写老支书，为什么却以‘桥’为题目？”这就是直指文章主旨的有价值问题。

在预习过程中，引导学生学会多方面、多角度质疑提出问题比解决问题更重要，这是培养学生思维能力和语文核心素养的重要途径。学生本来就有好奇好问、求知欲望强等特性，教师应该尽量为学生创造宽松、自由、开放式的学习氛围，激发学生勇于创新，让学生敢想、敢说、敢提问。（陈　露）

以“导学案”入手，实施“以学定教”的初步探讨

新课程改革已经进行十余年，它的核心理念——为了每一位学生的发展也已深入人心。在我校，各位教师都已深入学习和接受过新课程培训，都已认识到，在新课程实施中，教学必须面向全体学生，认清我们每个学生的优势和特点，使每位学生都能走上各自不同的成才之路，成长为在各自的工作领域中有用的人才。

课程标准规定，教师的备课要备教材，备学生，备教法，备学法，以“学生为本”的教学思想要求教师们要把学习知识的任务布置给学生，让他们通过自主、合作、探究学习等学习方式，自主完成学习任务。教师的任务就是组织调动、答疑解惑、指导服务。在以“知识为本”的传统教学思想长期的指导下，我们教师的备课关注更多的是备教材和备教法，教师们习惯了事先自己预设学生的重难点，在此基础上进行备课，然后再直接把知识讲给学生听，学生所需要做的事情就是被动接受，死记硬背，这种教学遗漏了学生自己提出问题和解决问题的环节，也忽视了学生们能力的培养。针对教学中过分关注教材和教法，忽视学习的主体——“学生”的学这一问题，一个好的解决方法就是推行“先学后教，以学定教”。在具体操作中，我认为“导学案”是推行“以学定教”、培养学生自主学习能力的一个非常好的做法。

“导学案”，关键词在“导”上，就是在深入钻研教材的基础上，按照学生的具体情况来确定教学计划、教学内容和进行教学设计。教师的“教”要服务于学生的“学”，学生要利用导学案来学会学习方法，变过去的“学会”为现在的“会学”。

做好“导学案”，教师的首要任务就是要转变观念，要牢记学生是学习的主体，是学习的主人，要从根本上改变重教师“教”、轻学生“学”的做法，突出学生的主体地位，培养学生自主学习能力。

做好“导学案”，教师首先要做到认真钻研教材，分析学生实际情况，包括

了解学生的原有知识储备等情况，为教学流程做预设。其次应侧重点拨关键、启发问题、激发兴趣，引导学生能进入自主的、探究式的学习状态。

“导学案”的组成常包括以下几点：学习目标、知识准备、学习内容、学习小结、达标检测。

一、学习目标

“学习目标”在“导学案”中起到的是提纲挈领、开门见山的作用。让学生能清楚了解这个学时结束后要自己要达到的学习目标。因此其设置的具体要求为：(1)数量适中，不可庞杂繁多。(2)目标用语要明确并容易检测，如可以用“能记住”“能说出”等明确用语，避免使用“了解、理解、掌握”等模糊语言。(3)目标内容应明确具体，可操作性强、能达成。(4)标注出学生自学中会涉及的重难点以及易错、易混等内容，以引起学生高度重视。如七年级数学导学案的学习目标(数学组陈松林老师)：

同底数幂的乘法

学习目标：

1. 学习同底数幂的乘法法则，能熟练地进行同底数幂的乘法运算，正确进行整式的混合运算；

2. 会把底数互为相反数的幂的乘法运算转化为相同底数的幂的乘法运算。

二、知识准备

这一环节的目的是为了“教”和“学”两个方面服务的。学生能扫清学习新知识的障碍，为新知识学习做好铺垫。在此环节进行后，教师对学生的学习情况也基本上能做到心中有数，并能根据学生的学习实际，对教学内容、教学方法进行再次备课。如九年级化学导学案中的课前小测(化学组江明凤老师)：

请测试你是否熟悉本课内容：

(1) 工业制氧气的原料是________，方法是________，属于________变化。

(2) 指出下列左图中涉及的仪器名称：____________________________。

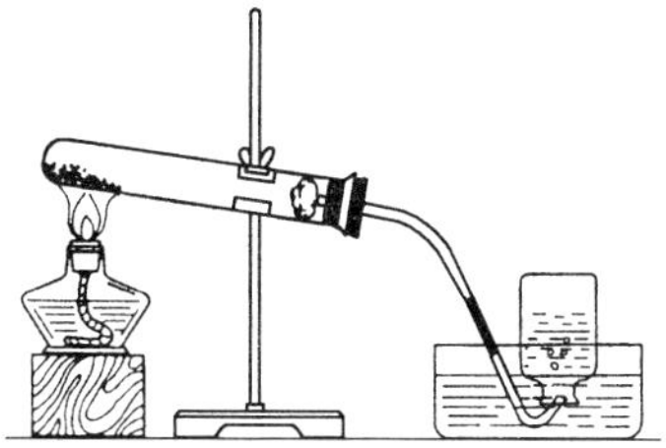

三、学习内容

"导学案"的核心就是学习内容,"导"的功能要体现在"导学习""导思考""导练习"等方面。在编写"导学案"的学习内容时应注意几个方面:

1. 分课时编写导学案,学生的学习目标能明确到每一节课,细化分化的任务设置更有利于学生学习目标的达成,学生能有计划地完成学习任务,最大限度地提高课堂教学效果。

2. 注意问题的设置。通过对知识点进行多样化的设题和设疑,激发学生主动思考,逐步培养学生的探究精神以及对教材的分析、归纳、演绎的能力。问题要数量适中,要设置能引导学生积极思考的问题,避免是或否这一类的简单猜的无效问题。要使学生意识到课前的预习必须要看教材,还要带着思考去仔细钻研教材。让学生真正从教师设计的问题中找到解决问题的方法,养成学会预习、学会看书、学会自学的能力。

3. "导学案"中还应体现教师对学习内容的要求和对学习方法的指导。如,要明确具体告诉学生具体预习页数、用时、达到的要求,教师后续的检查形式等。导学案还要符合各层次学生认知规律,它的设置要有层次,要能引导学生由浅入深、层层深入地认识教材、理解教材,同时能引领学生的思维活动不断深入。如英语动词不定式学案(英语组刘利蓉老师):

I. 基本作业

一、动词不定式作主语

1. It's our duty ________ the room every day.

A. to clean　　B. cleaned　　C. clean　　D. cleans

……

II. 拓展作业

1. It's unnecessary for us ________(do) so many math exercises.

2. I heard someone ________ (knock) at the door just now.

3. I hear someone ________ (knock) at the door now.

4. “导学案”还应满足不同层次学生的需求，要使学困生有收获，使一般的学生有激励，还要使学优生有挑战，要最大限度地调动学生的学习积极性，提高学生学习的自信心。在这一过程中，教师的主要任务是帮助学生分析和解答在学习过程中存在的疑难问题；纠正学生的一些错误理解和认识，并适时适当地补充一些新的教学内容或学生需要的、感兴趣的知识等。其作用仍是“导”，而不是“灌”。

四、学习小结

在进行完以上环节后，要引导学生自主进行学习小结，进行知识结构的整理归纳。学生们在老师的指导下，按知识点之间的内在联系归纳出知识线索，必要时还需归纳出与其他章节等知识的联系。如家庭作业的布置中常用的设题：根据所学内容绘制本单元知识思维导图。

五、达标检测

达标检测题的编写题型要多样，题量不宜大，让学生能当堂完成。要有针对性和典型性。和学习内容的设置标准一样，难度要适中，即面向全体，又关注差异。要求学生独立完成，培养学生独立思考的能力，并注重及时反馈和改错。

在“导学案”具体的实施操作过程中，容易出现以下几个问题：

1. “导学案”重练不重导，问题的设置没有思考性

导学案被制作成习题纸或者试卷，只是让学生机械地完成习题，如填空、选择等，起不到对教材预习的效果。以英语阅读课教学为例，导学案很常见的形式是某一阅读段落要求写出段落大意、某一段落挖空格，某一段提出问题，导学案完全成为阅读理解的题海，只重题型的多样性，不能培养学生的思维，也不能激发学生的学习自主性。

2. 学生完成内容过多，问题的设置没有梯度性

这就要求教师在设计导学案之前要反复研究教材，找出本节课明确的学习目标，教材中哪些内容学生自己解决不了，小组讨论也解决不了的问题，就是老师应该精讲精练的问题，这样的导学案既导了“学”，又导了“教”，这才是有效的导学案。

3. 教师对学生完成导学案的情况不了解，课堂教学没有针对性，严重影响导学案的使用效果

如上所述，导学案应该在教和学两个方面起作用，但在课堂上使用导学案，教师不太可能做到当场批阅，那么对学情的了解情况就大打折扣，教师在课堂教学中就不能很好地抓住突出性问题，就不能做到心中有数的精讲精练。针对这一问题，教师可以考虑把导学案提前布置成家庭作业的形式，或当堂课找有代表性的几位同学进行抽查抽批，这样，可以减少教学盲目性，提高导学案的使用效果。

总之，用“导学案”进行课堂教学时，要重新认识教师和学生地位和角色，一切以调动学生自学积极性、培养学生思维、提高课堂效果为宗旨，教师要自始至终把握学情，学生能自己解决的老师不重复，教师要引导学生总结规律、提炼方法、养成习惯，逐步达到授人以渔的境界。

以上只是对“以学定教”在实践中的具体实施的一个初步探索，如何落实在课堂上，关键还是要教师转变自己的教育理念，改变以“教”为中心的传统做法，立足点在学生的“学”上，从而设计出真正符合教育规律的导学案。（程　宏）

减负提效的关键在于有效作业的实施

作业作为教学的重要组成部分，是一种有目的、有组织、有指导的学习活动，是课堂教学的延伸和继续，是教师了解学生和检查教学情况的一个窗口，作业的布置直接影响着学生的学习效果。随着人们文化水平和物质生活的提高，人们对基础教育越来越重视，对课堂教育的要求也非常高，课余时间用在各种爱好特长培养上的时间精力又多，加之现在基本都是独生子女，相对缺乏吃苦耐劳的精神，所以教师更需要布置行之有效的作业，方能适应时代的特征，满足学生的需求。

作业是检测学生学习情况的重要途径，是巩固所学知识、提高能力、培养和训练思维发展的一个重要手段。目前学生的作业负担重，教辅资料铺天盖地，想通过题海战术来提高学习成绩，不仅耗时耗力，还达不到预期的效果，要想真正达到减负提效，必须在作业的设计上多思考。有价值的作业，不仅让同学在完成作业的同时，达到训练自主学习的能力，培养创新精神和实践能力的目的，还可以让同学享受学习的过程，真正做到快乐学习。所以作为教师更应想方设法去设计花费时间少，既能切合教材又能提高能力的作业，我称之为有效作业。

我根据多年的教学经验，现就有效作业的几种类型（课前预习作业、课前检测作业、课后巩固作业、思维拓展作业等）谈谈自己的认识。

一、课前预习作业

在每一节新授课前教师要收集和设计大量和本堂课知识相关联的题目，并按由浅入深逐步推进的方式，来编写预习作业单。预习作业中不仅包含本堂课所涉及的概念辨析和典型例题，还要有例题的变式以及拓展探索题。课前发给学生，学生会先看教材的相关概念以及例题解析，对本堂课即将学习的知识有初步认识，再根据自己所掌握的知识去解决预习作业单的习题。当然，一些基本知识和概念辨析的题目就比较容易完成，对于和生活有关的或探究性的题目就较有难度，不易解决。同学们就不能解决的问题，与自己学习小组成员展开讨论探究，在这一过程中不仅能取长补短，还能培养学生团队合作、勇于探究的习惯。

例如在讲银行的月利率和年利率时，学生凭仅有的知识不能理解年利率和月利率的不同。为什么把钱放在银行，过一段时间银行就多给一点钱给客户呢？难道钱能生钱？带着种种疑问，有的同学到网上查找资料，有的同学干脆直接到银行请教工作人员，在把各自的收获和学习小组伙伴交流心得，并共同把仍不能解决的问题带到学习中来，听课时向老师提出。带着目的性探究式的听课，当然效果就会更佳。学生本来就是学习的主体，这样既能提升学生自主探究能力，又能调动学生学习积极性。带着问题进课堂，让学生真正做到课堂的主人。

当然，我们要承认学生个体的差异性。他们根据自身情况完成相应的预习作业，有余力的同学向广度和深度探索，这样能激发同学的求知欲；能力相对较弱的同学也能体会成功的喜悦。

因此，教师在备课堂预习作业时，设计的练习一定要有典型性、趣味性和层次性，能诱发学生自身探求的欲望，能让学生触类旁通地思考。课前的有效预习作业不仅节约了学生海量做题的时间，同时也提高了学生自主学习的能力和学习兴趣。

二、课前检测作业

“有布置就要有检测反馈”，这是老师能把准学生掌握情况，从而从学生层面出发，调整教学的最有效做法。因此，课前的检测很重要。在课前，教师根据学生的预习作业情况，调整学案。在每堂数学课的开课十分钟内，当场检测学生自学的成果，了解学生的知识掌握情况，明确哪些知识点只需略讲，哪些知识点需要精讲。例如在一次函数的预习时，学生从这几块去预习：函数的概念、性质、图像和应用。从预习作业中可看出，班级学生思路很清晰，整体掌握良好，只是对方程、不等式和一次函数相集合这块理解有所欠缺，所以教师就在课堂上把这个知识点讲精讲透。

因为课前十分钟的检测，更清楚了学生的学习需求，避免了满堂灌，节约大量的时间，这样，同等的时间，更有效地利用，更好地提高了学生的解题能力。

三、课后巩固作业

根据艾宾浩斯遗忘曲线的规律，在新授课结束以后，一定要及时布置有效的作业加以巩固。课后巩固作业要讲究有效性，要精选精练，决不能眉毛胡子一把抓，搞题海战术。

巩固作业，首先要根据学生的需求和老师的评估，有针对性地布置。例如“直角三角形斜边上的中线等于斜边的一半”这一知识点的应用题型，此类题目的关键是找直角，如果题目中没有直角就找等腰三角形。为了让学生熟练地掌握相关添辅助线的方法，我准备了几道精选题，有共通性也有差异性，并把它们的条件和结论进行调换，在这一过程中让学生学会举一反三地思考。这样，学生操练的题目并不多，但是思维能力得以训练，解题效果自然就好。

除精选习题外，我尤其要讲一讲关于订正作业的重要性。

对于学生容易出错的习题，教师要引导学生对错题进行分析，让学生找出出错的原因，发现自己的知识疏漏，并及时加以订正整合，达到提高对系统知识的认识。对于易错题，教师可以通过以下方式进行整理。学生出错的题大概有以下几个方面：审题不清；粗心，看错数字，思路完全正确；概念混淆等。特别是概念题的混淆，针对此类情况，应该整理好知识点，进行比较，找到合适自己的理解方法巩固记忆。例如一元二次方程中，很多学生都会忘了一元二次方程存在的必要条件是二次项系数不为零，以及方程有根和有两个根的区别，这种易错题是属于概念混淆题，在错题边上红笔大大地写上错误的原因，再看到这种类型的题目时就不会再犯类似的错误，不必要大量地操练习题，达到减负提效的目的。

很多家长都会有这样的困惑，现在外面的资料满天飞，到底选哪一本资料好呢？做了一本又是一本，希望刷的题越多越好，其实不然。很多资料的基本题大同小异，做一本要搞懂搞透一本，在此就体现出订正作业的重要性。授之鱼不如授之渔，所以老师应指导学生学会订正作业的方法。首先是计算订正法，也就是按步骤重新计算一遍。例如对于八年级的学生来说，在二次根式运算时会先统统放到根号里，容易出现错误。要和学生强调：根号外面和根号外面相乘除，根号里面和根号里面相乘除，就可以减少错误的发生。很多同学会有这个误区，老师布置作业，只有把正确的答案写在错误的答案边上就算完成。订正作业是反思的过程，是对知识点的进一步强化的过程，如果订正作业时把不会的弄懂，遇到类似的问题就会举一反三了，所以订正作业不能流于形式。但是要想真正发挥作业订正在教学中的作用，教师还应该指导学生对错题进行归纳和总结，把同类的知识点放在一起进行比较并清楚地知道易错的点在哪里，这样既能降低错误率，有效避免定向思维模式带来的弊端，也能形成自己有效的学习方法。

在初中数学教学过程中，作业订正是一个重要的环节，有利于初中生查漏补缺和攻克知识盲点，提高他们解决数学问题的能力，而且对于创造思维的提高也是大有好处的。为此，教师应把作业订正放在作业的重要位置，提高学生的自我纠错能力，培养他们严谨的学习态度，从而提高他们的数学成绩和解决实际问题的能力。

四、思维训练作业

学习的过程不仅要夯实基础，能力更要提升，所以对思维的训练显得极其重要。这就要进行大量的思维拓展，但是也不能每天布置海量的题目，往往一题就足够了。古人云“不积跬步，无以至千里”，每天精挑细选一道学生需要“跳一跳，方能摘到果子”的拓展能力题，鼓励学生自行思考，教师每天都会讲解反馈，鼓励做出来的学生，指点做不出的学生问题症结在哪里，长此以往，效果很显著。况且每天所占时间并不多，学生也没有负担。

当然，在思维训练时要引导学生学会归纳总结。如一模的二十三题的第二小问，很多同学看到这种题目心里都会紧张，这种题一般在条件中会给出很多条线段，因为线段太多无从下手，这时候要引导学生把所有的线段放到三角形中，看看这些线段分别在哪几个三角形中，看看这几个三角形之间能否存在相似关系，再找到一组公共的比例关系，这样再难的题目也迎刃而解了。再如涉及两个圆相切时求出相应的结论的这类题，指导学生不管有几个圆，先找到每个圆的半径，再找出圆心距，外切——半径之和等于圆心距，内切——半径之差的绝对值等于圆心距。通过这样的训练，同学的思维会很灵活。

作业既是课堂的前奏也是课后的延续，教师要认真地对待作业，有针对性地布置有效的作业。在进行设计时，要考虑学生的需求，针对教学目标、重难点易错点等展开，对于探索性的开放式的题目要有的放矢地渗透，以提高学生解题能力，真正做到减负提效。（周士平）

论初中数学有效作业的设计策略

数学作业是数学教学活动过程中非常重要的环节，通过作业练习能够帮助学生巩固已学知识，提高学生的认知与理解能力，延伸学生的数学思维。长期以来，传统数学作业优劣并存，特别是其形式单一、枯燥，较难引起学生学习兴趣，不利于培养学生对知识的运用及研究能力。因此，如何提高数学作业有效性，是当前迫切需要研究的问题。本文以初二学生为例，在实地调查实验的基础上，提出提高初中数学作业有效性的设计策略。

一、有效作业设计的依据调查

设计依据调查主要是通过两个方面得到的数据，一是给学生发放问卷调查学生对于课后作业布置的意向，以及对于作业设计的哪些方面需要更改；二是访谈各个数学老师，了解传统作业是如何布置的和传统作业的布置方式有什么样的问题。

首先调查学生作业意向，随机抽取 3 个班级作为实验的对象，其他 11 个班级作为对照组。发放了 150 份问卷调查学生对于课后作业改变的意向，收回的问卷 147 份，其中无效问卷 4 份，最后统计了有效问卷中的 140 份，大致了解了学生关于作业量、作业形式、作业兴趣、作业独立完成度等方面的情况，了解了学生的意向。

1. 作业类型

问题：现在的数学作业类型有哪些？

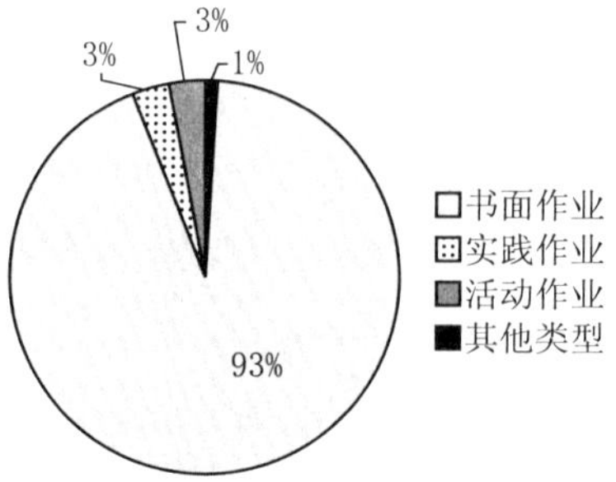

问题：你希望作业类型有所改变么？

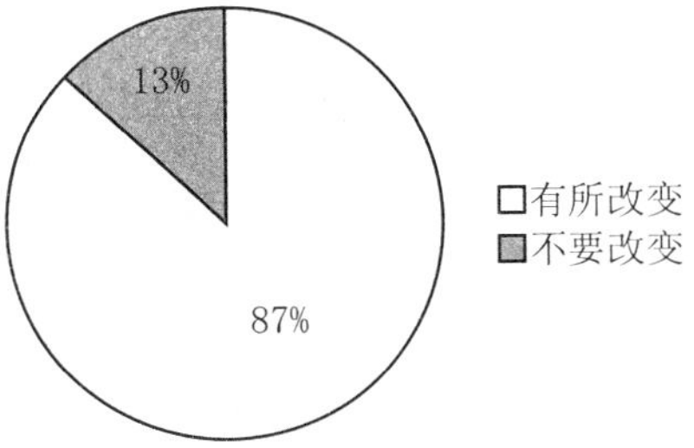

根据问卷调查的结果，如今的数学作业类型以书面作业为主，书面作业的比例占了93%，极少有实践性作业或者活动作业等其他类型的作业。学生们对于作业类型很少满意，觉得很好的只有12%，有40%的学生觉得数学作业类型有着各种各样的问题，还有一部分学生觉得无所谓。但是在期望作业形式有所改变上，希望有所改变的学生占到了87%，不满意如今书面作业为主的学生都希望作业类型能够改变，觉得作业类型以书面作业为主无所谓的学生中，也有相当一部分的人期望作业类型能够改变。

那么如今的数学作业为什么会以书面作业为主呢？众所周知，考试是教学的一个重要组成部分，对教师的教学和学生的学习都有着重要的指向作用。这里要强调的是考试的题型对作业题型的巨大影响。作业由此也可以被分为考试题型作业和非考试题型作业。学生自然对考试题型的作业更重视，认为更值得做。所以教师们布置课后作业大多数就以习题册为主，以书面作业为主。在实际教学中，有不少教师在备课中往往忽略了对数学课后作业的精心设计，设计的作业多为枯燥的反复练习，或是繁琐的偏题怪题。这样的作业，在一定程度上压抑了学生的学习兴趣，僵化了学生的思维，遏制了学生的创新。学生对这样的作业往往是烦而生厌，或是望而却步。

从问卷中可以看出，学生们对于如今的作业类型觉得满意的很少，大部分人都希望有所改变，那么，怎样的变化才是学生们期望的呢？

问题：你希望作业的类型有怎样的变化？

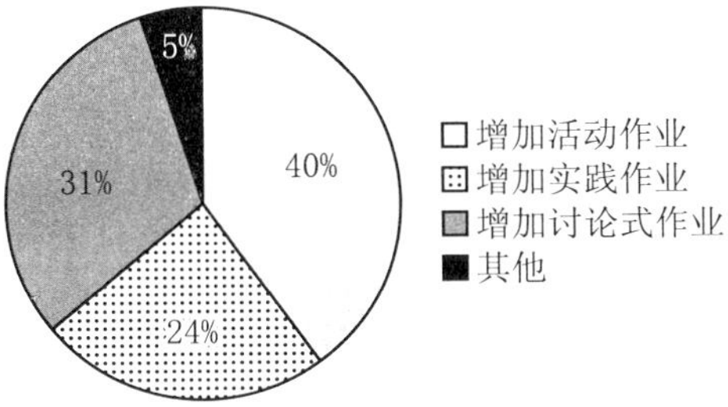

问题：你认为改变作业类型有哪些优点？

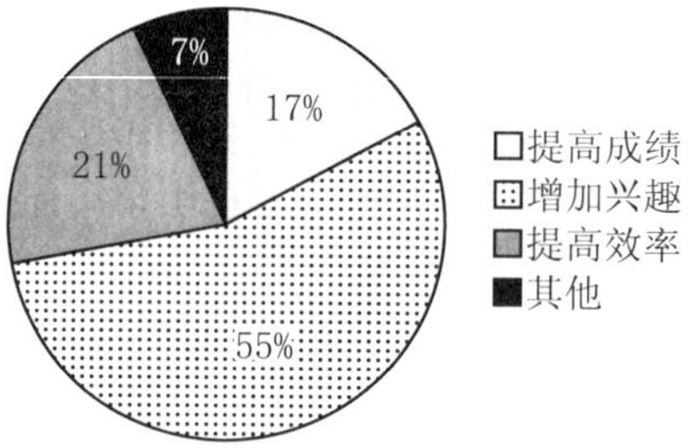

从问卷中可以看出，学生们对于数学作业类型的调整布置的意向是：期待作业的形式更多，不仅仅只是书面作业，更有他们感兴趣的活动作业、实践作业和讨论式作业等，直观的作业完成后更有成就感，也更利于学生记忆。

而无论是增加活动作业、实践作业或是增加讨论式作业，大部分学生认为这样的作业类型改变有利于激起他们的学习兴趣。还有学生认为改变作业的类型能够提高他们的学习成绩或是学习效率。有的学生还认为实践作业有利于他们直观理解课堂上所学的概念，有利于他们记住上课所学的内容。

由问卷调查可见，大部分的同学对于作业类型的改变都抱有期待。因此，丰富课后作业的类型，把作业与学生的生活实际结合起来，与培养学生的探索创新能力结合起来，采用生动活泼的形式，让学生的思维活跃起来，才能充分发挥课后作业应有的作用。所以我们要在原有的作业类型上做改变，让作业类型多起来。利用活动作业启发学生们探索研究的兴趣，利用实践作业让学生把课堂上所学的知识活学活用，让他们能够直观地了解上课所学的内容。

2. 作业量

问题：现今作业的作业量需要花费的时间大约是？

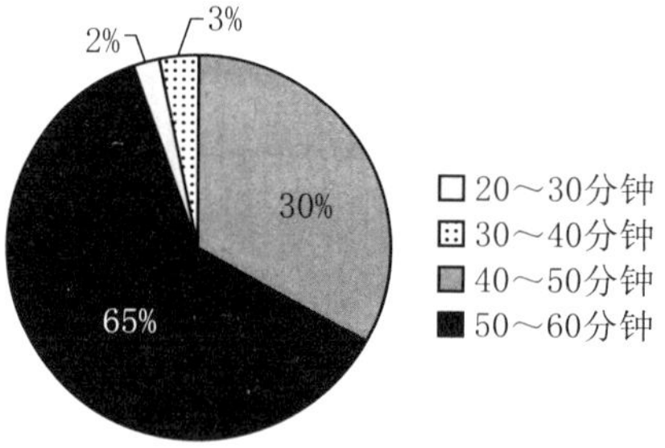

问题:你认为学校布置的作业多吗?

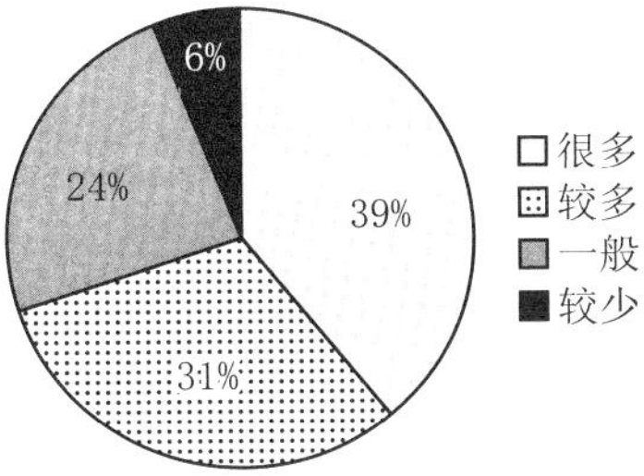

根据问卷结果,学生们的作业量大约在 50～60 分钟左右完成。据笔者观察,学生每天数学课后作业一般是学习辅导等习题册,课后作业当然不止数学,门门科目都有,共 8 门科目,每门科目布置的作业能占满一黑板,令人望而生怯。单是一门数学课后作业的完成时间就需要 50～60 分钟左右,学生们的作业量可见是相当大的,往往晚上的晚自习时间还不够用来完成课后作业,这样还会导致有些学习效率比较低的学生选择在上课的时间来写作业。

在作业量的调整意向上,根据问卷结果,学生们希望作业的容量能够减少,所有作业完成的时间不会太长,能够给予他们自由的时间,让他们在晚自习时除了写作业还能看自己感兴趣的书籍。期望更改后的作业量在 30～40 分钟的学生占到大多数。

初中数学课后作业有效性的实验中,更改作业量是必不可少的,但是什么样的作业量才是最适合的呢?在作业量的实验上,不仅要立足于学生的意向,也要结合实际。在访谈了教师之后,我了解到,数学课后作业旨在使学生多练多写,而作业量过少无法起到让学生活学活用、反复练习的作用,但是作业量过多时,学生的课后作业完成率又会下降。所以在作业量的实验中,作业的量最好不要少于 20 分钟完成,也最好不要高于 60 分钟的完成时间。

3. 作业内容

问题:基于你平时完成作业的情况,你认为作业难度怎么样?

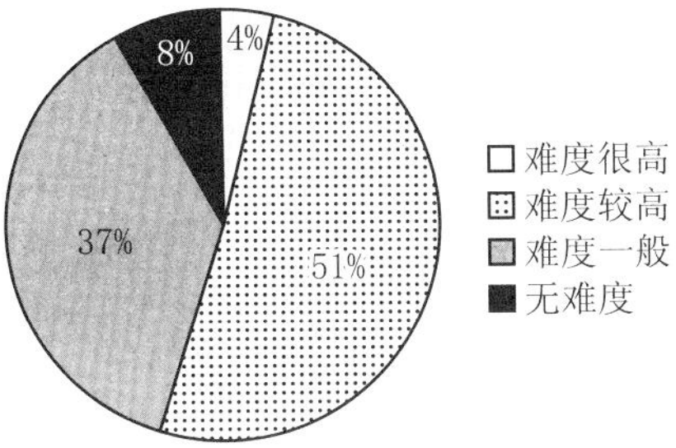

从调查问卷的结果中可以看出，只有8%的学生认为作业无难度，51%的学生认为作业难度较高。结合平时学生完成作业的状况，可以看出学生做作业都是需要努力思考才能完成，有些题目甚至必须要去询问老师或者参考答案才能解出。

问题：你期望的作业难度是什么样的？

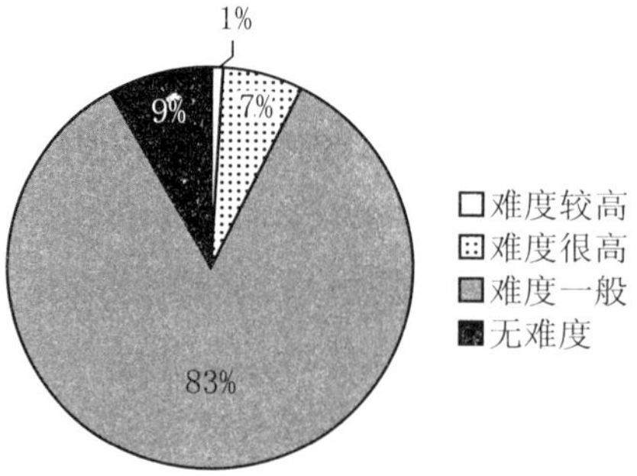

从问卷结果中看学生期望的作业难度，大部分的学生认同较高的作业难度更适合他们。学生说："数学作业还是有点难度比较好，不然一眼就看出答案解法的题目，根本没有兴趣自己一道道做完。"可见有一定思考难度的题目更受学生欢迎。

问题：当你做作业碰到困难时通常会采取什么措施？

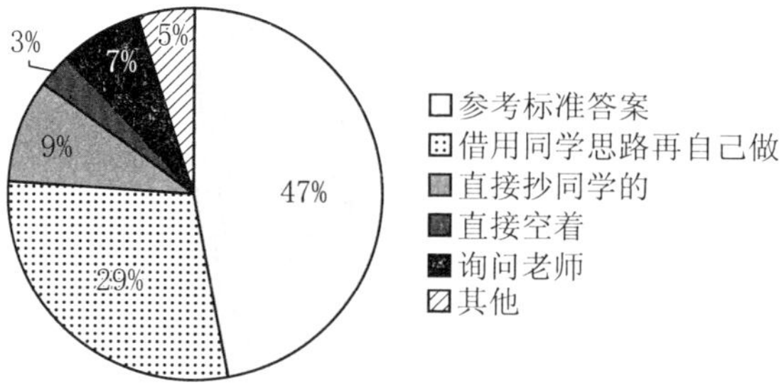

问卷结果显示，遇到困难的作业时，参考标准答案的学生占47%，借用同学思路再自己做的占29%，直接抄同学的占9%，空白不写、询问老师、参考例题或其他的占15%。访谈中笔者询问了学生为什么大多数选择看参考答案，而不是去询问教师，学生回答是有时候难题过多，没有时间去询问教师，还有就是，有疑问的学生不止一个，老师无法一一解答。这里还有一个小原因，有些学生羞于频繁去办公室询问老师题目。因此，选择参考答案中找思路的学生很多，如果看不懂参考答案，他们会求助于同桌或者学习好的学生，最后才会考虑去办公室询问老师。

初二数学课后作业的难度增加了，二次根式、几何都有着相当的难度，很多学生不理解知识点，做题时就感到晦涩难懂，对于作业他们就处于应付做、随便做的状态。很多学生为了交作业，看都没有看作业内容，随手写上去ABCD的答案。还有的同学，在交作业前一段时间四处找同学借作业抄内容，或者觉得老师不会检查就根本不写就交上去。学生对于课后作业的态度，使得课后作业起不到原有的作用，对于学生来说这样的作业是低效的甚至无效的。

结合问卷结果和访谈结果，我认为作业的难度不适宜太高，作业难度过高时，学生很难独立完成，而学生又不希望有很多难题都需要询问老师来解决，没有弄懂的难题对于学生来说是起不到练习巩固作用的。但是难度过低的作业，学生又表示做起来没有成就感，很容易使学生失去对这门科目的兴趣，或者误导学生错误认识关于这门课的总体难度，所以设计的作业难度应该位于学生的最近发展区中，难度适当为主，稍高为辅。

从问卷结果中我们知道，作业呆板，作业量过重，难题偏题怪题居多，这样的课后作业就是低效的，甚至是无效的。而我们要设计的课后作业，需要起到高效的作用，即引起学生兴趣，提高作业独立完成程度，或者对改善学习成绩等方面有明显影响。布置课后作业有许多意义，最重要的是能练习课堂上所学习的内容，巩固知识重点，提高学习成绩。但是不合理的作业布置只会打击学生的信心，给学生过大的压力。所以我们要尽量避免问卷中已经出现的问题。

总结以上可知，数学课后作业应该起到激发学生兴趣，调动学生积极性，引发学生的数学思考或鼓励学生的创造性思维的作用，要对学生的学习有益。

二、提高初中数学课后作业有效性实验设计与实验结果分析

结合调查问卷中关于课后作业类型、作业量、作业内容的问题，与学生对于课后作业设计的期待意向，我从三个方面来做了实验。实验设计如下：

1. 形式设计与实验分析

设　计	选择题	填空题	问答题	活动题
对照组	10	5	3	0
实验组	5	3	2	1(非强制)

结果呈现:学习成绩好的学生认真完成作业,且正确率都在80%以上;学习成绩较差的学生完成作业情况较差,正确率不足50%,有抄袭作业的现象。书面作业完成情况与对照组相似。活动题完成情况上,成绩较好的学生完成率较高,成绩较差的学生完成度低,但是都积极参与讨论解决。

实验分析:该部分是在作业类型(形式类型)上做出的实验设计,对于作业的题型来说,主要是书面作业,其中,我们减少了书面作业的量,增加了一道活动题(口头作业、讨论式活动作业),完成的时间其实是相差无几的。

布置活动作业时,学生们的热情高涨,大家都在认真地参与讨论解决,从中我们可以看出设计不同形式的作业对学生的学习效果有着明显的影响。对于现在的学生来说,他们对除书面作业以外的其他形式的作业更感兴趣。虽然活动作业、实践作业、讨论式作业都是不强制要求做出答案,但是同学们都会积极寻求解决的方法,并且乐于与其他同学分享。

在活动作业难度比较高的时候,作业会在布置时引起一系列讨论,但是到询问作业答案的时候,成绩较好的学生和成绩较差的学生表现截然相反。有的学生完成了活动作业并且写出了完整的答案,有的同学只是在布置时相聚讨论思路,但是最后并没有真正地做出来题目。可以说书面式作业起到的效果仍旧是第一位的,而活动式讨论式作业对于引起学生的学习兴趣方面起到的效果更大。

2. 内容设计与实验分析

设　计	基础内容	练习内容	提升内容
对照组	5分钟	25分钟	15分钟
实验组	5分钟	20分钟	25分钟

结果呈现:基础作业全部完成;练习部分基本全部完成,部分学生没有完成;提升内容,成绩较好的学生全部完成,成绩较差的学生完成率约在40%。

实验分析：该部分设计主要针对的是作业类型中的内容类型设计提出的，作业的内容分为基础内容、练习内容、提升内容。在平时的课后中，占主要的是练习作业，基础内容和提升内容都比较少，对于基础内容，不做调整，仍旧掌握在 5 分钟内完成的量上，适当增加提升部分的作业量，将原来的 25 分钟练习内容减少到 20 分钟完成，将提升内容增加了 10 分钟。

在这一实验研究中，不同成绩的学生有着不同的反馈。成绩优秀的学生数学能力呈现上升趋势，而数学能力弱一些的学生，成绩方面还有学习兴趣等方面都呈现着下滑的趋势。说明作业的内容难度要针对不同的学生做不同的设计，优生需要吃好，差生则是吃饱。数学能力好的学生做提升作业有利于他们能力的提高，能够在更高层次上更进一步，而对于数学能力较差的学生来说，本来就很难弄懂的题目，难度进一步提高，对于他们来说不仅仅不会进步，反而会打击他们学习的积极性。作业内容要针对不同人群有不同的调整。

3. 作业量设计与实验分析

设　计	完成时间	完成率	正确率
对照组	50 分钟	82%	67%
实验组	20～50 分钟	92%	70%
实验组	50～75 分钟	72%	64%

我做了两种实验，一种是减少作业量，一种是增加作业量。

在减少作业量上，减少到 20 分钟完成时，课后作业的完成率上升了，正确率有小部分的提高，但是周测结果统计中学生成绩却有所下降。从中可以看出，一味地减少作业对于学生的数学学习成绩起到的是负面效果，作业一般起到复习巩固课堂学习成果的作用，过少的作业量不能够使学生得到充分复习，也就不利于学生的知识巩固，所以单纯地减少作业量，虽然减轻了学生的学习负担，但是对于应试教育下学生的学习成绩却有着不利的影响。减少作业在 35 分钟左右完成时，学生的完成率和正确率依旧比正常的 50 分钟作业要高，35 分钟的作业保持一段时间后完成率和正确率没有下降，而且学生的成绩和学习兴趣较 50 分钟完成的作业要高。

在增加作业量上，在增加到 60 分钟左右完成时，统计中学生的完成率下降了，由原来的 82%降到了 72%，正确率也下降了 3%，但是周测结果中学生的成绩有着不同程度的提升，说明反复的练习的确对于学生的数学学习有帮助。学生们表示，数学作业太多，写作业写得很累。结合周测结果，增加一定作业量，学生的成绩有所提升，但是却降低了学生的学习兴趣。60 分钟的作业量持续一段时间后，学生的学习成绩有所下降，学习兴趣也明显低落，可见长久的反复练习对于学生的学习效果起到的作用是低效甚至是无效的。

这告诉我们，作业的练习固然是必不可少的，但是时间的掌控十分重要，过少或过多的作业对于学生的成绩都是低效的，少量的作业虽然对于学生的学习效果方面起到正向的作业，但总体的方面还是居于无效低效的，能够起到正面的效果的有效设计应该是在原有的作业量上适当减少 15 分钟左右的习题。

更改作业类型对于学生的成绩提升没有明显的效果，但是在学习兴趣方面，有着显著的提高；更改作业内容类型（难度）上，同样的难度对于不同的学生有着不同的效果，难度提高后，学习成绩好的学生有所提升，学习成绩较差的学生在学习成绩和兴趣上都有所下降；更改作业量上，在原来 50 分钟的作业量上减去 15 分钟的作业量后，学生的成绩和学习兴趣都有着不同程度的上升，而且能够保持。

三、初中数学有效作业的设计策略

1. 层次化作业

提高初中数学课后作业的有效性实验设计是从总体的课后作业的类型、内容与作业量等方面做的实验设计，其中作业的改变是整体的，但是对于不同学习成绩的学生有着不同的影响。例如在改变作业内容的设计上，提高提升内容的部分，对于成绩优秀的学生起作用显著，更加深化完善了他们的知识结构，但是对于成绩较差的同学来说，提升内容的增多反而对于他们的学习起到负面的效果，这与我们的设计目的是相违背的。针对这个问题，这里建议课后作业分类布置。

这条原则主要针对成绩较好的学生“吃不饱”而学困生“吃多了”的情况。我们知道数学课后作业内容有基础作业、练习作业和提升作业三个部分。基础作业是每个学生必须完成也是每个学生有能力独立完成的作业，基础作业主要是帮助学生回顾复习上课所学习的固定概念以及固定公式，练习内容是帮助学生灵活运用上课所学的公式公理，将所学习的概念运用到实际的题目中去，而提升内容应该针对不同的学生做不同的设计，成绩较好的学生可以做多一点的提升作业，而基础较差的学生主要是优先完成基础作业和练习作业这两个部分，对于提升的内容可以灵活选择去做，这样可以保证学困生“吃完吃够”，也能照顾到优秀学生想“吃好点”“多吃点”的需要。

2. 趣味化作业

传统单一刻板的题海战术作业形式，尽管能够起到较好的巩固复习作用，但却机械、枯燥，容易让学生产生倦怠感。同时，由于无法激发学生的学习兴趣及创造性思维，仅能够在短期记忆方面有所成效，不利于学生的长期记忆及数学思维培养。因此，要提高数学作业的有效性，必须改变传统刻板单一的作业形式，结合学生学习兴趣，设计多样化、趣味化的作业内容。同时，题目要具有代表性和典型性，能够起到画龙点睛的作用。

3. 生活化作业

数学与人们的日常生活具有紧密联系，将数学作业与日常生活紧密相连，不仅能够提高作业的趣味性，更能够增加作业的实用性，让学生懂得学习数学的意义，提升其知识应用能力。如可结合日常衣食住行，设计与购买文具、乘坐公交车等与学生生活贴合紧密的题目，帮助学生更好地认识数学、研究数学。（伍胜西）

用“分层作业”实现轻负增效的实践研究

《数学课程标准》(修订稿)指出:教学要向全体学生,适应学生个性的发展,使得人人都能获得良好的数学教育,不同的人在数学上得到不同的发展。课程内容应该注意层次化和多样化的呈现,以满足学生的不同学习需求。因此我们在教学中应着眼于数学新课改的思想,达成不同的学生能得到不同的发展的目标。

一、传统教育背景分析

在传统的教学模式中,作业是统一布置的,大部分教师布置作业是要求学生在固定的时间内完成相同内容,时间上“齐步走”,内容上“一刀切”,这导致了基础好、能力强的学生要花费大量时间和精力在重复操练上;而基础差、能力弱的学生对难题虽“无从着手”也要想方设法完成。这样的作业设计缺乏思考性、实践性、创新性和趣味性,学生更注重的是陈述性知识,而不注重知识中蕴含的数学思想和思维方式,学生自己不善于通过分析来解决问题。久而久之,学生逐渐失去多样性解答数学题的兴趣和能力,无法达成养成独立反思问题的习惯和归纳总结的能力。这也是社会上所说的“减负”中的“负”,即作业负担。

想要真正做到把学生从低效繁琐的课业负担中解放出来就必须改变惯有的把作业布置成“大锅饭”的做法,为师者要花更多的时间和精力对所教内容的知识点进行研究和精心挑选,研究题目的同时也要关注学生多方面的差异,先把作业分层设计,再对作业情况做分层评价,最后有针对性地进行分层辅导,这样,学生们不做无用功,学习压力减轻了,学习效率也提升了。所以说分层作业就是符合新课标、适合我国中学生特点、培养我国中学生综合素质的新的有效途径之一。

事实上,分层作业就是新课改中反复提出的“因材施教”的具体措施。相较于传统作业模式,分层作业是一种改革,是一种进步,这种做法更契合当前的教育现状。通过分层作业,实现轻负增效,进而达成提高学生综合素质的终极目标。

二、分层作业的原则和方法

1. 依据学生的性别分层布置作业

男女生先天生理条件决定女生在语言表达和短时记忆上优于男生，而男生的综合分析和实践能力则更有优势。这种生理上的差异表现在数学的学习过程当中就是男生空间想象能力非常丰富，而女生则比较喜欢模仿，更倾向于注重细节的思维模式。根据这样的特点，教师在布置作业时可将作业分成两类：一类是有具体模式的、定义类、计算类等题目，这类题目可以有针对性地单独给男生布置，以补充男生思维体系的完整性，而擅长此类题目的女生则无须做大量的重复性训练。第二类是思维拓展性题目，这类题目可以有意地布置给女生，以弥补女生的抽象思维和逻辑思维能力等方面的弱势，同样的，男生做此类题目也可适当减量。

比如在六年级下学期第六章《一元一次方程》这一章结束后，复习作业的布置就可以依据男女生具体分为两类。第一类：一元一次方程的定义类题目（判断哪些是一元一次方程、已知方程是一元一次方程求方程中的参数）、解一元一次方程的标准计算（包括从去分母到系数化为 1 内的所有计算知识点），这类题目给男生做，男生思维相对灵活，但在处理定义的细致的计算方面需要靠重复性的训练来进行提升。第二类：一元一次方程的应用（把应用题归类，逐级加深的引导启发学生思考式的题目），此类作业题目无须过多，重在题型和思考，女生的逻辑思维通过有针对性的训练来进行提高。通过这样的分类，男生的计算和定义理解能力得到巩固，女生的数学逻辑思维也得到有针对性的训练。学生从前是花大量时间去做已经会的题目，不会做的题目没时间认真思考而且不能完全理解，作业的分层，克服了这一问题。

2. 依据学生的学习能力分层

根据学生的学习能力可以将学生分成 A、B、C 三层：A 层次基础组，组员为数学基础掌握较差，接受能力不强，没有良好的学习习惯和自我管理能力的学生。本层的作业多以基础为主，通过有针对性地夯实基础的训练来提高学生的学习水平。B 层次提高组，组员为数学基础基本过关，对数学学习有一定兴趣但不太稳定、没有掌握有效学习方法的学生。本层作业在基础上作相应拓展提升，使学生不在原地踏步，学有进益。C 层次竞赛组，成员为有良好的学习习惯和方法，逻辑思维、抽象思维能力较强的学生。本层作业可依据学生特点专门训练学生的数学思维，不局限于基础学习，放眼于能力提升。在实施过程中，根据学生学习能力的变化情况再有机调控分组，激发学生的学习兴趣和竞争意识。学生对于作业的选择是自由的，可以根据自己对知识的掌握情况和学习能力、时间等因素自行选择以达到作业科学分层，学生自主选做的目标。学生的发展是变化的，学习成绩和实际表现都在不断变化，教师在分层的过程中要实施动态监控，及时调整，弹性分层，要鼓励学生通过自身的努力去完成更高层次的作业，从而不断提升自我。

3. 依据知识的难易程度分层

确定基础作业、拓展作业、弹性作业三种作业类型。基础作业是每个学生都要完成的作业基本内容。拓展作业的作业量为每日一题或两题，内容不多，没有加重学生负担，同时每日解决一道有难度的题目这个目标容易达成，能使学生在学习中体会到成功的喜悦，从而激发学习的兴趣。弹性作业是让学生根据自己的特点，在学有余力的情况下再自己给自己额外添加的作业。所谓弹性就是不固定，根据个人情况随机设置。这样灵活设置，使得作业布置能最大限度收效。

比如，在六年级上学期第二章《分数》一章，依据学生的学习能力，可将作业分为三类进行设计。第一类：基础作业（包括分数的基本性质、分数的加减法、分数大小的比较、分数的乘除法），这一类题目是学习本章的基础，所有题目都是在掌握基础题型的前提下才能解决的。第二类：拓展作业（包括分数、小数的四则混合运算、分数运算的应用），这类题目比基础题型计算更为复杂，对数学推理和逻辑思维能力要求更高，在基础掌握的前提下再进行会容易很多，学生更能从中收获学习的成功感受。而提高类型掌握了，学生对本章知识至少已经掌握了百分之八九十。为了进一步提升学生学习数学的能力和兴趣，达成新课改中的三维教学目标，还可以设计第三类：弹性作业（速算与巧算、分数单位的拆分、列项等），这类题目是学有余力的同学在掌握了教学要求内的知识点后来进行学习的，通过长期的训练，学生的能力提升是很可观的。在分层的过程中，教师还要注意观察学生的作业情况，适当地进行组员的调换。这个年龄段学生的竞争意识也很容易调动，长此以往能逐渐养成好学、乐学、竞学的良好学风。

三、分层评价与分层辅导

分层评价是重要的。学生的差异客观存在，想要更好地发挥分层作业的作用，在评价中也必须进行分层。对C层学生侧重表扬，激发其学习热情，树立学习的自信。对B层学生侧重鼓励，提高学生学习的主观能动性，鼓励学生探索提升、突破自我。对A层学生侧重促其发展，对他们的评价要更具体、更明确，同时要不断提出更高的要求和标准，使他们更加努力，以求更大的进步和发展。

分层辅导是必要的。伴随着分层作业的布置，自然会产生不同层次学生的不同问题，此时的个别辅导就要根据分层作业所呈现出来的学生学习状况而有针对性地进行辅导。同时在班级可以设立小组，让不同层次的学生相互讨论交流，学习能力强的同学的基础知识得到巩固，学习能力差的学生也更愿意接受同学之间的讲解，达到共同进步的目的。

《数学课程标准》(实验稿)指出：数学教育应面向全体学生，实现人人学有价值的数学，人人都能获得必须的数学，不同的人在数学上得到不同的发展。在这样的教育观下，我们就要认清传统教学中所存在的问题，在教学中实施分层作业，努力把素质教育落到实处，使学生在作业中产生兴趣、在作业中得到发展、在作业中获得成功。(屈慢莉)

初中英语有效作业设计理念与方法

在长期应试教育的模式下，为了片面追求升学率，学生的课业负担被不断加重。初中英语教师在布置作业时常常无视学生的实际情况，采用机械式、标准化的方式对待处于不同层次的学生，非但不利于学生的持续进步，还会使学生对英语学习产生畏惧心理。同时，许多初中英语作业具有形式化、应付性特点，只要求巩固并掌握教材内容，只是为了加强学生的应试能力，没有体现出新课改的根本要求。本文在问卷调查基础上，对初中低效英语作业的现状及产生的原因进行分析，并提出初中有效作业的设计方法。

一、课外作业新理念

1. 有效作业观

具有较高效率、发挥较大作用的作业可称为有效作业。在升学压力和各种评比环境中，许多中学教师没有真正重视有效作业的作用和价值，认为只有多布置作业，使学生沉于书山题海中，才能使学生的知识面更广，提升考试成绩，没有认识到有效作业所带来的事半功倍的效果。这种只注重规模而忽视效益的作业使学生产生疲于应付的心理，不仅作业质量难以保障，长此以往还会产生不善思考、创造性差的不利影响，甚至对英语学习感到厌倦，无法高效、持续地学习。为了真正改变这种状况，我国提出了实施素质教育的发展战略，各级教育行政部门也制定了相应的减负制度和要求，对各个学段和年级的作业量规定了详细标准和量化规定，这些措施较为有效地改善了作业量过多、过难的问题。但是，更为重要的是改变当前教师的作业观，使他们认识到有效作业的巨大作用，从质量入手，真正提升作业的有效性，使学生通过作业不断改善知识结构，增强知识的系统性和发展性。因此，教师在布置作业时既要考虑到作业本身对知识的扩展、巩固和迁移作用，还要考虑到作业对学生情感发展的促进作用，要站在更为长远的角度和学生全体的立场，使作业既符合学生知识巩固的需要，又能满足他们的情感需求，促进学生的全面、多元、个性发展。

2. 差异作业观

学生个体之间的差异性，要求教师针对不同年龄、不同个性、不同需求的学生布置不同的作业，以满足并促进他们的发展。而当前的作业大多存在统一性、标准性和同质性的问题，没有针对学生个体的实际情况或者某些群体的具体要求进行设计，这不符合多元智能理论的要求，不利于学生发挥、发展自己的兴趣、爱好、性格和需求，不利于因材施教的开展和实施。这种一刀切式的作业布置模式既影响到学习暂时落后的学生，使他们感到非常吃力，进而不再愿意付出努力，也会影响到学习较好的学生，使其感到过于简单，没有挑战性，不利于其发展。

所以，教师要正视并改变这种千篇一律的作业布置模式，采取根据学生实际，分层次、差异化的作业布置模式，使作业的难度和量度都符合该层次学生的需求，让学生感到这些作业就是专门为他设计的，他有能力、有义务高质量地完成作业。

3. 学生主体作业观

无论在课堂学习中还是作业练习中，学生始终是学习的主人，这是教育规律的本质要求。而当前的作业活动，学生只是被动地接受教师布置的作业，根据要求进行练习、完成，由教师进行最后的批改和评价，这个过程中没有尊重并体现出学生的主体地位。

学者宋秋前指出，在布置作业过程中要重视学生的自我认知、自我设计、自我规划和自我管理，整个作业的完成过程都要以自主、自愿、自管、自创、自改为核心，使学生在作业过程中学会自我教育、自我管理、自我反思、自我提升。而教师则要发挥好引导者、帮助者和赞赏者的作用，要明确作业的目标和作用，设计具有高含金量的作业，然后对作业完成的过程中进行监管、点拨和赏识，以更具科学性、艺术性的指导策略帮助学生，使学生在自主的前提下，能够得到教师及时而有效的指导，从而不断提高对作业的认知能力，不断加强完成作业的自信心。

二、初中英语作业“低效”现状调查

调查表明，有超过半数学生对现有作业内容及评判方式持满意态度，原因在于已经适应当前英语作业模式，尽管其缺乏趣味性，甚至单调枯燥，但比较容易完成。因此，在对初中英语作业进行有效性提升变革时，不应对传统作业形式全盘否定，应在传统基础上进行模块化更新，以照顾不同层次学生的学习能力水平。有超过 90%的学生希望英语作业内容丰富、形式多样，开放式作业成为当前最受欢迎的作业形式。

三、初中英语作业“低效”原因分析

1. 形式单一

机械抄写、死记硬背的方式尽管也能够在应试过程中收获较好成绩，但缺乏趣味性，不利于培养学生的学习兴趣。甚至许多本身对英语学习有浓厚兴趣的初中生，在长期机械、枯燥、形式单一的英语作业的折磨下逐渐失去了对英语喜爱感。

2. 缺乏个性

统一的、同步的、标准的教学模式下，英语作业的内容出现了高度重复性。教师在布置作业过程中，往往缺乏对不同层次学生的考量，作业共性大、个性少，没有弹性，最终导致拉低了尖子生的层次，阻碍了后进生的发展，不利于学生学习能力的培养和班级整体成绩的提高。

3. 价值缺失

英语作为一门语言，其根本的价值在于交流。当前，受应试教育的影响，大多数初中英语教师在布置作业过程中，重书面作业，轻口语作业。调查发现，大多数初中学生的英语书写水平要远高于口语交际水平，部分学生甚至处于只会写不会说的尴尬境地，价值缺失是当前低效英语作业普遍存在的问题。

4. 评价偏移

大多数初中英语教师在评判学生作业过程中，习惯于运用对或错作为标准，只看结果不注重过程，更不考虑学生在完成作业过程中的情感体验，最终导致学生为了完成作业而做作业，抄袭现象普遍存在。

四、提高初中英语作业有效性的设计方案

1. 设计分层式作业，给予学生自主选择权

为促进有效作业的实施，需要改变这种面向全体的无差别作业模式，要真正面向学生实际，实施分层次作业布置，并且由学生自己作出选择，使学生有更多主动权和选择性，提高学生的参与度，促进学生更加积极、主动地完成作业，提高学习兴趣，并在作业过程中更具表现力和创造性。教师可以根据学生学习情况，将作业分为 A、B、C 三类，由学生对作业作出选择。具体操作如下。

为了达到让学生了解“作业目的”的效果，事先明确 A、B、C 三类作业所处的分层类型，其中 A 类作业柔性最大、要求最低，针对班级中英语知识水平

较高的学生；B类作业规模、数量、难度保持始终，结合班级中等英语水平学生层次特征；C类作业提出明确的考核要求，可采用量化标准模式展开。基于A、B、C三类作业属性的提前告知，让学生自我审视自身水平，结合“听力”“单词”“阅读”三项作业形式设计，详细划分标准可设计为：(1)听力ABC：A类作业，基于课堂检查，学生认为能够全部听懂听力材料内容，分辨出关键词及连词部分，无须再做练习；B类作业，基于课堂检查，学生认为3遍听力训练仍有部分未能作出正确答案，分辨不出关键词及连词部分，课后强化听力练习5遍以上；C类作业，基于课堂检查，学生认为5遍听力训练仍有超过半数未能给出正确答案，不能说明听力材料内容，课后强化听力练习5遍以上并抄写听力材料。(2)单词ABC：A类作业，学生认为已经具备熟练的拼写、默写能力，可以选择读3～5遍，无须抄写；B类作业，学生认为初步具备单词的拼写、默写能力，熟练掌握单词可以不抄，其余抄写3～5遍，诵读3～5遍；C类作业，学生认为大部分单词不具备拼写、默写能力，统一抄写单词3～5遍，全部诵读单词3～5遍。(3)阅读ABC：A类作业，学生认为针对阅读材料一次性正确答案达到90%～100%，可以选择仅阅读而不作答；B类作业，学生认为针对阅读材料一次性正确答案达到60%～90%，可以选择自认为难度较大的作答；C类作业，学生认为针对阅读材料一次性正确答案不足50%的，需要精读阅读材料并全部作答。

整体上，课堂上知识掌握较好的学生可以选择A类作业，而对本课相关内容学习仍不扎实的同学可以选择B类作业，不能掌握本堂课基础内容的学生需要选择C类作业。学生的选择既符合自身的实际，又具有明确的目的，作业的效率自然会更高。但是，作业作为课堂知识巩固的重要方式，很大程度上依赖学生的自觉性，需要学生秉承着对自身负责的态度去选择作业难度。为进一步提高作业的有效性，需要教师对作业的完成情况进行必要的监督、检查评价，并给予他们必要的指导，既要帮助他们选择恰当的作业类型，又要鼓励他们及时、高质完成作业。

2. 设计兴趣性作业，引导学生的特长发挥

所谓“兴趣性”作业设计，事先应明确初中学生的“兴趣点”何在，进一步根据他们所关注的话题设计作业具体形式、内容。考虑到互联网时代初中学生获取信息资源的渠道增加、兴趣繁多，在作业设计要遵循两个基本原则，其一，要体现对学生兴趣的尊重。初中阶段是学生性格产生巨大差异的时期，有的学生

性格张扬、情感激烈，有的学生性格内敛、恬静含蓄，不同的性格下对于“兴趣”的形成有着密切影响，在兴趣性作业实施过程中，可以让学生自主选择方向。其二，要保障对教学目标的达成。无论何种作业设计，其终极目标是为了实现英语知识掌握情况了解及进一步巩固，如果以兴趣自主的理由造成“放任自流”，则是一种不负责任的表现。基于此，教师必须在兴趣性作业基础上提出刚性要求，例如在英语作文写作中，必须使用“there be ...”或“would ... like ...”句式，或者必须涉及“past” “now”和“future”三种时态，利用这种“兴趣＋要求”相结合的方式，能够保障英语作业设计“双赢”的需求。

在具体的作业设计方面，可以采取以下三种形式：(1)自主式。从心理学角度分析，一种兴趣的形成，有赖于外界刺激与内部认识达到相对的平衡，即主观、客观方面的共同作用下才能形成“兴趣”。当前互联网时代背景下，学生从“外界”获取兴趣信息的渠道不断增加，也具备较好的物质条件进行兴趣实践，因此“自主式”的兴趣性作业设计，往往能够提供给学生更大的完成动能。例如，一些男生热爱运动，诸如篮球、足球、滑板等，通过互联网可以便捷地了解相关赛事、明星及教程，其中就包括大量英语资源。据此展开的作业设计，一方面学生在兴趣的引领下，能够主动地查找资料并完成；另一方面，在作业目标的限制下，也规避了学生恶意抄袭、敷衍了事的做法。(2)开拓式。就外部环境、事物而言，彼此之间往往存在千丝万缕的联系，学生的兴趣点可能仅仅在某一个点或若干方面，属于“兴趣浅层”的功能开发。据此，应引导学生对所感兴趣的话题进行深入开拓，鼓励他们从不同角度展开探索，例如根据“I'm watching TV”这一课程主题，兴趣点不应仅局限于电视内容、演员简介、故事情节等，还要引导学生深入解剖电视作品的意义，融合在时代背景、历史背景中去思考，这种作业设计可以扩展学生思维广度、深度。(3)研究式。该作业设计理念涉及兴趣的深入层次，即以一种兴趣为出发点，逐渐接触到学术探讨的范围，可以理解为“进阶性作业”。例如，基于跨文化交际理论在教学实践中的渗透，让学生围绕着一个感兴趣的话题，研究中西方文化背景、历史进程、社会制度等。

3. 设计多主体作业，激发学生学习主动性

现代教育提倡生本位教学方式，主张学生应成为学习主体，在教学过程中占据更加主动的地位。因此，教师在设计英语作业过程中，应给予学生更多参与空间，鼓励学生发散思维、让作业突破传统，更有新意。

所谓"多主体作业"，即"多元主体参与设计"的作业，就是认可学生作为作业设计参与者的"合法地位"。依据著名教育家陶行知先生提出的"教学做合一"的理论原则，教师需要先明确学生怎样做更便利，何种学习方式更符合自身要求，进而以此为依据展开教学工作。作业设计也不例外，学生的兴趣点是什么、不足之处在哪里，学生自身最清楚，如果采取"一刀切"的作业形式，并不能符合全部学生的"口味"。据此，学生从学习主体的角度出发，基于教师提供的较为开放式的作业类型，可自行设计作业形式。例如，学生在学习了"New Year"这一"festival"主题的内容之后，教师可根据学生的实际学习情况布置一份生活化、兴趣化的英语作业，即学生可根据自己意愿选择作业形式，包括传统的抄写单词、句子，以及给远方的朋友写一封英文新年祝福信，录制一段英文新年祝福录音等。作业可以独立完成，也可小组完成，只要能够达到巩固知识，并在生活中灵活运用的目的即可。

总之，教师可以根据教学任务的具体情况，恰当地运用口头和书面练习、实际操作、表演练习等形式，充分发挥各类课外作业的独特作用，有效地实现教学目的。

4. 设计生活化作业，扩展学生的参与形式

结合我国著名教育家陶行知先生提出的"生活即教育"主张，采取"生活化"原则展开作业设计，能够帮助学生消除理论与实践的隔阂，强化英语在日常生活、学习中的应用频率。在设计生活化作业过程中，必须遵循"贴近学生日常生活、符合学生发展要求、顺应学生身心规律"的原则，引导学生通过自己的生活观察，形成与之对应的作业形式，以更好地提升英语掌握水平和综合应用能力。

例如，在生活中存在各种各样的节日，一般作业围绕着"节日"展开，采用"填空题""作文""选择题"等形式，例如教师给出"Spring Festival" "Lantern Festival" "The Dragon Boat Festival"等节日，让学生根据日期、纪念对象、寓意等条件选择。诸如此类的"书面表达"形式，容易将学生的思维局限于作业本身，而生活的丰富性被人为规避了。教师可以采取"口语作业"形式，让学生通过生活观察，围绕着对应的节日组织一段演讲，通过课堂上交流的方式来提高口语水平。此外，利用发达的多媒体、互联网设备，可以有效地扩展学生的作业参与形式，例如利用智能手机拍摄一段家庭节日聚会的视频，要求学生全程以英文解说。这种作业设计不仅能够鼓励学生积极观察生活、感受生活，还可以促使其将英语运用于生活。（叶亚静）

探析初中英语阅读有效作业设计

《英语课程标准》指出：初中英语教学的目的是对中学生的听、说、读、写进行有效的基本训练，侧重培养阅读能力。自中、高考改革以来，对英语综合能力的考察集中以阅读形式进行，而英语阅读也愈发成为教研教学重点和考试重难点。但目前的英语阅读教学过程中“创新迎考”观念不足：(1)课堂中仍以“教师讲授、学生倾听＋笔记”的被动学习为主，学生学习的主体地位未得到实现；(2)阅读课教学重点仍放在语言知识技能的讲述和练习，而学生对于文本理解、分析和思维能力的相应训练难以得到实现；(3)具体课堂和作业指导缺失，学生课堂主动思维和课后延伸思维未得到实施；(4)缺少具有针对性的作业，教学有效性难以延续和实践。

八年级牛津英语，教材中的每篇主阅读材料篇幅较长，话题广泛，阅读容量增大，密度提高。阅读课缺少具有针对性的课前、课中及课后作业，势必会影响阅读效果，学生分析、解决问题的能力也无法提高。

基于以上这些情况，我根据自己所教两个班级阅读现状进行分析，探索阅读作业有效性设计。

一、问题的提出

为了能更好地了解现阶段初中英语作业的状况，我对任教的八年级两个班级80多名初中学生的有关“英语阅读作业”进行了问卷调查和座谈。

从问卷结果可得知：学生能独立完成家庭作业的，占总人数的72%，而基本不能独立完成的和完全不能独立完成作业的分别是26%和17%。通过这两组数据不难得出这样的结论：学生的独立完成阅读作业的状况并不理想，相当一部分同学对于阅读作业并不重视和认真对待。通过问卷结果还可得知，相当部分学生对于长篇阅读本身存在畏难情绪，且多以词汇量不足和语法知识欠缺为借口而导致细致阅读过程的缺失。

二、问题的成因

1. 由于日常教学工作中，传统上教师更多考虑的是如何巩固语言基础知识，提高基础成绩，导致作业形式相对机械和固定，缺乏灵活性，学生对于完成作业的兴趣不高。

2. 由于教师较少联系学生的实际生活和经验背景，并以此为基础为学生设计个性化的作业，最终未能让学生在思维上达到更高层次的理解，学生对待作业主要以“完成任务型”为主。

3. 教师在设计和布置作业时并未有明确的理由和清晰的意图，对作业训练较少进行精选，只是把收集到的习题汇总来让学生“混杂式”完成。这种随意而盲目的作业导致学生课堂后续学习无力而低效，使大多数学生都处在应付作业的层面，很难激发学生怀揣着充分的兴趣去很好地完成。

三、英语阅读作业的设计原则

根据以上问题成因，不难反思出，阅读作业的设计与布置绝不可随性而为，须严格根据教材实际和学情来确立一定的原则。首先，目的性原则：作业任务设计要严格依据教材，围绕教学实际要求，并牢牢服务于教学目标。作业任务需源自每课时教材实际，并与每堂课的教学目标相吻合，应是课堂阅读能力训练的巩固与实践。其次应遵循分阶层原则：由于学生在智力水平、认知结构以及学习动机、心理、个性等方面存在差异，导致学习能力发展不均衡，因而作业的设计应具有梯度性，并依据其最近发展区来建立多层次的弹性作业结构，以达到适应不同层次学生的需要。最后，作业设计中还应包含多样性原则：针对不同课堂、不同文本形式及中学生不同阶段的心理特点来相应设计不同类型的阅读作业，以激发其学习兴趣。

四、主要策略

1. 预习型阅读作业形式

针对新授阅读文章重难点来查找资料、提前了解相关背景知识或是难度词汇是一种准备型的阅读作业形式，旨在培养学生主动探究并发现问题、解决问题的能力。如在教学八年级关于一篇科幻小说的内容前，笔者设计了这样一个预习作业，让学生自行查阅科幻小说基本特点、外太空探索相关单词等信息，让学生在有效地了解中提前感知阅读文本基本特点，并通过自学预测和破解部分生词，从而加深学习本单元的兴趣和信心。并且笔者鼓励学生去观看原版科幻电影（比如《星际穿越》《火星救援》等），在感受科幻特色的同时也可以了解背景知识。在新授课时，通过“头脑风暴”，学生能够积极主动地罗列出相当部分的课文生词，而这种通过自己探究查找而习得的词汇，不仅让他们印象深刻，减轻了默写压力，同时也让学生能够在真实的语境中对于词汇含义和用法更为透彻。

2. 针对教材的延伸性阅读作业

中考阅读中出现的新型题设给我们日常阅读训练和作业提供了新思路和导向：在文本理解基础上补充或续写文本。这要求学生不但能够理解文本大意，还需厘清上下段落乃至上下句意的关联。课堂上时间有限，教师可带领学生完成文本梳理和理解工作，而留白部分可留给学生经思考后完成，这样既可检查课堂文本理解情况，也可锻炼书写能力，给相当一部分学生提供了二度创作机会。比如牛津英语七下语言故事“The Grasshopper and the Ant”，在梳理清楚故事大意和包含寓意之后，笔者布置了一项课后续写故事作业，对蚂蚱经过寒冬教训之后来年的作为进行有依据推断。因为阅读故事类作业本没有标准答案，因而学生在课文理解基础之上，充分发挥想象，并根据文章寓意来创作了多种不同版本的故事结局。而在分享中学生们也能够体会到创意思维的无限乐趣。整个作业过程中，既检测了学生对文本人物特性和事件理解情况，也锻炼了学生的逻辑推理和思维及写作能力。

3. 特定阅读文本表演类作业

对于对话篇幅较大、人物角色个性丰富的故事类文本阅读，教师可尝试通过角色朗读表演或行为表演活动，引导学生体验故事所处语境、体验人物不同个性和情感，乃至好词好句的强化，以身临其境的表演实践来进一步加深学生的文本阅读体验，理解故事文本特征。在学习牛津英语七年级第二学期一篇对话篇幅较大的寓言故事时，为更深层让学生体验故事发展脉络、层次和不同的人物个性，我让学生以小组为单位，通过情景朗读表演式来再现故事，并实时录像。学生们从互相纠正发音、读单词、句子，到有表情、有动作地进行对话表演，整个过程既是英语学习体验，也是小组合作历练。最后利用班会课进行演出，学生们作为评委互相打分，反响相当热烈。他们没想到自己和同伴们竟能用英语准确乃至夸张地将一个个小对话以小品的形式演得风趣幽默，而同时对这篇寓言故事大到文本特征、小到词句运用细节，都印象尤为深刻。

4. 层次性作业的设计

教师应具备并不断学习设计练习的能力，应能根据教学要求和学生实际，针对不同阶段设计相应的练习。练习的设计须有一定的坡度和层次,启发并引导学生思考,任何时候都不能采取一刀切的形式,即所有的学生都做相同一份作业,且所有作业的答案都是唯一的。这样会造成有的"吃不饱",有的"吃不了"。因此我在布置难度较大阅读作业的时候,会分成四个层次。第一阶题目要求所有学生须完成;第二阶是一些中等难度的题,对于部分后进生要求尽量完成,如不能完成也不作批评,一旦完成及时表扬和鼓励;第三阶部分的习题难度较高,对于后进生不作要求,而中等生及学习能力强的学生要求完成。第四阶部分习题以拓展题形式为主,难度较高,因而只对学习能力强的学生提出要求,来解决他们大锅饭"吃不饱"的问题。一段时间训练下来,能力强的学生深感自己每天吸收的都是"干货",学习更具挑战性和乐趣;能力弱的一些同学在同学相互讲解的过程中,学习到他人身上的思维特点并更能够转为己用,强弱互助,事半功倍。

5. 探究化作业的设计

苏霍姆林斯基说:"在人的心灵深处,都有一种根深蒂固的需要,就是希望自己是一个研究者。"而新课程理念更是强调培养学生自主、合作、探究的学习方式。在学习牛津六年级第二学期"Forest"的时候,我让学生小组合作,探究保护森林的重要性。学生们按小组分工合作,选择不同的探究角度。有的探究生森林与动物的关系,有的探究森林对人类的重要性,有的考察森林存在现状。然后我对学生进行研读方法和撰写研读报告的指导。在这次合作、探究的活动中,学生们热情高涨,从一份份富有个性的探究报告中能够看出,学生的思维活跃,探究能力得到初步培养。

综上所述,英语阅读作业的布置需要教师的精心设计,使英语课后作业真正变成课堂的巩固、实践和延伸,最终达到提高学生英语分析和思辨能力的目的。这样的自主探究式学习过程才能让学生的课堂知识在作业中巩固,技能在作业中形成,能力在作业中发展,情感在作业中升华,最终使每一个学生的英语素养在优化的作业中得到最大化的提升和发展。(韦　薇)

初中数学检测有效性的实践与研究

阶段性检测是教学过程中的重要环节，是教学活动的有机整体，对于促进学生的发展具有十分重要的作用。阶段性的测试往往可以作为一种刺激和激励，增加学生参与的主动性和积极性。

合理安排数学阶段性的教学质量检测，对学生的“学”和教师的“教”都具有十分重要的意义。其中，数学思想的培养、解决问题的能力以及情感与态度的发展都离不开检测后得出的评价结果。

首先有利于学生获得有效学习数学的建议，促进学生的学习思考。教学质量检测的根本目的就是促进学生掌握所学习的知识。传统的数学教学质量检测往往只注重对学生现有数学基本知识和基本技能掌握情况的“终点”式的评价；而科学的质量检测不仅关注对学生现有数学基本知识和基本技能掌握情况的评价，更重要的是能发现学生在学习数学的过程中存在的问题及成因，为进一步提高有效学习提供依据。因而科学的数学教学质量的检测应是一种促进“发展”式的评价。

其次，有助于教师了解教学反馈信息，及时调整教学策略。合理的教学质量检测在于了解学生通过学习已获得的知识有多少，还有哪些知识有缺漏。通过统计数据了解学生的集中问题，有助于教师及时了解学生的学习现状，获得教学效果的阶段性反馈信息，从而反思自己教学中存在的问题，及时调整教学行为、改善自己的教学策略，在提高学生学习成绩的同时，促进自身的专业发展。

数学阶段性教学质量检测可采用多种方式。

1. 随堂检测

随堂检测是学生短期学习成果的检测方式之一，可以挑选课本上的例题对学生进行口头检测，并保证阶段时间内，班级同学每人都有被提问到的机会，以了解学生对于新知识的理解程度以及学习态度。下面是我所使用的课堂检测单。

课堂检测单

课前预习效果	课堂学习情况	作业情况反馈	课后存在的问题	综合评价

检测单针对课堂几个环节自我评分，设置统一标准，对每个学生的课堂实效进行及时监控。

2. 任务检测

这是基于数学教学知识达到一定的理解程度后，根据阶段内的数学知识点的不同，进行的任务式的教学成果的检测。比如，学习几何证明阶段，每周发布5道拓展题，以自主选择的方式由学生主动上台分析思路并完成书写，事后由其他同学们给出评价，最后由老师总结。这样的方式，不但能够调动学生的积极性，同时也考验了学生对知识点是否有了深刻的理解，这往往是笔测较难检测出的。

3. 单元检测

及时关注学生学习的动机和过程，这就决定了不能用一种检测方式来进行。针对数学每一个单元的知识点，可以通过单元检测的方式进行系统全面的检测，以了解学生的掌握程度。当然，试卷评分是一种方法，但是对于有些内容较为繁复冗长且难点、易错点较多的单元，可以适当地进行分解，并在不影响教学进度的前提下，精选有代表性的题目进行小测。

4. 阶段性检测

每学期的期中和期末考试是难得的可利用大数据进行教学成果分析的好机会。关注学生的变化，并以此契机反馈日常教学的成果，并对学生个体有一个充分的了解，从而制订或者修正更有针对性的教学思路和教学方法，这其实也就要求了教师要根据数据的变化分析出学生的问题，从而反思自身的教学。

由于人的认知能力是不一样的，不同的学生具有不同的认知能力和认知方式，因此在数学教学质量检测过程中，应尊重学生的个体差异性，用发展的眼光分析各种信息，根据各种信息提出的建议也应该有利于学生的持续进步和发展。要避免检测内容过难，使“学困生”每次检测都看不出进步。可适当地设置一些分层的检测方式，给予“学困生”一个得到表扬和认可的机会，从而慢慢提升学习数学的信心和兴趣。

检测后的全面客观的分析才能起到指导教学教法改进的功效，因此，检测之后的归纳与分析必须有针对性和指向性。检测让我们了解学生的学习情况，所以力求各类检测是有效的，可行的，这样才能对学生提高数学成绩起到一定的帮助。

初中学生的数学思维相对比较简单，有时候遇到稍难的问题往往无章可循，会以一种自我否定的方式进行逃避。所以，这就需要教师不断引导，而合理的检测将成为学生全面审视自己学习情况的“镜子”。做好阶段性检测这项工作将有助于学生走进数学天地，并获得持续发展。（陈肖燕）

勾连前后深入阅读，提升学生语言素养

——浅谈阅读的整体感与联系意识

在“核心素养”引领语文教学的当下，语文课堂要牢抓“语文课的核心是学习语言”这一学科本质特征，关注学生的学习经历，提升学生的语言素养。

新课标指出，语文课程应特别关注汉语言文字的特点对学生阅读、写作、口语交际和思维发展等方面的影响，在教学中尤其要重视培养良好的语感和整体把握的能力。而我们在阅读中，常常会陷于文字的局部而无法宏观把握全局。因此，“整体感”与“联系意识”就成了我们阅读时准确理解作品的重要策略。

阅读的“整体感”是对语言形式的敏感度，需要在阅读过程中发现、体验、感受语言的前后联系。这种语言间的联系俯拾皆是，小到语词之间、句子之间，大到段落之间，甚至作品之间。因此，只有当我们厘清这些关系，在阅读时建立起“整体感”，才能深入理解作品，避免管窥蠡测。

一、从语词层面看

从语词的层面看，当两个字合在一起时，这种“整体感”的意义就呈现出来了。因为，我们需要判断，这两个合在一起的字，在整个词语中到底作何解释。如“爱怜”（“丈夫亦爱怜其少子乎”）、“谤讥”（“谤讥于市朝”）等词，它们由两个意思相近的词复合而成，表示一个意思，这就是“同义复词”。

与之相对的“偏义复词”则更体现出了“整体感”的重要性。如“宫中府中，俱为一体，陟罚臧否，不宜异同”（《出师表》）中的“异同”。“异”指不同，“同”指相同，那么在这句话里到底是说宫中府中的奖惩制度要相同还是不同呢？联系前后文看“宫中府中，俱为一体……若有作奸犯科及为忠善者，宜付有司论其刑赏，以昭陛下平明之理”，应该是不宜“不同”，因此“异同”只取“异”的意思。又如张岱《白洋潮》“万首镞镞，无敢后先”一句中，“后先”是偏义复词，此处单指“后”。

二、从语句层面看

从语句的层面看，诗文中常有“参互成文，合而见义”的句子，就是我们所说的“互文”句，理解这种句子就需要有极强的“整体感”，联系上下句或一句中的两个部分，使它们互相呼应，互相阐发，互相补充，从而理解整句话的意思。如“主人下马客在船”（《琵琶行》）应理解为“主人和客同下马然后上了船”；“东市买骏马，西市买鞍鞯，南市买辔头，北市买长鞭”（《木兰诗》）应理解为“到各处的街市上去买骏马、鞍鞯、辔头和长鞭”。

“东临碣石，以观沧海”（《观沧海》）两句中，“临”为走的最高方式，用于居上视下、从高往下，也有（居高位）统治（下民）之意，如“君临天下”；“观”不仅有“细看”“有目的地看”的意思，更有“观览”“居高一览”之意。当我们把这两个词和整首诗歌表达的思想情感联系起来的时候，就不难发现曹操的那份雄心壮志已在首句显露。

此外，由于“断章取义”，有许多语句的表达效果都被人为地“转移”了，这就需要我们联系前后语境，从而“正本清源”。如“执子之手，与子偕老”常用来形容爱人间的缱绻；而联系其语境“死生契阔，与子成说。执子之手，与子偕老。于嗟阔兮，不我活兮。于嗟洵兮，不我信兮”可知，《诗经》中的这段写的是战士之间的深厚情谊。

再如《黄生借书说》，一般而言，我们习惯把“书非借不能读也”作为串起文章的核心句，实际上从袁枚的写作意图看，核心句应该是“知幸与不幸，则其读书也必专，而其归书也必速”。可抓住文中第一段“随园主人授以书而告之曰”细品：“黄生允修借书”，“随园主人授以书”即可，为何还要“而告之曰”？如果我们用整体感和联系意识来看的话，重点应在“而告之曰”，袁枚是要借“黄生允修借书”一事，站在幼年时同样有过不幸借书经历的授书人的立场表达出自己的顾虑：我要不要借书给他？他借了会认真读吗？什么时候归还？……袁枚将这些担心都化在了文字里，将担心化为不担心，在“告之曰”后面娓娓道来。且想要达到“说”的效果，就只能是用“告”一词。袁枚从结构、字词、内容等方面都做了精心推敲，不可不谓用心之良苦。这样前后联系起来，我们就能感受到这份苦心背后，是袁枚对黄生的器重，是欲让其远离考据之风，随己学诗文的殷切期望，进而感受到作为一个文化人、著书人、提倡性灵的诗人来说，袁枚对年轻人的爱护与用心栽培之难能可贵，也体会到这篇“说”的与众不同之处。

散文中这种通过关键语句与“整体感”联系，进而理解文章深层情感的方法表现得更为重要。李汉荣的《外婆的手纹》一文中，“我静下心来，沉入外婆可能有的那种心境。或许是孤寂和悲苦的，在孤寂和悲苦中，沉淀出一种仁慈、安详和宁静”，初看，“孤寂和悲苦”与全文外婆安详、宁静的生活矛盾。前后文一联系，就会发现还有类似的语句，如“在那些打满补丁的岁月里”“外婆常常对着天空的云朵出神，她手中的针线一动不动……外婆如梦初醒般地把目光从云端收回”等，我们将这些句子和外婆“朴素的美学和心中的式样缝补着生活”联系起来，就可以推测出外婆特殊的身世。这样我们就能理解文章题目的含义，“手纹”按看面相的人的说法，有“命运”的意思。

又如《沉船之前》一文中，作者将三个片段中的人物在灾难面前寻找落脚处的表现反复写：第一片段中的“不知自己的脚该向哪里落下”“他们突然知道，这艘船上，只有这一个地方，才是他们唯一的落脚处”等，第二片段中“我们就站在这里吧”“侍从见有一处比其他地方都高，就建议他站到上面去”等，第三片段中船长“四处走动——驾驶舱——船长室”的行踪，如果将这些表现连起来思考，就发现每一处落脚处的语境义不尽相同，与之相对应的语句的语境义分别为：心灵安顿处、绅士风度、责任和担当。尽管每个人职业和身份不同，维护自己生命尊严的方式不同，但这三个部分在内容上有着共同之处：每个人都能坦然地面对自己的死亡，维护自己生命的尊严。

三、从段落层面看

从段落的层面看，“整体感”和“联系意识”就更为重要了。我们在阅读中常常因为没有建立起文章的整体感，缺乏联系意识，导致无法对文章内容作出合乎逻辑的解释，无法深入理解作品的主题思想或情感。因此，我们在阅读时，要善于捕捉那些具有统摄作用或与前后段落具有内在联系的词句，以此“开枝散叶”，梳理出作品的整体脉络。

鲁迅的《孔乙己》开篇一句“鲁镇的酒店的格局，是和别处不同的，都是当街一个曲尺形的大柜台”，不仅交代了酒店的格局，而且提示了整篇小说的格局，具有统摄作用。柜台内外是两个泾渭分明的社会阶层，自然地引出了下文孔乙己这一游移在两个阶级之间的典型人物。

再如老舍的《想北平》，最后一句“要落泪了，真想念北平呀”，为什么写到这里要“落泪”了？这条情感线索是如何在文章展开的？联系第二段作者将北平与母亲进行类比，写到“在我想到她的健康而不放心的时候，我欲落泪”，将两者建立联系，是否可以得出此处的“落泪”与北平的“健康”有关呢？再联系前文作者表强调的与北平血脉相连的亲密感，以及第七段结尾“像我这样的一个贫寒的人，或者只有在北平能享受一点清福了”，然而现在北平已不再“健康”了，那么第八段水到渠成的“要落泪了”不就容易理解了吗？

类似的还有冯骥才的《花脸》，文中对花脸的称呼变化可梳理为：那个大红脸——宝贝——大关公——我这“关老爷”的本来面貌——我这“关老爷”，联系全文，我们可以读到，我刚开始对花脸的认识只停留在“花脸”这个作为客观存在的器物层面，等舅舅给我讲了关公的故事后，我开始崇拜关羽其人、其忠信义勇的精神，再到爸妈和客人都表现出对关羽花脸的喜爱后，花脸便不只是器物花脸了，更是承载着民族精神和传统文化的载体。此时在我心里，我就是关老爷，关老爷就是我，我已和关老爷融为一体。这样，我们也就能很好地从整体上把握文章“器物——人物——精神——文化”的解读路径了。

四、从作品层面看

最后，我们用一个更宏观的视角来审视“整体感”与“联系意识”。我们可以发现，某些相对独立的作品，有时也是“藕断丝连”的。比如《史记》中大量采用了互见法，将同一历史事件或人物生平有详略地分散在数篇之中，要完整了解这一事件或这一人物，就需要联系整合这些篇目。而美国学者福斯特更是在《如何阅读一本文学书》中直接提出“世间只有一个故事”——所有的作品都来源于同一个故事，又反过来丰富着这个故事。比如，马克·吐温不熟读《亚瑟王传奇》，是写不出《亚瑟王朝廷上的康涅狄格州美国人》的；海伦·菲尔丁的《BJ单身日记》明显地带有简·奥斯丁《傲慢与偏见》的影子。

综上，培养学生阅读的整体感与联系意识，是语文课堂教学培养学生深入、准确理解文本的重要且必要途径，不仅能激发学生学习语文的兴趣，更能训练其思维能力，激发其想象力和创造潜能，从而有效地促进学生语文核心素养的形成与发展。（景　娜）

探索英语有效阅读，激发英语学习动力

中学是学生进行英语阅读的最佳阶段。学生通过五六年的小学学习，积累了一定的英语词汇量，能够开始阅读以篇章形式出现的英文文学作品。阅读中的困难又促进了他们对新知识的好奇。在这样一个循环反复的过程中，学生的阅读方法、阅读习惯、阅读内容，如果能被加以引导，学生的词汇量、英语思维能力、知识的广度和深度都将会取得事半功倍的效果。认识到英语阅读在英语学习中的重要性，我所在的学校制定并开始实施一系列措施，以期帮助学生养成阅读的好习惯，形成有效阅读，从而激发他们的英语学习动力。

一、"开卷有益"的英语阅读

1. 辅助英语课堂教学

如果我们能将学生日常各种阅读内容与课堂教学合理结合起来，必定会创设出不一样的课堂，激发出学生更强的学习动力。我在教授上海牛津《6A Unit 2 I have a good friend》中 Reading：Good friends 时，对于 poem 的引入使用了一首中英文歌曲《登鹳雀楼》。这是一首非常具有代表性的古诗，能体现中文版的"poem"。它的英文版也是极其简单，学生经过两次的吟唱就已朗朗上口。这种音视频阅读材料既能吸引学生的注意力，使教学内容更直观，更能活跃课堂气氛，还能把学生引进知识的大门。在进行本课教学后，我班上的学生对英文诗歌产生了浓厚的兴趣，他们自发地阅读了更多的英文诗歌。原先的课前 1 分钟英语演讲演变成了英文诗歌朗诵比赛。经过一段时间的锻炼，学生的朗读更加流利，表情更丰富了，于是，我又开展了英语配音比赛，以提升他们的语音语调。一段时间后，在课堂教学中，我发现，学生的口语水平突飞猛进。

2. 提高自主学习能力

阅读，在我看来有三个历程：阅读——悦读——越读。读，而后知读之悦；再读，而后成读之恒。"书中自有颜如玉，书中自有黄金屋"。大量阅读、思考经典的英文作品，不断斟酌其奥妙，学生才能用不断获取的新鲜知识推敲、质疑、释疑，从而获得掌握语言的成就感。诸葛亮有一篇《出师表》。《大军师司马懿之虎啸龙吟》中诸葛亮的扮演者王洛勇用英文朗读的《出师表》，英文纯正，有厚重的历史沧桑感，让人回味无穷。我将《出师表》作为英语阅读内容，要求学生将中、英文句句对照，并且试图通过上下文理解某些词、句。在阅读过程中，我引导学生从同根词汇、句式分析等角度推测词句意思，最后再通过查字典、上网搜索等方式进行验证。事实证明，给学生有一定难度的阅读材料，帮助、引导他们进行阅读，掌握阅读策略后，学生的思维得到了训练，自主学习能力得到了提升，习惯得到了培养。在后期的教学检测中，学生的阅读速度加快了，正确率提高了。

3. 提升学生的文化素养

对于语言学习者来说，了解语言环境、背景知识、人文情境是非常重要的。在学习文言文的时候，教师会教学生思考当时所处的历史背景，作者面临的情势，作者的遣词用句的深层含义。同样，在英语学习的过程中，学生也需了解这个国家的历史、现状以及与本国间的文化差异。在上海日益国际化的趋势下，越来越多的学生走出国门游学。我所在的学校早已关注到了这一现象，因此在每周的英语平台作业中加设了一篇异域文化解读，以帮助学生了解异国人文风情，为自己将来的发展打下基础。在课外阅读中，学生获取多方面的知识、信息，了解世界的动态，体验世界各地的风土人情，提升自己的文化素养，丰富自己的情感，使他们自己在异国人的眼里成为有涵养的国人。

二、"慢工出细活"的英语有效阅读

1. 英语阅读材料的选择

要实行英语有效阅读，阅读材料的选择很关键。

英语课外阅读材料的来源很广泛。名著阅读能很好地培养学生的阅读能力。在阅读名著，特别是原著的过程中，学生能了解更多的历史背景、文化特色、意识形态、价值观念、思维方式等。一部原汁原味的原著就是一个民族、一段历史、一段人生的描述。

阅读时事论文、报纸，收听广播或收看电视新闻，能使学生更客观、更深刻地了解异域文化，了解当今不断变化的世界，站在世界的前沿。

一部引人入胜的电影、电视剧，或是一首广为流传的歌曲，也不失为一个英语阅读的好来源。这些材料关键是通俗易懂，大众化。不要小看这些大众化的阅读材料，它们的背后隐藏着很多民族文化，它们是融合了历史、文化、人文、情节的综合体。

我以为，能让人学到知识的与英语有关的材料都能成为学生们的阅读来源。

但在选择材料时有几点应当要把握住：

（1）思想健全，内容健康。阅读材料的主题应是积极向上，内容应是符合社会道德规范的。青少年是树立世界观、人生观的关键时期，他们的监护人、引导者，有责任为他们精挑细选出一些对他们会产生重大影响的阅读材料。

（2）难易适中，循序渐进。笔者引导学生进行阅读时会给他们筛选出符合他们知识水平的材料。学生的学习是循序渐进的，知识的理解是由易到难的，因此，阅读材料一定要符合他们的水平，这样才能激发他们的兴趣，而不会让他们望而却步。

（3）体裁多样，题材有趣。对学生来说，故事远比科普读物有吸引力，但它们都是知识的一部分，缺一不可。所以，在注重阅读各方面内容的同时，要针对学生的特点，尽可能地选择较有趣的各类读物，这样学生才不会觉得枯燥。

（4）语言地道，用语规范。学生学习语言靠模仿，反复的模仿后才能达到熟能生巧，因此，阅读材料的语言必须要地道、规范。看起来高深的句子不一定地道。如："admire somebody profoundly"用于表示对某人十分佩服，但英美人常说"admire greatly"；地道的英文却是"take off somebody's hat to somebody"。英语阅读是为了将来的对外交流，地道、规范的用语比生搬硬套教科书式的"背书"更加实用。

2. 英语阅读习惯的培养

选择好阅读材料后，不能盲目地进行阅读，要对学生进行指导，帮助他们掌握阅读策略，培养良好的阅读习惯，达到有效阅读的目的。

（1）养成默读习惯。阅读时要集中精力，全神贯注，理解词句的意思和内在关系，最好养成圈画重要信息的习惯。不要发声，不要动唇，不用手指读，不要重读，因为这样容易互相影响，也容易反复停留在某个词或句上，导致阅读速度减慢，信息支离破碎。

（2）养成意群阅读意识。抓住句子核心词，从一个句子快速地扫视到另一个句子，以意群为单位阅读，才能形成连贯性理解。这样，阅读速度才能加快，理解的准确率才会提高。

（3）结合语境，把握文章整体。英语阅读中语境是不容忽视的一部分。无论是单个词、句的理解，还是文章主题的提炼，都要借助上下文进行猜测和推敲。

（4）选择最佳阅读方式。对于不同内容的阅读材料，采用不同的阅读方法。如对于重点的文章、精彩的段落、典型句式要精读，即逐字逐句地熟读深思，达到出口成诵的目的；对于一般的文章只需泛读，即大致了解文章的内容或故事的情节概况，以求达到一定的阅读量。

（5）借助合作学习，增强阅读有效性。学生们在小组中大胆发表想法，积累词汇，这样，每一位学生都能被关注到，每一位学生都可以读懂英语、享受英语。

三、“百花齐放”的反馈与评价

英语有效阅读的评价可以通过日常教学检测中阅读部分的正确率进行评价。这是最直观、最有效的途径。学生学习水平的评价是通过在校的各种检测而获得的。学生有效阅读水平通过测验中的篇章阅读的正确率反映。

英语阅读的效果可以在班级中展示。笔者让学生通过背诵、朗读、复述的方式分享各自收集的优词美句；或者是通过配音、角色扮演等方式实现故事情节的再现。

英语阅读也可以在年级、校级范围中进行评价。在我们学校，有美文、诗歌、名著（片段）朗诵比赛，英语影视剧配音比赛，英语歌曲大奖赛，英语剧展演，英语专场汇报演出等多种活动，展现学生的阅读成果。

英语有效阅读不是一蹴而就的“快餐”式学习模式，也不是“一人一书”的简单事，它需要教师的引导，时间的沉淀，学生的持之以恒。“不积跬步无以至千里”，在英语阅读的道路上，前方必会布满荆棘，但我们会一步一个脚印，用毅力去探索，用踏实去开拓，最终带领学生摘得胜利的果实！（管敏亚）

初中数学合作式学习的策略探究

与以往的教师“注入式”“一言堂”和漫无边际的“泛评”不同，现代教学倡导“自学——合作——展示——反馈”的学习方式。这种合作式的教学方式可以让学生积极地参与到课堂学习中来，引导学生积极、主动地参与讲评活动，在合作交流中，感受到彼此之间的互补性和集体的力量，从而培养学生的主观能动性和创新意识，真正提高课堂效益。下面就合作学习的常见策略谈些自己的认识。

1. 科学合理分组

在合作学习小组中，每一个学生的个性品质存在一定的差异，比如有的同学善于捕捉重要信息，有的善于分析问题，有的善于调节冲突，有的善于组织分配，有的善于表达信息。因此，在小组合作学习中，需要根据学生不同的个性特点，按照性格互补原则安排他们扮演适当的角色，承担不同的任务。与此同时，在分组时还应考虑学生的学习能力，使整组成绩分布相对均匀。学生的角色可根据不同的学习任务轮流互换，这样，学习小组成员之间可以达到有效分工，使个人的优势和特长得以充分利用。

2. 制定基本规则

分好组后，要保证合作学习的有序性，可先定下合作学习的基本规则，如不讲无关事情、控制音量、不扰他人；其他同学发言时要保持安静，尊重对方，有问题听完再议；自己发言时，要先想后说、围绕中心、记住要点、恰当评价；说服别人时要做到尊重诚恳、以理服人。有序性是合作学习的前提，只有保证合作学习的有序性，才能保证合作学习的有效性。

3. 课前互动

基于课堂时间有限，数学教师可在上课前布置学习任务，通过竞赛的形式将任务发放给每个小组，每个小组成员制定出自己的方案，在小组间进行探讨后进行汇总。

比如在讲与翻折有关的习题时，由于题中的图形是折叠好的平面图，对于刚学翻折的同学而言图形太过抽象，让他们找出对应角、对应边就很难了，而要把它运用于解题就难上加难了。解决问题的最好方式就是合作学习，学生首先自己动手操作（翻折），然后交流通过翻折得到哪些认知，并转化成平面图形，最终解决问题。这一系列的过程耗时较长，需要利用课前小组合作完成，上课时小组之间交流成果即可，这样既节省了课堂时间，提高了课堂效率，又培养了学生的动手操作能力、应用拓展能力、总结交流能力。

4. 创设教学情境

为学生提供一定的教学情境，能够让学生在短时间内进入一种特定的环境中，有目的性和有针对性地思考问题。在初中数学教学过程当中，数学教师可以结合现实生活来实现教学知识内容的情境化，通过这种方式来激发学生的学习兴趣，从而推进学生的学习效率提升。在完成情境创设以后，教师可以针对各个学习小组不同的情况来安排相应的问题，通过探讨问题的方式来提升学生的解题能力，并深化学生的知识理解，这不仅能让学生的逻辑思维得到发展，还能培养学生的自主学习能力。

5. 选择合适的教学知识进行分组

教师要根据学生的实际情况，为其科学地安排合作学习的内容。具体来说，为学生安排的学习内容应当区别难易度，并且带有一定的知识探索价值，以此来促进学生的研讨。必须确保问题本身具有足够的思辨性和发散性，以便学生数学水平的提高，不能因过于追求合作学习的成功，为学生安排一些浅显的问题，这样就背离了合作学习的初衷。

比如，在教学“完全平方公式”一课中，完全平方公式的掌握是一个难点，学生经常会出现一个问题，认为任意两项的和的平方等于这两项的平方和。如果按常规教学，题海战术，虽然能取得一定效果，但是学生的学习兴趣并不浓厚，且对公式理解度不够，容易出错，且不懂得变通，更谈不上举一反三。我在本课教学中设计了学生探究公式的过程，还对这几个公式给出了几何图形的说明。学生运用两种不同的方法计算正方形的面积，利用图形理解完全平方公式。通过合作学习这一环节，让学生在组内操作，根据不同图形推导出公式，自主寻求并交流解题方法。在这个过程中，教师不是通过灌输知识、习题巩固的形式，而是学生自主探究公式的形成，这样学生通过动手加强了对完全平方公式的理解，基本把这种“任意两项的和的平方等于这两项的平方和”错误率降为0,且学习的主动性也更加高了,上课效率成倍增加。

合作式学习在课堂教学中被积极倡导并广泛采用,是新的课程改革不断深化的结果。虽然在现实生活之中,很多教师在实践操作还存在着一些问题,如合作学习只重形式而轻视方法,缺乏相应的技能以及知识,没有完全立足于学生学习的实际情况,等等,但只要我们不断努力探究有效合作学习的方式,相信学生的自主性学习能力会得到稳步提升。让学生真正地得到自主性发展,这才是我们的教育之路!(任碧清)

英语教学渗透多元文化知识

英语教学不单是传授英语语言知识，同时也是英语文化的教学。长期以来，英语教学注重传授学生语言知识，偏重培养应试能力，而忽视文化知识教学在语言学习中的重要地位，忽视培养学生的跨文化意识，这种情况必须有所改变。

一、多元化课堂

（一）全英文英语课堂，课本知识外渗透多元文化知识

中学英语教材中的对话课堂体现了交际功能。为了达到在特定语言环境中的交际目的，除必要的语言知识，还必须有一定的社会文化知识。现代外语教学观点认为语用错误比语法错误更为严重。沃尔夫森（M. Wolfson）指出："在与外族人交谈时，本族人对于他们在语音和语法方面的错误比较宽容。与此相反，违反说话规则被认为是不礼貌的。因为本族人不大可能认识到社会语言学的相对性。"为实现交际的得体性，避免不同文化造成的障碍及误解，英语教师在对话教学中一定要将语言形式与语用、文化形式结合起来。

交华中学的英语课上，教师坚持用全英文授课，课本知识内容、知识点外，课堂用语、指令也力求用清晰、精准的英语表达，帮助学生在课堂中也能获得交际用语的操练。

1. 课本知识延伸

牛津英语 6A 选修单元教授"Let's make a pizza"。课文通过用切片面包做底座介绍做猫脸比萨的步骤。这虽然有趣、易于学生理解，但生活中没有人会做这样的比萨。所以课堂进行延伸"Pizza Party"，向学生展现真正餐厅中比萨的原料与制作过程，在给到情境层层操练重点句型的同时，拓展给比萨取名并设计标语，让学生进一步体会西方饮食文化并培养创新精神。

牛津英语 7A"International Food Festival"向学生介绍中国、美国、英国、泰国的特色食物，但数量有限，而且国际食品节只有这四个国家的食物远远不

够。课前布置预习作业，每位同学制作电子小报，分享三个国家的各自一种代表性食物并发给我。我经过汇总、梳理，在课上进行了一次“参观国际食品节”活动，让每个孩子介绍自己最喜欢的国际食物，更全面地打开了学生的视野。

牛津英语 7A 动物朋友单元中提到 the SPCA 动物爱护者协会，虽然课本进行介绍，学生们都能理解，但直到我打开国际动物爱护者协会的官网，学生才知道这个协会的真实存在。除了课文中提到为流浪动物提供庇护所与医疗援助，通过网站，学生也更全面地了解到我们每一个人还能通过捐款、义务筹款、领养、签名支持来帮助流浪动物。我同样也打开了 the CAWF 中国动物福利基金会的网页，让孩子们更近距离地了解到自己如何为流浪动物提供帮助。

2. 阅读篇目与笑话中的文化知识

在平时阅读过程中，学生们也会遇到地道的英语习语。其中有与中文意思大相径庭的，也有与中文意思融会贯通的，如：“The best fish swim near the bottom.”（好鱼居水底，有价值的东西不会轻易得到。）“He that lies down with dogs must rise up with fleas.”（近朱者赤，近墨者黑。）“grin like a Cheshire cat.”读到此处，我启发学生回忆《爱丽丝漫游奇遇记》中的柴郡猫的表情，同学们瞬间明白这种笑容的模样与含义。

阅读文章中也会遇到如“watch out”（当心、小心）这样的固定搭配，以“楼上掉下一个花盆，因有人大喊 Watch out！我伸头出去看导致被花盆砸中”这个笑话，使同学们对此词组记忆更深刻。又如文中出现“turkey（火鸡）”一词，正当下午学生昏昏欲睡时，我突然提问：“Do you know why turkeys always die on rainy days?”（火鸡为什么总在下雨天死去？）学生的眼睛立刻亮了，反应快的学生马上回答：“Because the rain puts out their fire.”我马上抓住了这个体现中西语言差异的契机。中文中将 turkey 翻译成火鸡，但在英语中 turkey 的意思为 fire chicken 吗？其实不然，有时取名并不代表本质。“Because they like to look up and their nostrils are big.”我打趣地说。学生在欢笑中也记住了 look up 这个词的意思。

（二）中国、外籍教师兴趣课、微型课加深多元化理解

语言习得理论说，只有当语言习得者接触到可理解的语言输入，即略高于习得者现有的语言水平的第二语言输入时，才能促成习得。因此除了充分挖掘教材文化内涵外，我们还应通过各种渠道，拓展学生课堂中接触英语国家文化信息的渠道。

1. 中国教师兴趣课、微型课

交华中学校本课程中也设置了每周一次学生走班兴趣课与整个年级一起的微型课。此时主科老师与小学科老师针对学生的兴趣点，进行拓展介绍，开阔学生视野，其中涉及许多多元化知识。如美术老师分享的“生活中的美术”，完全拓展了学生对美术的定义，并身临其境般地体验了东西方建筑、雕塑、绘画、剪纸等方面的美。英语老师也对中西方节日文化进行对比，在弘扬民族文化的同时介绍西方节日的习俗。

2. 外籍教师兴趣课、微型课

交华中学也邀请外教老师进校上主题为“自然探索”的兴趣课与“西方节日”微型课。自然探索课程不仅用英语交给孩子自然知识，同时传授西方的文化观点。如主题为“熊”的课程中，突出西方人对大熊猫的喜爱，同时也介绍棕熊与北极熊。课程结束前播放歌曲“Bare necessities”这首同学们耳熟能详的《奇幻森林》电影插曲，同学们慢慢体会出这首歌曲的来龙去脉，原来 bare 与 bear 发音一致，所以电影中的棕熊会欢快地唱着这首歌。

外教老师的“西方节日”课程，在同学们了解西方节日的基础上进一步添加节日的由来与现代西方人过该节日的风俗，更贴近西方人的日常生活。如孩子们熟知圣诞节每家都有圣诞树，但目的并不只是在圣诞夜放置礼物，全家一起装点圣诞树的过程、圣诞大餐后家人一起围坐在圣诞树旁喝一杯热可可，看着闪烁的灯光展望新的一年，这些都蕴含了节日的精神。类似的还有感恩节、万圣节，学生只对感恩节大餐、讨糖果记忆犹新，殊不知背后的历史故事。外教老师讲解西方节日后，又是我们英语老师“上场”的时候了。西方的圣诞节、感恩节、万圣节对应的中国节日——春节、冬至、清明节是我们民族的文化传承，学生在接受多元文化的同时，更加深了对本民族文化的理解。

（三）课前英语演讲，学生自主探究、分享

每天英语课前学生进行三分钟演讲，题目自选，学生有的从近期阅读的文章中汇总名言、警句鼓励同学们，如“Friendship”；有的从自己最喜爱的书籍中摘选片段与大家分享，如《小王子》中小王子与狐狸第一次见面时的对话。

每位学生演讲后老师先进行点评，针对社会现象，给予正确引导，并借机进行情感教育，老师把握大方向后再请学生从内容与演讲技巧方面进行点评。学生在英语口语得到操练的同时，也激发了自主思考、探究问题的兴趣。

二、多元化校园活动

非英语国家的儿童在学习第二语言时存在几个临界期。少年(11 至 17 岁)认知能力已发展到较高水平,其元语言意识较为敏感,模仿力和记忆力极强;少年比儿童更善于利用语言交际策略,理解语言和文化的能力强。少年的情感屏障没有成年人高,一般不像成年人那样过于计较他人对自己的态度。由于以上方面的原因,少年在学习速度及学习具体语言方面(如词法、句法、听力等)有超过成年人和儿童之处。

尽管中学生在关键期加强学习英语,但中国人学习英语是在汉语环境中进行的,学生们已养成汉语习惯。因此,交华中学的校园为学生创设尽可能多的英语环境,让学生在英语环境中"习得"英语的同时,也促进学生在通过"学得"(learning)的方式来学习并运用英语。

(一)特色比赛

1. 英语课本剧大赛

交华中学预备年级第二学期组织学生进行英语课本剧大赛。每届学生表演,除了传统西方童话故事《灰姑娘》《三只小猪》等,也有老师根据英语原版读物改编的如《海象参加表演》,更有根据中国寓言改编的《新守株待兔》《新龟兔赛跑》等表演,让同学们眼前一亮。

2. 英语歌曲大赛

交华中学初一年级第二学期组织学生进行英语歌曲大赛。比赛曲目不仅有迪士尼动画电影"Try everything"等歌曲,还有励志曲目"Be what you wanna be""I believe I can fly",也有感恩歌曲"Top of the world""You raise me up",等等。

3. 英语配音大赛

交华中学初二年级第一学期组织学生进行英语配音大赛。围绕迪士尼经典动画片段,各班同学们使出浑身解数,在语音语调、情感上还原了原版电影,并加入自己的理解。有些同学甚至在表情、动作上都模仿得惟妙惟肖。

这些特色活动举办过程中,学生们不仅学习、运用语言知识,同样了解语言背后的文化与精神,激励自己的学习、生活。

(二)特色文化节日

交华中学在新春佳节、元宵节、端午节等民族传统节日时会举办迎新晚会、闹元宵猜灯谜、粽香家乡等活动。结合外教老师西方节日课程,各班也会根据情况组织西方节日活动，如圣诞节同学互赠小礼物、卡片；感恩节感恩父母与学校教职员工；万圣节小游戏收获糖果。每个活动虽时间不长，但调动了学生学习多元文化的兴趣，也很好地让处于紧张复习阶段的学生调整一下状态，参与到快乐、活泼、生动的学习生活中去。

在学校领导大力支持、师生共同努力下，交华中学的英语教学更具特色，各方面逐步渗透多元文化知识，学生们徜徉在多元文化知识的海洋中，用源源不断的"活水"，激发自己的学习潜力、培养多元能力，与国际接轨，与时俱进！（尹佳韵）

告别哑巴英语，让孩子主动开口

随着中国的教育改革的步伐不断加快，我们的教育越来越关注培养学生的核心素养。英语学科的核心素养包括语言能力、思维品质、文化意识和学习能力四个维度。其中，语言能力就是用语言做事的能力，涉及语言知识、语言意识和语感、语言技能、交际策略，等等。语言能力的强弱可以通过学生的口语表达能力直接体现出来。2018 年的新中考政策，更加注重英语的实际应用能力的培养，从过去的只关注学生的读写，到如今的英语口语考试列入考试范围，并且占有举足轻重的重要地位。这决定了我们的课堂也必须发生一定的改变来适应中考改革，这对英语教师也提出了更高的要求。针对这一变化，我从以下几个方面帮助学生提高英语口语能力。

一、丰富的课外活动，激发学生对英语口语的兴趣

兴趣是最好的老师，有了兴趣学生自然会自己钻研。提高英语口语也一样，要想提高学生的英语口语水平，必须先从培养学生的兴趣入手。英语学习其实有很多学生们很感兴趣的资源，比如英文话剧、英文歌曲、英文电影等。

针对活泼好动的预备年级学生，我组织了英文课本剧大赛，孩子们通过用英文来表演话剧，揣摩剧中人物的性格和心理，培养了学生用英文思考的习惯，并且在展现人物角色的过程中激发了学生们用对英语口语的兴趣。我们班级的小陈同学在小学时对英语兴趣不大，但有很强的表演天赋。通过参加课本剧大赛，用英语表现了自己的表演才能，这在很大程度上激发了其对英语口语的兴趣。

从预备年级开始，我们的英语课课前一直坚持每日一曲，让学生们在课间休息的时候可以欣赏到他们喜欢的英文歌曲。这些歌曲有些是最新的流行歌曲，有些经典老歌，孩子们在英文歌曲的熏陶下渐渐对英文歌曲兴趣浓厚。他们会自己去模仿哼唱，课间休息时间变成了很多同学的个人演唱会时间。孩子们在欢快的氛围中感受到了英文的魅力。到了初一年级，学生的口语水平得到了一定的提高，他们会唱的英文歌曲也越来越多。为了进一步激发学生通过学习歌曲提高英语口语水平和对英语口语的兴趣，我们组织了英文歌曲卡拉 OK 大赛。整个年级全员参与，让每个孩子都能够在交华的舞台上展现自己的英文，这极大地调动了学生对英语口语的兴趣。

电影是学习英语非常宝贵的资源，通过模仿电影中人物的语音语调可以帮助我们获得纯正的伦敦腔、地道的美音。预备年级以兴趣培养为主，我们开设了英文影视赏析兴趣课，通过英文电影为学生提供大量原汁原味的英语口语素材，引导学生用英语去思考，剖析发现剧中人物的特点。到了初一年级，我们开设了英文电影配音兴趣课，通过小组合作，学生们在轻松愉快的氛围中提高了用英语表现自己情感的能力。经过了预备和初一两年的积累，初二年级很多学生的英语口语水平已经有了质的飞跃。

二、利用好英语课堂，夯实学生英语口语功底

课堂是提高英语口语的主阵地，也是提高英语口语表达能力的主抓手，因此利用好课堂时间夯实学生的口语基础，是告别哑巴英语的必经之路。

1. 英语 3 分钟演讲

英语课前我组织 3 分钟演讲，并且人人都要讲，课课都要讲。3 分钟演讲选材不限，可以是一个小故事、一条新闻、自己的一些看法，甚至可以是当天的天气预报等，这些稿子都是学生自己编写或者改写，并且由教师亲自修改。为了演讲能够得到大家的认可，学生们会主动去扩大课外阅读量，增加词汇量。3 分钟演讲，让每一位同学都有机会为成为主角。学生的主角意识一旦被激发并且得到了大家的鼓励和肯定，这将会很好地激发其学习的兴趣。演讲结束后，听众会对当天演讲的同学进行点评，通过用英语点评也是一种锻炼英语口语的方法。经过一段时间的英文演讲点评，学生们对于该如何做好一次英文演讲已经十分了解，因此演讲也越做越好。3 分钟演讲之所以成效显著，因为它体现了以学生为本的教育思想。

2. 浸润式英语教学环境

纯英文授课让学生在无形中增加了大量的英文词汇。沉浸在英语口语的氛围中，学生学会用英文去思考去表达。因此在英语课堂上，我将真实的情景任务以各种形式呈现给学生，听录音跟读、pair work、小组讨论、情景表演、辩论等多样化的英语课堂口语设置，让学生们在游戏中不知不觉提升了英语口语。

三、利用好课余时间，巩固口语训练成果

1. 高效的自主管理学习时间

每天早上部分学生来校时间较早，离上课还有一段时间，为了让这段时间不被浪费，我将这段时间定为学生的自主管理学习时间。学生自主管理学习时间的任务主要是朗读和背诵，按内容可分为课内和课外两大部分。课内内容包括：(1)要求背诵的课文，例如每单元的听说课与主阅读课文，这是培养学生口语运用能力的主阵地，这些篇目需要理解后再熟读至背诵。(2)英语单词应熟读。很多学生英语不太愿意开口的原因是觉得自己的语音语调不准确或有很多单词不会读。因此在学习新授单词的时候我们就需要及时强化每个单词的读音，这样就会大大地降低学生开口说英语的心理焦虑。课外内容包括：(1)名人名言，格言警句。名人名言和格言警句是英语语言文化精髓的积淀，这是培养学生英语文化理解能力的重要方式。这些不仅教会学生明事理，更会为学生带来满满的正能量，激励着学生不断奋进。(2)俗语、谚语等。养成每天背诵一句谚语的习惯，长期积累，有利于提高学生的文学修养，写作文也能更加得心应手。(3)学生自己喜欢的优秀美文。要求学生在课余时间多看课外书，可从各类报纸杂志中摘录来读。课外内容要求学生互相传阅，教师帮助学生挑选。先从谚语、名言警句入手，每天一句名言，一条谚语警句，坚持不懈。时间长了，数量就可观了。学生们在没有老师监督的情况下根据自己的需要自己决定读什么，充分地满足了个性化的发展需要。在自主管理学习时间学生通过动手、动口、动脑的各项活动，为英语口语能力的培养打下了扎实的基础。丰富多彩的早读内容和多样的早读形式也极大地调动了学生的积极性。

2. 人机对话

我们学校为学生课余时间训练口语提供了网上学习平台，该平台不仅有传统的单词、课文跟读，还有人机对话。人机对话和跟读训练会及时地对学生的表现进行打分。如果学生对于自己的表现不满意可以重复练习，直至自己满意为止。这样的操练让学生的英语口语训练变得可以检测，及时的反馈让学生可以看到自己每一次努力后的进步与成长。每周一次的人机对话平台作业为学生提供了真实的对话语境，让学生学会用英语口语去解决问题，让学生的能力得到大大的提升。中考英语口语考试也是以人机对话的形式出现，经过了初中四年的人机对话训练，相信我的学生到了考场应该不会怯场，发挥自

如吧。

总而言之,英语口语能力的提高需要我们在激发学生对英语口语兴趣的基础上,抓好课堂训练的主阵地,并且利用好学生课余时间进行有效的巩固。由于我的知识水平有限,还不可能深入地研究,对如何提高英语口语能力的研究还很肤浅。但我相信:有这样扎实的沉浸式英语口语训练,我们的学生坚持4年,一定能够在英语口语能力上取得巨大的飞跃。(刘　燕)

运用体验式学习，让初中物理课堂更有魅力

在传统的初中物理课堂教学中，教师忽视对教学方式的创新改革，难以激发学生的学习兴趣，严重影响教学效果。因此在教学过程中应合理采用体验式教学法，为学生营造具有体验感的教学氛围，从而提升学生的学习效果，充分发挥体验式教学法的积极作用，为其后续学习夯实基础。

一、体验式教学的意义

在传统的满堂灌式的教学过程中，教师只重视理论知识的讲解，未能体现出情感教育意义，难以引导学生更好地理解抽象知识，严重影响整体教育效果。而在体验式教学的过程中，教师可以为学生营造较为良好的体验环境，形成内在、具体与有价值的课堂模式，从而使得学生树立正确的观念意识，提升体验感。采用体验式教学法，有助于全面提升教育工作效果，激发学生的学习兴趣，提升整体教育工作力度，满足当前的教学需求。

二、初中物理教学存在问题的策略

1. 加强对物理实验教学的重视

对于初中物理教学而言，教师在课堂教育工作中应重视实验教学，遵循科学化的原则，编制完善的计划方案，全面提升整体教育工作水平。例如，关于“液体内部存在压强”，第一次讲课时有很多学生很茫然或似懂非懂，后来在教学过程中，我首先找一个较大的容器装入适量的水，又找来一些一次性的塑料手套，让学生先戴着手套，孩子感觉手上轻若无物，再让他们逐一将戴着手套的手伸入水中，他们感觉到了手的各个方向均受到水的压力，从而明白液体内部存在着压强。这样的教学达到了预期的教学目标。

2. 完善实验设施，强化实验教学

实际教学中，在试验设施方面，应根据学生的学习特点与实验需求进行创新改革，全面提升整体教育工作水平。例如，在进行比较不同物质吸热本领不同的实验中，学生实验费时且实验过程不易把控，并且多数学生因为距离温度

计很远,看不清数字的变化。我在为学生演示实验时,请了几位同学和老师在讲台上共同操作,并把实验现象投影到电脑上,全班同学均可看到被加热物体温度的变化情况,非常直观,这也激发了学生的学习兴趣。

3. 优化物理教学手段,营造轻松课堂氛围

为了更好地优化物理教学,营造较为良好的课堂氛围,教师要合理地利用身边资源为学生创造体验式学习的环境,例如在讲解"摩擦力"的过程中,学生很容易陷入摩擦力属于阻碍物体运动的力知识误区。为了引导学生对相关知识形成新的认知,教师可以为学生准备一辆自行车,两个人对自行车的后轮进行架空处理,另一个人进行脚蹬的踩动,在带动后轮之后,后面两个人松开手,将后轮放到地面上,这时会出现自行车向前面前进一段距离的现象。此时学生就能了解到摩擦力可以推动自行车前进,从而更好地学习与理解相关知识。

三、体验式学习在初中物理教学中的应用

在初中物理课堂教学工作中教师应树立正确观念,充分意识到体验式教学法的积极作用,利用合理的方式提升整体教学水平,满足当前的初中物理教学需求,达到预期的教学目的。

1. 参与生活体验,激发学习兴趣

物理知识来源于生活又高于生活,教师应抓住此类特点,将初中物理知识的学习与学生的实际生活有机整合,引导学生感受到实际生活中的物理知识,从心理方面接受相关知识,提升物理学习效果。在初中物理课堂教学与实际生活相互联系以后,可以指导学生对生活中的问题进行解决,同时也可以指导学生根据所学知识提出具体的可探究问题,使得学生更好地思考以及探索问题,提升学习水平。

2. 参与实践体验,促进知识建构

教师采用体验式教学法,应重视学生利用体验式学习过程提升学习兴趣与积极性,以此增强教学效果。教师在开展教育活动期间,应保证所有学生都能参与其中,这样不仅可以激发学生的学习兴趣,还能营造良好的思考环境与体验环境,提升整体教学水平。

3. 参与实验体验,培养探究能力

初中物理教师在课堂教学的过程中,应重视学生相关知识的合理积累,为学生营造较为良好的探究性活动环境,引导其更好地参与到实验活动中。在教学期间教师需要与学生相互交流与探讨,及时进行引导,提升学生的探究

能力。

在初中物理课堂教学工作中，教师应总结经验，遵循科学化的发展原则，编制完善的方案，开展各方面的实验教学工作，创建相关体验式的教育环境与氛围，利用体验式教学法，引导学生更好地体验实验活动内容，全面激发其学习兴趣，增强初中物理课堂教学效果。（李冠松）

“凤头、猪肚、豹尾”，让语文课更精彩

高效语文课堂倡导教学要有价值、有效果、有效率、有魅力。但是因为升学的压力，大部分教师将提高学生的成绩和应试能力作为初中语文日常教学的主要目的。这样的语文课堂很难突显出语文的生动性、趣味性，很难展现语文课堂的魅力。又加上语文虽然在中考中占主要地位，但在分数上拉不开差距，使学生错误地认为语文学不学一个样，听不听没差别。这就导致课堂上师生之间的互动交流不足，使语文课堂失去了吸引力，进而导致课堂缺乏活力，没有魅力可言。

我上课时每每看到学生瞌睡、刚讲过的知识遗忘、课堂气氛沉闷……就会反思自己的课堂是不是也落入俗套，课堂的魅力是不是缺失了。

如何改变现状，让语文课堂充满激情，让学生爱上语文，我结合平时的教学实践，谈谈自己粗略的想法。

总的来说我认为语文魅力课堂在于老师环环相扣的教学设计。指导学生写作，我们经常会用“凤头、猪肚、豹尾”来要求学生，其实课堂的设计也是如此。一节充满魅力的语文课堂也应该有一个引人入胜的情境开头、有的放矢的互动过程和余音绕梁的魅力收尾。

一、转轴拨弦的情景导入，引领学生走进知识的殿堂

王国维在《人间词话》中说：“文学之事，其内足以摅己，而外足以感人者，意与境二者而已。上焉者，意与境浑，其次或以境胜，或以意胜，苟缺其一则不足以言文学。”这足以体现文学中“情境”的重要。具有情境的导语就是教师精心打造的一把金钥匙，它能放射出独特光芒，开启学生智慧与情感的闸门，引领学生走入求知的神圣殿堂。

1. 想象体验情境

有一次上《藏羚羊跪拜》这堂课，伴着悲凉的音乐，我用深情的朗读进行导入，当绵长哀怨的旋律在教室里回旋时，同学们心中似乎真的出现了一只给猎

人下跪的藏羚羊。随着音乐的跌宕起伏，学生似乎感受到了老猎人内心的矛盾、疑惑、悔恨和自责。朗诵完毕，音乐继续，有的学生哽咽了。我知道他们已经被课堂的魅力吸引了。

2. 画面再现情境

在讲《罗布泊，消逝的仙湖》这篇课文时，大多数学生没有到过罗布泊，无法理解文中所说的现象。课前，我利用幻灯片展示了一系列罗布泊的照片。当令人恐惧的一望无际的戈壁滩、枯萎的胡杨树展现在同学们面前时，他们的面色凝重，从张大的口，我也能猜测出他们内心的震撼。

3. 表演创造情境

苏联教育家赞可夫认为“智力活动是在情绪高涨的气氛中进行的”。在中学语文课堂中运用情境教学的方式，使学生置身于一种轻松和谐的学习氛围当中，可以充分提高学生学习语文的积极性。《受宠的象》这篇寓言故事在设计过程的时候就可以充分利用这一方法。课前请四个学生上台，一位演爱炫耀的“狐狸”，一位演急不可耐的“熊”，一位演貌似谦虚的“公牛”，一个演气势汹汹的“驴子”。让学生发挥想象，再现当时的情景，这既梳理了课文内容，又让课堂充满了活力。

“转轴拨弦三两声，未成曲调先有情”，两三分钟的导语，巧妙利用便能起到“四两拨千斤”的作用。因此，教师在教学中如果用心设计导语，创设情境，激发学生情感与作者情感的共鸣，不仅能使干瘪的教学内容鲜活起来，让课堂活跃起来，也更容易让学生接受课文内容中隐含的深奥道理，还能让学生更好地体悟到语文课堂的魅力。

二、有的放矢的过程设计，引领学生解读文本的内涵

1. 教学过程要能放权，倡导学生自主探究

《语文课程标准》中明确要求语文课要“积极倡导自主、合作、探究的学习方式”。在课堂教学过程中，就要大胆鼓励学生自主学习，学生合作不能解决的问题老师再讲，进而把学生自主学习的时间放到最大限度。解放思想，调动学生参与的积极性，这一过程中教师要做到“放权”。

《苏州园林》是叶圣陶先生所写的一篇介绍苏州园林的美文，文章高度概括了苏州园林建筑的成就，详细介绍了苏州园林的布局，分析了苏州园林的建筑的原理。在讲授这篇课文时，教师应引导学生领会苏州园林的布局的建筑美，以期达到对课文中心的深刻理解。

但学生对于建筑原理不曾接触，而文章逻辑又具有抽象性，所以学生对此难以把握，特别是段落中的逻辑关系学生往往会忽略。在教学时，我以第 3 段为例带领学生从中心句切入，引导学生思考中心句与分句之间的联系，分析出段首“我国的建筑”大多讲究对称，与苏州园林形成对比，引出苏州园林的不对称性；“东边有了一个亭子……”这句话则是苏州园林不讲究对称的体现；最后用一句设问揭示苏州园林不讲究对称的原因是“要求自然之趣”；最后得出这段中心句和分句之间主要是因果关系。分句都是围绕中心句展开说明的，都是为了清楚地说明事物的特征。

前面是我“授之以渔”的过程，后面我运用六人小组合作的方式，要求学生模仿第 3 自然段的分析，分析 4—6 自然段中各句之间的关系，还原老师的教学路径。学生在激烈高涨的讨论之后分析出：第 4 段两部分之间是并列关系，第 5 段大体呈并列关系，第 6 段各分句之间呈递进关系。

这样设计课堂教学步骤能充分调动学生的自主性，使学生运用所学的方法解决问题，教师变为学生的引导者，引导学生主动思考。“授之以鱼不如授之以渔”，所以，学生在课堂上思维更加发散，学习态度也更加积极。

2. 问题设计要有梯度，带领学生深入文本

课堂提问要讲究层次性，渐入佳境，使课堂活动有立体感，以便学生找到有效阅读路径，并让课堂生动起来。

例如，在教《列车上》这篇文章时，很多教师都会提问：“这篇文章体现了什么主旨，反映了什么社会问题?”这个问题范围广，思维量大，学生很难立马回答，这时课堂就会陷入进退两难的境地。我在教学的时候将一个大问题切割成五个小问题，逐一提问：“我想找哪些人聊天?”“为什么都没有成功?”“他们的共性是什么?”“为什么要写找四次?”“失败的背后反映出来什么问题?”带领学生深入文本，一步步体会文章反映的社会问题，这样文章主旨这一大而难的问题就巧妙分解了。

课堂活动有了梯度，各个层次的学生都能够有所成就，课堂也就有了魅力。

3. 课堂活动要有深度，体现学生思维价值

什么样的课才是一堂好课，一节有魅力的课？笔者认为在诸种指标中，教师能否培养学生的思维品质是重要的评价标准。评价一节课是否有魅力，关键是观察学生的思维是否真正融入课堂，思维结果是否得到尊重，思维能力是

否得到锻炼，思维品质是否得到提升。

在教《变色龙》这课的时候，我让学生就文章不理解的地方提问，学生畅所欲言。当有学生问“为什么要写狗是将军哥哥家的”这一问题时，我就抓住这个问题，引导学生思考：“如果去掉这一环节，文章会有什么不同?”学生得出：“去掉之后奥楚蔑洛夫就是围绕将军个人的权威来改变的。”这时我又问：“加上了将军哥哥家的这一环节呢?”学生很快就明白：“将军”和“将军的哥哥”都属于上层社会，统治阶级的人，而像“奥楚蔑洛夫”这类的警察则是沙皇专制统治的走狗。

基于学生对文本解读的实际需要，日常的教学我们既要引导学生读懂文本，将“写什么”落到实处，更要引导学生去思考“怎样写”和“为什么这样写”的问题。让学生的思维融入课堂，提升学生思维的广度和深度，才能培养和发展学生的思维品质。这样的课堂才是有价值、有魅力的课堂。

三、余音绕梁的魅力收尾，提升学生文学思维的品质

一堂语文课结束时我们做什么？我发现做得最多的，或总结课堂教学内容，或布置作业，或用“我们今天就到这里”这句话结束教学。精心设计课堂结尾，是语文课堂富有魅力的重要环节。

1. 拓展式结尾

在讲《凡卡》这篇文章的时候，我将结尾落在凡卡的“梦”上：你觉得凡卡甜蜜的梦会实现吗？学生们各抒己见，单纯善良的同学说“会的”，认识深刻的学生说“不会”……一番百花齐放之后，我没有发表任何见解，也没有告诉他们原著的结果，而是将问题又抛给了他们：课后以《梦醒之后》为题续写凡卡，下节课交流，看谁最适合当作家。

这样，学生课堂上被调动起来的热情能够维持到课后，形成持续学习的动力。学生能以急切盼望的心态等待下一次上课，这节课便是充满魅力的。

2. 抒情式结尾

我在教授《雁》这篇小说时，结尾用深沉的语调呼吁：“同学们，今天我们学习了《雁》这篇小说，在这过程中我们欣赏到大雁夫妇对爱情的忠贞和对生命自由的执着追求，也清晰地听到它们那无声的呐喊：‘人们啊，你们尊重我们的生命吧!’那就让我们一起行动起来，‘尊重生命，善待生命’吧。”我从学生的眼神中看到了他们对大雁的敬佩，从他们频频的点头中看待了他们善待生命的决心。

课堂结尾学生已经领会文本内容，感受到事物的美好或作者的强烈情感，在此基础上教师用或深沉、或欢快、或激昂、或哀伤的语言来总结全文，足以撞击学生稚嫩的心灵，掀动其感情的波澜，点燃其感情的烈火，给他们带来余音绕梁的艺术享受。

3. 辩论式结尾

《新课标》指出："养成独立思考、质疑探究的习惯，增强思维的严密性、深刻性和批判性。乐于进行交流和思想碰撞，在相互切磋中，加深领悟，共同提高。"

我在教《愚公移山》这篇文章时，设计这样的结尾：愚公到底愚还是不愚？智叟到底智不智？学生一下子活跃开来，七嘴八舌地讨论着。有的说愚公是愚的，这两座山如果没有天神的帮忙是不可能移走的；有的学生认为愚公是聪明的，因为他能一下子让智叟无话可说，而且"子子孙孙无穷匮也"体现了愚公能用发展的眼光看问题。……在学生讨论之后，我引导学生从文本的角度来思考作者对于这两个人的态度，得出愚公是智慧的，智叟是愚笨的。但我并没有停留在文本的角度，又抛出一个问题："愚公移山的精神在今天还有提倡的必要吗？"有的学生说：现在我们很多人有畏难情绪，很多时候还没有开始就已经放弃了。愚公能想常人不敢想的问题，付出超常的努力，对现在的人来说是个很好的教育，所以我认为愚公的精神在现在仍需提倡。接着有学生反驳说：做事不是光靠胆大的，愚公的做法不切实际，没有很好估算自己的力量，冒进蛮干，浪费人力财力，也不符合环保的要求，所以他的做法不可取。……双方的争辩此起彼伏。可喜的是学生能找出对方发言中的漏洞，进行反驳，有理有据，更能结合社会实际，明确表达自己的观点。

课堂的末尾正是学生从文本和课堂领略自己见解的重要时刻，思维的火花在此刻碰撞得最为强烈，所以一个有力的结尾，能让学生带着问题来，揣着思考走。

在学校打造"高品质校园提升教育幸福感"的主题下，我通过设计精致的"凤头"引领学生以进入文本情境，设计巧妙的"猪肚"带领学生深度挖掘文本，设计有力的"豹尾"提升学生的思维品质，营造了民主轻松的课堂氛围，激发了学生思维的火花。学生的学习状态由"沉闷被动"转变为"积极主动"，充满求知欲。学生感受到语文课的魅力，这样的语文课才能让学生获得学习的幸福感！（彭小燕）

体育课要让学生感受到幸福

有幸福感的体育课堂是提高学生体育锻炼积极性，增强体质，促进同伴合作交流，真正体验到运动的成功和快乐的源泉。打造幸福的体育课堂，不仅是新课程改革的基本要求，也是学生获得幸福体验、提升幸福感的主要场所。

一、体育教学中学生现状

在平时的教学中发现，现在的学生参与体育锻炼的积极性不高，喜欢上体育课，但喜欢无拘无束自由自在的体育课。为数不少的学生在体育课中表现出上课无精打采，注意力不集中，畏难情绪较大，锻炼不积极，考核只求合格，没有喜爱的活动项目，怕出汗等现象。

二、影响学生体育学习现状的因素

首先，思想意识方面，学生由于学习上的压力，只是想通过体育课舒缓紧张的神经，投入的练习热情不够。其次，部分学生运动能力差，心理素质不稳定，由于动作不协调害怕同学嘲笑，怕苦畏难，没有进取拼搏精神。此外，受天气和上课班级多少以及班级间场地分配和器材配比的影响，学生的参与热情和运动体验也会受到影响。还有，教师作为课堂的引导者，其教学方法和手段的运用，也会对学生参与热情有较大的影响。

三、积极调整教学思路，营造幸福课堂氛围，让学生获得幸福体验

针对以上影响学生课堂幸福感体验的因素，如何做出相应改变，提升学生体育课幸福感，我觉得应从以下几方面进行尝试。

1. 深入挖掘教材的魅力，解决怎么教学生才爱学的问题

一般来说，体育教材都具有一定的娱乐性。教师在备课钻研教材时，首先要深入挖掘教材的娱乐性，也就是教材的魅力所在。因为教材的魅力是激发学生学习兴趣的重要因素，如篮球的投篮、足球的射门、跳远的远度等。要抓住教材的魅力来做文章，用教材的魅力吸引和带动其他练习。当然，在钻研教材的基础上，教师还应当深入研究教法，研究此项教材怎么教学生才爱学。因

为，教材本身的魅力有大有小，教材的魅力越小，就越要在教法上下功夫。例如，耐久跑对大多数学生缺乏吸引力，教师就更应当下大功夫去研究，如可以设计有趣味性的竞赛游戏，选择不同的跑步场地给学生新鲜体验，或者配以活泼的音乐激发练习热情分散疲劳注意力，对不同体质的学生给予合理的评价，等等。

2. 帮助学生选择适宜的学习目标

适宜的学习目标具有导向、激励和评价的功能。学生不喜欢上体育课，幸福感较低，其中有一个重要的原因，就是用统一的目标和要求来对待千差万别的学生，其结果就必然导致一部分体育尖子生，无须做出什么努力，就可轻而易举地实现目标，而失去学习的兴趣和动力；而另一部分学生，却无论做出什么样的努力都无法实现目标，屡受挫折，而丧失学习信心和兴趣。因此，帮助学生确定适合自己实际水平的学习目标，对提高学生的学习幸福体验是具有重要意义的。

3. 根据学生生理、心理特点，采用不同的教学方法

教材安排要符合生理、心理特点，不断变换和更新教学方法，做到教无定法，贵在得法。同一教材可以采用多种教法，如迎面接力跑，可用三种教法，教法一：采用近距离迎面接力或近距离往返接力形式进行练习，以提高传接棒技术为主；教法二：采用较长距离形式的迎面接力跑作用，以发展奔跑能力为主练习；教法三：进行教学比赛，以提高传接棒动作技术和培养团结合作精神为主。由于三种教法完成不同的教学任务，从而大大地提高了教学效果，克服了同一教材重复练习导致学生产生厌烦情绪的缺点。

教学中要注意学生的心理状态，对于那些学习上有困难、有害怕心理的学生要多鼓励，多帮助，尽量少批评，少指责，否则会使学生产生逆反心理。而对动作完成较好的学生要及时表扬肯定。要根据学生不同身体条件、运动能力，给予不同的练习时间，提出不同的教学要求。

4. 善于调整变换课堂气氛

不少体育课，严肃有余而活泼不足，课堂教学氛围显得过于沉闷，这是很难吸引学生的。积极的课堂气氛，才符合学生的心理特点；师生之间、同学之间的关系融洽和谐，才能促进学生学习和思维的发展，这是教学的基础，也是进行创造性教学的必要条件。体育课前就应避免不利因素的影响，排除各种“负面”干扰，努力营造良好的课前气氛。教师应根据大纲、课本的要求，明确

教育教学的指导思想，精心设计每一堂课的教学内容，力求教材内容和形式达到和谐统一。注意做好课前的各项准备工作，合理布置好场地、器械，使学生一进入场地，就能感到良好的体育课的氛围，从而产生跃跃欲试的学习动机。一进入体育课开始部分，应把重点放在徒手操上。徒手操不单是为基本部分的内容做好准备活动，它是一种全身性活动，锻炼价值比较高。教师应结合学生年龄、性别、生理和心理的不同特点以及教材的内容，认真编写徒手操或其他准备活动内容。编排要富有趣味，以提高学生兴趣，活跃课堂气氛。当然，还应具有一定的生理负荷量，来适应基本部分需要。基本部分是体育课的主要部分，因此课堂气氛也应随运动量的增大而逐渐热烈。当体育课运动量为最大时，其课堂气氛也应最为活跃。当体育课进入结束部分时，应辅之以放松性的练习，多做些协调放松的游戏性活动，这样不仅能缓解课上造成的疲劳，同时还能为下节课的活跃气氛打下基础。

5. 全面了解学生，从学生实际出发，建立良好的师生关系

学生进入青春期以后，男女生之间身体素质的差异发生了明显变化。比如，女生在肌肉力量方面较差，在心理上比较胆小，但她们在身体的协调性、柔韧性等方面比男生强。因此，安排女生的体育内容应特别注意由简到繁、由易到难、循序渐进的原则，可多安排些技巧类、体操类的内容。教师必须全面了解学生、熟悉学生，从学生的实际出发，进行因材施教，这样才能收到好的教学效果。

此外，教学过程中要力求建立良好和谐的师生关系。只有建立一种民主、和谐的师生关系，学生才有可能喜欢上你的体育课。师生感情融洽，相互尊重，学生喜欢你，他就有可能也喜欢上你的体育课。情感是沟通思想的桥梁，爱学生，才能唤起学生奋发向上的勇气。当然，爱学生决不是对学生的放纵，要做到宽严适度，爱严统一，只有这样才能有效地建立良好的师生关系。为此，教师一方面要努力提高自己的师德修养和业务水平，还应注重自己个性和修养，时刻以最佳的状态出现在学生面前，从而影响感染学生，激发学生的学习热情。

6. 注重运动的乐趣和成功的体验

体育教育一个非常重要的功能是让学生们充分感受到运动的满足，这样他们才有可能积极地参与到体育活动中，逐渐把教师培养的兴趣变为自觉自愿的运动习惯。要千方百计激发学生兴趣，促使每个学生特别是身体素质差

的同学,尽量多地获得学习成功的体验,从而增强信心。对于后进生,主要不是要求他们要达到什么标准,或是赶上或超过什么人,而主要是帮助他们实现自我超越,只要他们有一点一滴的进步,就给予表扬和鼓励。因为获得成功的体验是学生学习过程中最大的内驱力,学生如果在学习上每次都获得某方面的成功,就会产生巨大的积极性。如在横箱分腿腾跃教学中,为了减少部分学生的失败感,使学生获得成功体验,可以给学生按运动能力和性别分组,由学生自己选择有把握跳过的高度,使所有学生既可领会或掌握其动作要领,又使不同层次的学生在不同条件下都获得成功,体验到成功后的幸福感。

我们体育教师要积极努力提高自己的教学业务水平,深入钻研教材、改革教法,多给学生有幸福感的体育课,使每一个学生都学有所得,学有所乐,真正获得运动的乐趣和成功的体验。(李　明)

兴趣是最好的老师

苏联教育家苏霍姆林斯基说:“成功的欢乐是一种巨大的情绪力量,它可以促进儿童好好学习的愿望。请你注意无论如何不要使这种内在力量消失。”确实,我们都知道,兴趣是最好的老师,而兴趣是带有情绪色彩的认识倾向。在学习中,学生如果取得成功,就会产生愉快的心情。这种情绪多次发生,学习和愉快的情绪就会建立起较为稳固一定的联系,学生对学习就有了兴趣。

一、外部动机和内在动机的作用

要让学生有学习的动机,首先他对学习内容是有需求的,这种需求可能来自于他对这个领域内容的缺失,或者来自于实际学习生活中的疑问,希望寻求更好的解决办法。

在我们的课堂上,要让学生有足够的意愿坐下来学习,需求、兴趣、欲望才是最好的原动力。如果能够填补思想的空缺,获得求知欲的满足的快感,那么,这个学生无疑会极其主动和自觉地进行学习,哪怕遇到困难,也会努力克服或者寻求帮助来解决问题。

可是这也是最为困难的,因为学习毕竟是一件需要长期付出艰苦努力的活动,常常会消耗很多耐心和精力,而且我们很难知道学生内心想什么,这对老师的挑战很大。有人说,大量的或者单纯的外部动机会削弱内部动机,我也基本同意这个观点,但不是说外部动机的手段不能使用,如果两者做一个搭配我们的教学会更加有效。

二、传统的外在动机激励方法

1. 表扬

在学校,老师经常会给孩子们许多奖励性的表扬。如口头表扬“你做得很正确”“你是我见过的最勤奋的孩子”“你这个做法让我眼前一亮”,等等。

我们学校也会给孩子很多的称号和奖状。例如,我们每个月都会评出“交华之星”等称号,还有不定期的“夸夸我身边的榜样”等活动。期末的时候还会有“学习标兵”“德育标兵”“自我管理标兵”，等等。至于奖状那就更是不胜枚举了。

2. 成绩

义务教育阶段不允许有成绩的排名，但是我们会有成绩的等第。ABC 不同的等第会给孩子不一样的刺激，各科老师也会通过一些成绩来表扬名列前茅的孩子。

3. 实物

对于成绩优异、表现突出的学生，老师或者学校会给予实物性的奖励，例如奖品和奖学金等。我校每学期都会对品学兼优的学生进行奖学金的颁发，无论是特等奖的 5 000 元，还是提名奖的 200 元，都是由校长亲自颁发，这不仅仅是金钱的鼓励，更是一种荣誉感的获得。除此之外，各班、各年级都会有一些小奖励。奖品虽然可能只是一些并不昂贵的学习用具或书籍，但是对学生的鼓励作用却是极大的。

三、新时期的外在动机激励法

随着时代的发展，技术的更新，沟通方式的多元化，传统的外部激励方法也要与时俱进，力求符合新时期的社会和学生及家长的需要，达到更好的激励效果。

1. 照片、视频、PPT、多屏互动

老师的手机随时随地都可以记录孩子们点点滴滴的成长和改变。例如广播操比赛的时候，我把本班学生刚开始学习广播操时的生硬、不熟练通过照片、视频等形式记录下来，再通过班级电子白板进行展示，学生不仅被自己的动作逗笑，更重要的是看到了其他同学的规范动作和自己的不足之处，会去努力改正。再如，课间或休息的时候，有的同学会在教室里大声喧哗和嬉戏，有的同学却默默地做作业或帮助班级打扫，我就用多屏互动的方式，手机投屏到电子白板上，高下立见，无须多言。

2. 家长群

为了方便家校联系，大多数的班级都会有家长群，如果把表现优异的学生的行为（特别是在家长的配合下完成的行为）以视频、照片的形式发布在家长群里，不仅是对这位学生的极高赞扬，也给其他学生提供了一个学习的榜样，更是对家长的配合工作的肯定，会让家长也得到被表扬的愉悦感，进而更加支持配合学校工作。

3. 教师朋友圈

朋友圈一般都是好友之间互相关注和点赞的地方，如果某老师把班级中的孩子的优秀行为发在自己的朋友圈里，那么，不仅学生家长们，还有老师的同事、朋友、亲戚都可以关注和点赞，这对于被表扬的孩子无疑是巨大的鼓舞。我校很多老师都会把学生的优秀作业、获奖情况，甚至坚持练字的好习惯发朋友圈，效果非常显著。

4. 学校微信公众号

我校的微信公众号会不定期地发布学校的一些动态，对于大型活动当中表现突出的孩子或者是平时学习当中值得大家去赞扬和学习的榜样，都会有特写和专号，在微信公众号当中被关注，无疑涉及面会更宽更广，获得的赞誉会更高，而“官宣”的权威性也更高，那么孩子的积极主动性势必会被极大激发。

类似的方法其实还有很多，只要我们心怀赏识，不断创新，就能有更多的孩子受到鼓舞，不断前进。

有意义的人生是需要外部动机和内部动机共同作用的。而当孩子们内部动力不足的时候，就需要教师们用外部动机进行激励。哪怕是一点点小小的进步，只要是进步，就值得鼓励，值得放大，甚至是一个小小的微笑赞许，学生都会铭记在心，这不就是我们教师不断前进和不懈追求的动力吗？（杨　慧）

激发成就动机，提升学生学习兴趣

长期以来，我们在课堂中常常遇到这样的学生，人很聪明，平时在主课上也表现较好，但每到体育课不是肚子疼就是腰疼、头疼、腿疼，找各种理由来逃避体育运动，在练习动作过程中也能躲就躲。事实上，这些学生是出于对自己运动能力的不自信。因此，如何调动起学生们的积极性、主动性，如何使学生对体育运动充满兴趣，成了我们体育教师需要解决和思考的问题。

1. 了解学生的需求

通过观察学生课余活动，我们发现学生在课余时间喜欢玩智力游戏，比如：谁是卧底、寻找消失的物品，通过分配角色设定任务，每个角色在掩饰好自己的身份的同时还要完成任务。学生为什么会对这些游戏感兴趣？因为这些游戏都存在一些共有的未知性，需要自己去发掘探索，并能够在游戏的过程中感受到趣味性、竞争性和合作性。

由此，课堂上要注意观察学生的真正需求，不要被课堂的表象所迷惑。比如：让初二年级的学生热身用大网捞鱼游戏，他们会开心吗？在老师的组织与鼓励下学生一定会开心参与，但这种开心仅仅是表面上的笑，不是发自他们内心的笑。我们要在课后通过口头和书面两种方式来听取学生的反馈与建议，收集起来后进行分析与反思：学生对哪些环节最感兴趣？满足了学生什么方面的心理需求？还有哪些不足，不足在哪里？怎么样改进这些不足？试着从学生的角度出发，去思考他们希望有一个怎样的感受，再相应调整自己的教学策略。

2. 培养学生的学习兴趣

在教学中我们可以感受到，学生是这个世界上最大的“模仿家”，他会模仿在学校里接触过的老师，模仿他们的一言一行，而教师的人格魅力就凸显在这里，教师好学的精神，渊博的知识，敬业的态度，爱生的情感，都会在无形中引导着学生。孔子说过：“亲其师，信其道。”学生喜欢一个老师，就会喜欢这个老师所教的学科，愿意去学习这个科目，就会激发起浓厚的学习兴趣，进而转化成无尽的动力，去寻求新的知识。教师的教学方法形式多样，内容丰富多彩，语言风趣幽默都会对学生的学习兴趣产生影响，这种影响不是一时而是一生。

3. 激发成就动机

美国哈佛大学教授戴维·麦克利兰通过对人的需求和动机进行研究认为，“具有强烈的成就需求的人渴望将事情做得更为完美，提高工作效率，获得更大的成功，他们追求的是在争取成功的过程中克服困难、解决难题、努力奋斗的乐趣，以及成功之后的个人的成就感”。

成就动机对体育学习的积极性相关度很高，起到互相促进的作用。积极性是一种自觉的进取行动，是成就动机支配下的一种行动，也是强化成就动机的一种行动，所以父母和学校教育者应注意正确引导学生。比如，我们在教学中经常会用的手法是由简至难，循序渐进，但仍然有一些同学“无动于衷”他们并不是不想加入，而是因为我们在教学设计上太中规中矩缺乏趣味性。那么我们就要想办法让课堂变得有趣起来，努力提高自己教学艺术，诱发学生的学习兴趣。可以组织比赛，强化学生的学习兴趣；重视活动，发展学生的学习兴趣。记得我带的班级有一个学生，他在体育课上很多时候都会找各种理由来躲避跑步，练习的时候也是不太积极，以至于别的同学都已经掌握的技术，他还没有学会。不过还好，他最喜欢踢足球，每次只要练习足球他就变得浑身是劲，每次体育课时他都希望我可以带大家练习足球。我就抓住了这个同学的特点，运用积分兑换奖励机制，只要他完成每节课布置的任务，就能获得积分，而积分可以换取印花，如果集到 15 个印花就可以组织一次班级内的小足球比赛。果然他开始慢慢加入练习中，并且还会关注其他同学的练习情况，这使另一部分同学的技能与体能也得到提升。我问他为什么会变成这样，他说：“老师，因为足球需要很多人一起来踢，只有我一个人能够获得比赛的机会还是没有办法进行足球比赛的。”没错，对于学校来讲，体育不仅仅是一个增强体质的学科，还有育心、育人的作用，在这里我们学习的不仅仅是技能，还有与人相处，团队合作，懂得运用团队的力量，使我们能够把能量发挥到最大。（万胜男）

基于“学生需求”的朗读教学行动研究

九年义务教育整个过程都重视朗读能力的培养，我从事初中语文教学十五年，也深知朗读教学的重要性。但根据目前大环境中教师朗读教学的现状来看，初中阶段学生的朗读水平不能很好满足其自身的朗读需求。学生到底存在哪些朗读需求？怎样才能有效地提高学生的朗读能力？这些问题需要针对一批学生具体进行跟踪调查，对教师进行朗读教学行动研究，才能找到学生的真正朗读需求，总结出行之有效的朗读教学方法，帮助学生提高朗读水平。

《教育大辞典》指出：“朗读是通过视觉、听觉和思维活动，将文字符号转变为有声语言的读书方法即出声的阅读。中国传统的读书方法，原称为诵读或诵念。读者眼看文字，大脑接收文字信息，指挥口发出声音，再接收有声言语信息，进行积极思维，达到理解和记忆。”即是说，朗读源于念读，但高于念读，需要朗读者融合对文本内容的理解、自身的情感，进行有声的再创造，但绝不是脱离文本的瞎创造。

马斯洛把人的需求分成生理需求、安全需求、社交需求、尊重需求和自我实现需求五种类型，教师需要从人本的角度出发关注学生的各种需求，帮助学生将情感融入认知活动中，使学生更加积极主动地参与学习。学习过程是一个识知的过程，“学”蕴含着学生“知”的发生与发展，明确学生“知什么、不知什么”，更能促进“学”的发生。学生是教师在课堂上直接的对话者，是教学的对象。从表面上看，教师在教学中是“教育者”，学生是“被教育者”，但事实上，教学中教师的思维、决策和行为都是针对学生的学习需求展开的。因此，学生是教师学习与成长中真正的教育者。将教师的教学置于“回应学习者需求”这个最主要的活动对象中进行考量，才能揭示其学习的本质。本文所指“基于学生需求”包含两个方面，一是通过调查，发现学生自身所产生的对于朗读能力的主观需求；二是教师通过评估学生的现有朗读水平，与课程标准对比后，教师发现的学生现阶段对于朗读的客观需求。

一、研究现状

我对前人关于朗读教学方面来的问题进行了总结，发现前人主要针对朗读教学的作用、朗读教学现状、学生的朗读能力评估、学生朗读能力差的原因以及朗读教学的策略方面进行了研究。

前人在对朗读能力进行分析时，有的认为教师对学生的朗读评价笼统随意，不专业、无指导性直接导致学生缺乏应有的朗读技能；有的指出朗读教学不重视朗读方法的引导，形式不当，教师指导无方，效果不佳等问题直接导致教学流于形式；有的提出学生朗读存在的首要问题是“对文本内容理解不深，感情把握不到位”。也有针对朗读教学策略进行研究的前人，建议进行教材研究、重视朗读教学、激发学生兴趣、加强技巧指导、多种形式实施朗读教学、因材施教个性化朗读、构建多元评价体系等。

前人的研究大多是基于经验，并没有进行具体的对比性调查跟踪，对所提出的建议进行实践检验；他们也没有对朗读教学进行分轮实施，基于教学行动提出相应的教学策略；而且前人并没有对于“学生需求”给出过多的关注。本文的行动研究就是基于初中“学生需求”，对学生进行为期两年的朗读教学分轮培养，探索找到行之有效的朗读教学策略。

二、研究过程与方法

本研究主要采用文献调查法和行动研究法进行。我首先对朗读教学有关的文献进行了搜集整理，然后以上海市某学校六年级两个教学班为例，对学生的朗读情况进行针对性的教学行动研究。首先对预备班学生入学时的基本情况进行调研，然后开展为期两年的行动研究，即朗读兴趣的培养、朗读技能的指导、朗读习惯的养成和朗读心理的塑建，在初一年级的学期结束前再次对该教学班学生的朗读现状进行调研。采用“发现问题——分析问题——确定对策——制订行动计划——实施行动计划——效果反馈”的研究方式，找出原因，并寻求策略，尝试解决问题。

本研究持续了两年时间，分为三个阶段：

启动阶段：现状调查，查阅相关文献，制订行动计划，时间为 6 个月。

深化阶段：在班级进行朗读教学的干预，进行观察，收集相关资料，进行三轮循环的行动研究，时间 1 年。

总结阶段：整理案例、对比分析、完成报告，时间为 6 个月。

三、研究问题分析

我对所执教的预备班学生入学时的基本情况进行了调查，发现学生的朗读水平整体较差，不能满足学生自身的朗读需求，也不能达到课标要求的朗读水准。根据调查统计，基于学生的朗读需求，在朗读教学中主要存在的问题有：认知功利，师生朗读兴趣淡薄；指导欠缺，师生朗读技能堪忧；设计忽略，朗读教学流于形式；读悟脱节，情感忽略，语文素养难以提高。具体情况见下分析。

1. 认知功利，师生朗读兴趣淡薄

表 1　预备班朗读兴趣情况

问　　题	选　项	比例(%)
你对朗读感兴趣吗？	A. 很高	30
	B. 一般	50
	C. 不太高	12.5
	D. 没有	7.5
你参与课堂朗读活动的程度如何？	A. 非常积极	31.25
	B. 较积极	37.5
	C. 不太积极	25
	D. 基本不参与	6.25

表 2　预备班前教师朗读教学时间情况

问　　题	选　　项	比例(%)
五年级时，你的语文老师在课堂教学时用于朗读所花费的时间平均为多少？	A. 3 分钟以内	18.75
	B. 3—6 分钟	38.75
	C. 6—10 分钟	31.25
	D. 10 分钟以上	11.25

根据上表 1，可以基本看出学生对朗读的兴趣普遍不高，朗读兴趣淡薄，对于课堂朗读活动的参与程度较低。笔者认为主要由于教师和学生都对朗读教学的作用认识不够，加之教学任务重，常常忽略了朗读。这一点根据表 2 学生在五年级时教师的朗读教学时间便可以看出。更关键的一点是：中考不考朗读。上海新中考政策已出炉，英语学科将增设人机对话，英语口语便地位飞

升。而语文教学中，朗读不是考试或考查项目，因此原本应有的地位自然就逐渐被取代，被边缘化。应试教育的大环境影响了语文朗读教学发展的前景。

另外，初中生正处于青春期，由于自身的生理和心理发展原因，如果教师没有重视营造朗读的良好氛围，建立起学生朗读的倾向情绪和自信态度，学生就会在特殊的初中阶段，与开口大声朗读的表现渐行渐远。

2. 指导欠缺，师生朗读技能堪忧

《义务教育语文课程标准》对于朗读总的要求是“能用普通话正确、流利、有感情地朗读课文”，教学实施建议中指出：“要让学生在朗读中通过品味语言，体会作者及其作品中的情感态度，学习用恰当的语气语调朗读，表现自己对作者及其作品情感的理解。”而朗读能力的培养，必定要涉及“朗读学”中的相关知识。朗读不是简单的见字读字，它是一个综合的生理、心理变化过程，涉及视觉、听觉、气息、情感等诸多技巧，具体到重音、停顿、语调、节奏等多层面的专业知识。

根据表 3，发现学生对朗读基础知识的掌握并不扎实，过半的学生希望得到教师进行朗读技巧和方法的指导。根据我多年的教学经验，发现语文课上经常会出现如下现象：学生朗读时声音细小、漏字多字、停顿不当，读得支离破碎；有些学生朗读较顺畅的，仍会有声音平白、感情苍白的现象；有些学生朗读看上去很热情很卖力，实则都是千篇一律的“唱读腔”“拖腔”，在小学升入初中时表现最为明显，这种夸张的演戏式的朗读，怎能让人感受到美感？

表 3　预备班朗读知识技能情况

问　　题	选　　项	比例(%)
你掌握关于朗读的基本知识吗？(如：停顿、重音、节奏、语调、感情等)	A. 完全掌握	13.75
	B. 基本掌握	38.75
	C. 掌握小部分	40
	D. 不掌握	7.5
你希望语文老师进行朗读教学时，能够：	A. 多给出练习时间	23.75
	B. 多示范朗读	12.5
	C. 多进行朗读技巧和方法的指导	56.25
	D. 多培养朗读兴趣	7.5
	E. 其他	0

新预备学生入学两个月后，我又抽取了40名预备班的学生个别朗读《秋天的怀念》第一小节，录音记录其朗读情况，进行朗读测评。根据预备班学生的朗读测评，他们在字音、语调、变调规则、轻重音、停顿等方面均存在较严重的问题。

表4　预备班前教师朗读指导情况

问　　题	选　　项	比例(%)
五年级时，你的语文老师向你们提出朗读的要求并进行指导吗？	A. 每次都是	15
	B. 大多数时候是	31.25
	C. 偶尔是	37.5
	D. 不怎么指导	16.25
五年级时，你在朗读后，会感觉自己朗读水平有提高吗？	A. 提高快，进步大	37.5
	B. 有一些提高	12.5
	C. 基本没有提高	31.25
	D. 完全没有提高	18.75
五年级时，朗读完后，你的语文老师是如何评价的？	A. 每次都作指导性评价	2.5
	B. 大多数都评价	22.5
	C. 笼统评价	58.75
	D. 很少评价	16.25

结合表4，从教师层面看，也呈现出评价笼统随意、不专业、无指导性的现象。许多学校有早读一说，名义上该是学生朗读课文，但这时候通常没有教师指导，基本属于学生自读，读好读坏均没人管，并且早读经常被教师占用来讲题，进行思想教育等，这些都跳脱了早读的意义。教师即使是进行朗读指导，笔者在听课过程中听到的也是诸如“朗读声音太小”，“读错了好几个字，整体也不流畅”，“读得绘声绘色，让我们也学着样子一起来读一遍”之类缺乏专业指向性的无效指导。曾有一位语文教师在学生入初中近一个月时，借我的教学班级上《花的话》公开课，执教老师试图让学生读出芍药的骄傲自满的性格特点，连续叫了三位学生都没有达到效果，老师急了：“怎么就读不出这种骄傲呢？再试试看。”回看这位教师连续叫学生读的过程，没有具体地点评前一位学生的朗读，更没有对学生进行朗读要点的指导，怎能达到效果呢？

沪教版教材中仅在六年级上册第一单元的知识卡片中介绍了有关朗读的“节奏、重音、语调”等概念。在教师资格证的评定中有“普通话测试”，但更偏重读的字音等正确为标准，而没有“朗读测试”要求。

综上，教师自身欠缺朗读的相关理论知识和技巧，导致自己朗读能力欠佳，且在朗读教学上没有自信。或者说是对朗读知识和技巧掌握不专业，因此也直接导致不能对学生进行有效的评价和训练指导，造成浮于表面的泛泛而谈，更谈不上循序渐进的培养计划。因此，绝大部分学生不懂如何正确发声、换气，选择怎样的语气语调，语速该快该慢，如何停顿，停顿时间长短等，学生的朗读水平自然无法提高。

3. 设计忽略，朗读教学流于形式

表 5　预备班前教师朗读形式选择情况

问　　题	选　　项	比例(%)
五年级时，你的语文老师经常会选择以下哪种朗读形式？（选两项）	A. 教师示范朗读	21.25
	B. 学生个人朗读	37.5
	C. 全班齐读	35
	D. 分角色朗读	6.25
	E. 其他	0

初中语文课堂，教师往往会重讲解轻朗读，重思考轻感受。整堂课的设计中用于朗读的时间甚少，更别说是精心设计的对关注语言形式、理解文本有推动促进作用的朗读环节了。多数时候，教师把朗读作为环节与环节之间的过渡，作为教师板书时间布置给学生“不能闲着”的任务，或者就是要背诵的章节内容……整堂课很少听到抑扬顿挫的深情诵读。

再者，根据表 5 可以看出，朗读方式较为单一，朗读关注面窄。有的教师自己不作范读，或者有的教师自身朗读能力强就多为范读展示而忽视对学生的指导；更多的是全班齐读，要求做到和谐统一，不关注个体的朗读情况和个性能力。有时，语文教师也会采取分角色朗读、指名个别读等方式，但往往为了省时和感染效果等原因，关注的是个别朗读优秀者，其他同学只能做听众，得不到训练。久之，就造成了大多数同学在朗读上的情感懈怠，很难再有勇气放声朗读。

此外，信息化多媒体的盛行，以录音作范读的现象越来越普遍，往往不加以选择，加之即便是优秀的朗读范例，固然有其优点，但往往现场感欠缺，没有气氛的渲染和熏陶，无直观感受，会让学生难以沉浸，游离在外，效果不佳。

4. 读悟脱节，情感忽略，语文素养难以提高

表 6　预备班学生读悟情况

问　　题	选　　项	比例(%)
朗读时你是否理解文本内容?	A. 完全理解	12.5
	B. 基本理解	50
	C. 理解小部分	25
	D. 不理解	12.5
朗读是否可帮助你理解文本内容?	A. 完全有帮助	5
	B. 有较大帮助	20
	C. 有一点儿帮助	63.75
	D. 没有帮助	11.25
你在课堂上朗读时，最担心出现哪种情况?(选两项)	A. 读错字音	12.5
	B. 朗读不流利	18.75
	C. 朗读没有感情	43.75
	D. 朗读声音太小	18.75
	E. 怕读不好被同学笑话	12.5
	F. 其他	0

华东师范大学博士生导师崔允漷教授对核心素养作了如下解说：指个体在信息化、学习型、充满挑战的社会中，面对复杂的不确定情境时，综合运用所学的知识、观念、方法解决实际问题所表现出来的关键能力与必备品格。套用在语文学科，就是面对复杂不确定的语文情境(含生活情境)时，综合运用语文知识解决语文问题(含部分生活问题)的关键能力和必备的语文品格(含语文思维与语文素养)。简言之，语文核心素养就是语文运用的关键能力和社会人必备的语文品格。季正泉指出，“读”是学习语文最基本、最主要方式和方法，也是一种综合性的言语能力的表现。朗读则是其中较高层次的言语能力的表现，也可以说，朗读能力最能全面地体现人们的言语能力。言语能力包括理解和表达两个方面，学生一方面要理解他人的情绪和情感，另一方面要学会正确调用自己的情感进行表达，这样才能培养出具有健全语文品

格的学生。

首先,朗读是在把书面文字转化为口头语音的基础上,表达出文本的感情。换句话说,朗读要传递的情感是朗读者对作品的理解,理解文本是"正确、流利、有感情"地朗读的基础,但是根据表 6 发现,目前的朗读现状是学生并不能很好地理解文本,甚至教师都不理解文本。不理解文本,学生自然难以理解作者的情绪和情感,难以和作者产生共鸣。据调查,教师普遍对朗读的心理规律没有认识透彻,使朗读不能与"导"和"练"有机结合,造成讲和读脱离,不能让学生以读促悟。而近年来理论研究也相当薄弱,一般停留在朗读教学的工作经验层次上,或是从普通话教学角度出发分析朗读的技巧问题。

其次,朗读和情绪智力相关,即朗读能够帮助学生识别和理解自己与他人的情绪状态,并利用这些信息来解决问题和调节自己的朗读行为。中学生正处于生理心理快速发展的阶段,存在着情感与理智的矛盾。中学生情感与理智的矛盾,使得他们容易动感情,也重感情。一方面,他们充满热情和激情;另一方面,他们的情感又极易受外界的影响,容易发生冲动、波动,有时会因一件小事的成功而欣喜若狂,也会因一次小小的失败而心灰意冷,有时也会为一点小事争得面红耳赤。他们的情绪、情感总在两极摆动,不能冷静地控制自己的情绪。他们对自己喜爱之事,积极性很高;对自己不感兴趣之事,则避而远之。这一切都说明了中学生的情绪、情感经常处于大起大落、彼消此长的两极状态,而难以及时地用理智加以控制。因此使用朗读来引导学生正确调动和抒发自己的情感就格外重要,这直接影响中学生情感智力、情感素质的培养。根据前期调查发现,现阶段许多教师都忽略了学生情绪智力的开发,即忽略了学生学习的自主性,淡漠了学生人文素养的培养。

再次,青春期的中学生容易产生腼腆的心理,强自尊心容易导致他们不好意思在同学老师面前将情感展现出来,还怕朗读出丑。他们特别在意他人的目光,极易受班级环境的影响。如果老师、其他同学都不能充分调动情感进行朗读,他们自己也不愿意在朗读上倾注自己的情感。

四、研究方案实施

针对学生需求,我首先在朗读教学大环境的基础上,针对刚接手的两个预备年级自然班的朗读现状进行了问卷调查,明确了班级学生的朗读现状和原因。然后在接下来的教学实践中,展开了一系列的行动研究,试图改变现状,提高学生的朗读水平,为提高语文素养做准备。具体的朗读教学行动计划见表 7。

表 7　基于"学生需求"的朗读教学行动研究计划

行　　动	时　　间	目　　的
问卷调查 培养朗读兴趣	六年级第一学期始	了解学生朗读现状和朗读教学现状，从培养朗读兴趣着手
抽样测试 指导朗读技能	六年级第一学期中期	分析学生在朗读基础知识和能力上存在的问题，以便针对性地进行朗读技能指导
设计朗读教学 重视朗读心理	六年级第二学期始	精心设计朗读教学，培养朗读习惯； 重视朗读心理，培养朗读情感
抽样测试 问卷调查	七年级第二学期末	调查研究，比较入学初情况，总结朗读行动研究的成果经验，反思不足

我在具体的教学实践中，展开了三轮行动研究。

（一）第一阶段：培养朗读兴趣

针对新组建的预备班级大多数学生对朗读兴趣淡薄的现状，确认在行动研究中的第一步是培养朗读兴趣，这既是教学目标需求，更是学生自身发展需求。我针对调查访谈的结果，在教学时一一作了调整。

1. 确保充分朗读

朗读教学方法，有其亲和力以及丰富的形式，能促使课堂活跃的氛围，使课堂充满灵气，能在轻松的环境下激发学生学习的兴趣。我在语文课上，都会确保学生朗读的时间充分，平均每堂课达 15 分钟左右。

2. 注重激励措施

对于朗读出色的、朗读有进步的、敢于朗读的同学都给予相应奖励：或以增加个人综合评价平时分的分值，或以减少相应的笔头作业等形式，予以鼓励和肯定。有时会利用学生的集体荣誉感，采用小组竞读的方式，给获胜小组增加积分，纳入班级平日管理中。如在教学《天上的街市》一文时，把学生分为 8 个学习小组，先在组内共同朗读这首诗，再由小组全体成员一起表演读，获胜小组获得积分。在那次竞读中，有选用配乐恰到好处的小组，有个体和整体配合朗读和谐默契的小组，有采用表演朗读出色的小组，一时间，班里掀起了朗读的热潮，原先那些没有朗读兴趣的同学也深受感染。

3. 丰富朗读体验

针对因为朗读不需考试因此不重视的误区，笔者在班级自行进行了朗读过关任务。在黑板的左上角，开辟了"每日一言"栏目，由学生按学号每天推荐一首自己喜欢的诗词，在早读课时，推荐给大家。推荐者既要能有感情地诵读该诗，又要能响亮大声地讲解给同学们听。如果其他同学感到不满意没收获，就不算过关，第二天得重新准备重新推荐。这一任务单，不仅让每位学生都有了任务，实则也是多了锻炼和展示的平台。至今，已坚持了快两年，平均每位同学轮到过十二次左右。在这一过程中，学生不仅培养了朗读的兴趣，更是积累了诸多古诗文名句，提高了语文素养，而丰富的文学底蕴又反过来促使学生朗读能力的提高。

每堂语文课前都设置了“每课一讲”栏目，即在语文课前三分钟，由学生轮流上讲台与学生老师分享。每一轮都有主题：美文交流、故事分享、好书推荐、新闻时事评点、某观点之我见……学生由最初因为是学习任务不得不上台，表现出羞涩扭捏，到逐步泰然自若地或读或诵或评或悟，在这期间，教师的指导尤为重要。

每学期都进行语文诵读活动，预备班时学到现代诗歌单元，举行了“读诗诵诗，一地诗情”系列活动，先是在班级海选，再在年级进行隆重的决赛；初一时进行“我是××朗读者”分享会，学生或讲述故事或诵读美篇的精彩表现，给参与者和观众都留下深深的印象。

在这一系列有计划的培养策略中，不仅创设了这样良好的朗读氛围，更是让学生在锻炼中获得自信，并且在进步中、在老师和同学们的肯定和鼓励中，得到尊重的需求、自我实现的需求。班级一位小孙同学，原本语文成绩薄弱，但自从对朗读产生兴趣后，不断练习，常主动找我指导，在一次朗诵比赛中，以一首深情的《面朝大海，春暖花开》获得年级二等奖，从此更爱上朗读，进而爱上语文学习，如今成了班级语文学习的优秀生。

（二）第二阶段：巩固学生的语音等朗读基础能力

根据教学班学生在进入初中后两个月进行的40位抽样朗读录音调查，分析出班级学生在朗读基础知识和技能上的一些通病，并据此作出相应指导。

作为语文教师，我将拼音知识贯通到读写教学，指导学生在朗读中体味汉语声母、韵母、声调与情感的关联，还对学生的朗读从停连、重音、节奏、语调等方面予以针对性指导，作出有效的评价。

1. 归类知识卡片，学习字音变调

我针对学生容易混淆声母制作辨析读音的字词表，针对学生的儿化发音制作儿化词表，针对多音字设计多音字辨析表，让学生早读时大声朗读练习。

我还让学生在课下进行易读错字、多音字整理，并积累相关的例句。

例如，下表为易混声母表的一部分。

表 8　易混声母

易混声母	示例	
n\g	劲头	镜头
z\zh	自疗	治疗
c\ch	擦花	插花
s\sh	撒手	杀手

下表为多音字表的一部分。

表 9　易混声母

多音字	字音	解释	组词	组句
宿	[sù]	住，过夜，夜里睡觉	住宿	等我们找到住宿的地方，就出发。
		平素，素有的	宿愿	我的宿愿是有朝一日考上大学。
	[xiǔ]	夜	一宿	他一宿没睡。
	[xiù]	星座	星宿	据说天上有十二星宿。

变调规律方面，学生存在的问题主要包括“一”的变调、“不”的变调、“啊”的变调等，例如“不，我不去”中的“不”字读音，“一脚踩遍一个”中“一”的读音。对此，我首先让学生课下自主总结发现汉语的变调规律，然后教师课上进行总结强调，同样制作变调知识卡片进行朗读练习。还要注意结合情感掌握变调规律，如，“啊”在不同的语调下存在变调，表示惊异赞叹读一声，如：“啊！黄继光突然站起来了！在暴风雨一样的子弹中站起来了！”表示追问读二声，如：“啊？你说什么呀？”表示惊疑读三声，如：“啊，这难道是我的影子吗？”表示应答的、明白过来的读四声。选取含有需要变调字的文章，让学生进行自查操练。

2. 重视范读指导，掌握韵律规则

(1) 指导学生学会轻读

一是让学生通过轻重字表练习轻重音，如“东西(dōng xī)——东·西(dōng xi)”。二是结合对课文内容的理解把握字词的轻重，如“母亲扑过来抓住我的手”中的“过来”“住”是轻音，在朗读时应与作为重音的动词“扑”“抓”形成对比，但学生往往对它们同等对待，都读成重音，这就形成了我们所说的“唱读腔”“拖腔”。笔者针对这一问题，首先进行范读，然后让学生尝试着像说话、讲故事一样进行朗读叙述类的文章。例如：“后来妹妹告诉我，她常常肝疼得整宿整宿翻来覆去地睡不了觉。”让学生感受讲故事的语音语调，像说话一样地说出这句话，然后再点出重点词语“整宿整宿”“翻来覆去”，让学生在正常说话的基础上对这些词语进行重读。再如，教学“母亲扑过来抓住我的手”的朗读技巧时，我结合轻音，让学生首先理解句义，结合理解对学生进行朗读指导，让学生知道有轻必有重，轻重搭配。其中，动词“扑”“抓”是重音，一连贯的动词突出了母亲当时急切的心情，以及她对儿子深厚的爱；“扑”“抓”重读的同时，“过来”“住”需要轻读，使整句话听上去音律交错，轻重自然。

（2）根据理解掌握重读及重读技巧

重音方面，学生不清楚重音的语音表达方法，只会一味地大声读。例如“望着望着天上北归的雁阵”中的“望”为重音，应该将音长拉长而非简单地提高音量。这一点，我在课上给学生指明了“重读就是声音大”的误区，并通过教师的范读让学生发现，重读可以通过拖长音长、适当停顿、改变音高的方法实现。例如指导学生朗读“听着听着李谷一甜美的歌声”时，“听着听着”作为重音要读得舒缓，放慢速度读，即让音更长一些，这样同样也会抓住听者的注意。

（3）通过停顿使朗读抑扬顿挫

停顿方面，学生常会在停顿位置方面出错，例如“我会突然把面前的玻璃砸碎”，“突然”后面应该进行较长的停顿，一是汉语韵律停顿的要求，使整个句子有顿挫的音乐美感，二是可以强调“突然”，凸显我的喜怒无常。但部分学生会朗读成“我会突然把/面前的玻璃砸碎”或者是“我会突然把面前的/玻璃砸碎”，让人感觉他读文章很累，总是憋着，而且难以让听者听出重点。笔者针对这一情况，在让学生朗读前会让学生先默读，熟悉文章的大意，自己用铅笔画“斜线”标出停顿位置，然后出声朗读，修改读起来不顺畅的位置，直到最后感觉基本可以为止。再者，我在指导时会给学生讲清楚停顿一般出现在要强调的重点字词之后，例如“我会突然把面前的玻璃砸碎”在“突然”后面停顿，就延长了“突然”在听者耳中停留的时间，表现出朗读者是在强调这一副词，突出我脾气的喜怒无常。

当然，这些有关朗读的专业知识并非生硬地灌输给学生，而应重视在具体的朗读指导和评价中，潜移默化地让学生习得方法，领会技巧，教师要注重在课上范读，课下让学生多听录音感悟。如前文所举例，《花的话》一文中有关芍药自夸的语言，若教师能对学生朗读芍药的话（“春天的花园里，就数我最惹人注意了。你们听人们说过吗？远望着，我简直像朵朵红云，飘在花园的背景上”）进行指导，指导学生正确把握停顿节奏，指导对“最”“简直”等副词拖长音且重读，把握“你们听说过吗?”的上扬语调，对于“飘”这个形象的动词，不仅要重读，还要以上扬的语调读出洋洋得意的情态，在这样的指导下，效果自然会出来，就不会出现教师连叫三声，干着急的情况了。

3. 丰富朗读体验，培养朗读语感

（1）学做老师

朗读不仅要会读，还要明白其中的技巧，懂得如何读好。为此，我提供给学生做小老师的机会，让学生先会自己朗读，然后把握要点，教其他学生朗读。例如，学校组织了古诗鉴读，让学生自主选取一首古诗，自己先学习这首古诗，把握字音、句子的基本含义，掌握句读停顿，然后在每天的早读时间带领同学朗读，这样可以使学生更加清楚朗读的要点。

（2）拓展朗读

拓展朗读，就是利用与文本相关的材料来辅助理解文本的朗读方式，把与文本材料从体裁、主题、背景资料等不同角度的朗读材料相结合，形成内容丰富的“朗读链”。就体裁而言，初中阶段学生接触到的主要有诗词、文言文、现代文诗歌、散文、小说、戏剧。朗读也有很多形式，范读、配乐朗读、诵读、齐读、单读、接力读、对读、分角色读、赛读、录音读、表演读等。不同体裁的作品，有不同的语言风格，如果朗读方法不当，不但不能引导学生更好地理解作品，还可能引起学生的反感，使学生逐渐失去学习语文的兴趣。结合课内教学，我会定期为学生推荐同体裁的课外朗读篇目，引导学生采用不同的朗读形式：对于韵文，引导学生“身临其境”、配乐朗读；对于小说，引导学生进行分角色朗读，选取有关片段让学生在朗读的过程中品味、分析、理解；对于戏剧，引导学生分角色朗读，或表演读等。文言文的朗读需要从字词入手，要理解文本的思想感情和艺术手法，这就需要教师和学生掌握大量的文言知识和写作背景，把相同内容的课内或课外材料联系起来，或对比，或拓展，形成一条“知识链条”。

(3) 设置朗读任务单

我还注意培养学生的任务型学习意识，平日每周布置朗读预习作业，让学生课前自主解决字音问题，用铅笔标画句子节奏；课后注意课内朗读知识的迁移，将课内学到的朗读技巧迁移运用到课外材料的朗读上。还给学生定期设置弹性任务：每日一首古诗朗读，让学生课下积累文言诗句，自己学习字音、句读、释义，然后在班级范围内为其他同学进行范读，并领读；每月给每个学生一次朗读展示的机会，学生可以自主选取自己喜爱的材料，在全班进行朗读展示；每学期一次朗读录像，让学生自主选取自己喜爱的一篇文章，进行朗读录像，教师择优在班级内展示，其结果纳入综合评价。每学期学校还会组织一次朗读竞赛，鼓励学生关注朗读，培养学生的朗读兴趣。

(三) 第三阶段：精心设计朗读教学，重视朗读心理

针对调查问卷和访谈中班级学生所呈现出的诸如“读悟脱节”“情感孤立”，教师不重视教学设计、不重视学生朗读心理、不能认识到朗读对学生语文素养的重要作用等情况，笔者在前两阶段的基础上，对学生的朗读心理进行了探索。

季正泉的《朗读的心理过程与朗读教学》一文中从心理学角度论证了朗读的心理起点是理解，他说：“从心理学角度看，言语的理解是在感知言语的物质外壳(语言和字形)的基础上凭借人的过去经验，通过思维而掌握语义即掌握言语所表达的思想的过程。作为朗读的心理起点，学生理解课文，就要真切地把握作品中字里行间流露出来的作者的态度感情。”他告诉了教师们，要指导学生朗读，培养学生的朗读能力，遵循朗读的心理过程有着比告诉技巧更重要的地位，这正如他自己强调的那样：“读，是学习语文最基本、最主要方式和方法，也是一种综合性的言语能力的表现。”

1. 精心设计朗读教学，培养朗读习惯

通过朗读，可以品味文章的用词、句式、声调、语气，并以此领悟文章的主旨和情感。朗读可以促进理解，而理解又能更好地促进朗读。在阅读教学中，朗读不可孤立存在，应融于整体教学中，精心设计朗读教学，有助于学生更好地理解文本，也有助于培养学生良好的朗读习惯。

(1) 读准标题，引发思考

标题是对课文内容的高度概括，是文章主题的眼睛。学生对标题的朗读到位，将有助于打开思路，引发对课文内容和情感的思考。读准标题，不仅要

读准字音，还要读准节奏、读准情感。因此，在学习《秋天的怀念》时，笔者先引导学生学习这一偏正短语，找准节奏，并找到关键词“怀念”，继而提问：“联系自身的情感体验，说说‘怀念’是一种怎样的情感?”探究中悟出是深情的、难忘的情感，这就指导学生把握住了基本的感情基调。在带着深情和难忘朗读课题多遍后，如下问题便自然地浮现出来：作者怀念谁？发生了什么事？为什么在秋天怀念？重视标题的朗读，能激起学生学习的热情，唤起对课文的思考，为更快进入学习情境做好铺垫。

（2）深情范读，以情传情

教师声情并茂的范读，能引导学生很快地进入课文特定的情景之中，加深学生对课文的印象，有助于对课文内容的理解，并引导学生理解文章中蕴含的情感。精彩的范读也是对文章的生动阐释，善于运用，会让范读时的情感表达，强烈地影响着学生，使学生的思想感情和教师发生共鸣，产生良好的效果。

（3）比较朗读，知意知情

朗读是把无声的文字变成有声语言的一种阅读方法。一篇课文，通过朗读，可让学生熟悉课文的主要内容，理解语句的精义妙理，体味作者的神思妙笔。

我通常会采用替换或读漏词语等方法来指导学生进行比较朗读，以此来培养语感，引导学生用心体会文章用词用句的精妙所在。如在教学《秋天的怀念》这篇课文时，为了让学生加深体会，在原文的基础上对个别段落的句子、词语进行了替换。如：

> 望着望着（读漏一个“望着”）天上北归的雁阵，我会突然把面前的玻璃砸碎（摔碎）；听着听着（读漏一个“听着”）李谷一甜美的歌声，我会猛地把手边的东西摔向（扔向）四周的墙壁。

学生在比较朗读中感知不同词语所产生的不同表达效果，语感能力得到进一步的提高，并真切地感受到史铁生的暴怒无常，通过这样的动作发泄怨恨和怒火，并深刻地感知他在“砸”、在“摔”的表象下的悲观与绝望的内心。

（4）角色朗读，入景入情

角色朗读是学生最容易进入文本、表现自我的一种朗读方式。它对于提高学生的朗读兴趣、形象思维和表情达意的能力具有积极的作用，也更有利于帮助学生体会人物情感，感悟中心。

富有鲜明特征的人物对话就适合采用角色朗读法。学生首先要透过文字初步揣摩人物心理，分析人物特征；其次，学生要根据文本设计朗读时的语气、语调、神态，甚至动作；再者，朗读对话的学生之间还要协作配合。角色朗读组织得好，就会将原本较为单一的文本解读过程变成了一次让学生自我探究、合作感悟的过程。

（5）情境朗读，以情激情

作者在写文章时，先要在脑海里勾勒一定的形象，再借助文字，把头脑中的形象反映在文章里，读者再通过这些文字来理解形象。朗读便是把文字的描写还原成鲜活形象的一条捷径。情境的创设非常重要，它不但有利于拓宽学生的视野，帮助学生想象，同时更利于促使学生去感悟文中的情和景，激起感情的共鸣，在不知不觉中受到感染。声情并茂的情境朗读，让读者、作者和文中的人物情感都融为一体。

《秋天的怀念》中有这样一句："她出去了，就再也没回来。"指导这句的朗读理解时，我用语言、画面、音乐，有意识地创设语感情境，把课文所描绘的客观事物或现象生动形象地展现在学生面前，使得原本无声的文字变成有感情的音符，帮助学生凭借想象走进作品所描述的那个看得见、摸得着，能闻其声、辨其色的活生生的具体形象的世界。让学生深情地读，用心地品，他们就会不知不觉沉浸于情境之中，获得一种渐入佳境的朗读感受，从富有生命力的文句中，激发出作者所要表达的情意来。

（6）精心设计朗读作业

想要朗读不流于形式，精心设计朗读作业是促进好的朗读习惯形成的重要途径。在《秋天的怀念》课前预习时，教师布置了如下朗读作业：一读，读准字音，标注停顿；二读，读准重音轻音，注意语调；三读，读出情感。在学完课文之后，又布置了这样的课后朗读作业：一读，入情入境，体会母亲对我深沉的爱；二读，理解作者懊悔、自责的情感，体会对母亲深深的怀念之情；三读，迁移阅读，读史铁生的《我与地坛》《合欢树》，加深情感体验。

对课文朗读的精心设计，不仅能让学生更好地以读促悟，加深对文本的解读，更能让学生达到以学一篇迁移到学一类课文的目的。

2. 重视朗读心理，培养朗读情感

(1) 读悟相长，从理解上构建朗读的心理起点

基于对文本的理解，是朗读好一篇文章的基础，是学生与作者建立情感共鸣的起点。

作为朗读的心理起点，学生理解课文，就要真切地把握作品中字里行间流露出来的作者的态度感情。具体地说，把握课文作者的态度是肯定还是否定，是赞扬还是贬抑等；把握课文的感情是爱还是憎，是悲还是喜等。例如，沪教版七年级课文《安塞腰鼓》是一篇气势磅礴的散文。学习时，笔者提示学生：这是一篇热情豪放、慷慨激昂的抒情散文诗，调动你最激越的感情，大声朗读课文，在朗读中想象气势磅礴的场景。

(2) 以朗读带入情景，"复活"人物

通过朗读，实现"语言—形象""语言—情感"的转换。我国传统文论讲求"因声求气"，就是说话时的音节、声律，可以通过读者的朗读体现出来；"气"就是说话时的气势或语气，包含着人物的思想感情。让学生从语句开始，看看如何读出不同的情感，并由此延展至对语段的阅读，让学生在朗读中咬文嚼字，涵泳品味。

引导学生以朗读驱动想象，建构审美情境，实现"语言—意境"的转换。例如七年级课文《安塞腰鼓》中那奔放、炽热的黄土高原和腰鼓表演的激荡现场，学生只有调动自己的已有经验，展开丰富的联想和想象才能在脑海中跟上作者的步伐，"复活"陕北汉子淳朴炙热的形象，体验作者的情感。让学生充分赏析《安塞腰鼓》声调的抑扬、词句的顿挫、声气的流转、情感的激荡，最终仿佛进入了黄土高原世界，一起奏响腰鼓之声，这就是以情带声，声情并茂。因此需要教师在课上对学生的情感设计引发环节。

(3) 重视学生情绪智力培养，正确抒发自己的情感

情绪智力也就是识别和理解自己与他人的情绪状态，并利用这些信息来解决问题和调节行为的能力。中学生处于青春期，正是学习和提高如何理解他人情绪、情感，学习如何调动、控制自己情绪和情感的关键时期。语文的朗读是提高学生情绪智力重要的环节。朗读过程中优美的语言，和谐的音节，深邃的语境，鲜亮的画面，都可作为载体，用来培养学生的情绪智力。一方面可以通过朗读激发学生与作者的共鸣，让学生学会理解他人的情绪、情感；另一方面可以通过朗读，让学生学习如何正确调动自己的情绪、情感，使学生内心

的情感得到合理的抒发。

中学生充满热情和激情，但不知道如何正确抒发。当文章需要表达热情、激扬之情时，学生只是一味地大声大叫，不知如何调动自己的情感，这时结合上文中提到的教师先进行情感的铺垫，然后根据关键点激发学生的想象，让学生在理解作者情感的基础之上，调动自身的相关情感。例如，《秋天的怀念》中“我会突然把面前的玻璃砸碎”，可以让学生联系上下文，理解此处是为了说明“我”脾气的喜怒无常，再让学生联系自己发脾气时的情感，进行调动，然后进行朗读。再如，“听着听着李谷一甜美的歌声”，可以先让学生理解此时是为了突出音乐的优美绵长，结合学生自己听到舒缓柔美的音乐时的情感再进行朗读。教师要教育学生学会用理智控制感情，用朗读的方式学会调动自己的“喜怒哀乐”。

学习《秋天的怀念》中表达主旨的段落：“黄色的花淡雅、白色的花高洁、紫红色的花热烈而深沉，泼泼洒洒，秋风中正开得烂漫。我懂得母亲没有说完的话，妹妹也懂。我俩在一块儿，要好好儿活……”此处，引导学生身临其境地感受：当母亲离我们而去，想象着妹妹推着我来看菊花，此时此景，假如你是史铁生，你会有怎样的情感呢？指导学生朗读，要求一是读出“忏悔、思念”的感情基调，二是读准句中的停顿和层次抑扬，三是读好领起词的延长音，四是读出形容词的特点，五是读出关键词“好好儿”的深沉语气。这五点训练结束后，全班在音乐声的渲染下齐读本段文字，感同身受地体悟着作者对母亲的怀念，决心抛弃他原来的自暴自弃，要重新开始自信地生活，燃起对生活的热爱的这份深情。

青春期的中学生容易产生腼腆的心理，自尊心强导致他们不好意思在同学老师面前将情感展现出来，还怕朗读出丑。他们特别在意他人的目光，极易受班级环境的影响，如果老师、其他同学都不能充分调动情感进行朗读，他们自己也不愿意在朗读上倾注自己的情感。而在笔者对学生的情感进行积极引导的过程中，培养了整个班级的朗读氛围，给了学生安全感、自信心。

五、研究成效

经过对教学班为期两年的朗读教学探索实践，笔者努力培养学生的朗读兴趣，巩固学生的语音等朗读基础能力，精心设计朗读教学，学生的朗读需求已经基本得到满足，学生的朗读水平也得到了很大的提升。下面是我在两年后对原预备班（即现七年级第二学期末）学生的朗读情况调查所归纳的具体数据（见图 1、图 2）。

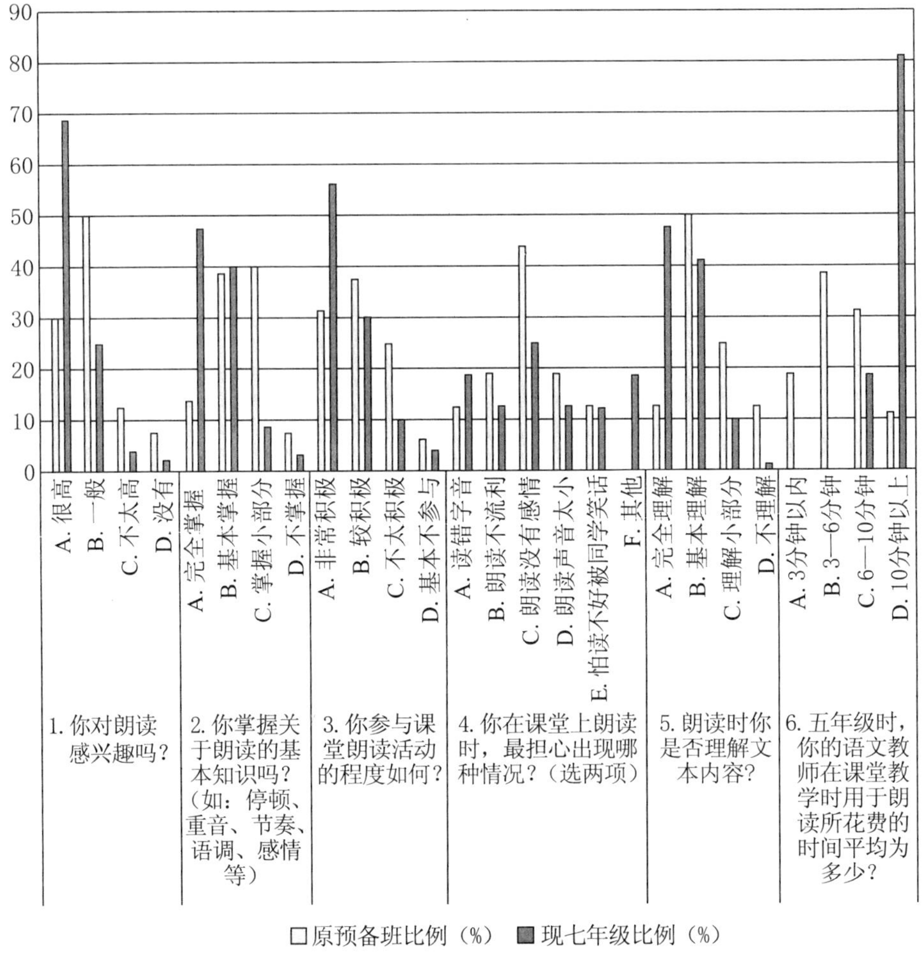

图 1　原预备班与现七年级学生朗读情况对比(一)

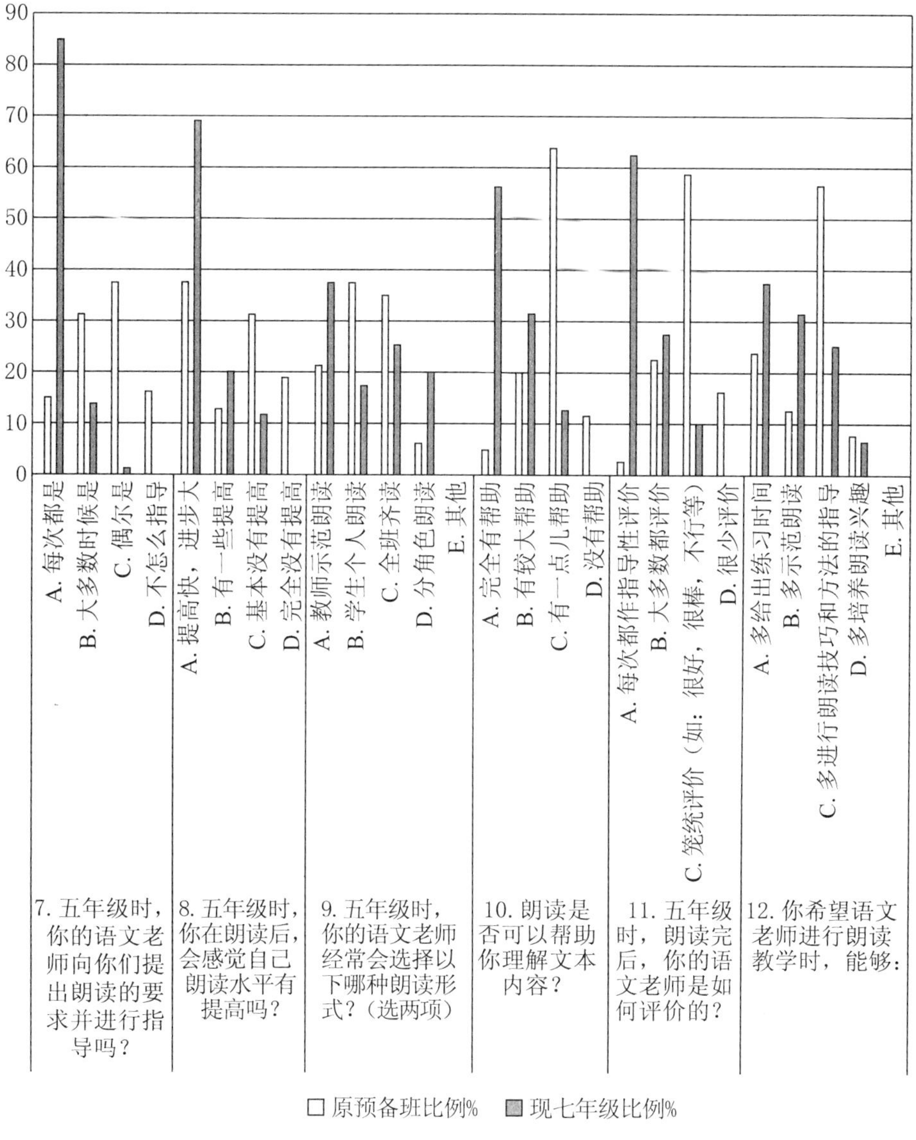

图 2　原预备班与现七年级学生朗读情况对比(二)

根据上图，与预备年级初期的调查表相比较，可以基本看出学生对朗读的兴趣有了大幅度提高，对朗读基础知识的掌握也提升了，大部分学生都愿意积极参加朗读活动，学生在朗读时对文本意思的理解情况也有好转，教师给学生的课上朗读时间增多了，所有学生觉得自己的朗读水平在近一年内都有提高，越来越多的学生意识到了朗读和文本解读之间的关系，教师也大大降低了对学生朗读的笼统性指导，增加了对学生细致、有针对性的朗读指导。

同时，经过我为期两年的对学生朗读兴趣的培养、朗读技能的指导、朗读习惯的养成和朗读心理的塑建，七年级的学期结束前再次对该两个教学班学生抽取40位学生个别朗读《秋天的怀念》第一小节，再次录音记录其朗读情况，进行朗读测评。比较预备时学生的朗读测评，他们在朗读技巧上已经有了很大的改观(见图3)。

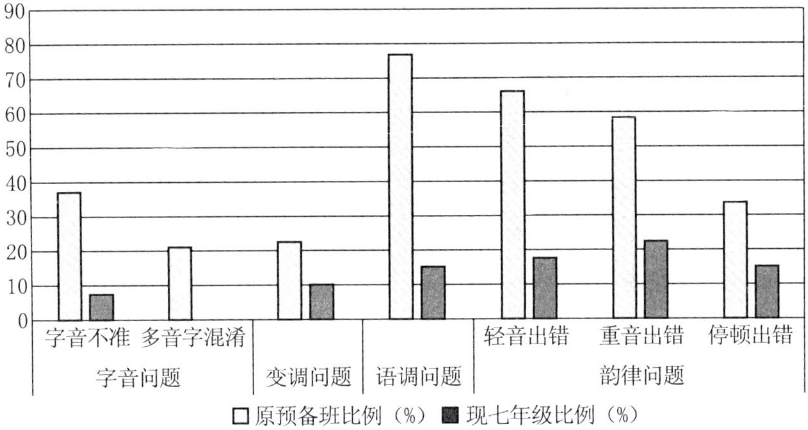

图3　原预备班与现七年级学生朗读技巧情况对比

六、研究结论与反思

根据我长达两年的教学行动研究，可以得出，基于学生需求所提出的一系列分阶段朗读教学方法是行之有效的。这些方法主要包括：(1)通过确保充分朗读、注重激励措施、丰富朗读体验来培养学生的朗读兴趣；(2)通过强化字音、掌握相关变调规律、把握语调、不断培养学生的汉语韵律感、指导学生掌握轻重读技巧、练习朗读的抑扬顿挫来巩固学生的语音等朗读基础能力；(3)通过关注标题、教师范读、比较朗读、角色朗读、情境朗读、精选朗读等方法精心设计朗读教学，师生共育朗读的良好习惯；(4)通过读悟相长，从理解上构建朗读的心理起点，以朗读带入情景、驱动想象，重视学生情绪智力培养，帮助学生正确抒发自己的情绪，从心理角度培养学生的朗读情感。

但本文的朗读教学行动研究也存在着一些不足：关于朗读基础知识的教学方法需要进一步改进，争取做到既专业又让学生易懂、易操练；本实践研究的跟踪对象是针对了预备班80名学生进行，并没有对其他年级的学生进行跟踪调查，本实践提出的朗读教学方法对于预备班至初一年级的学生来说是有效的，但不同年龄的学生的朗读需求会有差异，本实验所提出的朗读教学方法是否对于其他年级学生同样有效，需要今后进一步做更细致的研究。但整个行动研究过程，对我来说，打开了用科学的方法来解决教学中的问题，而不是一味地凭借经验主义和主观判断来解决问题。今后一定会更积极地去尝试教学研究活动，不断成长。（史冬梅）

初中数学“少即是多”的课堂设计对学生数学思维的影响

数学思维是当代学习科学提出的一个重要概念，它是我国当前教育改革后出现的一种新的教学模式，它对初中生数学成绩的发展有很大的帮助，能更好地帮助学生理解和运用所学的知识。

“少即是多”的课堂设计要求教师讲得少，学生思考得多；无关联题少，变式题多；问题引入形象生动，能激起学生学数学的兴趣，从而提高学生的课堂效率。

《全国义务教育阶段数学课程标准》(2011 年版)将“问题解决”作为课程目标之一(知识技能、数学思考、问题解决、情感态度)，要求学生获得分析问题和解决问题的一些基本方法，因此也要求教师在问题的设计上有引导性、科学性和价值性。

1. “问题”设计的生活性：贴近生活，促进感悟

生活性，就是要求设计的“问题”贴近生活。教师通过寻找与生活息息相关的实例，让数学“问题”从生活中走来，再将生活中的数学问题转化为纯数学问题，然后建立数学模型来解决生活问题。这样，既增强了学生的数学意识，又有利于挖掘每个学生自主学习的潜能，这无疑是提高学生学习数学积极性的“活力源泉”。

如在教学《有理数的乘方》时，我先引入阿基米德棋盘放米的故事：阿基米德与国王下棋，国王输了，问阿基米德需要什么奖赏，阿基米德说：我只要在棋盘的第一格放一粒米，第二格放两粒，第三格放四粒，第四格放 8 粒，依次类推，放满整个棋盘就行了。国王很爽快地答应了，阿基米德笑了。从故事出发，一开始就能吸引学生的注意力。此时可以问学生：为什么国王很爽快地答应了？为什么阿基米德笑了？阿基米德到底要到了多少米？如何计算？此时可以引导学生建立数学模型：第一格是 $2^0=1$，第二格是 $2^1=2$，第

三格是 $2^2=4$，棋盘共有 64 格，所以第 64 格是 2^{63} 粒，那么阿基米德共能拿到 $2^0+2^1+2^2+\cdots+2^{63}$，由于学生没有学过等比数列，此时教师可以带领学生利用等比数列的推导公式得出总米数，算出来是 $2^{64}-1$，这里可以让学生拿出计算器算下大概等于 1.84×10^{19} 粒米。

情景引入中利用故事不但使学生学习了乘方知识，而且培养了数学兴趣，让学生感受到数学的价值，感受到生活中处处有学问，有利于调动学生学习的积极性。

2."问题"设计的层次性：铺设阶梯，逐步深入

学习活动应该是一个由易到难、由简单到复杂的过程。问题的设置应符合学生的认知规律，循序渐进，把一些较复杂的问题设计成一组有层次、有梯度的小问题，搭好台阶，逐步解决。

如在《有理数的加法》的学习中，教材由于其严谨性与科学性的需要，要求学生先学习正负数，再学习有理数的加法——因为教材要用正号与负号所表达的含义来解释加法的结果。从正负数的概念到有理数的加法法则的教学，都是规定性的，所以只能由老师讲解说明，然后学生接受，但是学生难以独立进行学习探究，学生对学习过程的参与也就必然会处于被动。

但事实上是，学生在生活中大量接触到"正负数"及"有理数的加法"的实例，例如篮球比赛时，上半场赢 10 分，下半场输 15 分，结果是怎样？学生很容易知道是输 5 分——即使老师没有教。所以，如果在教学上，可以作以下处理：直接用球赛的比分让学生进行"有理数的加法"的计算：

上半场赢 15 分，记作 +15； 下半场输 20 分，记作 −20； 比赛结果是输 5 分，记作 −5；	形式化 → ← 实际意义	$(+15)+(-20)=-5$

通过实例到算式的形式化过程，让学生明白"有理数的加法"的实际意义，再让学生直接进行算式的计算，

(1) $(+12)+(-9)=$______；　(2) $(-8)+(-7)=$______；　(3) ……

上例中，虽然学生还未知什么是正负数，但学生仍能很容易运用已有的经验对相关式子进行计算，不需太多的解释，就可以自己进行，先由陌生到熟练，然后掌握方法和法则，在此基础上，再学习正负数的相关概念，便水到渠成。

3. “问题”设计的开放性：发散思维，深化认知

数学课程标准强调要尊重学生的个体差异，有效地实施有差异的教学，使不同的人在数学上得到不同的发展。教师应鼓励学生从不同的角度去观察问题，分析问题，养成良好的思维习惯和品质，鼓励学生敢于发表不同的见解，多赞扬、肯定，促进学生思维的广阔性发展。

如几何题，几乎每题都有几种解题思路，很多基本图形可以通过改变一个条件或者结论和条件互换位置又是一个新颖的题型，那么老师要做的是让学生畅所欲言，不要因为学生讲得多，老师就时间不够，讲的题就少了。思维的训练比无聊的刷题更有效，更何况，部分学生喜欢说，几乎所有学生都喜欢听同学说，同学说的效果比老师好。学生说得多了，数学表达欲也提高了，学数学的兴趣也浓了，课堂的氛围也好了。

如学习平行线的判定有个经典图形（见右）。

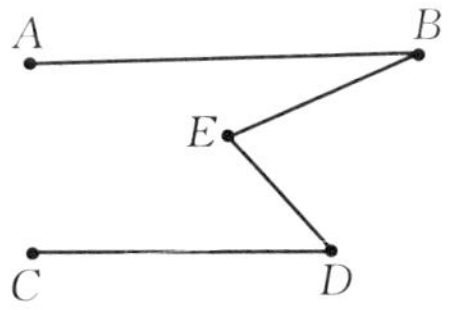

已知$\angle BED=\angle B+\angle D$，求证：$AB\parallel CD$。

学习了平行线的性质后，也是这个图，但题目是：

已知$AB\parallel CD$，请判断$\angle BED$与$\angle B$、$\angle D$之间的关系。

这是经典的条件和结论互换题，考察学生对知识的灵活应用和迁移能力。

又如，学生探究三角形内两条角平分线的夹角与第三个角的数量关系后，教师可以引导学生探究：我们能否改变条件，提出新的问题？如果两个内角的平分线变成两个外角的平分线，那么形成的角和第三个角的数量关系是什么？如果问题变为一条是内角平分线，一条是另一个内角的领补角的平分线，探究这两条平分线所形成的角与三角形第三个内角的关系。这个问题学生提问后，请学生说公式。此时学生的思维更加活跃，知识结构呈现出开放性。学生自然会探究内角与外角的夹角平分线与第三角的数量关系，从而达到数学思维的目的。

4. “问题”设计的探究性：升降有序，支持探究

《数学课程标准》指出：“有效的数学学习活动不能单纯地依赖模仿与记忆，动手实践、自主探索与合作交流是学生学习数学的重要方式。”要让学生真正地探究性学习，那么问题设计是关键。所以教师在设计问题时，要使问题具有一定的探究性，以培养学生分析问题、解决问题的能力。探究性问题按探究方向主要可为条件探究题、结论探究题、规律探究题、存在性探究题等。

如在圆与其他图形的组合图中求阴影部分的面积的问题中，可以设置这样的习题组：

（1）圆与三角形的组合：如图 1，AB 是圆 O 的切线，切点为 A，$OA=1$，$\angle AOB=60°$，则图中阴影部分的面积是________。

（2）圆与矩形的组合：如图 2，矩形 $ABCD$ 中，$AB=1$，$AD=2$，以 AD 的长为半径的圆 A 交 BC 于点 E，则图中阴影部分的面积是________。

（3）圆与菱形的组合：如图 3，四边形 $ABCD$ 是菱形，$\angle A=60°$，$AB=2$，扇形 BEF 的半径为 2，圆心角为 $60°$，则图中阴影部分的面积是________。

（4）圆与圆的组合：如图 4，AB、CD 是圆 O 的两条互相垂直的直径，点 O_1、分别是 OA、OB、OC、OD 的中点，若圆 O 的半径是 2，则图中阴影部分的面积是________。

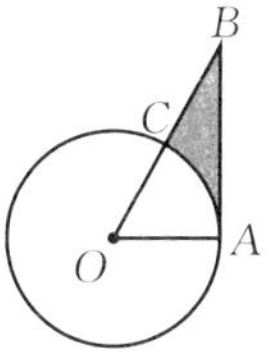

图 1

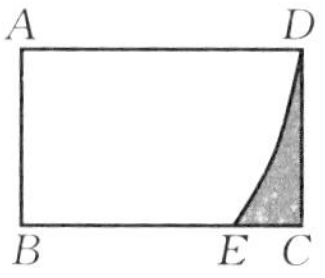

图 2

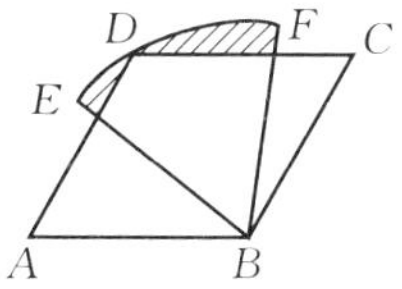

图 3

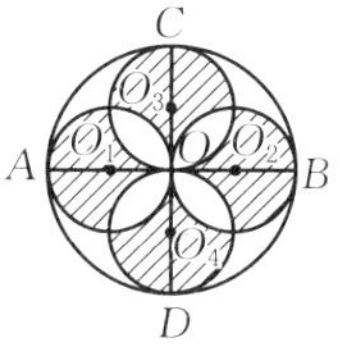

图 4

出现习题组后，小组探究，教师适当点拨，小组代表发言，这不仅能提高学生的数学表达欲，还能提升他们的信心，在课堂上一定要给学生展示的舞台。

5. “问题”设计的拓展性：以小见大，揭示规律

学生中部分优等生常常会喜欢做难题、压轴题，而忽略基础题和小题，使得能拿到的分数因为掉以轻心或没检查导致失分，难拿到的分数花的时间长却也只拿了“劳动分”。那么教师在平时的教学中应及时帮助有“眼高手低”的同学改正这个不良的学习习惯。教师可适时地从小题研究入手，并进行拓展性的“问题”设计，在师生互动中，让学生取得“以小见大，揭示规律”的教育效果。

如：在巩固求一元一次不等式组$\begin{cases}x+1>0\\x-3<0\end{cases}$的整数解时，可以有下列变式：若关于 x 的不等式组$\begin{cases}x>-1\\x<a\end{cases}$的整数解是 0，1，2，则 a 的取值范围是__________；

变式 2：若关于 x 的不等式组$\begin{cases}x\geqslant-1\\x<a\end{cases}$的整数解只有 3 个，则 a 的取值范围是

________；变式 3：若关于 x 的不等式组 $\begin{cases} x<-1 \\ x<a \end{cases}$ 的解是 $x<-1$，则 a 的取值范围是________；变式 4：若关于 x 的不等式组 $\begin{cases} x<-1 \\ x\leqslant a \end{cases}$ 的解是 $x\leqslant a$，则 a 的取值范围是________。通过变式训练可以提高学生的思维能力。

著名教育家陶行知先生说过："发明千千万，起点是一问。"只有把问题设计得巧妙精当，才能引导学生进入情境，提高教学效率，更为重要的是可以在潜移默化中提高学生发现问题、提出问题、研究问题、解决问题的能力。在此良性循环的过程中，学生的思维方法、思维能力、创新意识、创新精神不断得到锤炼与增强，使他们从"学会"逐步走向"会学"。

随着我国教育改革的逐步推进，通过新型的教学模式对学生进行教学，有利于帮助学生们进一步促进自身学习的发展，促进学生成绩的进一步提升，同时也有利于帮助学生在看待问题的过程中，对于其中的问题有更加深入的理解，从而通过数学思维的方式，建立已有知识与新知识的联系，将已有的知识迁移到新的情境中，帮助学生最终作出决策和解决实际生活中的相关问题，推动其自身的快速发展。（王萍萍）

浅谈物理课堂教学质量的提升策略

这些年来，我们的初中物理教学尝试过一些改革，教学的成果也有很大的改变，但还是有着各种各样的毛病。比如说，在学习物理的过程中，我们要学生会联系生活，但显然做得并不是很好，从而造成学生们的知识面十分狭窄，进而影响很多学生分析物理现象、解决物理问题的能力，这让很多学生丧失了对物理的兴趣。因此，如何通过课堂教学来提高学生学习物理的能力是最重要的问题。

那么，如何改革课堂教学、提高物理课堂质量呢？

1. 培养学生学习物理的兴趣，活跃课堂氛围

虽然物理是初中生刚开始学习的学科，但是在我们的生活中常常会出现各种物理现象，如摩擦、沸腾、凝结、声音的传播等，这都是物理探究的内容，所以，物理对学生而言既陌生又熟悉。我们在教学过程中应充分利用学生熟悉的现象来驱动学生去自主探究现象背后所蕴藏的科学理论，以有趣的物理现象作为学生学习的动力，逐渐培养学生学习物理的兴趣。由于课堂是学生学习的重要场所，因此，提高学生的学习兴趣应从改革教学开始，活跃的课堂气氛能大大提高学生的学习兴趣，从而推动教学质量的提升。我们在课堂上可以列举一些生活中常见的物理现象来引起学生的注意，如冬天时衣服上产生的静电、彩虹的形成、近视眼镜的原理等，针对这些物理现象让学生在课堂中发散思维，积极思考，说出自己的理解，再由教师进行评价。

2. 注重实验教学，引导学生观察实验现象

物理是一门与实验密切联系的学科，很多科学理论都要通过实验得到验证。在我们新课标初中物理的教材中，更加注重对实验的探究，鼓励学生通过自己动手做实验来加深对科学理论的理解。然而有些老师在教学过程中为了节省教学时间，并没有让学生动手做实验，而是通过课件演示或者根据教材内容讲解一下，忽视了动手做实验的重要性，这并不利于学生学习物理。实验能

把学生带到一个学习的氛围里,因为进到实验室后各种实验物品会引起学生的注意,让学生产生学习的欲望,同时自己动手操作实验和观察实验更能牢固掌握知识点。例如,在测试沸水的温度时要使用温度计,由学生亲自动手测试可以有助于学生了解温度计的构造与读法,正确使用温度计。

3. 指导学生养成良好的学习习惯

初中生学习的科目越来越多,学习压力越来越大,为了减轻学生的学习负担,同时也为了提升教学质量,教师应对学生加强学法指导,帮助学生养成良好的学习习惯。过去学生学习比较被动,效果不理想,因此,要倡导学生自主、合作、探究的学习,以全面提高学生的学习能力。自主学习,主要是培养学生学习的主动性,在教师的指导下一步一步地由学生自觉完成规定的学习任务,养成良好的学习习惯;合作学习,主要是调动学生之间的互动性,在学习过程中以小组合作竞争的形式来完成学习任务的过程;探究学习,主要是充分发散学生的思维,让学生在学习过程中积极思考,并对发现的问题进行讨论,最终得出结论。这三种学习方式都建立在学生自愿学习的基础上,同时又为学生提供学习动力,让学生共同分享学习的乐趣。

4. 以导学案提高学生的学习积极性

导学案是一种广受欢迎的教学策略,是教师为实现教学目的、引导学生学习的教学设计,表现为教师对学生学习的逐步深入引导。导学案也就是要把学生导入学习过程,教师要在充分考虑教学内容的难度、学情的基础上设计导学案,为学生提示解决问题的思路和方法。初中阶段是学生身心成长的关键时期,需要在教师的指导下开展各项学习活动,培养良好的学习习惯。物理教师应在了解初中生学习特点和需要的基础上,运用多种的教学策略来提高学生的学习兴趣,活跃课堂氛围,提升教学质量,让学生体会到学习的快乐。

5. 采用小组合作学习,培养学生的合作精神

现代化的教育理念对初中物理课堂也产生了一定的影响。这种影响是多方面的,包含着促进初中物理课堂教学质量提升的积极因素,也包含着不利于初中物理课堂高效开展的消极因素。但就现在的初中物理课堂教学状况来看,积极因素明显要多于消极因素,因此在这种大背景下,就需要为初中物理课堂引入更多的新鲜元素,以促使初中物理课堂的高效开展。在初中物理课堂开展小组合作学习教学模式,不但可以培养学生的物理综合能力,还可以培养学生之间的团队合作意识,对学生以后的学习和成长道路都有着积极的影

响作用。

教师在课堂中开展小组合作学习教学模式也要掌握一定的方法技巧，首先在划分学习小组时一定要本着公平公正的原则，要做到每一个学习小组中都实力平均，这样才能激发起每一位学生的学习热情。在划分好学习小组之后，教师可以对这些小组实行积分制，即教师在课堂中提问物理问题，然后让学习小组之间进行讨论。学习小组之间在进行讨论的过程中可以彼此交换意见，然后得出一个正确的答案。如果哪一个学习小组得出了正确答案，就可以派出一位代表在课堂中解释这个答案，如果教师认为这个答案正确的话，就可以给这个学习小组积上一分。教师要在特定的时间内将小组的分数进行综合，得分最高的小组可以评为优胜小组。通过这种方法可以让学生在课堂中经过讨论解决问题，从而培养了学生之间的团队合作意识。另外这种现代化的学习方法还可以提升学生综合能力，从另一方面促使初中物理课堂教学质量的提升。

6. 采用多媒体教学模式，激发学生学习兴趣

初中物理课堂教学质量一直以来没有得到根本上提升的原因有很多种，其中一个很重要的因素是学生在课堂中的学习兴趣不高。在物理课堂教学活动中提升学生的物理学习兴趣成为了一个备受关注的问题，也是一个亟须解决的问题。随着素质教育理念的不断深入，也逐渐产生了许多新的教学方法，多媒体教学模式在素质教育理念的影响下逐渐应用到初中物理课堂中来。多媒体教学模式有着其他教学模式无法比拟的优势，其中一个很重要的优势是多媒体教学模式可以运用听觉、视觉等多重感官的刺激下进行教学，学生在这种刺激下更容易激发学习兴趣，在课堂中也就更为关注，对提升学生自身的学习能力也有很大的帮助。

多媒体教学模式还可以提高课堂教学效率，比如当教师在讲到电路的相关知识内容的时候，可以用视频给学生展示一些电路的组装方法。教师还可以运用教学视频给学生展示一下串联电路和并联电路这两种电路的不同之处，让学生的印象更为深刻。

7. 优化课堂提问环节，提高学生学习效率

提问也是初中物理教学中的重点环节，教师通过课堂提问可以及时进行教学反馈，从而重新制订自己的教学计划。优化课堂提问环节的方式有很多种，教师要根据自己物理课堂中的教学情况综合分析，从而选择出最适合于自

己课堂的教学方法。

教师要在课堂中根据学生的基础能力水平进行提问，在提问的过程中要考虑到学生能力的差异性。比如教师可以提问基础能力较差的学生运动过程中摩擦力是由谁提供的，这时候学生就会说物体运动过程中的摩擦力是由两个物体之间的压力提供的。然后教师再提问基础能力较好的学生这种摩擦力的公式是什么，再让学生解释一下这个公式中每一个参数的意义。通过这种提问方式学生可以对摩擦力公式有一个更好的理解，帮助学生更好地学习物体运动之间的知识。优化提问环节，可以帮助教师掌握住每个学生的学习情况，对提升课堂教学质量有很大的帮助。（芮小敏）

注重自我发展,构建高效化学课堂

学习的自我发展不是说出来的,也不是教出来的,更多的是在积极参与中锻炼出来的。自我发展的过程中实际上是一个体验成长的过程,初中生正处于思维发展和价值观塑造的关键时期,若能在这一阶段有效提高学生的自我发展意识和能力,必将为其未来的成长与发展奠定坚实的基础。所以,在化学教学中,教师要注重学生的自我发展,尽可能地为学生提供充足的自我锻炼机会,以不断促进学生综合素质与能力的提升。以下便是我的一些看法与实践。

一、重视自主学习,构建发展途径

1. 实验探究,强化自主学习动机

自主学习是促进学生自我发展的前提和基础,学生只有产生自主学习的意识,具备自主学习的能力,才能在自我发展的道路上越走越远。同时,化学是一门实验性较强的学科,而实验作为化学中较为有趣的方式一直备受初中生的喜爱。所以,在初中化学教学中,教师可以利用通过一些化学实验的开展来强化学生的自主学习动机。当然,在化学实验中,教师要尽可能地为学生提供充足的自主实验机会,从而让学生体验到化学实验的乐趣所在,这对于学生自主学习意识和能力的提升具有重要作用。

以“物质的提纯”的教学过程为例,为了能够借助“物质提纯”的实验探究强化学生的自主学习动机,我在教学中为学生提供了充分的自主探究机会。因此,在实验之前,我首先将学生进行了分组,随后要求每组学生对整个实验流程进行了解,并要求小组长进行实验任务的分配。在这一基础上,我将学生带到实验室之中,让学生亲自动手展开实践。通过观察,我发现每个小组的学生都在检查完实验所必须的材料后便按照最初的计划展开实验。通过对不同提纯方法的实验,各小组依次通过溶解、过滤、蒸发等方法对粗盐进行了提纯实验,并在相互合作中提高了自主学习兴趣。在该实验中,学生们一直以非常积极的心态对待整个实验过程,并从实验中全面认知到了自己所具备的自主学习能力，这对于培养学生的自我发展意识具有重要作用。

2. 因材施教，张扬学生自主个性

自我发展强调学生的“自我”性，这主要源于学生之间所客观存在的差异性。每一位学生都是独立的个体，他们在才能、性格、兴趣等方面的不同凸显出了学生的丰富个性。教育教学理应重视对因材施教的践行，只有立足于学生的差异性基础来展开教学，才能逐渐促进学生自主学习能力的提升，进而为其自我发展奠定坚实的基础。所以，教师在教学中应该根据学生之间的差异性采取不用的教学对策，从而使他们在不同的实践学习中不断发展自我、成就自我。

以“神奇的氧气”的教学过程为例，为了使学生都能够掌握氧气的物理性质、化学性质，并了解氧气的实验室制法，我在教学中主要是从学生的个性和才能出发来展开的。课前，我首先向学生展示一份学习任务，任务中按照由易到难的顺序囊括了氧气的物理性质、氧气的化学性质、氧气的制备三大项内容。在展示出学习任务后，我要求学生根据自己的能力先确定想要完成的阶段。在学生确定好之后，我随即要求学生按照自己的方式进行自主学习。通过观察，我发现一些学生进行了自由组队，且两人到五人的数量不等。课上，同学之间相互交流分享，并进行化学实验，之后，我对学生也进行了适当的点拨，从而帮助学生突破一些难点。在自主学习的环境下，大家的学习个性得到了很好的体现，且在各种思维碰撞与融合中掌握了更多的学习内容。从最终结果来看，大家基本都突破了最初的任务目标，提高了学习效率。

二、开展教学活动，促进自我管理

1. 立足学情，制订严密活动计划

引导学生自我管理的根本是为学生的自我发展提供源泉和动力，只有培养学生的自我管理能力，才能最大限度促进学生的可持续发展。教学活动相较于传统意义上的直接授课更受学生的喜爱。所以，为了能够将教学活动应用到化学课堂中，教师可以从基本学情出发，制订严密的活动计划。当然，若想让计划更具可行性和实效性，教师在制订计划的过程中可以引导学生参与整个过程，从而在确保计划更具系统性和可实施性的基础上促进学生的自我管理。

以“生活中的有机化合物”为例，为了使学生对生活中的有机化合物有一个全面的认识，我在教学之前便做好了充分的准备。考虑到学生情况的诸多异同，我先制订了一个简单的活动计划，确定了基本的活动内容和形式，也就是“知识破解，团体竞争”。之后，在上课的初始阶段，我邀请大家一起参与到了对活动计划的制订中。在这一过程中，学生们提出了各种不同的意见，如：可以分成两个大组，由各自的组长依次选人；应该有奖励和惩罚；竞争的内容应该是一样的。通过对这些意见的收集，大家最终对活动的内容进行了统一，确定了分为两个大组进行相同内容的学习竞争。随着活动计划的确定，学生们参与的积极性得到了极大的调动，而这种共同参与计划制订的方式更在最大程度上增强了学生的自主参与和自主管理意识。

2. 共同参与，提供自我管理机会

学生是课堂教学的主体，更是活动的主体，而活动的最终目的是为学生提供自我实施和管理的机会。所以，教师在教学活动中可以给予学生以指导，但不能一手包办整个活动。为了使学生都能够在活动中得到有效的锻炼，教师要做到让更多的人参与到活动的组织和开展中，从而使学生在整个活动中感受到自我能力与价值，这对强化学生的自我管理水平、促进学生的自我发展将产生积极的促进作用。

以上文中“生活中的有机化合物”所提到了教学活动为例，在具体的开展过程中，我首先将学生分为了两个大组，之后为每个小组分发了一份任务卡。任务卡中有最初的对有机物的综合认识，也包含对有机物的概念，甲烷物理性质、化学性质、用途的了解。在发布完任务卡之后，两个小组纷纷行动了起来，并自主根据任务依然展开了活动。在观察其中一个小组时，我发现大家在内部又进行了小的分组，如探究组、记录组、核查组等，大家在各司其职中对该课的重点知识进行了有效的探索、总结和归纳，并在最后阶段对全员的掌握情况进行了综合了解。通过该活动，学生们都在分配任务、完成任务的过程中做到了自我管理。

三、增强自评意识，形成反思习惯

1. 正确归因，提高自我认知水平

学生的自我发展需要自评进行巩固，学生只有养成良好的反思习惯，才能对自己有一个全面的认识和针对性的提升，而自我评价不当会在很大程度上形成一定的自评障碍，进而阻碍学生的自我发展。所以，教师要引导学生进行正确归因，让学生先学会从内部找原因，再有针对性地进行自我调节，从而逐渐控制好自己的思维和学习过程。

为了增强学生的自评意识，使学生学会如何正确归因，我通常会在教学中以实例来进行有效渗透。以“溶液”这一内容的自评为例，在教学的最后阶段，我邀请了性格相差较大的学生进行自评。一位学习较为优异，但存在一定自负心理的学生对自己的评价明显过高，他认为自己已经完全掌握了溶液的形成、溶解度、溶质的质量分数等所有内容；而一位较为自卑的学生对自己的评价则过低，认为自己只掌握了简单的知识。实际上，这些极端化的评价方式都不利于学生的身心健康发展。所以，针对这一情况，我对这些自评者进行了适当的提问，以事实为依据让他们认识到了自己的不恰当。在这一基础上，我顺其自然地引入了正确归因的思想，从而使学生逐渐掌握了正确的自评方法。

2. 反思他评，建立良好辩证意识

一直以来，他评都对学生的自评有着很大的影响力，好的评价能够增强学生的自信心，不好的评价则会起到相反的效果。但是，他评又是学生在自我发展中不可或缺的因素。因此，教师应该引导学生以辩证的意识反思他评，并结合他评对自己进行全面的自评，如此才能让学生养成正确的反思习惯。在课堂学习中，他评主要来自教师和同学，所以教师要让学生学会正确看待别人对自己的评价，并将其化为自我发展的动力，并与他评者形成一个良好的同伴关系，进而不断地认识自我和改善自我。

要想使初中生建立良好的辩证意识，促进学生的自我发展，教师就应该给予学生以正确的引导，让学生学会在分析他评的基础上进行有效的自评。例如：在“碳”的学习评价中，我要求学生以课上所安排的小组为单位先进行他评。在他评中，我发现一些学生并没有真正去分析他评的内容，而是以无所谓的态度进行敷衍。为了提高学生的重视度，我选取了几个说得非常对的点对学生进行重复性评价，从而使学生意识到了倾听他评也是非常重要的。之后，我要求学生结合他评内容展开自评，从而有效锻炼了学生的辩证思维，并使学生在评价与针对性的提升中意识到了养成良好反思习惯对于自我发展的重要性。

综上所述，学生自我发展离不开对学生的实际性锻炼，只有在课堂教学中不断提高学生的自我意识与能力，才能促进学生的自我发展，有效实现化学高效课堂的构建。所以，作为当代教师，要更加重视对学生自主性思维与能力的提升，以确保学生能够在完善自身综合能力的过程中促进自我发展。（江明凤）

【心香一瓣】

萝卜无土栽培技术的实践研究

通过课堂及课外知识我们了解到,如今许多农业区的土地存在土壤连作障碍,水分容易流失,作物的生长和发育慢且必须使用农药、催熟剂等辅助生长。我们设想:有没有什么能使农作物长得又快又好,并操作管理相对简单的方法呢?通过网络查询,我们了解到节省空间、产量较多、质量较好的无土栽培技术能够更好地满足人们的需求。因此,我们决定对无土栽培技术进行研究。为了便于提取数据分析比较,我们选取萝卜作为研究对象。

1. 育苗

种植的第一步是育苗。育苗方法有很多种,我们尝试了其中的三种:海绵块育苗法、珍珠岩育苗法以及土壤育苗法。

1.1　海绵块育苗法

(1) 浸种:把种子用30度温水浸泡4—6小时。把湿毛巾铺在有水的盆子里(盆内留一点点水)。每天早晚要喷水,等待种子露出白芽。

(2) 准备海绵:将海绵浸泡在水里,反复挤压排出空气,使海绵有自吸功能,海绵底部要能接触到水。

(3) 埋种:用棉签把露出白芽的种子埋到海绵缝隙中,深度约2毫米。然后把海绵放入盆子里,留5毫米深的水,早晚喷水。催芽:大部分种子最好是避光催芽,用纸板盖在海绵上方。

(4) 出苗:待出苗后尽量让太阳直射,因为阳光可以防止苗子徒长。还需加入低浓度营养液,营养液约浸泡至海绵6毫米位置最合适。早晚喷水,保持湿度。

(5) 移植:等幼苗长到3—4片真叶,且有根系穿透海绵时,就可以移植到水培机上。把整块育苗海绵按预切好的块状拉开,分成一株苗一小块海绵。

(6) 定植:把块状海绵放入定植篮,根部从定植篮里穿出,确保根系能接触到营养液，否则菜苗会枯死。

1.2 珍珠岩育苗法

(1) 在育苗盒中填入4—5厘米深度的珍珠岩，抹平，撒上种子，再撒约0.5厘米厚的珍珠岩，喷淋清水至珍珠岩透湿，育苗盒底部留约1厘米深度的水层。然后盖上深色塑料薄膜，起到遮光和防止水分过快蒸发的作用。

(2) 将育苗盒放在阴凉处，普通的蔬菜种子会在2—3天发芽，长出叶子。等种子长出叶子后，揭去塑料盖，放在阳光直射的地方，让小苗逐渐适应更强的光照。如果珍珠岩干了就喷淋1/2浓度的营养液，直至菜苗长出2—4片真叶。

(3) 移植和定植方法同海绵块育苗法。

1.3 土壤育苗法

(1) 种子用30℃左右的温水泡4—6小时后，用湿毛巾包起来，放在暖和的地方。

(2) 种子露白后，将种子均匀撒在整好的土面，上面盖2厘米左右的营养土，浇透水(用喷壶均匀喷洒)，然后盖上薄膜，等种子出苗即可。

对比三种育苗方法后，我们发现珍珠岩内的种子最容易发霉，管理难度较大，出芽率较低；海绵育苗盘内的种子发霉率较低，易管理、出芽率高；土壤内的种子易管理，出芽率高。因此之后的育苗工作中，我们不再采取珍珠岩育苗法。

2. 配制营养液

植物的不同生长时期对营养液浓度的要求也不同，因此我们每天都会观察植物生长状态，及时更换营养液，并做好记录。

(1) 首先要准备的原料有大量元素：硝酸钾3克，硝酸钙5克，硫酸镁3克，磷酸铵2克，硫酸钾1克，磷酸二氢钾1克；微量元素：(应用化学试剂)乙二胺四乙酸二钠100毫克，硫酸亚铁75毫克，硼酸30毫克，硫酸锰20毫克，硫酸锌5毫克，硫酸铜1毫克，钼酸铵2毫克；自来水5 000毫升(5千克)，配液瓶，搅拌棒。

(2) 我们采用500倍浓缩营养液，配制50升的标准浓度营养液的具体步骤如下：

(a) 在50升的塑料桶内倒入40升的自来水。

(b) 用量杯取A液100毫升，倒入50升的塑料桶内，注意要在不停搅拌的情况下倒入，倒完后继续搅拌2分钟。

(c) 在不停搅拌的情况下倒入 B 液 100 毫升,倒完继续搅拌 2 分钟。

(d) 在不停搅拌的情况下倒入 C 液 100 毫升,倒完继续搅拌 2 分钟。

经过对比实验我们发现,育苗时,营养液的浓度为成株期浓度的 50%—70%,EC 值在 700—900 uS/cm 之间,育苗效果最佳。成株期营养液的 EC 值 =1 500 uS/cm 时瓜苗长得更枝繁叶茂。

值得注意的是,可将微量元素扩大 100 倍称重化成溶液,然后提取其中 1%溶液,即所需之量。将配好后的营养液一部分倒入需要使用的无土栽培容器中,剩余的封口保留好以备下次无土栽培植物换水时用。

3. 移栽

植物苗培育出后,它所需的营养已远超过水所给予的了。因此,我们需要将小苗移栽到装有营养液的电动装置容器里,让小苗汲取更多的营养。同时,需要将海绵装在它的根基部,以防止小苗长歪。

(1) 先将海绵裹住萝卜苗的根茎部分,以固定住萝卜苗不让其在生长过程中发生"落水"或位移。

(2) 把苗小心放进装有营养液的电动装置容器里,并检查完营养液与小苗情况。

(3) 把其余的萝卜苗种进土壤。

(4) 定期将土培和无土栽培萝卜生长情况进行比较。

在接下来数星期的观察与照料里,我们发现虽无土栽培的营养液容易长藻类物质,但比有土栽培更不易生虫害,换水周期长,比需要经常浇水杀虫的有土萝卜更易培养。而且,无土萝卜的生长速度比有土萝卜快许多,可谓事半功倍。

4. 实验结果

又一个多月后,水培萝卜平均"腰围"已有 4.5 厘米之长,对于这种萝卜品种来说已是可以吃的程度了。而土培萝卜取样的三个萝卜中最长"腰围"只有 3 厘米长。可见无土栽培的培育效率比有土栽培高出不少。

通过这一次对于萝卜无土栽培技术的浅层研究,我们发现无土栽培技术相比于有土栽培技术要有效得多。无土栽培的占地小,产量多,质量高,是一种高效的新型农业种植技术。在接下来的研究中,我们会对其他种类的蔬菜、水果进行研究。(刘光裕、段雨晴,2021 届学生)

最美的行囊

我背着最美的行囊走在人生的道路上。

清晨起床后，我对镜子里的自己微笑，给自己送上一份好心情；上学的路上，我对深绿的树木微笑，准备愉快地迎接新的一天……从那时起，我便时常带着微笑的行囊……

刚入初中的我，很害怕在大家面前做任何事，别说是演讲，就是上课最简单的问题我都从不敢举手。可是新语文老师的第一节课上就告诉我们："每节语文课前都会有三分钟演讲，这既是一个锻炼自我、展现自我的舞台，又是一个让我们分享彼此情感、观点的平台，按照学号顺序进行。"这段话让我内心很恐慌，再看看四周同学，真是各式表情包，有的眉开眼笑，有的满面愁容，有的跃跃欲试，有的陷入沉思……

接下来的日子，似乎过得很快。同学们一个个上台，看到自然从容、口若悬河的，我就想着自己与他人的差距而紧张；看到羞羞答答、磕磕碰碰的，我就想着也许自己也是这样而更紧张。为了这个演讲，我整日愁眉不展，不得不在家对着镜子一而再、再而三地练习，不知过了多少遍……

我的学号较靠前，所以没过多少天就轮到我演讲了。预备铃还没响，我的心就开始提了起来，腿还在微微颤抖，我的同桌鼓励我道："不要紧张，放松，深呼吸……"说着，还示范给我看，她眯缝着眼睛微笑的样子，顿时给了我力量。

带着她如阳光般温暖的微笑，我鼓起勇气走上讲台。我两手紧握着拳头，生怕忘词，所以就以最快的速度把在我脑中的"鸭群"，一股脑地赶出来。可是，演讲到一半要转折时，背得滚瓜烂熟的内容居然不翼而飞了。我红着脸低着头在台上憋了半天还是没有想起来台词，心想着同学们一定会窃窃私语笑话我，顿时间我竟不知道我的头该放在怎样的角度，我的眼睛该看向哪里，心里满是乌云阻塞着……可此时，台下居然响起了整齐的掌声，我惊讶地抬起头，正迎上了同学们一个个阳光的脸庞，都面带着那诚挚的微笑，这微笑似乎具有强大的魔力，把我心中的阴霾驱散，顿时阳光灿烂，而那忘了的台词也复苏起来，重新涌入我的脑海。我学着平日里老师的样子，把原本不知所措的双手索性一撑，扶着讲台，心一横，使出浑身力气，继续演讲。讲着讲着，紧张的心情也随之舒展开来，抖动的双腿也慢慢听话，声音也竟然抑扬顿挫起来，偷偷看到大家都面带微笑认真听我演讲的样子，竟自我陶醉了。

等我在响亮的掌声中走向座位时，在一旁的语文老师，脸上正挂着甜美的微笑，弯弯的眼睛看向我，分明在说：你真棒！我也同样回以真诚的微笑，这笑，甜在我心里，也深深刻在了我的脑海里。从那以后，我再也不惧怕上台演讲，课堂上也大胆地举起手，畅快而自信地表达，我也爱上了这个充满温暖的新集体和这群善意的同学。而这，就是微笑的力量！

生活的旅途中，时刻带上微笑，只要行囊里的微笑如约绽放，它就会化为星星点点的光芒，洒满奔赴的方向。踏在人生的道路上，你会选择什么成为你最美的行囊？层层选择下，我选择了微笑。微笑，如同春天的甘雨，滋润着人的心田；微笑，如同乌云里的一道阳光，温暖着人的心房；微笑，更如同是石缝间的小草，给人坚韧且无穷的力量……

请跟我一起，嘴角微微上扬。（陈思语，2020 届学生）

这，就是交华

三年前，我从母校交华中学毕业后，孑身一人来到南澳大利亚，开始了我的留学生活。留学生活不是我们所想的那样轻轻松松就能度过，这一路上，充满了甜酸苦辣咸。但是我一直都不害怕，而是用乐观积极的心态面对，这是得益于在母校的学习生活。

在澳大利亚，想家的时候我总会听音乐，《爱在交华》是我最喜欢的母语歌曲之一。点击播放，伴随着熟悉的前奏响起，一幅幅校园生活的画面映入了眼帘，富有节奏感的鼓声混合在优雅的钢琴声中，正如快乐活泼的学生与亲切负责的老师组成的交华校园。一声清越动人的女声响起："这是绿树环绕的地方，这是白墙红砖的殿堂……"这，就是我记忆中的母校——交华中学。

清晨熹微的阳光丝丝缕缕，洒在白墙红砖上。迎接我们的，有校门口站得笔直的执勤同学，有微笑地回应着"早上好"的执勤老师，连门卫叔叔也笑眯眯地迎接着这充满活力的早晨。

我的初中老师们，让我至今记忆深刻。带我们穿越时空，学习古人智慧，每一句话都是经典语录，每一个动作都透露着文学素养的语文老师和蔼可亲；用胳膊肘作圆心，用一只手、一支粉笔就可以画一个直径铺满黑板的圆的数学老师幽默风趣；飞速流利地说着英语单词和句子并说这是"Pratice makes perfect"(熟能生巧)的英语老师孜孜不倦；拿着因翻页次数过多已经发黑了的白色练习本，练习本的中央沾满了红色粉笔灰的物理老师兢兢业业；随手就可以在黑板上复制带有试管烧杯实验图，每次进实验室前，不停强调实验安全的化学老师一丝不苟；集万千花样课程于一身，总有办法让每一节课都不同，让我们学到不同知识的微型课老师们诙谐有趣……这就是交华，在这里，学习是快乐的，是多种多样的。

我从小就喜欢与他人交流分享，演讲可以让我收获不一样的体验。踏入交华后，我被三分钟演讲深深吸引，每天最期待的就是熟悉的上课铃声响起后开始的三分钟演讲。每次，我都会提前一个多月准备我的演讲稿，查找资料，翻阅书籍，还要兼顾学业。到学校后的第一件事就是跑去与老师商讨我的稿子，老师不厌其烦地帮我一遍遍修改。一轮演讲结束后，班里有演讲比赛。还记得比赛结束后，老师宣布结果，从优胜奖开始一直报到第二名也没有我的名字，我垂头丧气地认为自己失败了。“祝贺杜欣妤获得了第一名!”老师微笑着说道。“第一名!”我一下子从椅子上蹦了起来，一脸惊愕地在同学们羡慕的眼神中走向讲台，难以置信地接过老师手中的奖状和奖品。老师微笑着拍拍我的肩膀，对我肯定地点点头。在那一瞬间，我感觉到之前为这次演讲所做的努力和学习都是值得的。

原来，学习不只是坐在桌前看书这一种形式，为演讲题目做准备的过程也是一种学习。在交华，我第一次感到学习是快乐的，体验到了成功的喜悦。更意想不到的是，我第一次演讲的话题，竟然在我去澳大利亚留学时派上了用场。当澳大利亚老师讲到这一话题时，了解了相关的知识我对答如流。澳大利亚的老师对我刮目相看，连连称赞。这更加让我体会到学习是知识的积累，为的就是未来的某一时刻有备无患、从容不迫。这就是交华，她给每一位学生提供舞台，让他们在舞台上大放异彩，体验成功的喜悦。

我的记忆又被带到了交华的操场。初一那年的运动会上，我参加的是团体接力比赛，还未开始比赛，我已汗流浃背，心率加快。因为在前几个赛段时，有一个翻滚动作我一直做得不是很完美，甚至在比赛前，老师还在指导我，但是我生怕比赛时出错导致班级落后。还记得，在我恍惚间，随即一声响亮刺耳的口哨声响起，我们班的同学已经风驰电掣般冲向了第一个项目。眼看着，她向我跑来，三步，两步，一步，击掌后，我不管不顾疯狂地奔跑，脑中一片空白。等到需要我做动作的时候，好像整个世界都凝固在那短暂的几秒钟。我屏住呼吸，用尽全力去翻滚，但还是做得不完整。因为我的失误导致了我们班失败了，我难过地低下了沉重的头，比赛过后一个人坐在大槐树下，热腾腾的泪水被风吹散，消失在了无尽的天空中。

不知过了多久，我的班主任出现在我泪水模糊的双眼中，她告诉我:“真正的强者，是擦干眼泪继续奔跑的人。你就是这样的强者，对不对？你一定要相信自己。”老师的话语点醒了沉浸在失败中无法自拔的我，我抹去了泪水，站了起来。为了证明我可以完美地做出这个动作，从那以后，每次体育课结束，我都会反复不停地练习。终于在第二学期的运动会上，我成功地完成了这个动作，我们队伍获得也获得了第一名。

于是，我不再害怕失败，因为我相信我自己一定可以的。我明白了失败乃兵家常事，前一次的失败是为后一次的成功做准备。在澳大利亚留学期间，我常常要面对生活不适、学习不同、环境陌生等多种困难，但我没有视失败为一件痛苦的事件，而是用乐观的心态吸取失败的教训，迎接下一次的成功。“当我沮丧的时候，是你给我温暖，让我相信自己一定会发光”，这就是交华，她教会了我积极乐观的心态，让我不再害怕挫折和失败。

“因为爱在交华，爱在我们的家……”歌曲已到高潮部分，回顾我在澳大利亚这三年以来生活学习的点点滴滴，一步一个脚印，那些我在母校所学习到的知识、能力、获得的宝贵经验都伴随着我成长，让我有能力牢牢把握每一次机会，最终能不负众望地站上南澳大利亚最佳国际生的领奖台上。

衷心地感谢我的母校助我一路成长，一路收获，也祝愿每位学弟学妹都能在母校的培养下飞得更高，母校的未来更精彩！（杜欣妤，2014 届毕业生，现就读于南澳大学）

交华记忆

不知不觉间，离开交华已近两年了。站在人生之路的前方，我却总是忍不住驻足回望，只因那里有我最美的年华，最暖的记忆。每当忆及在交华的一幕幕，心湖中总会泛起阵阵温暖。

犹记初入交华那一日，我和母亲在阶梯教室第一次见到赵校长，这位睿智豁达的长者，满面春风、宽厚慈爱的面容，同窗户中溜进来的阳光一道温暖了我们的心。也是从那刻起，和他，和学校之间的距离感逐渐淡化。这是交华独一无二的一点，它吸引着我们来到这里，如同地心引力般难以抗拒。

时常有人说，性格决定命运，那么，交华已然改变了我的命运。小时候的我，像一个蜷缩着的刺猬，凡事不顺遂心意的，便竖起浑身的刺乱扎一气。在我的暴躁脾气影响下，极少有人愿意和我真心相交，我却始终没有意识到这一点，还总是自顾自地发怒。而无巧不成书，我的班主任脾气也不小，人称"牛姐"，以教书的较劲模样和上乘的教学质量得此称号。"记住！像这种送分题！绝不可以错第二遍！"严肃的指令刻在我心头，再也没有在同一题上犯过重复的错误；课堂上谁要开小差，绝逃不过她的火眼金睛，下一题绝对为你量身定制，若是答不上来，课间必定得随同去办公室及时补上这一课……如同针尖对麦芒，面对这样的严厉，我嘴上不敢说，但心里有时却是颇有想法的。直到那次，我在与其他同学闹不开心，甩开书本，冲出教室，独自一人坐在小花园里委屈地发呆。她来了，没有单纯的安慰，却也没有怒发冲冠，像她一贯的作风，只是三言两语，说完后，拍拍我的肩，悄然离去，独留我在原地发怔。自那以后，她常常找我谈心，从开始的大都是她说我听，到后来成了我说她听，原来她倾听的温柔模样，像极了母亲，和她在数学课堂上的霸气样子，判若两人。

她大多数时候颇有女中豪杰的气概，做事也毫不拖沓。从她身上，我慢慢学会了冷静、认真、谦逊、淡定，当然，还有该温柔时的温柔……一块石头被磨平了棱角，便能加以雕琢；我被她逐渐打磨、雕琢，进而明白了我该承担的责任和该做的事，由是观之，我是幸运的。“牛姐”不仅让我改变了处事方式，更是学会了学习，获得了全面发展。我当上了大队委员，尝试了主持，参加各类课外竞赛，也多次接过赵校长手里的奖学金……

“牛姐”确非浪得虚名，我们班集体在她的带领下，初二时就已经进入一般中考前才有的燃烧岁月。因为，牛姐用言行告诉了我们所有人：学习是我们自己的责任！要珍惜交华这么好的环境！更要珍惜人生这么美好的年华！她的严厉，她的监督，她的关爱，她的温暖……陪伴了我们整个初中生涯。

如今想来，又何止我们的“牛姐”呢，交华值得回忆的有太多太多。黑板前，老师们一笔一画留下四年的痕迹；小花园里，同学们奔逐其间，寻找象征幸运的四叶草的情景；操场上，汗水滴滴洒落，青春洋溢的快乐破土而出的镜头；食堂里，叔叔阿姨微笑着打给我直至毕业后仍念念不忘的饭菜；宿舍内，井然有序却也时常洋溢着的欢声笑语；校园里，永远有赵校长慈爱的身影，认识的或不认识的老师们阳光活力的微笑……于我的记忆长河中，这些如同璀璨繁星，闪亮在我的前行之路，直至现在，当我在高中学校接过奖学金时，满脑子仍会浮现出交华结业典礼的场景。

就像校歌唱的那样：“这是我心中的城堡。”它们是我的，我们所有交华人的，永远温暖的城堡。（汪涵，2017届毕业生，现就读于平湖杭州湾实验学校）

最美的时光，最好的自己

清风再次捎来熟悉的温度。

转眼，我这位新同学，已经在交华度过了将近一年的时光。其间汇集的点滴美好，无须思量，亦自难忘。

初见交华：典雅厚重的钟楼、红瓦白砖的教学楼、满满的书卷气！我心里不禁暗暗高兴。

紫藤垂瀑，琅轩傲就，丹桂飘香，雪松伫立，校园里的绿色，无论何时何地都是少不了的，洗涤人眼，净化人心。

渐渐地，我也融入这美好中来了。

清晨，操场上总飘扬着乐声，那是庄严肃穆的升旗仪式，还有整齐划一的早操……午后，钟楼透亮的落地窗溢出管弦曲，或是节奏分明的鼓点，或是悠扬婉转的长笛，或是低沉韵浓的萨克斯……

交华，交华。其交，是忘年交好，是金石至交。

前者，在于老师的谆谆教导、悉心关怀。融于老师激励的眼神，现于老师沧桑的双手。最难忘却的，是老师们的备课本：整齐而认真的字迹，详细而深入的批注。“三尺讲台四季晴雨路，一支粉笔两袖清风人。”透过这密集的笔迹，你定能看见夜灯下伏案的身影。

后者，是同窗情谊。它已然注入了运动会的声声呐喊中，已然渗入辩论赛的妙语连珠内，已然融入校外实践时满车厢的笑语歌声里。

交华，交华。其华，是华灯初上，是春华秋实。

校园的夜晚，正是一片灯火辉煌之时。方正阔大的玻璃窗里是盏盏明灯，晚自习的教室，静悄悄的。台上是认真批阅的老师，台下是奋笔疾书的学生，是一片笔尖掠过白纸的沙沙轻响。校园的东南方，贴心的交华食堂，此刻，正在空气里酝酿着浓郁的“晚点”香。

这个年龄，在这样的境遇里，总会有一种幼小而富有勃勃生命力的东西慢慢萌芽，它的名字叫作梦想。每一支笔，在这大美交华，都执著地勾画着梦想的蓝图。最好春华，放手去搏。正如交华大殿内的那幅遒劲有力的作品："路漫漫其修远兮，吾将上下而求索。"交华的人都懂得，唯有无悔地付出，才能在人生的秋日里，收获丰盈的果实。

最美的时光，奋斗在交华；最好的记忆，成长在交华。

起风了，让我们扬帆远航。（杜鑫妍，2018 届毕业生，现就读于交大附中）

第五编　高品质服务理念助力学生终身发展

【宏观设计】

品质服务创一流，模范引领齐育人

向社会提供优质教育、特色教育、品牌教育是一所优质民办学校寻求稳定发展的突破口，而特色定位要定得好非常不容易，要考虑到社会的大环境，学生和家长的需求和期望，更要考虑到学校的办学定位、已有的资源条件和办学基础。

自2006年赵凤飞校长担任交华中学校长后，经过了十多年的研究和实践，从"个别化教育"到"生动活泼的学习，健康快乐的成长"，再到"构建高品质校园生活，提升学生教育幸福感"的特色品牌创建，从"全国民办中小学办学特色示范校"到蝉联"上海市民办中小学特色创建校"荣誉称号，学校管理者越来越清晰地探索到了校园生活品质的思想和灵魂。它是集环境、文化、精神、活动、感受于一身的综合校园体验，强调学生身处其中的经历、愉悦感、成就感以及自主发展的自由度。以人为本的精细化管理提供高质量的教育服务、精良的师资队伍全面实现立德树人的育才目标这两大主题，为实现这一品质服务提供了强有力的保障。

一、以人为本的精细化管理，提供高质量的教育服务

作为沪上知名的品牌学校，交华中学以"构建高品质校园生活，提升学生教育幸福感"的办学特色，赢得了社会各界的赞誉，尤其是学校的特色教育服务为广大学生在交华提供了一个温暖的家。品牌，源自用爱保障。

（一）自营食堂

学校食堂为上海市5A级食堂，严格按照卫监局要求操作各项流程，所有食材均经过精挑细选，保障产地溯源清晰；每周在官方微信公众号和校网公示菜单，注重营养搭配，提供一日三餐、水果、酸奶，西点房每日现烘新鲜晚点心，学生可自主选择荤菜、晚点心。历次问卷反馈，师生对食堂的满意率均超95%。

（二）学生公寓

学校为有需求的学生提供高标准学生公寓，配有空调、卫生设备、淋浴房，24小时供热，配备卫生老师、值班人员。自主管理的自习时间、严格的宿管制度和安全保障让学生公寓成为了住校生的第二个温暖的家。

（三）免费提供晚自习服务

晚自习已经是交华中学非常有名的特色教育服务，深受广大家长的推崇，学生根据需求自愿报名参加晚自习，老师辅导、同伴解疑，培养自主学习能力，全校90%的走读生都会选择参加。夜自修服务无疑为学校的管理增加了难度，为教师增加了工作量，但是作为民办学校，我们有责任承担一定的社会义务，为家长分忧解难，用特殊的教育服务满足家长特殊的需求。用老师们的话来说，“从日出到日落，我们愿意温暖地陪伴孩子们的成长”。

（四）安全保障

学校有健全的各项安全保障制度，定期举行各类疏散演练、安全讲座、安全实践体验活动。“上海市安全文明校园”“上海市平安示范单位”“上海市2018年度社会组织评估等级4A”等诸多荣誉的取得，强有力地为学生的人身安全保驾护航。

正是这些强有力的服务保障，让交华的孩子，不仅快乐学习，更健康、安全地成长。

二、精良的师资队伍，全面实现立德树人的育才目标

党的十九大报告中明确将教育事业作为民生之首，要“办好人民满意的教育”。办人民满意的教育，须依靠强有力的师资队伍。

交华中学拥有一支师德高尚、业务精良、乐于奉献的高素质教师队伍，中青年教师比例超88%。中级职称以上教师占比62%，研究生以上学历占比30%。学校高度重视教师的引进和培养，近年来一批成熟型骨干教师脱颖而出，在市区乃至全国教学大奖赛中频频获奖，并在教学第一线取得了优异成绩，为实现学校的三维育人目标“培育学生积极的生活态度、培育学生主动学习的能力、帮助学生掌握适度表达和控制情绪的方式”作出了巨大贡献，培养出了大批自信、自主、自强的交华毕业生。

立足学校实际，学校提出了以“业务精良创品质，模范引领齐育人”为核心的教师队伍建设工作要求，以这批师德高尚、业务精良的骨干教师引领其他教师快速成长，促进良好教育生态的形成，打造高品质校园。

（一）制度制约精细管理，多元培养促进成长

学校实行以制度制约为前提的人性化管理。从学校实际出发，最大限度公平公正地制订规章制度，管理团队下沉式精细化管理、以身作则遵守制度，反馈谈心时尊重每一位教师，就事论事。这样的管理让全体教师心悦诚服地自觉遵守制度，形成了独具交华特色的团结和谐、锐意进取的良好氛围。

1. 校本研训重实效，专业发展有保障

优秀教师的成长，与学校持续关注教师的专业发展密切相关。教师的专业培训发展与校本培训是一个互动的、密切关联的过程。子曰："不愤不启，不悱不发。"教师培训首先源于工作提升的需求，意义在于实际教学行为的改变。只有让教师发现教学中的困惑，因势利导，结合教师发展不同阶段寻找教育教学工作中的痛点、难点、兴奋点来组织教学内容和资源，培训才能真正取得实效。基于真实问题的培训，决定了培训效果；方向，决定了培训价值。

师训办依据学校新三年发展规划，制定了《交华中学"十三五"师训规划》，加强教师专业发展机制建设，全面持续提升教师育人为本的教育境界和专业素养，构建高效的学习型组织，形成浓厚的教科研氛围，打造名师队伍，形成研训文化。

（1）以"主题教研"为抓手，校本培训注重实效

学校聚焦课堂实践及教育教学实际问题，将"主题化教研"与"主题式培训"相结合，引导教师以问题为切入点，开展团队式、主题化的教学研究，针对教师主题化教研中的突出问题及教师需求，组织开展主题培训。"分层作业设计""魅力课堂""有效试卷命题"等长线主题培训及教研活动的开展，为教师提供前瞻信息及理论支撑，优化教学，真正形成校本培训融入日常教学。

同时，学校关注教师个体所长，助力教师实现个性化专业发展。学校采取"走出去、引进来"的方式，创造机会输送教师外出学习、进修，积极邀请各方教育教学专家进校指导、讲座，鼓励中青年教师参加高一级学历（学位）的学习。

在有效的校本培训推动下，各教研组成果纷呈：语数英教研组多次承办市区级主题教研活动，进行经验交流分享；语文教研组蝉联宝山区"优秀教研组"；体育教研组开展的阳光体育让交华的操场充满活力；政史地组的"魅力课堂"不仅让本组教师摘取了区中青年教师教学大奖赛一等奖，更让学生在每节课上趣味盎然，专注积极……

(2) 分层培养条线清晰,脚踏实地引领成长

对一线教师而言,最实在的才是最有效的。分层分级培养才能将培训落到实处,才能使教师对培训饱有持之以恒的热情。学校依据教师的特点和需求,建立分级分层分类培训体系,搭建开放的、多元的、丰富的培训平台,脚踏实地、分层递进地开展教师培养工作,通过师徒结对活动、中青年教师培训、骨干教师培训、班主任培训、区规范化见习教师培训等形式,夯实基础,解决教学实际问题,增强培训对教师专业发展的导向、支持、提升、优化功能。

如师徒结对活动,学校聘任教学经验丰富、师德素养高的优秀骨干教师,担任学科师傅、班主任师傅,带教青年教师,从启动仪式到阶段反馈会,从徒弟的学期汇报课到学期总结会,师训办扎实跟进每个环节,师傅有的放矢,针对徒弟每个阶段的薄弱的环节进行专项指导,且效果显著。“细节”“提优”“能力培养”等师徒结对反馈中高频出现的词语,助力青年教师快速成长。

(3) 多元激励骨干教师,助其实现自我成长

学校对一批成熟的、事业心强、专业能力强、责任心强的骨干教师除了提高待遇,还通过各类教育教学评比、课题研究、论文撰写等途径激励他们不断实现自我成长,以此引领全体教师,点燃教师的成长愿景。

(4) 齐力共筑“书香校园”,浸润悦读点亮人生

学校坚持开展“书香校园”建设工作,通过“书香教师”营造学习型组织的文化氛围,每学年依据推荐书单大量购置教师读物,鼓励教师阅读、思辨、提升、总结,拓展人文视野,丰厚教师的学识和课堂,彰显教育的智慧。

2. 激励措施强力度,宣传表彰促先进

学校连年加大建设高水平教师队伍的力度,充分利用奖励方案,发挥“耕耘奖”的激励作用,表彰优秀教师,打造骨干教师队伍;同时以各类会议交流、学校官方微信宣传、橱窗展示等途径宣传优秀教师。学校已形成人人争先、各个进取的良好工作氛围。

(二) 创设环境助长灵性,坚持学习提升素养

学校坚信:我们为教师创设的环境必须长其灵性,助其争鸣。有思想、爱学习的教师才能带出有思想、求上进的学生。“问渠那得清如许,为有源头活水来”,“学习”,就是教师的源头活水。

身为特级校长、特级教师的赵凤飞校长一直是每位教师的学习榜样。他站在教育发展的最前沿,不断学习,总是第一时间组织全体教师学习各类文件

精神、最新教育动态。一股浓郁的学习之风，在交华校园中氤氲。

学习贵在坚持。学校坚持教师的学习与教育教学实践相结合，坚持以德育人是教育的根本任务。每周的年级组例会、行政例会，每月的教师教学工作会等都是全体教师学习的好时机；每周的微信群学习，由年级主任负责推送教育教学理论知识、文件学习，是全体教师学习的好途径。

学习贵在专业。学校高强度重力度建设学习型组织，重视教师专业成长，尽量提供一切条件和可能，校本培训活动组织形式丰富：新进教师有学校专项培训和新教师各类培训；成熟型教师由学校邀请外校优秀教师、专家、教研员一对一指导教学；骨干教师和优秀的中高级教师有带教新教师的任务。新任班主任需接受班主任岗前培训；每周一次的班主任工作例会结合“让师爱充满智慧”系列培训工作，近三年平均每年开设班主任培训讲座 20 余场，指导老师们在关爱中开展班主任工作，在智慧中提升德育效果。

学习贵在走心。我们坚信，只有多形式、接地气的学习形式，才能让老师们在学习时走心，有实效。学校举行的“爱满交华”教师会，大力表彰教书育人的先进典型，一个个鲜活的身边故事、一个个优秀的经验做法让每位老师真切地、近距离地感受到了交华教师的榜样力量，深受触动……每一次活动的开展，不仅是一次理论知识的充电，更是一次心灵的洗涤。

学习贵在自主。在交华校园里，全体教师追求上进，自主学习能力强。如尹佳韵老师虽有身孕，但仍一次不落地坚持区见习教师培训，还主动申请加入区青蓝工程学习。她总是说：我要努力学习，要向更优秀的老师们靠拢。韦薇老师谦虚、好学，不断取长补短，成长迅速，她处处以高标准严格要求自己，以饱满的学习热情、踏实的工作作风、优异的教学质量，赢得了师生的一致好评。在各级各类教育教学比赛中，老师们都是积极参加，全力以赴，并有多人次获奖。陈丽萍老师，从片区“优秀见习教师”到区中青年教师教学大奖赛一等奖，她一路成长，一路收获。景娜老师不断追求上进，入选第四期上海市普教系统名校长名师培养工程“种子计划”人选……

学习贵在成效。学校以“魅力课堂”为平台，大力提升教师专业能力。以学生为主导，为学生提供大量丰富的教育资源，营造一个和谐快乐的学习环境，最大限度地激发学生的学习兴趣，最终让学生在轻松愉悦中健康发展，是我们的目标。新颖的教学形式、丰富多样的教学手段、独具吸引力与创新的作业、提优补差、定期召开的“魅力课堂之我见”探讨会等，是每位教师关注与讨论的热点话题。在自由分组编排剧本、组长责任制、辩论赛、情景教学等新的教学形式中，学生不再被动地接受知识，而是饶有兴致地按照自己的需要进行他们的观赏、调查、讲述、写作，并乐此不疲，教师的角色也相应地由凌驾于受教育之上的“灌输者”“管束者”转变为主体发展的良师益友、合作伙伴。

（三）先锋模范引领同伴，校园氛围风清气正

“致天下之治者在人才，成天下之才者在教化”，高层次教师是高水准教育的根本保障。学校十分强调骨干教师的先锋模范作用，秉承人才强校的理念，将师德师风建设、教师素质提升作为学校工作主线之一。在一批骨干教师的带领下，学校已形成爱岗敬业、为人师表的良好师德形象和风清气正的良好育人氛围。

1. 尚崇高师德，建品质校园

师德之魂是师爱，“关心爱护学生”是新时代中小学教师职业行为十项准则之一，也是对教师的最基本要求。作为初中教师，在学生成长的关键时刻，对学生的教育关爱更是不容忽视。师德高尚，是交华教师的风范。

刘燕老师脚趾骨折受伤后，上午医生为她搭好支架，下午她就拄着双拐来管理班级了。每天，她由爱人推着轮椅上下班，还自愿留下来上晚自习。其实最吃力的那两周她自己的两个宝宝都在发烧，可是她一天假都没有请过。江明凤老师家住浦东，每天五点半出门，放学后还主动留下来为初三学生辅导，冲刺一模，回到家都是八点以后。她顾不上管年幼的孩子，但是她很清楚，一模对于初三毕业班的学生意味着什么。初三的老师们最喜欢接受学生的提问，王升老师有一天上午连着几节课后，好容易坐下来想喝一口水，恰巧有学生来请教问题，他一高兴，到了嘴边的水杯一口没喝就放下了，等下堂课开始了，他那一口水还是没喝上。班里有孩子生病动手术后来上学，预备年级的陈露老师每天中午、晚上为孩子送饭，抽空就帮孩子补课、辅导，家长非常感动，在孩子痊愈后送来锦旗向老师表示感谢……

这样饱有灵动的生命关爱、独特的人格魅力的交华教师队伍，为高品质校园撑起了一片丽日晴空，培养出一批懂得感恩、愿意赠人玫瑰的学子。在“说说我心中的好老师”活动中，学生们用真挚的言语述说着师恩难忘：“我考试没考好，陈娟娟老师永远只是单独跟我聊天，从不在班级里当中批评我，让我有尊严。”“陈丽萍老师做事非常有效率有水平，才华横溢，竟然几乎能记住全校所有学生的名字。”“有一天我请病假在家休息，刘利蓉老师第一时间给我父母打电话问我身体情况，当时我真的很感动。平日里我是一个很不出挑的普通

学生，但刘老师一直都关心着我，让我在这个班集体里，觉得像和家人在一起。”“教劳技课的陶宝英老师特别牛，普通话、英语、上海话三种语言随时切换，英语说得比我们好多了。我们上劳技课特别投入，因为课程内容很丰富。”“上课时，我找到了答案，但还没完全想好就举起了手，我回答得断断续续，十分尴尬，但王欣玉老师没有责备我，一直补充我语句上的缺陷。有了这次经历后，我上王老师的课更有信心了！”

2. 重模范引领，促同伴成长

学校十分突出骨干教师的先锋模范性，强调骨干教师在各自岗位上做出模范表率作用。无论是教师教学工作会还是教职工大会，无论是行政例会还是年级组例会，学校一直强调要教书育人，立德树人，骨干教师要发挥模范带头作用，引领同伴成长。

叶亚静老师，一直与学生打成一片，学生都把她当成是知心大姐姐。担任备课组长的她，将自己多年的教学经验毫无保留地分享给同组教师，让年轻老师有的放矢，起到了很好的传帮带教作用。

李明老师身兼数职：学校工会主席、总务主任，还承担初三年级两个班的体育教学任务，虽然工作繁忙，但他总是任劳任怨，事无巨细、有条不紊，在教师队伍中起到了良好的带头作用。

作为年级主任的彭小燕老师，以身作则，发挥模范带头作用。她认真负责，踏实上进，所教的两个班级教学实绩突出；她秉公办事，扎实有序，年级主任工作开展得卓有成效。

数学教研组长周正涛老师，无私奉献、业务精良。每一年的师徒结对时，他都会爽快地承担起带教重任，严要求、高标准地带教青年教师。三四年前当过他徒弟的青年教师，到现在还时常向他请教，并由衷感言：当周老师的徒弟，是一份幸运，更是一份幸福……

这样的感人事例，在交华校园内数不胜数，交华的教师始终对自己高标准、严要求，团结同事，互相帮助，以大局为重，从不斤斤计较，淡泊名利，将作风建设的重点放在严谨、细致、求实、脚踏实地埋头苦干上。

（四）保驾学生心理健康，用爱共筑和谐师生

学校十分重视学生心理教育，充分利用学校已有传统做法中阳光聊天室、阳光小天使的功能，发挥专职心理教师的作用，充分利用阳光聊天室的机制和设备，让每一个有需求的孩子都能在老师的指导下解决问题、排解心理困扰。

以阳光小天使为基础的危机干预机制扩大到班主任、任课老师和每一个学生，对个别产生心理问题的学生，能够及时识别并及时诊断和治疗。根据学生年龄段特点，制订完整的心理教育计划和活动安排，点面结合、网络状指导学生的心理健康：读书培养自我教育能力，讲座学会控制情绪的方法，微型课探求青春的奥秘，心理剧释放内心的困惑……

老师们多次及时有效的引导、解决学生在青春成长道路上遇到的问题：班里有孩子父母离异，托给外祖母照管，还要住宿，班主任王心蕊老师每天都到宿舍去关心孩子。她说："这个年龄最是需要亲人的关心和照顾，我就做他在学校里的妈妈吧。"作为阳光聊天室挂牌心理辅导教师之一的史冬梅老师，时刻关注班级学生的状态，当她看到有学生因与同学争执而独自哭泣时，就陪着该生一直坐在楼梯口，在她的及时疏导和安抚下，该生很快调整了情绪……这些点滴瞬间，让学生更信赖老师，老师更了解学生，师生的心灵走得更近了。

（五）博爱情怀关心全体，携手共创和谐校园

学校管理团队不仅具有高瞻远瞩的胸怀，也具有博爱的人文情怀。能广泛听取群众意见和建议，在条件允许的范围内，积极解决与教师利益相关的实际问题，提高教职工待遇，提高教职员工的工作幸福感。每一个重大节日如教师节、重阳节、端午节、妇女节等，精心策划活动、准备节礼；每位教职员工的生日都会收到学校温馨的祝福和贴心的礼物；教职员工生病住院、生产都会有妇女干部上门探视慰问；"六一"亲子游园会让每个教职工家庭笑逐颜开。2017年12月15日，学校党政工团为本校建校史上第一位退休的教师举行了隆重而难忘的生日会和退休仪式……学校成为了全体教职工温馨的港湾、依恋的家。

现在的交华，已成为沪上有一定知名度、办学声誉好、有影响力的一所优质民办学校，办学理念和做法在市、区产生了良好的辐射作用，受到了业内专家及各级领导的高度评价。

"一个精彩纷呈的校园，一个有安全感的校园，一个有归属感的校园，一个能受到尊重的校园，一个能体验成功的校园"是交华人共同铸就的品牌特色。

（景　娜）

【实践探究】

爱在点滴，今生无悔

作为一名教师，什么是最重要的？我认为，是一种教师对学生特殊的爱，是一种小心翼翼地呵护学生的心灵，不使其受伤害的爱，更是一种对学生无怨无悔的爱。

一个民族振兴的希望在教育，而振兴教育的希望在教师，教师在教育乃至提高整个民族素质中拥有异常重要的地位和作用。与此同时，这也对教师的自身素质，尤其是职业道德素养提出了更高的要求。在改革开放的新形势下，加强师德修养，以德为先，势在必行。

一、心中有爱

教师要把爱洒向每一个学生，尤其是偏爱那些落后或处于逆境中的学生，帮助他们树立自信心，消除自卑感，让每个学生都能感受到自己在集体中的重要地位。教师爱学生要宽严适度。严出于爱，爱寓于严。“严”不等同于“凶”，适当的时机要严，在细微地方体现教师的真情。教师要学会对学生进行“赏识教育”。要看到每个孩子身上的闪光点，要做到及时给予表扬和鼓励，让他们的自信心得到提升，由厌学转为爱学、会学、乐学，从而体会到成功的喜悦。我想这样会提高教学效益，达到事半功倍的效果。

两年前我认识了林某，他是一个外表朴素、身着干净的阳光男孩，白净的脸庞会挂着一丝笑容，给我的印象也是很好的。可是没有想到的是，一学期相处下来，他的学习成绩是令人堪忧的，语文背诵速度极慢，一首古诗能背诵一堂课，甚至更长时间，默写没有一次是全对的，每句话都会有错别字。简单的背诵书写都是这样，阅读就更别说了。而且他的字迹不工整，作业总是不按规定去写，成绩自然是一落千丈。面对这样的局面，我相信每个孩子都是有优点的，是可以改变的。我没有放弃他，利用课余时间找他背诵，反复默写，一堂课不行就两堂课……课上我发现他是认真在听讲，就是写字的速度慢，于是鼓励他回答问题，并且表扬他的积极发言，课下借给他笔记去补充完整，考试前利用课余时间也会帮他整理笔记，考他默写，帮他复习。有几次默写竟然全对，在班级中我表扬了他，同学们给予他热烈的掌声。一学期下来，功夫不负有心人，他的成绩渐渐有了起色，他在随笔中写道："老师，谢谢你，是你让我对学习有了自信，我一定会好好学习的。"看到这样的话语，我开心了好久。我想教师对学生的爱不就体现在学生获得成功之后的一点成就感与喜悦感吗！

二、"润物细无声"

在一定程度上讲教师对学生的爱，就是"师爱"，热爱学生就是热爱教育事业。但热爱学生并不是一件容易的事，让学生能体会到教师的爱更困难。我时常用自己赤诚的心，满腔的爱去感化每一个学生。尤其是身为人母之后的自己更是"母爱泛滥"，对自己的学生，不管是优秀的还是落后的，聪明的还是迟钝的，都会献上一份真诚的爱，去关心他们，了解他们，尊重他们。对待那些后进生我更是以加倍的爱去鼓励他们，用满腔的热情点燃他们内心的希望之火，唤起他们向上的决心。

王同学是一个品德高尚但学习基础较差的学生，对此，她自己也十分苦恼，不知如何提高学习成绩。她自卑感较强，上课回答问题时，声音里充满了惶恐与不安。针对她这种情况，我反复思考、想办法，课堂上用更多的目光关注她，课堂下用更多的时间去帮助她。水滴石穿，绳锯木断，在我的耐心引导下，她的学习成绩有了起色，她对自己越来越自信了，平日里很少看到的笑容也常常出现在她的脸颊上。看到她的进步和成长，我真是高兴和自豪啊！在此过程中，我们不仅建立起了深厚的友谊，她还和我分享了她的小"秘密"。记得有一次，她一个人在家，突然流起了鼻血，因为第一次遇到这种情况，她不由得惊慌失措，不知怎么办才好。这时，她给我打来了电话，我告诉了她止血的办法后，又每隔五分钟，给她打电话，询问她的情况，直到鼻血被完全制止。当学生遇到困难急需帮助时，她能想到我，甚至没有给父母打电话，这种信任，令我感动，我有什么理由不去热爱我的学生呢？

我认为老师对学生就要充满热情充满爱，这种爱就是要"润物细无声"，既要透彻，又要真切与持久。

三、身教重于言传

良好的师德有助于塑造学生完美的人格。教师在教育教学过程中，起着主导作用，有着很强的示范性。几年来我利用一切可以利用的时间备课、自修、批改作业、课外辅导、家访……多少个夜晚，人们在娱乐，而我在灯下默默耕耘着，以笔为伴，以灯为侣。虽很苦很累很寂寞，可我深深地知道，学生知道一滴水，我必须知道一桶水；学生知道一桶水，我必须知道一池水。课堂上当看到我传授的知识同学都掌握时，所有的苦、所有的累、所有的孤独与寂寞，瞬间都灰飞烟灭。我做到了以身示范。

我认为作为教师，要想让学生讲普通话，自己首先要用普通话授课；要想让学生不迟到，教师就应提前站在教室门口。在学生不懂得如何去做事情的时候，要耐心告诉他们如何去做，老师告诉学生做到的，老师先做到，要成为学生的榜样，为人师表，以身作则。

四、亲其师而信其道

在教学中，只有教师平时注意和学生培养感情，建立民主、平等、和谐的师生关系，学生才愿意接受你的教育、努力学习。正所谓"亲其师而信其道"。由此可见，良好、和谐的师生关系是以德治教的重要基石。

建立良好的师生关系并非是对学生放任自流，听之任之，而是一种亲密、真诚的合作关系。首先，教师要处理好课上与课下的关系。为了保证思想教育和文化知识的顺利传授，课上，必须做到严谨治学，既注重知识的传授，又要抓课堂常规，融入思想教育，使学生思维处于兴奋之中，从而提高学习效率。课下，不妨多一些微笑，多一些宽容和体贴，同学生一起交流谈心、娱乐，使学生身心得到放松，感受到"慈母"的温暖。每周一次的活动课甚至是体育课，我都会与学生一起进行各种体育运动的锻炼，这种"课上为严师，课下为益友"的融洽的师生关系大大提高了教育效果。其次，良好的师生关系与严格要求是对立统一的。与学生建立友好和谐的师生关系，并不是放弃管理权，去迁就学生。对学生提出高标准严要求是学生成长的良药，是为他们将来顺利踏上人生之路做准备，学生明白了老师严中有爱，心会和老师贴得更近，师生关系会更融洽，教育也会收到更好的效果。

在我多年的班主任工作中，我时常用自己赤诚的心、满腔的爱去感化每一个学生。无论他们是乖巧的还是调皮的，都会献上一份真诚的爱去关心他们、了解他们、帮助他们、鼓励他们，唤起他们向上的决心。回忆起在我教过的学生当中，有这样一个女孩给我留下了深刻的印象，她的故事由一篇文章引起，并让我开始关注她……

“我只是一个平凡的小女孩，可是我所经历的事不应该是我所要面对的。我知道我不该贪玩而误了学习，不该……我和你斗嘴是因为你真的不理解我，每个人都需要理解，可你为什么仿佛总在跟我作对呢？每当看到别人的妈妈和自己的孩子手牵手在街上有说有笑地从我面前走过时，你知道我的心是什么感觉吗？我跟你之间似乎隔了厚厚的一道墙……”

这是节选自一个六年级的小女孩所写的文章，外表娇小柔弱的她似乎看上去就像是没有长大的小学生。可在她的文章中，处处流露出“犀利”和消极的情绪，处处都能感到与家庭强烈的“矛盾”和对妈妈的“不满”。是什么让这个小女孩心灵上遭受了如此大的打击？是什么让小女孩认为与妈妈之间有了很深的“代沟”？是什么让小女孩这么“恨”自己的妈妈？许许多多的问号在我的脑中浮现。我百思不得其解，决定寻找“答案”，揭开“谜底”。

从我和她认识到关注她，我渐渐和她建立了良好的师生关系，也和她谈起心来，我才知道家庭的破裂，父母婚姻的问题，使这个小女孩承受了她这个年龄不该承受的压力。我并没有说她什么，只是从那时起我不断地锻炼她，让她担任班级干部，并鼓励她大胆地去做。她不仅懂事而且学习成绩也很优秀。看到她一天一天变得开朗，脸上也时常挂着纯真可爱的笑容，我内心是满足的。对学生耐心教育和指导的过程中我有了收获，我用师爱去感染了她，改变了她，我体会到了一种幸福感。

五、理解、尊重、信任

我们常说人与人之间的理解应是相互的。教师既要站在学生的角度和立场去理解学生的思想，同时学生也应该换位思考。但教师对学生的理解更为重要，在学生三观还没有完全形成之时，教师有义务要对其进行指导与教育，要设身处地地为学生着想，体会他们的所想所思。

要想做到以学生为重，我认为人格上的尊重就更重要了。尊重一个人，是对其作为“人”的最基本的要求。教师要尊重学生，和学生和平相处，同时学生也要尊重老师，和老师建立良好师生关系。做到了人格上的尊重，才会建立比师生更为密切的关系。

信任学生就是相信学生都有“学好”的心愿，都有一颗向往美好的真诚之心，即使学生有这样那样的缺点、错误，也是可以教育好的，教师不应该放弃任何一个学生。尤其是信任后进生，他们身上也有“闪光点”，也有值得大家学习的地方。只要我们拥有一双善于发现的双眼，就可以做到发掘每一位学生的优点，做到信任每一位学生。

德为师之本，古往今来，无一例外。以德为本，教书育人，让我们每一个教师立足本职岗位，以德治本，以生为本，继续弘扬美好高尚的师德，不断提高教育质量，大力推进素质教育，为社会主义物质文明和精神文明建设作出自己的贡献。“其始也简，其成也巨”，我要把我所有的知识、教育理念根植到每个学生之中。“21世纪最重要的是人才”，在全世界人都重视教育的今天，我更知道自己身上的担子很重，更要给自己充电，跟上时代的步伐，把自己的学生培养成国家的栋梁之材。

假如有来生，我还会选择教师这个职业。我坚信，我的生命也必将在我的学生身上得以延续。我选择了教育——师爱，无怨无悔！（王雪华）

“爱”为绵绵春雨，润物细无声

爱，是永恒的话题，虽然无影无形如同空气一般，却能够感知，也是人类最基本的情感。在当今教育中，爱更是教育的灵魂和生命。对孩子们进行爱的教育，是教育的关键，也是教育的基本要求。古今中外的教育家们的教育思想有所不同，教育风格也各有千秋，但大多认同爱的教育是教育者的基本操守。著名文学家兼翻译家夏丏尊先生说：“教育之没有情感，没有爱，如同池塘没有水一样。没有水，就不成其池塘，没有爱就没有教育”。

而在我多年的班主任生涯中，“爱”这个字早已深入我的教育理念，指导着我的工作，帮助我在教育工作中解决了很多问题，并且我也因此收获了很多。

一、用“爱”领跑

身正为师，德高为范。要使“德育为先”的教育理念深入人心，老师的言行影响是最无声但是最有力的，可以树立同学们正确的是非观和价值观，也可以让学生感受到浓浓的爱，可以学会爱，学会感恩。在刚接触到预备年级新入学的学生，他们是怯生生的，对新环境还是有些忐忑不安的，这时候班主任的一个关爱的眼神，一句关切的话语会一下子拉近彼此心的距离。比如：你坐在这里，能看清黑板吗？你是怎样来上学的呢？走路要多久？早上来得及吃饭吗？中午在食堂吃饭时，我则先看着他们一个个打好饭坐下吃起来，再了解一下他们对饭菜的评价，然后才自己去打饭吃饭。看着他们一个个开心而满足的表情与笑脸，我也感觉万分幸福。住宿的同学第一次离家独自生活，也是要经历一个逐渐成熟的阶段的，我经常到宿舍嘘寒问暖，以减少他们的焦虑和不安全的感觉。

在日常的班级管理工作中，也是能把“爱”与“严”恰当地结合在一起的。严格要求自然是必须的，俗话讲“严师出高徒”，对学生的严格要求固然是不可或缺的，但一定是可以以“爱”为前提的。各种量化制度或者严谨的班规，肯定是有比较严厉的，要求同学们禁止去做的事情，那么老师就要保证自己先遵守，不可越雷池一步，先要做好同学们的榜样。比如要求同学们注意仪表，自己先注意着装打扮；要求同学们为别人着想，老师就要时时想他人所想。这样一旦老师提醒犯错的同学，他们更容易接受，尤其是处于青春期的孩子。

二、用“爱”发掘

老师要善于并恰当地运用激励机制。现在一直流行“赏识教育”，一位哲人也曾经这样说过：“好的孩子是夸出来的。”中学生很看重自尊和荣誉，都希望得到老师们的表扬，增强自己在同伴中的影响，在集体中得到重视。因此我们需要尊重学生的人格，肯定他们的优点和长处，体验他们的处境，谅解他们的幼稚，呵护他们的心灵，使他们感受到自身的价值，从而产生自信，在自信的推动下健康成长。

首先要做到发现优点“谋激励”。作为班主任，和同学们有更多的接触机会，就看班主任有没有“一双勤快的双腿，一双发现美的眼睛，一张爱夸奖的嘴巴”。这双腿是要经常跑遍班级的每个角落，眼睛是要及时发现同学们的细微之处，嘴巴是要经常甜如蜜地夸赞同学们。课间十分钟，饭前饭后，自修前后，还有各个活动课体育课，大扫除小劳动，不厌其烦地来来回回，自然会捕捉到同学们的点滴细微之处。

其次要做到肯定优点“善激励”。可以自己发现优点，也可以听同学们说，如果怕遗漏，就发动同学们一起来讲一讲。我经常开展“发现身边的美”之类的活动，让大家把看到的无私奉献和美好的事情大声讲出来。周围弥漫着浓浓的爱的味道，就如和煦的阳光照在大家身上，暖洋洋的，也能照亮每个人的心灵。

三、用“爱”引路

要用“爱”对学生进行正确的引导与疏导。疏导，是班主任做好学生思想工作的有效途径，而以“爱”为前提下的疏导更加切实有效。曾经遇到过一个这样的孩子，品学兼优，有一段时间竟然心不在焉，学习懈怠，成绩起伏很大，科任老师都反映她的问题，经过几次谈心，发现问题出在家里。原来父母吵架已经到了非离婚不可的地步，这个孩子情绪非常激烈，更不要提学习了。我及时和她的父母见了面，挽回了一个家庭，也把孩子拽回到了积极向上的状态。还有一个成绩优异的孩子，父母刚离婚，她出于自尊谁都没有告诉，自己默默地承受着一切。我通过她爸爸了解到了这个事情，就主动找她谈心，并且把这个事情作为我们俩之间的秘密，在周记里嘘寒问暖，体贴关怀，互诉烦忧，共享快乐。在这样的疏导下，这个孩子一直保持着优异的成绩，也阳光自信地成长着。

四、用“爱”感化

每个班主任都会遇到不乏让人头疼难应付的孩子，俗称“学困生”。那么这时爱的力量更能凸显出它的强大来。我们要尽力去用“爱”切实关注关爱他们。尽管反反复复，我们还是要时刻不可放松拉他们健康向上的手，拉着他们向前走。

首先要用心去拉他们的手。我们教的学生不一定百分之百成材，但是一定要达到百分之百地成人，这是我们教师的神圣职责。在对学困生要求严格的同时，也要对他们倾注一片爱心，采取热切关怀的态度，积极帮助他们解决一些学习生活上的困难，使他们感受到老师态度上的和蔼，集体的温暖，让他们感到大家在关心他、爱护他，使他们热爱老师、同学和班级，积极主动地融入到集体中来。例如，我曾经遇到过这样一个孩子，父亲早亡，学习生活习惯都不如别人，初二时开始厌学，有一次打游戏彻夜不归，母亲难过又无策，我和她母亲大早上分头去寻找。我带着一个熟悉他的同学一个个网吧找过去，对网吧工作人员说我找我没回家的孩子，从网吧里一个个熟睡的面孔查看过去，最后找到了他。回到班里以后，所有同学在班干部带领下，集体起立齐声道：“老师，您辛苦啦，我们永远不让您操心。”我瞬间眼泪流了下来，向同学们深深鞠了一躬。这件事对这个孩子也触动很大，很长一段时间没有再进网吧。如今，这个孩子已经结婚生子，并且有一份很光荣的事业，经常得到表彰。他见到我就会一再地感谢我及时挽救了他。这件事使我认定了用心拉他们，他们一定感受得到。

其次拉他们的手要用力去拉。一般学困生都会有学习成绩不理想、纪律观念也不强等情况，对他们往往要付出一定的耐心和一定的工作强度。比如，别人十分钟学会的知识，他们可能要一个小时，老师就要付出多几倍的时间陪他去学，花的力气自然比别的同学要大，老师在“爱”他们的前提下，自然愿意多付出时间和精力陪着“蜗牛散步”，耐心等待他们一点点进步。

最后拉他们的手还要不断去拉。学困生一定会是屡改屡犯，我们一定要充满自信，相信他们一定能进步，切不可半途而废，丧失信心。像我教过的有些同学，迟到，不交作业，不认真听讲等，经常是这边保证完，几天后又会重犯，就要一次又一次地做他们的工作，不厌其烦。其实他们也并不厌烦老师，只是

师之初心，梦启交华

作为一名刚刚走上工作岗位的新手教师、新手班主任，我百感交集。但幸运的是，作为教师，我的第一舞台是交华的讲台。在新的环境，多亏了学校的教学团队，使我在短时间内找到教学重点，融入学校氛围；多亏了学校德育团队的多次培训和支招，让我能有条不紊地管理新接手的班级。通过这一学期的工作、学习，我收获很大，我深深体会到，教育是一门艺术，一门大学问，值得我用一生的精力去钻研。

小时候，我非常贪玩，完全不明白为什么要去学校，不明白为什么要学习。直到初中，一批初中教师影响了我：成绩提高一分却大力表扬了我的英语老师；每节课前必听写的历史、生物老师；不苟言笑的数学老师；关心着我们生活的语文老师。为得到老师一个肯定的眼神、一个满意的赞许，我课下开始绞尽脑汁思考数学题，一遍一遍复习文言文。当我随着成长真正明白为什么而学习时，回过头来看，我十分感谢那些曾真诚地给过我鼓励、认真地督促过我的老师，是他们的认真负责，我才没有荒废掉我人生中最好的少年时光。“少年之记，如石上之刻”，至今，初中学的大部分知识我还熟记于心。也许是我的老师感染着我，也许是一直怀恋学生生活，也许是小学写的作文……让我毅然走上了这三尺讲台。

初见交华，是在去年的5月底，我看到我们的老师都很是奋进、团结，孩子们也是朝气蓬勃、天真快乐，我觉得这就是我所追求的校园氛围，那时候我就暗下决心我要留在交华，融入这里，把我的教师梦扎根在这里。一学期后，我更加坚定了要留在交华的决心。都说“言传身教”，行为是最有说服力的教育，而交华老师们的做法也深深地影响着我。

从交华同事们的身上，我学到了很多，对“师德”二字有了更深的理解。

“学高为师，身正为范”，教师是榜样，是学习的促进者。教师的人格力量是无形的、不可估量的，教师要真正成为学生的引路人。一学期的教师工作让自己的自控力弱一些，还特别想让老师时刻提醒敲打着他们呢！比如，我以前经常批评帮助过的一个孩子，在有一次我实在没有办法掩饰住自己的愤怒时，他竟然哭了，说："老师，我知道你是为我好，你是最好的老师。"这句话提醒了我，让我知道他们是能理解我们的这份爱的，也更加坚定了我继续不断去拉他们的手的决心，绝不放手。现在他也已经是事业有成的商人了，电话里听到我的声音就会很激动地称我"恩师"，这句话对我来说真的是千金难得。

在神圣的教育事业中，我们都肩负着无比重要、无上光荣的职责，相信我们都能把"爱"化为绵绵春雨，润物细无声，为国家为社会培养未来的栋梁之材。（刘利蓉）

我更加理解了老师责任。为了学校、学生，周末也经常能看到校长、老师们忙碌的身影，办公室的灯光也总是和夜晚的星光、路灯交叠，但老师们都是出于真心，毫无怨言。虽然教师的工作琐碎与繁忙，但每当面对学生，每位交华老师都能耐心细致地对待学生。我的师傅就给我做了一个好榜样，她能快速地转换自己的身份，上一秒还是不苟言笑有条不紊地处理学校大小事务的教导主任，下一秒她就融入到孩子当中成了他们最喜爱的语文老师。她所教的学生由衷地赞叹道："史老师工作这么忙，但是看到她进班时对我们露出的笑容，我们上课就来劲儿。"

在交华一学期的学习与工作，让我有了更强的组织领导、管理协调能力，教学效率也在不断提高。交华的"老"教师用实际行动教会我对学生要富有爱心，还要善于发现每一个学生的闪光点和发展需要。在这群老师的影响下，我也渐渐能协调好自己的班主任工作和教学工作之间的关系，对待孩子也以"捧得一颗心来，不带半根草去"作为自己的最高追求。

一学期来，争做"学习型教师"成了我的奋斗目标。

想给学生一滴水，自己先得有一桶水。在交华，没有一个人敢停止学习，因为面对如此优秀的学生，我们唯有充实自己，才能把课堂上的时间都用在刀刃上。在校长室的带领下，我们老师们也个个在争做"学习型教师"。尤其我的师傅，她不仅承担着学校教导处的行政工作，还是语文备课组长，承担着语文教学工作，但她平时还读书、做课题，再忙再累也不忘记给自己充电。她总是督促我定期充实自己，不能辜负了孩子们对学校老师的信任与期待。

在交华中学的一学期里，定期的教研活动、研修活动、观摩课让我在这所教师的"黄埔军校"里迅速成长。我的师傅在学校教学工作、学校行政事务之外总是不遗余力地抽时间对我倾囊相授，从备课、讲课、批作业、待人接物、对待学生甚至上课的眼神、表情，批作业的符号都事无巨细地耐心指导；语文组的老师也都抽出自己的宝贵时间帮我一遍又一遍磨课；初三的老师们更是在中考来临的紧张氛围下，欣然同意我前去听课学习。正是交华老师伸出的一双双热手让我在教学上快速把握了上海地区语文教学的特点，找准了教学的方向。有他们作为坚强的后盾，我站上讲台时一次比一次有底气。

与交华同事们一学期的工作相处，让我深切感受交华是一所有温度的学校。

办公室的老师总是相互分享自己的育人经验，分享教学上快乐的点滴小事，互相鼓励；教导处、德育处、卫生室的老师们也都热情地接纳我，主动关心我的生活。元宵节学校领导们还专门“舍小家”，与我们住宿的老师一起吃团圆饭，生日的时候我还收到了学校的真诚祝福。这些都让我觉得自己从来不是个外人，好像自己本来就是交华人。还记得拿到学校合同的那天，我给家里打电话，平静的语调有掩饰不住的自豪：“爸、妈，我进了一所很棒的学校！”在交华待得越久，我也愈发坚定了自己当初成为一名优秀交华人的选择。

短短一学期，我经历过新学生的家访工作、家长开放日活动、校运动会、迎新活动、朗诵比赛、古诗文大赛、绿色指标考试等十几个大大小小的挑战。回首这些，我感慨不已。作为一名青年教师，开始我心中是忐忑不安的，幸运的是，我遇见的是交华。学校领导和老师都在第一时间对我的工作给予了诸多帮助和肯定。这激励着我，让我从开始的有点胆怯到后来的成熟老练，在大家的互帮互助和学校的支持下，最终是沉着冷静地让各项工作有条不紊地开展。但接下来的路还很长，我相信在优秀学校团队的带领下，在周围这么多优秀的交华人的帮助下，我会一点点地进步。

我感恩自己扎根于这样一支优秀的教师队伍中。今后的日子，我会和交华人一起努力，共创辉煌！（陈　露）

不忘初心，砥砺前行

初三是奋斗和拼搏的一年，承载着太多的期望，不只在于学生和家长，老师们也同样如此。学生的一分耕耘方有一分收获，唯有足够优秀和努力的老师才能带领出卓越和奋进的学生。从几位初三年级组党员老师们的日常中，我和他们一起见证了拼搏背后的意义。

彭小燕老师，担任党支部组织委员和初三年级年级主任，虽事务繁忙，但她不仅无丝毫松懈，且万事俱细，事必躬亲，任何人任何事，只要有她在，简单的一句“没关系，有我在”让人倍感她的担当。但这简单的一句，背后是她多少个日夜的加班和付出。2018 年中考前，她临危受命，接任三个班的语文教学，在那最关键的最后一个月，她上课到声嘶力竭，但对课堂、对学生却始终保持着高度的热情。她说过这样一句话：“我不能对不起这帮孩子，我要给他们最好的课堂。”这句话一直都在鞭策着我，为我指明前进的方向。

周正涛老师，担任数学教研组组长，教学教研能力超强，待人接物友善，和小年轻们打成一片，用“在教学上上得厅堂，在生活中下得厨房”来形容周老师一点都不夸张。我经常看到初三数学备课组在其乐融融的氛围中商讨数学难题，制订教学计划，也时常看到周老师一人静静地钻研数学难题，研究历年考题动态，做到以不变应万变，并毫无保留地分享给后辈们。这种钻研精神，这种无私大爱，是我学习的榜样。

刘利蓉老师，师德高尚，温文尔雅，教学功底深厚，她做的永远比说的多。她会说：“我没别人聪明，所以要多做点，才能做好。”这样的谦虚恭谨，才能让作为班主任的她，塑造出了现在的初三(4)班，一个班风学风无懈可击，一个各门学科都优秀到像神一样的存在。我们常讲：怎样的班主任就会带出怎样的学生。我相信，她所带的这届毕业班所达到的高度便是刘老师做人做事最好的写照。

马淑婕老师，作为一名准妈妈，不但对于教学工作无丝毫懈怠，作为备课组组长，还经常带领同组的姐妹们一起研究试卷难题、考试大纲等一线资料，以备战一模。初三教学工作繁琐，经常有人提醒她这个大肚子悠着点时，她总说："我不累呀，还好的呢，该讲的总要讲，该抓的总要抓，家长把学生交给我们是要出成绩的。"这样的脚踏实地、吃苦耐劳，是在任何时候任何岗位上都需要做到并坚持的。

江明凤老师，作为交华新成员，教学研究比别人勤奋，课上课后比别人卖力，经过一模的冲刺，她几乎处于发不出声音的状态，即便这样，她还依然坚持站好最后一班岗！办公室里经常看见她向别人请教的身影，左一个姐姐，右一个姐姐，探讨教学，学习经验，带着问题在成长，在进步。一个热爱学习，善于提问，又吃得起苦的教师，注定会是一名优秀的党员教师。

其实不仅是初三年级，交华的老师们所做的远比我所看到的要多得多。而为人子、为人女、为人父、为人母的我们似乎永远在寻找着工作和生活的平衡点。一份顺遂心意的工作必然是幸福美满家庭的基石，而所有的顺心都必定要付出相应的努力。让我们铭记习近平总书记所说的"幸福是奋斗出来的"，不忘初心，砥砺前行！（叶亚静）

秉红烛之德传道，用仁爱之心解惑

——记我眼中的几位交华教师

不知不觉，我来到交华已经三年了。这三年中，我从刚担任教研组长时的懵懵懂懂到现在的成熟稳重，一点点磨炼，一步步前进，除了有校领导的指引，更有一群优秀的交华教师陪伴我、指点我，让我切身体会到什么是爱心无限，深刻理解到什么是润物无声。

曹卫红老师是党员示范标兵。教学上，曹老师秉着一颗不放弃任何一个学生的心，尽可能把自己的爱播洒在教室的每个角落。在她的眼中，每个孩子身上都有闪光点值得欣赏。每当学生在学习或者生活中遇到困难时，她总是伸出援助之手，用自己的真诚去打动他们，带领学生们在阳光下健康成长。难怪学生们都称呼她为："美丽的曹姐姐"。

作为年级主任，曹老师严中有爱。在年级组事务管理中，她严格有序，无论是组织每日一学，还是日常工作的及时提醒，都体现了她的细致。每一次年级组大型活动成功的背后一定有她默默的付出。曹老师十分注意自己的言行，每天早上她很早到达办公室，一旦发现有老师还没来得及到岗，她总是默默地顶入教室。曹老师带领下的初二年级组是一个极富凝聚力的团队，这一切都离不开她的细心、耐心和爱心。她非常关心办公室的每一位老师，在每学期开学初她会细心地为办公室备好一学期的咖啡；也会在临近考试时统筹安排时间，确保各学科间互相配合。为了美化办公室，她为办公室的每位教师买了风信子。工作之余我们亦会欣赏花之美，细品花之香，不由感受到曹老师的温暖，也因此我们初二年级组更加齐心协力，屡创佳绩。

陶行知先生说过："真的教育是心心相印的活动，独从心里发出来的，才能到达心的深处。"邢丽萍老师，在教育教学中坚持用师爱浇开心灵之花。作为一名富有经验的老教师，从她刚接手新班级起，就不断地找同学谈心，与家长联系，详细了解每个家庭情况和孩子们的兴趣爱好、性格特点、习惯基础等，用最快的速度了解班级学生的学情并对症下药，进行有的放矢的教育。

陈丽萍老师，尊重每一个学生，谦虚、平易近人，深受孩子们的喜爱。作为大队辅导员，她关心爱护同学。每一个下雨天，她都会不断提醒走廊上的孩子们当心地滑；遇到每一个生病或者病愈返校的同学，她都及时关心询问，并提醒班长及时反应情况。无论是教学工作还是德育管理，她都以全部的热情和力量投入到自己的事业中，做到一丝不苟，有声有色。她屡次荣获各级奖项，但是在成绩荣誉面前她没有丝毫自满，而是不断挑战自我，做一名学生满意、家长放心、社会欢迎的好老师！

王宁老师，十分注重自己的言行，坚持要求学生做到的，她自己一定做到，要求学生不做的事，自己坚决不做。她平等地对待每一位同学，常常会有学生来向她倾诉心中的喜悦和烦恼，她总是耐心聆听，适时地给出一些供参考的建议，不轻易对学生的行为下定论。因此，也经常可以看到其他年轻班主任向她请教班级管理或学生管理方面的问题。记得有一次，年级里其他班的一位同学和王老师所带班级的同学发生了一点冲突，王老师没有直接批评学生，而是耐心倾听学生们讲述事情发生的原由后再进行引导，孩子们感动得哭了。王老师坚持用微笑来感化学生，她始终认为，只要老师们多花些时间和精力，一定会收到良好的效果。正因为她日复一日这样做，注重培养学生的自主发展和自我管理能力，所带的班级凝聚力强，师生关系融洽，成绩稳中有进步。

认真，是韦薇老师最大的特点。每一件事情，她都尽自己的最大努力去做。我们经常可以看到她帮学生设计黑板报的身影，还可以看到她孜孜不倦地在办公室加班给学生面批的身影。她正直、诚实、守信，所做的每一件事、讲的每一句话看似平凡普通，但是透过这些平凡之处，让我们清晰地看到一位党员教师的不平凡，她勤勉无私、乐于奉献。

景娜老师虽然是一名刚转正的党员教师，但是她早已在思想上用党员的标准严格要求自己。作为一名语文教师，她对待教学细致耐心，虽然人事工作繁重复杂，但她依然抽时间一遍又一遍给孩子们面批作文；无数个晚自修，都可以看到景老师主动加班给学生们面批订正的身影。课堂上她注重培养学生的综合素养，循循善诱，注重细节，同时鼓励学生积极发言，让学生成为课堂的主人。她让学生"动"了起来，让课堂"活"了起来。

在交华的这三年，像这样感人的事迹很多很多，这一切都深深感染了我，使我深思，给我启发。我是教研组组长，更是一名党员，如何以身作则，在抓好教学的同时引领英语组共同前进是我应该思考的重点。教研组不仅是教学常规的落实者、日常教学活动的组织者，更是开展教学研究的重要阵地，是教学创新的“孵化器”。在交华的这三年，我从一开始根据校领导的安排进行教研组活动，到现在主动组织各类主题研讨，我认认真真地在学习中积淀，在实践中成长。

上海的中考改革方案于2018年落实了，这次改革变化最大的是英语学科。2018年起，中考英语增加听力口语单独考试，成绩计入英语中考总成绩。一石激起千层浪，学生、家长和老师都开始激烈地讨论这一改革方案，并且逐渐将讨论的重心放到学生英语学习策略该如何调整这一方面。我校英语组走在中考改革前沿，经过多次教学研讨，于2017学年开始利用智慧英语平台对学生进行口语训练。每周末教师都会在智慧英语平台布置一定的人机对话口语训练及听力训练，鼓励学生去听、去说、去交流，浸入全英文的语言环境中去。我校出巨资开发了英语单词集训软件。软件开发伊始，我们英语组的每一位教师都投入其中，从选定内容、审查校对、测试系统，到开学后每个年级学生的每周集训，都可以看到我们英语组老师早出晚归的身影。整个英语组齐心协力，为了学生更好成长，我们甘愿付出自己的休息时间，让辛劳伴随自己，把精彩留给学生。

鸟儿需要奋飞，教师的鼓励是翅膀；花儿需要浇灌，老师的微笑是甘露；青春需要描画，老师的心血是墨汁。优秀的老师就像灵魂的工程师，可以塑造学生的高尚灵魂。而在我们交华，就有一批这样的好老师，她们不仅有优秀的师德素养，也有无尽的奉献精神。在交华这样一个充满爱的大家庭里，我们深知红烛的风采在于燃烧中兑现自己的价值，春蚕的意蕴在于羽化时超越重生的境界。教育就是这种“心”的职业，是用生命激活人生的事业，我们愿意捧一颗心，带一班人，三尺讲台献青春！（陈娟娟）

【心香一瓣】

宿舍时光

晚自习结束，拿上学校准备的可口晚点心，与同学、老师道别后，我一边下楼，一边想着今天回宿舍会发生什么有趣的事。

冬天的寒风吹过走廊，月光透过云层洒落在小花园里，隐约能看见几片枯叶乘着风飞起又落下。我穿过人群，飞快地向走廊尽头的宿舍走去。

跨过宿舍的门槛，宿管阿姨正倚在门边，见人来了便笑容可掬地送上一句："晚上好啊！"我微笑着回道："阿姨好！"又匆匆走上二楼，来到我的宿舍。一推开门，就感到一阵温暖，眼镜也迅速蒙上了一层白雾。待白雾下去了，就看见室友们都已到了宿舍，在阿姨提前开好的空调下暖着有些冰冷的脸和手。空调旁边，是学校为了方便我们晾衣服，特意安装的晾衣架。以防我们不小心撞上去受伤，阿姨还在衣架角上贴心地安上了海绵套。

可见，阿姨对我们的关心是多么无微不至。还记得，一天夜里，我的一个室友发了高烧。已经入睡的阿姨又爬起来，帮她量体温，打电话联系了家长，一直守到家长来阿姨才离开我们寝室。正是这些细致入微的照料，让我们在宿舍的时光才得以如此温馨。

和室友们聊聊天，一晃，自习时间就到了。点一盏台灯，倒一杯牛奶，捧一本书，细细翻看——可能是一回宿舍就放松了，又或许是因为身处这样安静的氛围中，不觉间，倒也卸下了一天忙碌学习带来的疲惫。有时看着看着书，有人会提议玩些小游戏，像是成语接龙、飞花令之类的。就像往平静的水面掷了一块石头，话音由此开始，如水波一般荡漾开去。前来查房的阿姨撞上了这一场面，总会柔声提醒道："认真看书哦。"于是我们再次静下来。

往往正沉浸在书中情节时，已到了该熄灯的时间。直到推门进来的阿姨说："九点了，要上床了。"我们才恍然察觉到时间的飞快流逝。

而这临上床的时间，是我们宿舍生活中最充实的时光了。

我们宿舍与别的宿舍有些不同，靠窗处有一处空地，那便是我们的娱乐天地。俗话说“生命在于运动”，每天上床前，我们都会在这处空地活动活动。一边做运动，一边讨论方才看的书或是当天的学习心得。有时，说话的那个正巧做着深蹲，一口气没喘上来，便惹得大家和她一并笑得前仰后合。为了不吵到隔壁的同学，四个人有的靠着墙，有的蹲在地上，都是捂着嘴笑，只留一双弯起的眼睛露在外面，互相望来望去。

听着楼道里阿姨传来的一声声“晚安”，像在催促我们快点上床。于是运动结束的我们关了灯，纷纷爬上了床。微微睁开眼睛，透过窗帘的缝隙，能看见对面教学楼中闪过的灯光——保安叔叔还在巡逻呢。

“吱——”“都睡了吗?”是阿姨查房来了。见我们都上床了，她便拉上门，轻轻出去了。

再睁眼看看窗外，月亮的银辉洒满校园，一派祥和之景。昏昏沉沉地，伴着耳畔空调运作的声音，我就这样进入了梦乡。（吕昕雨，2020 届学生）

你在我心里

丁零零……午餐的铃声终于响起来了，老师一声“下课”，同学们便快速排着队走向食堂。

学校的食堂，有那么多的窗口，我一时间竟不知该排哪个。但我总是在心里期盼：“会不会碰到那位伯伯？”

不出我所料，果然是那位伯伯。不知为何，我同这位伯伯十分有缘，在不经意间总能排到他所在的窗口。毫不夸张地说，伯伯是一个很温和很有耐心的人，对每个孩子都很好。学校食堂的大荤是可以选择的，比如：中午有烤鸡肉和红烧鸭肉的选择时，我肯定会毫不犹豫地选择烤鸡肉啦！很快排到了我，结果伯伯的窗口却没有鸡肉了，看到我眼中的失望，伯伯的一句“你等等，我帮你去看看”，让无奈的我，瞬间看到了希望，翘首等待着伯伯的到来！

令人欣喜的是我居然因拿到了烤鸡肉而开心一整天，那是伯伯帮我争取到的。有时，伯伯也会无奈地告诉我：“鸡肉没有了，不过鸭肉也好的，尝试新的味道吧！”看着伯伯那满是安慰的微笑，我也不好拂了伯伯的好意，便开心地选择了鸭肉。或许，这就是还没有长大的我们，简单的快乐吧！

在伯伯的窗口打过饭的同学们都说，这位伯伯，像是我们的朋友，十分有趣。他知道我们喜欢什么，尽力帮我们争取，看到我们拿到心爱的大荤时眉开眼笑的样子，伯伯也会替我们高兴；当我们没有打到心仪的食物而有些失落时，他会一再安慰我们道：“实在没有了，下次来早点吧！伯伯肯定会帮你争取到！”

每次看到这位伯伯，我都会想到儿时带我的老爷爷。那个慈祥的老人，当我伤心时，会陪着我一起伤心；当我高兴时，会陪着我一起高兴。简简单单，却最能打动我内心。

虽然我不知道伯伯的姓名，但我要真诚地感谢这位伯伯，是您满足了小小的我的小小愿望。每次都以最灿烂的笑容待人的您，每次都以最真诚的话语暖人的您，一直在我心里！遇见您，真好！（施晨薇，2020届学生）

遇见交华

今日偶发灵感，想自己与交华的遇见，一发而不可收拾。

“遇见”这个字眼真是极浪漫的啊！浩瀚汪洋与鱼儿的遇见，创造了一个曼妙的海底世界；柔情的花儿与翩跹起舞的蝴蝶的遇见，奏响春天的美妙序章；皎洁的月光与清美的荷塘遇见，谱写令人沉醉的荷塘月色……

我与交华的遇见，用“一见钟情”来形容亦不为过。

那是在小学的毕业季，我第一次跟随“看校团”遇见交华，第一个映入眼帘的便是矗立在校门口处的“扬帆”了，犹记那时，初夏的阳光洒在“扬帆”之上，一时间反射出耀目的光彩，比日光还胜上几分，似乎是一艘将远航的巨轮上，迎风而鼓起自信又张扬的帆。然后就是高大的钟楼，颇带些英伦风的建筑一下就牢牢抓住了我的眼睛，精致的指针，复古的钟面，富有浓厚的艺术气息与文化氛围，现在想来，这也是交华的特色之一吧！

再之后我成为了交华学子，遇见了很多与我一样的交华人，他们亲切、友善、敬业又风趣。在交华，我变了，个子高了，思维方式不同了，知识也更丰富了。但不变的也有很多，目标没有变，心中的信念没有变，那“一见钟情”的心动更没有变。“扬帆”没有变，老师的敬业也没有变，交华校园也没有变。

如今的我，在收获满满知识与体验的同时，也把师生情与同学爱都收入囊中。对交华，更多一份家一般的安心与眷恋。

遇见交华，遇见爱，也在交华遇见那个最骄傲、最棒的自己。（姚欣，2019届学生，现就读于建平中学）

思之念之吾交华

掐指一算，离开母校交华已近七年了。有人说，时光流去不可逆，每一段珍贵又新鲜的记忆都将落满世间尘埃，最后慢慢地在时间长河中褪去色彩。可是我却不愿就此放手，终于，在一个阳光明媚的午后，我安静地坐下，与时光促膝长谈，用我所有的惦念，让这段纯粹而美好的初中生活重现眼前。

思之启蒙

翻开相册，一个穿着交华校服的小女孩坐在操场上，双手紧紧地抱着一个白色小熊玩偶噘着嘴，恨不得把眼睛鼻子皱到一起拼成一个“不”字，满脸写着不情愿。看着这张照片，一个个破碎的画面铺到记忆的轨道上——那天是我们的游园会义卖。

照片里的小白熊是小学毕业时，自己和小伙伴一起买的，那时还稚嫩的我们期许对方做一辈子的朋友，买同样的玩偶，让它陪伴在彼此身边，但买回来之后却被“束之高阁”。“游园会”的前几天，早早地在家翻箱倒柜，我把各种“珍藏”的宝物拿出来，发现这只小白熊，它一定能卖个好价钱，而我虽然有些不舍，最终还是下定决心让它去陪伴更需要陪伴的小朋友。

于是，更多的记忆涌现在眼前，交华的学生文集义卖募捐、为贫困儿童举办的赈灾联谊义演、为山区捐助的第一个“扬帆图书馆”……那时的我作为学校大队主席，忙碌其中，也乐在其中，而现在想来，也正是交华开启了我的“志愿者生涯”，以至于到了大学，我毅然加入了志愿学生团队，参与了“最美志愿者”竞选，加入了山区支教队伍、参加了红十字会志愿服务——忙碌并快乐着。交华在我心中埋下了一颗责任、奉献与感恩的种子，开出温柔的花瓣，让我的学习生涯一路充满温暖与期待。

念之师恩

想必学弟学妹们都有被交华语文课前的“三分钟演讲”困扰过，记得当年我在准备自己第一次课前演讲时，一个人躲在办公室的角落里默默地备稿，鼻头已经渗出汗珠，语文陈老师看出了我的不安和焦躁，她拉着我的小手让我坐下，并给了我一杯水："没事，多想细节，多想想怎么与同学们交流，我们慢慢来。"就这样，从备稿开始，老师反反复复帮我修改，带我逐字逐句地熟悉语境表达，从抑扬顿挫到注入情感，再到自然表述。当我第一次站上讲台，看到陈老师那鼓励的目光，想起她说的"演讲要专注于表达"，忽然间就放松下来，磕磕碰碰却也是顺利地完成了第一次语文课前演讲。

之后，我开始慢慢喜欢上这个语文课前的"特殊的环节"，每一次轮到我的时候，都会用心准备，把自己对人生的思考、读书的感悟用完整的语言、贴切的表情神态表达出来，收获的则是与人交流的淋漓畅快，再后来，我如愿以偿成为年级沙龙上的"常驻小主持"。

再后来，走进大学的我，竞选学生会、主持联谊会、代表团委发言、组织志愿者团队——每每都会感念交华的语文课前演讲，也时刻惦念着恩师的启蒙。能在交华读书的孩子，你们都是幸运的，因为你总会遇到一位发掘你特长的恩师，你总会有机会发展自己的兴趣爱好特长，你的潜能将不会被深埋和辜负，是的，只要珍惜现在的时光，明天总会给你回报和答案。

犹记得三年前，我得空回母校探望，詹校长拉着我去阶梯教室观摩年级沙龙活动，听着校歌《爱在交华》，看到学弟学妹们一个个充满活力的面孔，不知不觉间，泪水已注满了眼眶。

思之念之吾交华，期许我们在更美好的未来再见。（雷丹青，2012届学生）

图书在版编目(CIP)数据

高品质校园生活在交华：交华中学高品质校园内涵建设的实践研究/赵凤飞主编.—上海：上海社会科学院出版社，2019
ISBN 978-7-5520-2936-9

Ⅰ.①高… Ⅱ.①赵… Ⅲ.①中学-学校管理-研究-上海 Ⅳ.①G637

中国版本图书馆 CIP 数据核字(2019)第 212403 号

高品质校园生活在交华
——交华中学高品质校园内涵建设的实践研究

主　　编：赵凤飞
责任编辑：陈如江
封面设计：黄婧昉
出版发行：上海社会科学院出版社
上海顺昌路 622 号　邮编 200025
电话总机 021-63315947　销售热线 021-53063735
http://www.sassp.org.cn　E-mail：sassp@sassp.cn
照　　排：南京理工出版信息技术有限公司
印　　刷：上海龙腾印务有限公司
开　　本：787×1092 毫米　1/16 开
印　　张：22.5
字　　数：370 千字
版　　次：2019 年 10 月第 1 版　2019 年 10 月第 1 次印刷

ISBN 978-7-5520-2936-9/G·877　定价：98.00 元